BIBLIOTHEK DER POPULÄREN MUSIK

Arnold Shaw
Die Story des Rock'n'Roll

Arnold Shaw

DIE STORY DES ROCK'N'ROLL

hannibal

Aus dem Amerikanischen übersetzt
von Teja Schwaner

Herausgeber: Wolfgang Smejkal

Titel der Originalausgabe: „The Rockin' '50s"
Copyright © 1974 by Ghita M. Shaw
Published by Hawthorn Books Inc., New York
Copyright © 1978 by Rowohlt Taschenbuch Verlag GmbH, Reinbek
Alle Rechte an der Übertragung ins Deutsche
bei Rowohlt Taschenbuch Verlag GmbH, Reinbek

Copyright © 1994 der deutschen Ausgabe
Robert Azderball, Hannibal Verlag, A-3423 St. Andrä-Wördern

Titelfoto: Contrast, Wien
Repro und Druck: Ebner Graphische Betriebe, D-89075 Ulm

ISBN 3-85445-091-5

Im Gedenken an meine Eltern,
Sarah und David,
und meine Schwestern,
Alice und Rose

Inhalt

Vorwort zur Neuauflage   5

Vorwort   7

Sommer 1955   9

**I Ende einer Ära
Tin Pan Alley 1950–1953**   23

Es ist später, als du glaubst   25
Muzak und Mister Zwischendrin   30
Der «Bart»   38
Die Begeisterer   43
Die Beats und die Belters   57
Die Diskjockey-Stars   69
«Your Hit Parade»   74

**II Aufruhr in der Popmusik
1954–1955**   81

«Sh-Boom»   83
Blues mit einem Beat   89
Die Charts auf den hinteren Seiten   99
Die Superpromoter des Rock 'n' Roll   115
Konfrontation   123
Schwarze Originale und weiße Coverversionen   133
Rock around the clock   145

**III Die Rock 'n' Roll-Jahre
1956–1960**   159

Der Gott des Rock 'n' Roll tritt auf   161
Knocking the rock   165
Teenage-Ausbruch   171
The American Bandstand   182
Die verwegenen Amateure – und die Country-Rocker   188
Wir sind so jung – und sie sind so alt   201

Nieder mit Presley!   213
Going steady   218
Hula-Hoops, Backenhörnchen und das Kingston-Trio   235
Welch einen Unterschied ein Jahrzehnt macht   252
Payola   265
Danksagungen und Copyrighthinweise   275
Ausgewählte Bibliographien   278
Erläuterung der Sachbegriffe   279
Discographie   281
Register der Interpreten   299
Register der Titel 305

Vorwort zur Neuausgabe

Diese Neuauflage meines Buches über Rock'n'Roll erscheint zu einem sehr interessanten Zeitpunkt in der Geschichte der populären Musik. Die Rock-Revolution hat ihre vierte Dekade hinter sich – ob wir nun von den Anfängen mit Bill Haley oder von der explosiven Ausbreitung durch Elvis und Little Richard ausgehen. Viele Radiosender haben heute „Oldie"-Sendungen im Programm, in denen diese Pioniere der Rockmusik ebenso gespielt werden wie die Rhythm & Blues-Bands, die der musikalischen Revolution vorausgingen und an ihr teilnahmen.

Bemerkenswerterweise gibt es auch heute eine Menge Künstler, die Songs aus der Zeit vor der Rock'n'Roll-Revolution aufnehmen. Songs im Stil einer musikalischen Tradition, die bis in die frühen fünfziger Jahre existierte. Wir befinden uns also in einer Phase, die dem so entscheidenden Jahrzehnt der Fünfziger sehr ähnlich ist – auf der einen Seite die romantischen Balladen, auf der anderen die völlig neuartigen Sounds, Rhythmen, Formen und Auffassungen, wie sie auch nach 1955 aufkamen.

In Anbetracht der weltweiten Akzeptanz und Popularität, die Rockmusik inzwischen erfahren hat, wird *Die Story des Rock'n'Roll* für viele Leser überraschend sein. Das Buch zeigt, welche gegensätzlichen Leidenschaften Elvis und seine Rockabilly-Kohorten, ganz zu schweigen von Little Richard, Chuck Berry und James Brown, in einem Publikum weckten, das zum ersten Mal mit ihren energiegeladenen „Schreien" und donnernden Rhythmen konfrontiert wurde. Es war eine aufregende Zeit! In der ersten Rock-Generation werden diese Erinnerungen nostalgische Gefühle wecken, während nachfolgende Generationen daraus Erkenntnisse über die Geschichte „ihrer" Musik gewinnen können. Viel Spaß beim Lesen!

Arnold Shaw

Vorwort

In nostalgischen Rückblicken auf die wieder in Mode gekommenen fünfziger Jahre stößt man regelmäßig auf die Worte „ruhig" und „glücklich". Die Erinnerung läßt uns vergangene Episoden zwar immer in einem milderen Licht erscheinen – doch diese Eigenschaftsworte treffen wahrlich nicht auf ein Zeitalter zu, das von der Unruhe des kalten Krieges, vom Wettlauf um die Eroberung des Weltraums und der Hysterie der McCarthy-Kommunistenhetze bestimmt war. Kann man denn ein Jahrzehnt, in dem Atombunker gebaut und Schulkinder auf die richtigen Verhaltensmaßregeln im Falle eines nuklearen Angriffs gedrillt wurden, wirklich als „ruhig" bezeichnen?

Auch die Rockgeschichte wartet dauernd mit denselben Klischees für die Fünfziger auf. In den Songs von damals, so meinen die Experten, habe sich alles um „Spaß", „Vergnügen" und „Unschuld" gedreht. Es ist richtig, daß die Songs einfacher waren als in den sechziger Jahren, und daß sie in erster Linie als Musik zum Tanzen konzipiert waren. Aber es gab auch eine neue Generation, die sich durch diese Lieder zu definieren suchte - und es war eine kampfbereite Generation. Sie mußte sich nämlich gegen ein Establishment behaupten, das mit Verboten, Festnahmen, Prozessen und sogar Plattenverbrennungen gegen ihre Musik vorging.

Während der gesamten fünfziger Jahre wechselten sich Offensiven und Rückzüge in schöner Regelmäßigkeit ab. Die sanften Balladen, die bis dahin das Kernstück der Schlagerindustrie bildeten, waren nicht mehr gefragt. Die Kinder des Zweiten Weltkriegs wollten Tanzmusik – und fanden sie im Beat des Rhythm & Blues. Mit Bill Haley, Elvis, Alan Freed und ganzen Scharen junger Sänger rollte dann der Rock'n'Roll drauflos. Das Wort „Teenager" wurde so etwas wie ein Schlachtruf im Kampf gegen die ältere Generation der Sänger, Songwriter und Musikverlage, die versuchten, die neue Welle zum Schweigen zu bringen. Gegen Ende des Jahrzehnts erschütterte der Diskjockey-Bestechungsskandal nicht nur die Fernsehanstalten, sondern die gesamte Unterhaltungsindustrie.

Die Fünfziger waren eine Zeit stetigen Wandels hinter einer Fassade von Schall und Rauch. Der Schall wurde von jungen Leuten erzeugt, die ihre eigene Kultur schufen; und der Rauch stieg von den Köpfen der zornentbrannten älteren Generation auf, die sich voller Haß und Vehemenz gegen etwas wehrte, das sie nicht verstehen konnte und wollte. Das gegenseitige Vertrauen zwischen Menschen unter und solchen über dreißig schwand immer mehr, bis sich in den sechziger Jahren schließlich ein trostloser Generationskonflikt auftat.

Obwohl ich mit dem Pop der älteren Generation aufgewachsen bin, betrachte ich die Fünfziger als meine Zeit. Durch meine Tätigkeit als Musikverleger, Plattenproduzent und Promotionmann lernte ich sehr bald, die neuen Sounds zu schätzen und mit ihnen zu arbeiten – wie die Liste „meiner" Hits bestens beweist. Ich werde die Jahre der Enten- und Pferdeschwanzfrisuren, der hautengen und der Karottenhosen, der Waschbärmützen und Sackkleider, der Tanzpartys und Sputniks, des Sexsymbols Marilyn Monroe und des T-Shirt-tragenden Marlon Brando immer als rasant, rockig und relevant in Erinnerung behalten.

Sommer 1955

Im Frühjahr 1955 übernahm ich bei New Yorks ältestem Musikverlag die Verantwortung für den kreativen Bereich.

«Mit Stolz heißt die Edward B. Marks Music Corporation», so stand in einer Anzeige im *Billboard* vom 7. Mai zu lesen, «Arnold Shaw als ihren General Professional Manager willkommen.» Die untere Hälfte der Anzeige verkündete, daß das *Malagueña*-Mädchen Catarina Valente mit Ernesto Lecuonas lateinamerikanischer Ballade *The Breeze and I* «das Plattengeschäft im Sturm eroberte». Ein Sturm braute sich zusammen in der Popmusik. Aber niemand schien genau zu wissen, woher der Wind eigentlich wehte.

Mein Titel (abgekürzt: Gen. Prof. Mgr.), mit dem Menschen außerhalb des Musikgeschäfts kaum etwas anzufangen wissen, bedeutete ebenso simpel wie erschreckend: Sucher und Macher von Hits – ein Job rund um die Uhr, der einem graue Haare und Magengeschwüre einbringt, bei dem man sich Songs vorspielen lassen muß, *demos** zu machen hat, für die Plattenaufnahmen verantwortlich ist und sie dann mit allen Tricks der Werbung an den Mann zu bringen versucht, bis sie entweder in den Charts landen oder als *dogs, flops* oder *bombs* in Archiven abgelegt werden.

Außer zwei oder drei Verlagen in New York, die in Nashville auf die Pirsch gegangen waren und mit aufgeschlossenen Autoren Verträge gemacht hatten, verfügten die meisten Firmen in der Metropole über wenig oder gar keinen Kontakt zur Musikszene in Tennessee. In vieler Beziehung war ich ein Außenseiter: kurz vor meiner Promotion in Amerikanischer Literatur hatte ich zum Beispiel die akademische Karriere aufgegeben – und hatte schon seit fünf Jahren in gewissen Abständen die Heimat der *Grand Ole Opry* besucht. Und jetzt, da der Sommer zu Ende ging, entschloß ich mich einmal wieder zu einer Reise in den Süden.

Als ich an der 50th Street, Ostseite des RCA-Gebäudes, ins Taxi stieg, umfing mich einschmeichelnde Musik aus dem Radiolautsprecher: Nat «King» Coles Samt-und-Seiden-Bariton. Jede einzelne Silbe kam artikuliert von Coles Lippen wie die Nachrichten-Leuchtschrift am Times Square oder die General Motors-Neonreklame über dem Columbus Circle. Im Unterbewußtsein nahm ich wahr: die Farbe stimmt. Aber der

* Erläuterung v. Fachausdrücken s. S. 279

9

Sound und der Stil dieser hübschen, pseudopoetischen Balladen sind passé. Wie als Antwort auf meine Gedanken folgte flugs Sinatra mit *Learnin' The Blues*, einer rhythmischen Ballade zum Fingerschnipsen, energiegeladen durch bluesige Töne. «The Voice» hatte gerade seine Vormachtstellung auf der Szene mit *Young At Heart* zurückerobert, und der Blues hatte keinen Platz mehr in einer Karriere, die phönixgleich in neue, weitere Bereiche aufschwang. Nein, seine Song-Auswahl orientierte sich an der Geschmacksveränderung, die Perry Como, Georgia Gibbs und andere spürten, als sie die treibenden Rhythm and Blues-Aufnahmen schwarzer Künstler kopierten – oder *coverten*, wie es in der euphemistischen Sprache des Musikgeschäfts heißt.

Auf dem Weg nach La Guardia ließ ich das Taxi an der 59th Street zwischen Third und Second Avenue halten. Dort war *Little Italy*, und ich kaufte mehrere Pfund Peperoni, in Trockeneis verpackt. Sie zählten zu den Lieblingsspeisen des wohlbeleibten Tom Parker, des ehemaligen Managers des Tennessee Plowboy, Eddy Arnold, und ich ließ mich immer wieder gerne von Mrs. Parkers Kochkünsten verwöhnen.

Nicht daß ich etwa bei den Parkers eingeladen gewesen wäre. Nur ist in Nashville das Essen ganz schlimm, denn die Restaurants mußten viel Geld für die Alkoholausschank-Lizenz bezahlen, und darunter litt die Qualität der Speisen. Natürlich konnte man in öffentlichen Gaststätten trinken, aber dazu mußte man in einen Laden gehen, eine Flasche kaufen, sie in einer braunen Papiertüte mitbringen und bei der Kellnerin Gläser bestellen.

Also kaufte ich die Peperoni in der Hoffnung, daß Colonel Tom Parker mich einladen würde, bei ihm zu Hause zu wohnen, sobald er erfuhr, daß ich mich in der Stadt aufhielt. Und diese Hoffnung zahlte sich auf unerwartete Weise aus. Man kann schon fast sagen, daß die Rock-Revolution mit Peperoni begann.

Die Leute, die in Nashville mit Musik zu tun haben, sind nach meiner Erfahrung alle sehr gastfreundlich und offenherzig, mehr noch als Menschen, die allgemein mit Popmusik zu tun haben. Ich kann mich an keinen Besuch in Music City erinnern, bei dem ich nicht eingeladen war, in Eddy Arnolds Hause zu Mittag oder zu Abend zu essen. Kaum hatte ich mich im Andrew Jackson-Hotel auf mein Zimmer begeben, pflegte das Telefon zu klingeln, und Arnolds dröhnende Stimme mit ihrem Tennessee-Akzent ließ sich vernehmen: «Mr. Shaw, hier ist Ed-dy Arnold.» Später am Tag kam er dann mit einem vollklimatisierten Cadillac – Nashville hatte schon damals die meisten Caddies pro Kopf der Einwohnerzahl – und nahm mich mit hinaus auf seine große Farm am Stadtrand. Und er wußte, daß ich immer *songs* und *demos* bei mir hatte, die ich ihm vorspielen wollte, damit er sie eventuell aufnahm.

Eddy kannte ich viel besser als Jim Denny, den Programmdirektor von

WSM, Talent-Koordinator der *Grand Ole Opry* und später dann ein überaus erfolgreicher Verleger und Manager von Künstlern. Aber als ich eines Tages mitten in Nashville Denny in die Arme lief, in Eile, da ich eine Verabredung hatte und schon spät dran war, da zeigte er auf eine Garage, die vielleicht zwei Blocks entfernt war, und bot mir seinen Cadillac an, als er hörte, wo ich hinwollte. Ich war überrascht, ja, mehr als verblüfft. Als er jedoch erklärte, welche Entfernung ich noch zurücklegen mußte, nahm ich sein Angebot dankend an und machte mich auf den Weg zur Garage, noch immer ein wenig ungläubig. Plötzlich besann ich mich aber eines anderen und hastete zu Denny zurück.

«Ich habe ein paar Verabredungen», erklärte ich außer Atem, «und ich weiß nicht, wann ich Ihren Wagen wieder zurückbringen kann.»

Er zuckte mit den Achseln. «Wenn Sie ihn ausgebraucht haben, bringen Sie ihn halt zurück. Heute abend. Morgen früh. Wir haben noch mehr Wagen. Und denken Sie dran, Sie sind hier nicht in New York. Immer mit der Ruhe.»

Während meines Fluges nach Nashville hatte ich versucht, gedanklich zu ordnen, was mir meine Intuition über die Platten- und Musikszene sagte. Als E. B. Marks' neuer Hitsucher hatte ich die Nachfolge eines der höchstbezahlten Gen. Prof. Mgr. angetreten. Während der 30er und 40er Jahre war er ein Gigant gewesen – aber dann hatte Harry Link – ein legendärer Lügner und ein Mann, dessen Nervosität sich darin äußerte, daß er ständig Taschentücher zerknüllte – während der 50er auf die falschen Karten gesetzt. Sowohl wegen seines Erfolges wie seines Mißerfolges fühlte ich mich als Nachfolger in seinem Büro etwas unwohl, und hinzu kam, daß ich ganz allein verantwortlich war. Von 1950 bis 1955 hatte ich in einer ähnlichen Position bei zwei anderen großen Firmen gearbeitet; aber am leichtesten hatte man es mit den Besitzern, wenn man nicht allzuviel Erfolg hatte.

Wenn ich so vorausschaute in den Herbst '55, war ich sicher, daß die Zukunft des Geschäfts nicht in Hollywood lag, nicht am Broadway und ganz sicher auch nicht in der guten alten Tin Pan Alley. Alle hatten das Gefühl, es sei etwas Wichtiges passiert, als ein nettes jüdisches Mädchen namens Georgia Gibbs Hits machte, indem sie die ausdrucksstarken Platten der schwarzen LaVern Baker kopierte (und verwässerte). Verleger alten Schlages, die seit Jahren in den Hitparaden den Ton angegeben hatten, konnten es nicht verstehen. Sie fürchteten und haßten diese Tendenz, ohne wirklich zu wissen, was es überhaupt bedeutete, und ohne zu ahnen, welche Flutwelle bald über die Standard-Popmusik hereinbrechen würde.

Sie fühlten sich unwohl, als sie im *Billboard* (23. Juli 1955) lasen: «Neger-Künstler verkaufen immer mehr Pop-Platten.» Ihre Nervosität spiegelte sich wider in einem Slogan, der ständig unter der Honor Roll of

11

Hits in den Zeitschriften der Branche auftauchte: «KEEP THE POPS ALIVE IN '55.» Sie versuchten zu glauben, dies seien keine Sturmwarnungen, sondern es handele sich nur um eine Zeiterscheinung. Einige Monate später räumte *Billboard* jedoch mit ihrem Wunschdenken auf: «Pop-Miesepeter hexen, aber R&B-Boom '56 – Todesanzeige voreilig; R&B nicht mal scheintot.»

Als erste Amtshandlung bei Marks hatte ich Kontakt zu R&B-Plattenlabels aufgenommen, zu denen kleine Verlage gehörten: Firmen, die Copyrights besaßen, aber weder über Angestellte noch Kapital verfügten, um für diese Promotion zu machen. Nach wenigen Wochen schon hatte ich von Herman Lubinsky bei Savoy Records die Rechte an *Pitter Patter* erworben, einer schwarzen Ballade, die von dem rauh-stimmigen Nappy Brown aufgenommen worden war. (Nappy hatte gerade *Don't Be Angry* hinter sich, dessen Cover-Version den CREW CUTS einen Hit bescherte, jenen kanadischen Jungs, die mit *Sh-Boom* zu Ruhm gekommen waren.) Als ich auf dem Weg nach Nashville war, hatte Patti Page *Piddilly Patter Patter*, wie ich den Titel neu getauft hatte, für Mercury in einer Cover-Version aufgenommen. Nicht viel später erwarb ich von einem anderen kleinen R&B-Label (Glory Records) einen Titel namens *Soldier Boy*, der von den FOUR FELLOWS aufgenommen war.

Keiner von beiden schlug wirklich schwer ein, obwohl *Soldier Boy* zu den Top-R&B-Platten des Jahres 1955 gehörte und von einer großen Anzahl Künstler aufgenommen wurde, auch von Elvis Presley, wenn auch zu einem späteren Zeitpunkt. Aber beide Songs zeigten dem Musikgeschäft, daß die siebzig Jahre alte Firma Marks, seit einem Jahrzehnt dahinsiechend, sich auf dem Wege der Besserung befand und mit Macht zurück auf die Pop-Szenerie drängte.

Meine Reise nach Nashville diente einem ähnlichen Zweck. Obwohl 1955 das Jahr wichtiger weißer Cover-Versionen weniger erfolgreicher schwarzer Platten war, waren aus Nashville während der frühen 50er Jahre viele Pop-Hits hervorgegangen. Außer *Tennessee Waltz* und *Chattanoogie Shoe Shine Boy*, Patti Page- und Bing Crosby Cover-Versionen jeweils der Cowboy Copas- und Red Foley-Originale, hatten Tony Bennett, Rosemary Clooney und Jo Stafford Hank Williams' Originale gecovert. Ich war daran interessiert, in einem Bereich, der den Musikverlagen alten Stils nicht leicht zugänglich war, neues Material zu finden, und wollte überdies in Tennesses Hauptstadt einen Repräsentanten für unsere Firma suchen.

Erst einen Tag wohnte ich im Andrew Jackson, als sich die heisere Stimme des Colonel am Telefon meldete. Am Ende eines Satzes hob er die Stimme, als wolle er etwas besonders betonen oder erwarte Applaus – das war seine Eigenart. Später kam er dann ins Hotel und holte mich ab. Wir fuhren in sein Haus in Madison, ungefähr fünfundzwanzig Meilen von Nashville entfernt. Während Marie Parker in der Küche damit beschäftigt war, das Abendessen vorzubereiten, nahm mich der Colonel mit in sein Arbeitszimmer im Kellergeschoß. Nach einer Weile öffnete er eine Schublade und nahm ein vierseitiges, gedrucktes Dokument hervor, das wie ein Vertragsformular aussah.

«Dies ist der Vertrag, den Veranstalter unterzeichnen müssen, wenn sie einen meiner Künstler buchen wollen», sagte er, und ein verschmitztes Lächeln war in seinen hellblauen Augen.

Ich überflog die Vertragsformulare. Sie waren in dem typisch schwerfälligen Juristen-Jargon abgefaßt. Als ich zur letzten Seite blätterte, kam der Hammer: «Den Vertrag habe ich selbst ausgearbeitet», sagte der Colonel.

Es muß meinem Gesicht abzulesen gewesen sein, wie ich mich amüsierte. Schließlich hatte sich der Colonel bei manchen Gelegenheiten damit gebrüstet, einfach die Schule vor einem Abschluß verlassen zu haben.

«Ich mach Ihnen nichts weis», sagte er, und das war einer seiner Lieblingsausdrücke. «Ich habe den Vertrag selbst ausgearbeitet, jede einzelne Klausel. Und da könnt ihr Stadtstenze noch was von uns Landjungs lernen.» Auch das war ein Lieblingsspiel des Colonels, und er genoß die Vorstellung, die er abzog, wie einer von seinen Künstlern.

«Ich hab im Jahrmarktsgeschäft angefangen, als ich noch sehr jung war», fuhr er fort. «Landwirtschaftsausstellungen, Rinderauktionen, Rodeos, Zirkus, Werbeveranstaltungen für Tabak, Tanzveranstaltungen an Sonnabenden, Jahrmärkte – hab saubergemacht, alle möglichen Jobs angenommen, Programme verkauft. Und schließlich, als ich meinen ersten Künstler an einen Veranstalter verkaufte, mußte ich einen Vertrag unterschreiben. Hab die ganze Nacht gebraucht, um das Ding zu lesen. Aber ich hab jedes Wort genau studiert und dann unterschrieben – und wurde übers Ohr gehauen, wie ihr Stadtleute so sagt.»

«Hab ziemlichen Rabatz gemacht, aber da war nichts zu ändern. Alles legal. Also bin ich nach Hause gegangen, hab die Klausel rausgesucht, mit der man mich reingeritten hat, hab sie ausgeschnitten und mir auf ein Stück Papier geklebt. Beim nächstenmal, als ich einen Vertrag unterschreiben sollte, hab ich gleich nach der beschissenen Klausel gesucht, aber die war nicht dabei. Dafür haben sie mich mit einer anderen reingelegt. Also hab ich die auch auf ein Stück Papier geklebt. Es hat ein paar Jahre gedauert, bis ich all die Mistdinger beisammen hatte, die ich suchte.»

Jetzt hielt der Colonel inne, linste mich aus zusammengekniffenen Augen an, schnippte Asche von seiner Zigarre und wartete. «Eines Tages», sagte er bedächtig, «hab ich dann all diese superschlauen Klauseln zusammengestellt – und das ist der Vertrag, den Sie in Ihren Großstädterhänden halten.»

Es war ein Juwel, wie mir mehr als einer von den Anwälten der großen Konzert-Agenturen sagte. Und der Colonel selbst war auch ein Juwel eigener Art. In den Anfangsjahren, als er seine eigenen Shows für Purina-Produkte in Städten des Südens präsentierte, plante er immer eine längere Pause ein. Nicht nur ermöglichte das, Souvenir-Programme zu verkaufen, Ansteckknöpfe und andere Sachen – von denen er massenweise an den Mann brachte –, sondern er hatte sich noch etwas anderes ausgetüftelt, um Geld zu machen. Er ließ irgendeinen jungen Burschen im Zelt oder im Saal herumlaufen und alle Programme einsammeln, die auf den Sitzen herumlagen. Bei der nächsten Show verkaufte er sie dann nochmals, ließ sie wieder einsammeln usw.

Bei anderen Gelegenheiten benutzte der Colonel ein noch ausgeklügelteres System, besonders in armen, ländlichen Gegenden, wo er den Eintrittspreis niedrig halten mußte, um sein Publikum zu bekommen. Er ließ sein Zelt auf einem Feld errichten, wo ein Farmer eine Kuhherde weiden ließ. Wenn die Show sich ihrem Ende näherte, war der Bereich um den Ausgang reichlich mit Kuhmist gesegnet. Um an die Straße zu kommen, mußten die Zuschauer durch diesen Dreck waten. Aber nein, der Colonel hatte sich etwas ausgedacht, um die Damen in ihrer Sonntagsgarderobe davor zu bewahren. Er stellte Esel zur Verfügung, die sie durch das Meer von Kuhmist trugen. Nur kostete der Eselsritt mehr als der Eintritt für die Show.

Wie ich vorausgesehen hatte, erwies sich das Abendessen als köstlich. Am folgenden Morgen zeigte sich Marie Parker wie eine gute jüdische Mutter, und ich durfte den Frühstückstisch nicht eher verlassen, bis ich ein Mahl vertilgt hatte, das opulenter war als ein Abendessen mit sieben Gängen. Danach nahm mich der Colonel mit hinaus in einen Schuppen hinter dem Haus, der als sein Büro fungierte und wo sein Assistent, Tom Diskin, wirkte.

Ganz lässig legte er eine 45er Single auf den Plattenspieler. Ich hörte mir noch einen Titel von demselben Sänger an und fragte mich, was der Colonel wohl im Sinn hatte. Als er einen dritten Titel spielte, warf ich einen Blick auf den Namen des Sängers. Er war mir unbekannt. Die Stimme klang nach einem Weißen aus den Südstaaten, aber der Stil war schwarz. Die Hintergrundmusik von einer kleinen Streichercombo war eine Mischung aus weißem Country & Western und schwarzem Rhythm and Blues. Ich wagte nicht zu entscheiden, ob der Sänger schwarz oder weiß war, obwohl ich auch nicht vermutete, daß der Colonel einen Schwarzen managte.

In dem Augenblick überreichte er mir mehrere Hochglanzfotos. Der Sänger war ein verwegen aussehender weißer junger Mann. Seine Lippen waren zu einem spöttischen Grinsen aufgeworfen wie von einem

Besserwisser. Später wurde dieser Gesichtsausdruck als «anmaßend» gekennzeichnet. Das dynamische Foto zeigte ihn mit gebeugten, aber zusammengehaltenen Knien.

«In Georgia und in Florida», sagte der Colonel, «reißen ihm die Mädchen die Kleider vom Leib.»

Ich erkannte den animalischen Sex-Appeal, der von diesem jungen Mann ausging. Und obwohl ich nicht immer die Texte seiner Lieder verstehen konnte, da er mit gequälter Stimme sang und manche Wörter geradezu auszuspucken schien, hatte er doch einen tiefen, kehligen und etwas krächzenden Sound, der ziemlich sinnlich war.

«Nördlich den Mason-Dixon-Linie ist er unbekannt», fügte der Colonel hinzu und sah mich an, als wolle er mir einen Anzug verpassen. «Sie sind doch oben im Norden ein großer Mann. Ich möchte wissen, ob Sie diese Platten in der Großen Stadt gespielt kriegen.»

«Wo liegt Ihr Interesse, Colonel?» fragte ich. Der Colonel, der Eddy Arnold fast zehn Jahre lang mit viel Erfolg gemanagt hatte, war damals hauptverantwortlich für die *Hank Snow Jamboree Attractions*. Das Parker–Arnold-Verhältnis war beendet, zum Teil deswegen, so hatte ich jedenfalls gehört, weil der Colonel sich auch noch um andere Talente kümmern wollte, obwohl er durchaus willens war, den Profit mit Eddy zu teilen.

«Dieser Junge wird im Moment von Bob Neal aus Memphis gemanagt», antwortete der Colonel. «Aber ich hab ihn, wenn Neals Vertrag in weniger als einem Jahr ausläuft.»

Und so verließ ich Madison mit jeweils zwei Exemplaren der drei Sun-Singles in der Tasche. Der damals noch unbekannte Sänger war, das haben Sie vielleicht schon erraten, Elvis Aaron Presley.

Als ich wieder in New York war, spielte ich die Platten mehreren Leuten in meinem Büro vor. Diejenigen über vierzig reagierten ebenso abweisend wie auf alle R&B-Platten, die sie als «Un-Musik» bezeichneten. Wenn ich aber einige der Mädchen unter zwanzig betrachtete, merkte ich, daß Presley bei ihnen ankam, auch wenn sie sich in ihren Kommentaren nicht festlegen mochten. Ihre Augenbewegungen und das leichte Schwingen ihrer Körper zeigten mir, daß etwas aus den Rillen kam, das sie gefühlsmäßig ansprach. Als sie sein Bild betrachtete, bemerkte meine Sekretärin: «Seine Augen sehen aus wie weichgekochte Eier.»

Offen gestanden wußte ich nicht, was ich mit den Platten anfangen sollte. Sie verwirrten mich, aber sie hatten trotz ihrer Ungeschliffenheit eine Qualität, die mich faszinierte. Ich entschloß mich, bei einem Diskjockey, den ich sehr achtete, einen Versuch zu machen. Bill Randle war ein bekannter Plattenplauderer in Cleveland (für die Station WERE), der einmal in der Woche nach New York kam, um eine Sonnabendmorgen-Show für CBS zu machen. 1955 zählte er zu einer ausgewählten Gruppe von DJs, die die seltene und beständige Fähigkeit bewiesen hatten, für Platten den Markt «aufzubrechen», d. h. ein Publikum für eine neue Platte zu schaffen. Randle verfügte über ein verbindliches Auftreten und wirkte wie ein Student (tatsächlich war er dabei, seinen Doktor zu machen). Verleger, Künstler und Plattenleute waren so begierig darauf, Platten auf seinen Teller zu kriegen, daß sie ihm oft Vorausexemplare zuschanzten. Das war eigentlich nicht erlaubt und verpönt. Aber diese Praxis hielt an, bis all die anderen Diskjockeys in Cleveland sich zusammenschlossen und drohten, jede Platte zu boykottieren, die Randle vorab bekommen hatte.

Als ich ihn wegen der Presley-Aufnahmen konsultierte, reagierte er mit der augenblicklichen Erregung, die einen Uran-Sucher übermannt, wenn er das Klicken seines Geigerzählers hört. Randle hatte große Eulenaugen, die noch größer erschienen, weil er eine Brille trug. Sie öffneten sich weit, als ich ihm wiederholte, was ich von dem Colonel gehört hatte. Die Tatsache, daß Presley im Norden und Mittleren Westen damals noch unbekannt war, bot jenen zusätzlichen Reiz, der in der Welt der Unterhaltung so hochgeschätzt wird – das Prestige der Entdeckung. Dennoch kam Randle zu dem Ergebnis, daß Presley für seine New Yorker CBS-Show zu primitiv war.

Kaum drei Tage später klingelte mein Telefon, und Randle meldete sich aufgeregt aus Cleveland. «Ich weiß nicht, was an diesen Presley-Platten dran ist», brüllte er geradezu. «Aber ich habe sie gestern gespielt, und, Arnold, in der Telefonzentrale liefen die Drähte heiß. Ich kann noch immer die Hälfte des Textes von *Mystery Train* und *I Forgot To Remember To Forget* nicht verstehen. Aber die Kids scheinen alles mitzukriegen. Er schlägt bei ihnen ein wie ein Blitz. Wenn Sie können, dann würde ich an Ihrer Stelle alle seine Songs aufkaufen. Mein Telefon steht nicht still, und ich muß immer wieder diese Titel spielen. Nehmen Sie mich beim Wort . . . dieser Junge wird alles über den Haufen werfen und die größte Sache werden, die das Musikgeschäft je gesehen hat. Muß jetzt Schluß machen. Alle meine Telefone klingeln wieder. Bis dann.»

Ich hatte keinen Ton sagen können, und er hängte auf, bevor ich etwas erwiderte. Man bedenke, dies war im Frühherbst '55. Randle konnte auf eine eindrucksvolle Liste von Platten verweisen, denen er den Erfolg vorausgesagt hatte. Er war aber auch dafür bekannt, von Natur einer zu sein, der schwer Hype machte. Nicht daß ihm irgendwas nur gefiel, nein, er liebte es einfach. Und wenn er etwas liebte, dann wußten es alle. Wie ich so dasaß und über die Situation nachsann, meldete sich meine Sekretärin und verkündete: «Dee Kilpatrick von Mercury Records in Nashville ist am Apparat.»

«Stimmt es, daß Presleys Sun-Vertrag abläuft?» fragte er. Die Randle-Hype führte schon zu den ersten Ergebnissen. Bevor ich noch etwas erwidern konnte, fügte Kilpatrick hinzu: «Wissen Sie, Arnold, wir beobachten diesen Jungen schon seit einer Weile. Live ist er reines Dynamit. Aber seine Platten haben noch keinen sonderlichen Erfolg. Randle meint, er kommt bald groß raus. Können Sie uns helfen? Ich höre, Sie haben die besten Verbindungen zu Sun.»

Während der folgenden Woche rief mich fast jeder wichtige Plattenmann aus dem Business an. Wenn sie Randle anriefen, um bei ihm eine eigene Platte anzupreisen, nahm er ihnen offensichtlich den Wind aus den Segeln mit: «He, haben Sie schon diesen neuen Jungen Presley gehört?» Da Randle über mich von Presley erfahren hatte, wandten sie sich dann sogleich an mich. Und daraufhin läuteten sie bei Sam Phillips in Memphis an, jenem Mann, der die Presley-Platten aufgenommen hatte und dem Sun Records gehörten.

Außer im Süden, wo die Presley-Platten von C&W Stationen gespielt wurden, war Randle damals der einzige Großstadt-Diskjockey, der Elvis in sein Programm aufnahm – und zwar vier- oder fünfmal die Stunde. Gemessen an der Aufregung im Musikgeschäft war an den Tageshitlisten kaum abzulesen, was sich anbahnte. Die drei Songs an der Spitze waren zu der Zeit: *Yellow Rose Of Texas*, ein sentimental-patriotischer Marsch im alten Stil auf Platten von Mitch Miller und Johnny Desmond; *Love Is A Many-Splendored Thing*, die Oscar-Ballade des Jahres; und schließlich *Autumn Leaves* in einer plätschernden Piano-Version von Roger Williams.

Obwohl Presley in allen nationalen Charts fehlte, war der Junge (im Show-Biz-Jargon) heiß, und im Plattengeschäft überschlugen sich die Angebote und Gegenangebote geradezu, die Deals und Super-Deals. Zu einem Zeitpunkt kam mir zu Ohren, daß Sam Phillips 15 000 $ für Elvis' Vertrag verlangte und daß Mitch Miller von Columbia diese Summe als lächerlich überhöht zurückwies.

Während all diese verhandlungstaktischen Manöver vonstatten gingen, klingelte eines frühen Morgens bei mir das Telefon, und ich hörte Colonel Parkers heisere Stimme am anderen Ende der Leitung. Er war in New York und wohnte im Hotel Warwick. Könnte er kommen und mich besuchen? Wir waren nur viereinhalb Blocks voneinander entfernt – und dementsprechend schnell stand er auch an meinem Schreibtisch im Rockefeller Center.

Als er bei sich zu Hause in Madison mit mir gesprochen hatte, war er ein Händler ohne eigene Ware gewesen. Damals war Presley wie noch zu diesem Zeitpunkt exklusiv an den persönlichen Manager Bob Neal aus Memphis, Tennessee, gebunden. Parker half nur dabei aus, einige Auftritte von Presley zu arrangieren. Aber jetzt, da er an meinem Schreibtisch im RCA-Gebäude saß, konnte er ein Telegramm vor mir ausbrei-

17

ten, das buchstäblich dreißig Zentimeter lang war. Es war an ihn adressiert und von Presleys Mutter und Vater unterzeichnet – Elvis war damals noch nicht einundzwanzig –, und es besagte im offiziellen Jargon, der von Wiederholungen strotzte, daß Col. Thomas A. Parker von ihnen, Gladys und Vernon Presley, in jeder Beziehung ermächtigt war, über einen Plattenvertrag für ihren Sohn, Elvis Aaron, zu verhandeln.

Tatsächlich war Parker auch noch nicht Presleys Manager, als RCA Victor, die Plattenfirma, die seinen Sun-Vertrag kaufte, das Erscheinen seiner ersten Victor-Platte am 3. Dezember 1955 ankündigte. «Die meistdiskutierte neue Persönlichkeit in den letzten zehn Jahren der Schallplatte» war der Anreißertext auf der ganzseitigen *Billboard*-Anzeige. Die Titel der ersten Veröffentlichung: *I Forgot To Remember To Forget* b/w (backed with – mit der Rückseite) *Mystery Train* (20/47-6357). Das waren keine Neuaufnahmen, sondern Plattenseiten, die Victor von Sun gekauft hatte. Die Credits unten auf der Anzeige lauteten: «Bob Neal, Manager / unter Leitung der Hank Snow Jamboree Attractions / Col. Tom Parker, General Manager / Box 417, Madison, Tennessee.»

Es besteht die irrige Annahme, daß der Deal zwischen Victor und Sun in Nashville bei der jährlichen Diskjockey-Konferenz zustande kam, die Ende September '55 von WSM abgehalten wurde. Der Deal wurde dort erstmalig öffentlich verkündet, und Presley trat dort auch auf. Aber die Verhandlungen wurden in New York geführt und abgeschlossen. Zu ungefähr derselben Zeit, als der Colonel im Warwick weilte, befand sich auch Sam Phillips in der Stadt. Inzwischen war die Summe, die er verlangte, auf 40 000 $ gestiegen, und allgemein wurde auch berichtet, daß der Vertrag unter diesen Bedingungen zustande kam. Bezahlt wurde das Geld gemeinsam von RCA Victor und den Brüdern Jean und Julian Aberbach, Besitzer von Hill & Range und anderen C&W-Musikverlagen. Offensichtlich zahlte RCA 25 000 $ für Presleys Plattenvertrag, während die Aberbachs 15 000 $ für die Verlagsrechte und den Kauf von Hi Lo Music auf den Tisch legten, eine Sam Phillips-Firma, der die Songs gehörten, die Presley auf Sun veröffentlicht hatte. Der einzige Song, den Hill & Range nicht zu hundert Prozent erwarben, war *I Forgot To Remember To Forget*.

Ich hatte nämlich Sam Phillips sofort nach meinem Ferngespräch mit dem aufgeregten Mr. Randle angerufen. Phillips Assistentin, Marion Keisker, fungierte als Mittlerin und deutete die Bereitschaft an, 50 % von einem der Songs zu verkaufen. Als Phillips in New York war und mit RCA und den Aberbachs verhandelte, besuchte er auch mich in meinem Büro. Es war ein Sonnabendmorgen. Eigentlich hatten auch wir geschlossen wie viele der Restaurants im RCA-Gebäude. Wir hatten Schwierigkeiten, einen ruhigen Ort zu finden, wo wir zusammen frühstücken konnten.

Ich muß gestehen, daß Phillips ein zuvorkommenderer Mann als der Colonel war. Er hätte leicht das sehr unverbindliche Versprechen zurücknehmen können, daß Marion Keisker per Ferngespräch gemacht hatte. Aber er tat es nicht, und Edward B. Marks, die Firma, die ich leitete, erwarb fünfzig Prozent von *I Forgot To Remember To Forget*, Presleys erster Veröffentlichung auf Victor. Was nun den lieben Colonel betrifft, kann ich mich nicht entsinnen, jemals eine Anerkennung, geschweige denn ein mündliches oder schriftliches Dankeschön erhalten zu haben für den Beitrag, den Bill Randle (und ich) dazu geleistet hatten, daß ein Spiel, welches er schon ziemlich lange spielte, zum erfolgreichen Abschluß kam.

Ich erfuhr erst einige Zeit später, daß der Colonel schon ungefähr ein Jahr lang versucht hatte, Elvis' Sun Vertrag an RCA zu verkaufen, bevor er mir die Platten vorstellte. (Außerdem hatte er Gladys und Vernon Presley bearbeitet, den Vertrag mit Bob Neal zu kündigen.) Seine Kontaktperson bei RCA war Steve Sholes, ein erstklassiger Plattenproduzent, der hingebungsvoll für Victor arbeitete und damals die C&W Abteilung leitete. Der Colonel hatte während seiner Jahre mit Eddy Arnold mit Sholes und ebenfalls mit den Aberbachs zusammengearbeitet. Sowohl Arnold wie Hank Snow hatten für RCA Plattenaufnahmen gemacht und besaßen zusammen mit den Aberbach-Brüdern Musikverlage.

Presleys erste Sun-Platte (*That's All Right Mama* b/w *Blue Moon Of Kentucky*) erschien im August 1954. Als ich im Hause des Colonels in Madison wohnte, waren fünf Presley-Platten auf dem Markt. Manche von ihnen hatten die regionalen C&W Charts erreicht, und durch Sam Phillips war er in der *Grand Ole Opry*-Show aufgetreten, die über WSM ausgestrahlt wurde, und gab außerdem regelmäßige Gastspiele bei *Louisiana Hayride* von KWKH aus Shreveport, Louisiana. Aber mehr als regionales Aufsehen hatte er nicht erregt, und Sholes sagte dem Colonel immer wieder, daß ihm die Basis fehlte, um die über Finanzen entscheidenden Leute bei RCA anzusprechen. Randle (und ich) hatten für den notwendigen Anstoß gesorgt.

Daß sich der Colonel nicht dazu durchringen konnte, offen seinen Dank auszusprechen, bereitete mir weniger Kummer und hatte weniger Konsequenzen als die Tatsache, daß er offensichtlich zwischen mir und Sholes Zwietracht gesät hatte. Steve und ich arbeiteten seit 1949 freundschaftlich zusammen, als er mit Elton Britt und Rosalie Allen einen Song aufnahm, an dem ich mitgearbeitet hatte, *Acres Of Diamonds*. Im Laufe der Jahre hatten wir uns ab und zu zum Essen getroffen, und die Tür zu seinem Büro stand mir immer offen. Als jedoch die Presley-Verhandlungen liefen, spürte ich plötzlich eine kühle Zurückhaltung von seiner Seite. Ich habe nie herausgefunden, was der Colonel Sholes erzählt hatte, das zu dieser Entfremdung führte, und als die Unstimmigkeiten schließlich mehrere Jahre später beigelegt waren (glücklicherweise vor dem plötzlichen Tod Steves), schien es sinnlos, noch nach den Gründen zu fragen.

Letzten persönlichen Kontakt mit dem Colonel hatte ich Anfang 1956. Es war ein kalter, regnerischer Tag in New York. Presley hatte seinen ersten Auftritt im nationalen Fernsehen, und zwar in der *Tommy Dorsey Show*, so unwahrscheinlich das auch klingen mag. Die Proben fanden in den Nola-Studios am Broadway statt. Ich ging uneingeladen hin. Tommy knabberte an einem Apfel – später erstickte er an einem Apfel –, während seine Band in Reihen übereinander angeordnet auf der anderen Seite des Studios saß und die einzelnen Titel nochmal durchging. Der widerborstige Posaunist war in guter Stimmung, konnte es jedoch nicht lassen, gegen den Trompeter Charlie Shavers zu sticheln. Presley saß ruhig und unaufdringlich in einer Ecke. Nach einer Weile winkte mir der Colonel zu, und ich ging hinüber, um seinem Schützling die Hand zu schütteln. Als Dorsey der Band eine kurze Pause gestattete, stellte der Colonel, begleitet von einem Agenten aus dem William Morris-Büro, Presley dem berühmten Bandleader vor. Die Formalitäten waren nur sehr kurz, und Elvis zeigte sich so höflich und respektvoll, daß Dorsey ganz offensichtlich verblüfft war. Wenn ich mich recht erinnere, dann probte Elvis nicht, weil er seine eigene kleine Combo mitgebracht hatte.

Wenn man bedenkt, daß Presleys Auftreten (Elvis the Pelvis) an jenem Sonnabend (28. Januar 1956) viele wütende Telefonanrufe zur Folge hatte, bösartige Telegramme und Schmähbriefe von Eltern – und es gab sogar eilig einberufene Konferenzen der Sendernetz-Agenturen darüber, ob man seine beiden nächsten Dorsey-Auftritte nicht absagen sollte –, dann bot sein Verhalten bei der Probe einen seltsamen Kontrast zu dem Bild, das die Zuschauer auf dem Fernsehschirm sahen: kniezuckend, grimassenschneidend, hüftenschwenkend.

Wenn ich eine bestimmte Situation nennen sollte, bei der die großen Musikfirmen am Broadway und auch die etablierten Künstler realisiert haben müssen, was da auf sie zukommt, dann muß es Elvis' erster Auftritt in der Dorsey-Fernsehshow gewesen sein. *Billboards* Slogan «KEEP THE POPS ALIVE IN '55» klang in der Tat wie Wunschdenken. Statt «the pops» hätte es besser lauten sollen: POP.

Zu der Zeit war die Honor Roll of Hits des *Billboard* in der Tat sehr ominös besetzt. Sicher, es gab Balladen im alten Stil wie *Memories Are Made Of This, Love And Marriage* und *All At Once You Love Her* von etablierten Sängern wie Dean Martin, Frank Sinatra und Perry Como. Aber mehr als ein Drittel der Liste bestand aus Titeln wie *The Great Pretender* und *Only You* von den PLATTERS, Bill Haleys *See You Later,*

Alligator, Tutti Frutti von Little Richard (und Pat Boone) und *I Hear You Knockin'* von Smiley Lewis (und von Gale Storm). Dazu noch – und in den Top Ten – *Rock and Roll Waltz, Teen-Age Prayer* und *Dungaree Doll*, ein Song, an dem ich mitgearbeitet hatte. Zu diesem Zeitpunkt konnte man kaum mehr die Möglichkeit von der Hand weisen, daß die Popmusik vor einer Wende stand und daß neue Songschreiber und Künstler, zum größten Teil jung, talentiert und schwarz, bereitstanden, die Musikszene zu übernehmen.

1
Ende einer Ära

Tin Pan Alley 1950–1953

Es ist später, als du glaubst

Im März 1950 hielt der Senator Joseph McCarthy eine fünfeinhalbstündige Rede, in der er behauptete, im State Department säßen 81 Rote. Vorher hatte er die Zahlen 205 und 57 genannt. Im folgenden Monat kam *It Isn't Fair* in die *Hitparade.*

«Wir führen keinen Krieg», sagte Präsident Harry Truman über den Korea-Konflikt. «Wir sind nur in eine Polizeiaktion verwickelt.» Zu ungefähr derselben Zeit erwarben die Plattenkäufer in großen Mengen einen Song mit dem Titel *I Said My Pajamas (And Put On My Prayers).*

Kurz bevor er Gen. Douglas McArthur als Kommandanten der Korea-Operation feuerte, flog Harry Truman zu einer Konferenz nach Wake Island. McArthur hätte den Präsidenten mit dem damals populären Gassenhauer *If I Knew You Were Comin', I'd've Baked A Cake* begrüßen können. Und Harry hätte mit einer aktuellen Ballade antworten können, *The End Of A Love Affair.*

In den Schulen wurden die Kleinen darauf gedrillt, wie man einen Atomangriff überlebt. «Sofort auf den Boden werfen, Gesicht nach unten, Ellenbogen nach außen, Stirn auf die Arme legen, die Augen schließen ...» Einer der größten Songs von 1950 war *There's No Tomorrow.*

Aber in Wirklichkeit hatte die Popmusik Mitte dieses Jahrhunderts keine wichtigen Bezüge zu den Geschehnissen und Problemen des Alltags – ja, sie gab sich sogar alle Mühe, das zu vermeiden. Hier ist vielleicht eine Anekdote ganz kennzeichnend. Als ich 1951 bei der Duchess Music Corporation für die Songauswahl zuständig war, telegrafierte unser Vertreter von der Westküste, daß er einen heißen Song gekauft habe. Wenn ich mich richtig erinnere, zahlte er für *It Is No Secret* einen Vorschuß von 500 $. Da romantische Balladen gewöhnlich auf den höchsten Vorschuß rechnen konnten, nahmen wir an, daß der Text wohl lauten würde, «It Is No Secret», daß ich dich liebe oder daß du mir fehlst oder daß ich dich brauche oder gar daß ich dich will (die intensivste Form des Verlangens).

Als das Text- und Notenblatt uns erreichte, stellten wir zu unserer Überraschung fest, daß die auf den Titel folgenden Worte lauteten: «what God can do ...» Meine Mitarbeiter und ebenso die Song-Experten bei den uns assoziierten Firmen – Duchess gehörte zu einem Firmenverbund mit Pickwick Music und Leeds Music, der Mutterfirma – schrie-

25

ben den Song ab.

Ich fand, daß Stuart Hamblens ‹Religioso› (wie diese Art religiöse Ballade in der Branche genannt wurde) das Gefühl ansprach, von inspirierender Wirkung war und über eine eingängige Country-Melodie verfügte. Da es zu meinem Aufgabenkreis gehörte, Plattenaufnahmen von neuen Songs machen zu lassen, richtete ich bei den *labels*, mit denen ich Kontakt aufnahm, mein Augenmerk auf Country-Künstler. Zu meiner großen Befriedigung gelang es mir, einige Plattenproduzenten dafür zu interessieren, «Secret» in Pop-Versionen aufzunehmen. Und in der Tat brachte der Song es innerhalb kurzer Zeit auf fünfzehn verschiedene Aufnahmen, wobei ihn manche Firmen auf dreierlei Art einspielen ließen – Country, Pop und R&B. *It Is No Secret* kam zwar nie in die Charts und wurde nur selten live gespielt. (Man vergleiche den nicht lange zurückliegenden Erfolg von *Bridge Over Troubled Water*.) Aber auf Platten und als *sheet music* wurde das Lied ein solider Verkaufserfolg und ein weithin geliebter Evergreen.

Ich erwähne diese Erfahrung, um anzudeuten, auf welche Weise die Popmusik während der Tin Pan Alley-Ära durch Verallgemeinerungen in die Sackgasse geriet, eingeschränkt war. Die meisten Verleger weigerten sich gar, drei Song-Kategorien überhaupt erst anzuhören: patriotische, religiöse und aktuelle, sich auf Tagesereignisse beziehende Lieder. Die Alley schöpfte ihr Material aus drei anderen Typen: Balladen, d. h. romantischen Songs; rhythmischen Liedern, die als nicht anspruchsvoll galten, wie zum Beispiel *I'm Looking Over A Four-Leaf Clover* oder *Cruising Down The River*, und schließlich sogenannten Novelty-Songs (Mode-Songs) wie *I Taut I Taw A Puddy Cat* oder *Papa Loves Mambo* – und diese hatten entweder über Nacht Erfolg oder schlugen gar nicht ein.

Balladen, die Grundlage des Geschäfts, orientierten sich an jeweils einer von mehreren einfachen Richtungen: Verkündung niemals vergehender Liebe (*I'm Yours*); Bitte um Liebe (*My Heart Cries For You*); oder qualvollem Zweifel (*Undecided*). Wie im Film wurden *happy ends* bevorzugt. Unerwiderte Liebe – *torch songs* – und Dreiecksverhältnisse wurden mit Vorbehalt akzeptiert, obwohl derartige Inhalte bei Country-balladen marktgängig waren. (Zum Vergleich betrachte man neuere Hits wie *Gentle On My Mind* und *Honey*.)

Direkte Anspielungen auf körperlichen Kontakt oder Sex waren tabuisiert. Aber die Textschreiber verfügten über einen ganzen Sack voll viktorianischer Euphemismen, mit Hilfe derer sie rüberbrachten, was gemeint war. Wörter wie *need, love, desire, want* dienten alle als Umschreibungen für «*ins Bett gehen*» und wurden von den Zuhörern wie von den Sängern auch so verstanden. Jeder wußte, was gemeint war, wenn eine Sängerin zirpte: «If I give my heart to you . . .» Randy Newman kommentierte das vor ein paar Jahren so: «Bei vielen Balladen, die so romantisch daherkommen, steckt hauptsächlich Ficken dahinter.»

Ein Gemeinplatz wie «charms» sollte fast immer Hautkontakt assoziieren und wurde in neunundneunzig von hundert Fällen in der nächsten Zeile mit «arms» gereimt, so wie auf «sorrow» unweigerlich «tomorrow» folgte. Es bleibt dem Sänger überlassen, die Klischee-Wörter auf subtile Weise mit Gefühl, Emotion oder Sexualität auszufüllen. Und die Stärke von Sinatra, der viel bei Billie Holiday gelernt hatte, lag in seiner Fähigkeit, Wärme, körperlichen Kontakt und Intimität zu vermitteln, die seine weiblichen Zuhörer an den Rand des Orgasmus brachten.

Bis in die 50er Jahre schöpften die Textschreiber hauptsächlich aus dem Reservoir einsilbiger Wörter, außer in *show-songs*. Larry Hart vom großartigen Musical-Team Rodgers und Hart schrieb eine hervorragende Ballade, deren unterschwelliger Sinn war, sich über das Kindergarten-Vokabular der Tin Pan Alley lustig zu machen: «I took one look at you / That's all I meant to do / And then my heart stood still . . .» Die Hit-Ballade aus «A Connecticut Yankee» brachte mit wenigen Ausnahmen ihren Sinn in Ein-Silben-Wörtern zum Ausdruck. Diese erhebliche Einschränkung stellte hohe Ansprüche an die Phantasie des Autors, und daher waren Wortspiele sehr häufig. Eine der meistgeschätzten Spielereien war die Bedeutungsverdrehung des Songtitels in seiner letzten Wiederholung: bei *Even Now* zum Beispiel, einem Titel, mit dem Eddi Fisher '53 in die Charts kam, wandelt sich das erste Wort des Titels von einem Adverb («eben» jetzt) zu einem Adjektiv («ausgeglichen»).

Es ist ungerecht, alle Texte aus der Tin Pan Alley-Ära als Übungen in Wortspielerei abzutun. Großenteils war es aber so – außerhalb der Musicals –, denn die Textschreiber wollten weder sich selbst noch ihre eigenen Gefühle ausdrücken, sondern eher die Empfindungen des durchschnittlichen Platten- oder Sheet-Music-Käufers treffen. Die Verleger im Brill-Gebäude, Broadway 1619, und seinen Zweigstellen am Broadway 1650 und 1674 hatten nicht Kreativität, sondern Kommerz im Sinn – ein schwer bestimmbares Konzept, das den erfolgreichen Gen. Prof. Mgrs. und ihren Intuitionen beträchtliche Gehälter und Spesenkonten einbrachte. Es bestand kein Interesse, die handwerklichen Fähigkeiten zu erweitern, die Thematik auszudehnen oder gar neue Sichtweisen ins Spiel zu bringen, obwohl manche Autoren es gelegentlich taten. Rund um die Uhr war man nur auf der Suche nach Hits, ein Syndrom, das seither alle Geschäftstypen und Medien bestimmt.

Ein Aspekt der «Kommerzialität», der einem wichtigen Prinzip der Werbung verwandt ist, war die Wiederholung. Die Verleger zeigten sich begeistert von Titeln wie *You, You, You*, einem Hit der AMES BROTHERS 1953, oder *It's Over, It's Over*, einem Sinatra-Evergreen, bei denen die Wiederholungen schon fast hypnotische Qualitäten haben. Unglücklicherweise schienen die Platten- und Sheet-Music-Käufer den praktischen Wert dieses ästhetischen Prinzips zu bestätigen. Wenn eine Titelzeile nicht *on the nose* (am Anfang) gesungen wurde, fragten die Kunden in den Musikgeschäften häufig nach einem Song, indem sie die erste oder eine andere ihnen im Gedächtnis gebliebene Zeile zitierten. So wurde eine Ballade von '53 mit dem Titel *I Get So Lonely* auch als *Oh, Baby Mine* bekannt. Und *The Three Bells* war auch bekannt als *The Jimmy Brown Song*.

Die Song-Form, die während der Tin Pan Alley-Ära vorherrschte, war an sich schon eine Übung in Wiederholungen. Außer bei Show-Melodien bestand alle Popmusik fast ausschließlich aus Songs, bei denen eine acht-taktige Phrase (a) die Einleitung bildete, wiederholt wurde (a), dann gefolgt wurde von einer *bridge* oder *release* (b) und schließlich am Ende nochmals wiederholt wurde (a).

Pop orientierte sich zwar an einem erwachsenen Publikum, war aber selbst gedanklich kaum erwachsen. Diese Musik richtete sich an die Generation im heiratsfähigen Alter, die in der Stadt wohnte. Die Spesenritter und die Chickeria unterstützten die Broadway-Musicals und sorgten für die Popularität von Show-Melodien wie *So In Love* aus «Kiss Me Kate» von Cole Porter und *Some Enchanted Evening* aus «South Pacific» von Hammerstein, zwei der erfolgreichsten Balladen von 1949. Die Hauptströmung der Popmusik betonte Empfindsamkeit und Sentimentalität, Herzeleid und häusliche Tugenden, Romanzen und Träume, manchmal auch Humor. An der Realität, den echten Wahrheiten, konkreten Situationen, den Freuden und Problemen der Sexualität mogelte sie sich vorbei. Sie war an das Herz gerichtet, nicht an Magen, Nerven oder Genitalien, und nur selten an den Verstand. Sie war Musik für Leute, die das Licht ausmachten, wenn sie Liebe machten – wie die Filme, in denen die Kamera in den Himmel gerichtet war oder auf Wellen, die sich am Strand brachen, wenn die Stars zusammen ins Bett gingen.

Als wir 1949 Silvester feierten, war *Mule Train* an der Spitze der Charts, gefolgt von Balladen wie *I Can Dream, Can't I*, wiederbelebt von den ANDREW SISTERS, *A Dreamer's Holiday* von Perry Como, *Don't Cry, Joe* von Frank Sinatra sowie Gordon Jenkins mit seinem Orchester und Chor, und *Dear Hearts And Gentle People*, ein Titel von Bing Crosby, der Folk-Anklänge hatte.

Frankie Laine, der mit seinem Bestseller als Schrittmacher fungierte, wurde von siebzehn anderen Künstlern verfolgt, die ihm hart auf den Fersen waren. Gordon McRae, Vaughn Monroe und Crosby versuchten, eine Scheibe vom großstädtischen Standardmarkt abzubekommen, Burl Ives war auf das Folk-Publikum aus. Die SYNCOPATORS auf National Records zielten auf die Käufer, die schwarze Musik oder R&B bevorzugten. Tennessee Ernie Ford, Cowboy Copas und Grandpa Jones waren einige von denen, die im Hillbilly- und C&W-Bereich miteinander konkurrierten. Wie Amerika selbst war auch die Popmusik nach regionalen Bereichen und nach Schwarz und Weiß aufgeteilt. Die Trennung nach Generationen stand noch bevor.

Zwei der Bestseller jener Tage ließen auf eine Grenzüberschreitung von Country zu Mainstream schließen. Der nach Western klingende Titel *That Lucky Old Sun* wurde von Beasley Smith aus Nashville, Tennessee, dargeboten und von Haven Gillespie aus Covington, Kentucky. Ursprünglich von dem Country-Sänger/Schreiber Floyd Tillman aufgenommen, wurde *Slippin' Around* ein Pophit für Margaret Whiting und Jimmy Wakeley.

Und in der Popmusik gab es die großen Baritone, die große romantische Balladen schmalzten, begleitet von großen Orchestern – Hugo Winterhalter, Percy Faith, Henri René usw. Manche von ihnen, wie David Rose und Leroy Anderson (*Blue Tango*) spielten üppig arrangierte Stimmungsmusik zur Entspannung, bei Cocktail-Empfängen und als Hintergrundmusik zum Urlaub an exotischen Orten. Dann gab es noch die Mickey-Mouse-Swing- und -Sway-Bands von Sammy Kaye, Guy Lombardo, Lawrence Welk, Blue Barron und Art Mooney, die für 40jährige Geschäftsleute der Mittelklasse zum Tanz aufspielten.

1950 gab es im Broadway Palace Theatre wieder Live Entertainment – einstmals war es das Taj Mahal des Tingeltangel gewesen –, und es traten auf: Belle Baker, die Barbra Streisand der 20er Jahre, Ukulele Ike und das altmodische Komiker-Duo Joe Smith und Charles Dale, früher bei den Avon Comedy Four. Das Entertainment-Establishment geriet ins ekstatische Schwärmen, daß die «guten alten Tage» zurückgekehrt seien. Anfang der 50er Jahre versuchte man ständig aufs Neue, die Big Bands wiederzubeleben . . .

Muzak und Mister Zwischendrin

Vom Kleinstadtbarbier zum Bestsellerbariton – Perry Comos Stimme besaß die beruhigende Qualität eines heißen Handtuchs oder einer sanften Kopfhautmassage. In dem Jahr, als der Zweite Weltkrieg endete, marschierte er auf die Plattenszene mit einer Bearbeitung von Chopins Polonaise in a-Moll. *Till The End Of Time* enthielt ein Echo auf den Krieg – im imposanten und martialischen Rhythmus der Polonaise. Aber sein Reiz lag zweifellos darin, daß dieser Titel das Verlangen einer Welt nach Dauerhaftigkeit ausdrückte. Für die Männer und Frauen, die die Mühsal des Krieges überlebt hatten, wurde sein verhaltener Stil zur klanglichen Projektion friedfertigen Lebens, sauberer Freude, kontrollierter Überschwenglichkeit und Besonnenheit, nicht leidenschaftlicher Liebe.

Er heiratete seine Kindheitsliebe und schwärmte von ihren Tugenden: «Sie ist für mich fast wie eine Tochter», sagte Como. «Ich habe schon immer das tiefgehende Gefühl gehabt, als müsse ich Roselle beschützen. Als ob ich ihr Vater wäre. Und das ist es, was für mich Liebe bedeutet.» Er betrat die Popszene, als die großen Baritone die großen Bands ablösten, und fand seinen Platz auf der Frank Sinatra entgegengesetzten Seite des emotionalen Spektrums. Perry war cool, entspannt, während «The Voice» intensiv, ja fast besessen klang; distanziert, wo Sinatra engagiert war; freundlich und beschützerisch, während «The Voice» sinnlich und besitzergreifend klang. In den frühen 50er Jahren war Como der Eisenhower der Baritone, eine sanfte Vaterfigur.

Er tauchte auf, nachdem Sinatra mehrere Jahre sein weibliches Publikum ins Ekstase versetzt hatte und die Frauen reihenweise in Ohnmacht gefallen waren, und er erfreute sich einer großen Popularität in den frühen 50er Jahren, als «die Stimme» zeitweilig vom Sockel gestürzt war. Anfangs hatte Como seinen Erfolg mit melodramatischen und leidenschaftlichen Balladen wie *Prisoner Of Love* – «auf meinen Knien krieche ich zu ihr» –, jenem Song, der dem früh gestorbenen Russ Columbo in den frühen 30er Jahren zum Ruhm verhalf, Rodgers und Hammersteins *If I Loved You* und Irving Berlins *They Say It's Wonderful*. Seine Verhaltenheit scheint diesen energiegeladenen Liebesballaden kaum angemessen. Aber es mag durchaus gewesen sein, daß die Nachkriegswelt einen Rückzug von der unverhohlenen Emotionalität der Kriegsjahre nur allzugern willkommen hieß. Statt Gefühle auszudrücken,

30

schien Como eher besinnlich und wirkte einschmeichelnd aufrichtig. Zudem verbrachte er jede freie Minute auf dem Golfplatz.

Mischformen waren seine Stärke – ein Pseudo-Folksong wie *Seattle*, eine Pseudo-Countrymelodie wie *Here Comes My Baby* oder *My One And Only Heart*. Offensichtlich mochten weder er noch sein Publikum Songs unverfälscht und waren daher auf Mischformen und Abwandlungen aus, die die Kost leichter verdaulich machten. Novelty Songs und lustige Titel lagen Como besonders, ein Talent, das er schon früh bewiesen hatte, als er in dem Film «Doll Face» *Dig You Later, A-Hubba-Hubba-Hubba* sang. Im Laufe der Jahre machte er Bestseller aus solchen unbedeutenden, aber hübschen Titeln wie *Hot Diggity (Dog Diggity! Boom! What You Do To Me)*, *Papa Loves Mambo* und *Delaware*, einem erfindungsreichen Spiel mit den Namen von Bundesstaaten: «What did Delaware?... She wore a brand New Jersey...» Mit diesen Titeln machte er ebenso wie in seiner Fernsehshow deutlich, daß er über eine echte und natürliche Begabung für verhaltene Komik verfügte.

Die Titelmelodie seines wöchentlichen Fernsehprogramms, *Dream Along With Me... I'm On My Way To A Star*, erinnerte an Sinatras Radiothema von '42, *Put Your Dreams Away For Another Day*. Aber Zeilen wie «We can wink at the moon as we hold each other tight» klangen, als stammten sie aus einer Ballade von 1898, «When you were sweet sixteen, and I met you on the village green», einem Lieblingslied von Como. Zweifellos war es die Popularität seines Fernsehprogramms, die seine eigene Popularität andauern ließ, und zwar die 50er Jahre hindurch. Noch im Jahre 1958 konnte Mr. C., wie man ihn nannte, einen Hit verbuchen: *Catch A Falling Star*.

Zu einer Zeit, als die Sänger versuchten, vier Titel in drei Stunden aufzunehmen, waren seine Aufnahme-Sessions Musterbeispiele von Etikette. Eine Aura höchster Nüchternheit und verhaltener Macht, mit der er sich umgab, veranlaßte die A&R-(Artist and Repertoire)-Produzenten, ihn nur mit flüsternder Stimme anzureden. Niemals sprachen sie ihre Vorschläge oder Verbesserungen über den Studiolautsprecher, wie es bei weniger wichtigen Künstlern Usus war. Nein, sie kamen aus dem Toningenieursraum hervor, marschierten durch das große Studio, das für Como-Sessions benutzt wurde, und flüsterten mit ihm. Gelegentlich lächelte Mr. C., aber meistens fixierte er sie mit dem ausdruckslosen Blick eines Vaters, der einem möglicherweise irregeleiteten Sohn zuhört. Nur Sinatra wurde mit vergleichbarer Ehrerbietung behandelt. Aber er hatte immer sein Publikum dabei, Freunde, die Freundin der Stunde, Leute, die im Studio rumhingen, und er zog seine Sessions ab wie eine Show, scherzte mit den Musikern, Produzenten und Toningenieuren, wenn er gute Laune hatte.

Ähnlich wie Sinatra ging Como nirgendwohin ohne seinen persönli-

31

chen Troß, dessen Besetzung ziemlich konstant blieb. Es waren nur Männer, angeführt von Comos Schwager, dem dunklen Dee Belline, und dem glatzköpfigen, helläugigen Mickey Glass, der Mr. C.s Verlagsinteressen managte. Der Troß bestand hauptsächlich aus Song-Pushern und kleinen Verlegern, von denen viele Comos Golfpartner waren. In Gesellschaft dieser Leute fühlte er sich wohl. Manche sagten, das läge daran, weil er im Grunde ein schüchterner Mann sei. Andere verwiesen auf seinen Hintergrund – sein Vater war ein armer Fabrikarbeiter in Canonsburg, Pennsylvania, gewesen, wo Perry, eines von dreizehn Kindern, schon so früh als Friseur zu arbeiten begann, daß er mit sechzehn seinen eigenen Salon besaß. Freunde behaupteten, er fühle sich unter Fremden immer unwohl, besonders unter Prominenten. Monte Proser sagte, daß Como zwischen den Shows selten seine Garderobe verlassen habe, als er im New York City Copa auftrat.

Die Musik der führenden männlichen Balladensänger in den 50er Jahren war mit Knoblauch, Oregano und Parmesan gewürzt. So klangen zumindest ihre Namen. Außer Sinatra und Como, beides *paisanos*, gab es noch Vic Damone, Al Martino, Tony Bennett, (Benedetto), Jerry Vale, Eddie Fisher, Frankie Laine (Lo Vecchio), Alan Dale, Don Cornel, Billy Eckstine, Johnnie Ray, Guy Mitchell, Nat Cole, Johnny Desmond, Dean Martin – abgesehen mal von Mario Lanza. Ist es bei dieser überwiegenden Mehrheit von *paisanos* ein Wunder, daß die Standard-Popmusik bis zur Geburt des Rock 'n' Roll eine *pasta* neapolitanischer, *bel canto*, pseudoopernhafter Gesangsweise war? Die Begleitung, ein sanfter Hintergrund schwirrender Geigen, watteweicher Bläser und leichter Rhythmen veranlaßte einen «ungewogenen» Kritiker dazu, diese Musik und ihren Stil als «den Sound eines aus dem Takt geratenen Frühlingsrauchens» zu beschreiben.

Als Amerika sich der Jahrhundertmitte näherte, fiel kaum mehr jemand Sinatras wegen in Ohnmacht, wurde versucht, Präsident Truman umzubringen, und gab Harry einem Kritiker, der den Gesang seiner Tochter mit dem Beiwort «flach» abzukanzeln wagte, den guten Rat: «Eines Tages werde ich Ihnen hoffentlich begegnen. Wenn das geschieht, brauchen Sie eine neue Nase, eine ganze Menge Beefsteak, um sich die blaugeschlagenen Augen zu kühlen, und vielleicht noch ein Bruchband für untenrum.»

Sinatras Privatleben war in Aufruhr, da er versuchte, sich von seiner ersten Frau zu lösen (und sein Verhältnis mit Ava Gardner zu legalisieren), aber von Schuldgefühlen geplagt war, weil er seine Kinder verließ. Diese Schwierigkeiten waren seiner Stimme anzuhören und drückten sich überdies in seinem launischen Verhalten aus – Streitereien mit Reportern, Auseinandersetzungen mit Ava, Konflikte mit seinen Beratern. Zudem verlor er 1950 zwei seiner engsten Freunde – George Evans, seinen langjährigen Publicity-Agenten, der an einem Herzinfarkt starb, und Manie Sachs, seinen langjährigen A&R-Mann und Mentor, der Columbia verließ, um zu RCA Victor zu gehen.

Was seine Platten betraf, so verbrachte Sinatra die frühen 50er Jahre damit, sich an das neue Columbia-Regime zu gewöhnen und mit den verschiedensten Arrangeuren zu experimentieren. Aber nichts vermochte den Niedergang seiner Karriere aufzuhalten. Als sein Vertrag '52 auslief, schuldete er Columbia 110000 $ an nicht verdienten Vorschüssen, und sowohl er wie die Plattenfirma wollten so schnell wie möglich voneinander loskommen (to call it «splitsville» – wie Sinatra es in seinem Jargon ausdrückte).

Der blonde Alex Stordahl mit dem schütteren Haar, Planer und Realisator seines Columbia-Sounds und der Hit-Erfolge aus den 40er Jahren, arrangierte und dirigierte seine ersten Aufnahmen für Capitol. Bald darauf aber verließ auch er, was wie ein sinkendes Schiff aussah, und nahm einen Posten bei einem neuen Gesangsstar, Eddie Fisher, an, der Zukunft zu haben schien. Im April 1953 begann Sinatra seine Zusammenarbeit mit dem Arrangeur und Dirigenten Nelson Riddle.

Im Dezember desselben Jahres hatten sie *Young At Heart* fertiggestellt. Und dieser Titel wurde zum Wendepunkt in seiner Schallplattenkarriere, wie «From Here To Eternity» («Bis in alle Ewigkeit») der Beginn einer neuen und phantastisch erfolgreichen Filmkarriere für Sinatra wurde. Dieser Film lief im selben Jahr an.

Young At Heart war zum Fingerschnippen. Der Titel klang im Sound der Big Bands, war aber von einer großen Streichersektion verstärkt. Es war Swing mit Strings, die Bläser sorgten für den richtigen Drive, während die Streicher die notwendige Portion Lyrik hineinbrachten. *Young At Heart* sagte den Veteranen des Zweiten Weltkriegs etwas, ging aber gleichzeitig auch deren Kindern in die Ohren mit seinem frischen Tempo-Balladenstil.

«Mann, bin ich obenauf», sagte Sinatra, als er 1953 den Oscar als bester Darsteller in einer männlichen Nebenrolle in Empfang nehmen konnte. Aber kurz bevor er *Young At Heart* aufnahm, ging seine Ehe mit Ava Gardner in die Brüche. Sie hatte nicht ganz zwei Jahre gedauert und viel gekostet. Einige Jahre nach 1954 flog der Phönix des Films, wie man ihn nannte, mit einer brennenden Fackel einher. Auf der emotionalen Ebene schon immer ein autobiographischer Sänger – und in dieser Hinsicht unter den Popsängern einzigartig –, nahm er immer wieder Songs auf, die auf seine anhaltenden Gefühle für Ava anspielten. *Why Should I Cry Over You?* fragte er im Dezember '53. *Last Night When We Were Young* sinnierte er im März '54. *Just One Of Those Things* stellte er im folgenden Monat fest, und dann versuchte er es mit der Aufforderung

Get Happy und *Wrap Your Troubles In Dreams*. Im Mai lamentierte er über *The Gal That Got Away* und gestand im August *When I Stop Loving You*.

Im Februar '55 fragte er *Why Can't We Be Friends?* und versicherte gleichzeitig *I'll Be Around*. Im selben Monat verkündete er *I Get Along Without You Very Well*, aber gleichzeitig nahm er die selbstquälerischen Titel *In The Wee Small Hours Of The Morning* und *When Your Lover Has Gone* auf. Im folgenden Monat gestand er ein *I'll Never Be The Same* und fragte *How Could You Do A Thing Like That To Me?*. Daß ich mir eine solche Geschichte aus Songtiteln nicht aus den Fingern gesogen habe, wird deutlich, wenn man Franks Verhalten betrachtet. Während dieser Zeit zerriß er einmal ein Foto von Ava in kleine Stücke, ließ sich dann aber sofort von seinen Kumpels helfen, es wieder zusammenzukleben. Einem Botenjungen, der half, ein Stück des Fotos wiederzufinden, schenkte er zum Dank eine Armbanduhr. Sein Gesang hatte eine derartige Direktheit und Gefühlstiefe, weil er sich durch die Songauswahl ermöglichte, innerste Gefühle nach außen darzustellen.

Während der restlichen 50er Jahre blieb Sinatra ein Star am Sängerfirmament, hatte Songs in den Hitparaden und Alben mit gigantischem Verkaufserfolg – «*Love And Marriage*» aus einer Fernseh-Show von '55; *All The Way*, den Oscar-Song von '57, und *High Hopes*, ebenfalls Oscar-Preisträger '59. Nicht mal die Rock-Lawine machte ihm zu schaffen. Die Kids bewunderten seine Halsstarrigkeit und fühlten eine gewisse Verwandtschaft mit ihm, wenn er sich gegen Autoritäten wandte, das Establishment vor den Kopf stieß und sich wie ein Bastard benahm.

Ende der 50er Jahre, als die meisten Künstler seiner Generation kaputt waren, fühlte er sich immer noch stark genug, Capitol Records zu verlassen und seine eigene Plattenfirma zu gründen. Auf Reprise brachte er noch Mitte der 60er Jahre drei der erfolgreichsten Singles seiner Karriere heraus: *Strangers In The Night, That's Life*, einen Hard-Rock-Blues, und *Something Stupid*, ein Duett mit seiner Tochter Nancy – alle Nummer 1 und alle vergoldet. Zu der Zeit war er für die Kids nur Nancys Papa.

Es war jedoch während der Rock 'n' Roll-Tage der 50er Jahre, in denen er seinen individuellen Stil entwickelte, den ich in meiner Sinatra-Biographie beschrieben habe als «ein swingendes Balladen-Genre, das den Pop-Lyrizismus mit Jazz-Einflüssen verbindet, tiefgehendes Gefühl mit treibendem Beat . . . die selbstmitleidige Sanftheit des Einsamen mit der improvisierten Zähigkeit des widerspenstigen Außenseiters». Dieser Stil sprach alle an: jung, alt und jene zwischendrin. Andere haben ihn zwar imitiert, aber nur bei ihm waren Stil und Persönlichkeit eins.

Außer seinem Bogart-ähnlichen Image waren es noch zwei Faktoren, die ihren Reiz auf die Rock 'n' Roll-Generation ausübten. Als Liebhaber wirkte er ebenso verletzlich wie aggressiv, zärtlich und grob, ebenso bereit zu sagen «Please Love Me» wie «Frig You». Und den anderen Faktor hat Sinatra selbst beschrieben: «Es liegt daran, weil ich mein Publikum einbeziehe, persönlich in einen Song einbeziehe . . . ich habe ein Leben mit äußersten emotionalen Widersprüchlichkeiten gelebt und bin deswegen besonders sensibel, für das Gefühl der Trauer ebenso wie für das der Hochstimmung . . . Was sonst über mich persönlich gesagt worden ist, bleibt unwichtig. Wenn ich singe, dann glaube ich daran . . .»

Als New Yorks 52nd Street in den 40er Jahren noch swingte, spielte das King Cole Trio in Kellys Stable, in einem alten Gebrauchtwagen aus dem Westen angereist. Der talentierte Oscar Moore an der Gitarre und Wesley Price am Bass stützten gekonnt Nat Coles phantasiereiche Ausflüge auf dem Klavier.

Eines Nachmittags wurde der Mitbesitzer Ralph Watkins von seiner Schwester angerufen, die für den Stable die Bücher führte. Sie konnte nicht arbeiten, weil Nat «diesen einen Titel immer wieder singt, und mich macht das ganz irre». Watkins sagte: «Nat singt nicht», nahm sich ein Taxi und kam sofort in den Club. Er trat leise in den dunklen Club, stellte sich in eine Ecke und hörte zu – voller Verwunderung. Erst ein paar Abende später sagte er etwas zu Nat, als Billie Holiday, die Hauptattraktion des Programms, sich krank meldete. Er forderte Cole heraus, an diesem Abend zu singen. Cole wollte nicht recht und zeigte eine Unsicherheit, die Watkins überraschte. Aber trotzdem, an jenem Abend sang er. Es war das erste Mal, daß King Cole der Jazzpianist als Nat Cole der Sänger auftrat.

Es dauerte mehrere Jahre, bevor das King Cole Trio nur noch als Nat «King» Cole auftrat. Die teilweise Erklärung dafür ist verblüffend. Niemand, der Cole live gehört hat oder auf Platte, kann seine Bewunderung für dessen makellos klare Diktion verhehlen. (Man hielt viel von guter Diktion im Gesang vor der Rock-Ära.) Und doch fürchtete sich Cole, öffentlich zu singen, weil er Sprachschwierigkeiten hatte, und bevor er es tat, ließ er sich zuerst von einem Sprachtherapeuten behandeln.

Obwohl das King Cole Trio mit *Straighten Up And Fly Right* 1944 einen Hit hatte, erreichte Nat Cole seine gesangliche Reife erst 1947 mit *Nature Boy*. Diese Offbeat-Ballade mit einer verwundenen Melodie, die ein wenig indisch klang, stammte von einem Amateur aus Los Angeles, der vielleicht von sich behaupten könnte, der erste Hippie des Landes gewesen zu sein. Er trug lange Haare und einen Vollbart, hieß Eden Ahbez und wanderte über Hollywoods Boulevards in Sandalen und einem weißen Gewand, ähnlich wie heutzutage die Hare Krishna-Anhänger. Der eigenwillige Charakter des Liedes mit seiner Natur-Jun-

35

gen-Botschaft vom «Lieben und Wiedergeliebtwerden» war der Prototyp für Coles zukünftige Platten.

Während der mitt-50er Jahre machte er melodisch reiche und textlich poetische Balladen populär wie *Mona Lisa*, den Oscar-Song von 1950, *Too Young, Somewhere Along The Way, Answer Me, My Love, A Blossom Fell* und eine Neuaufnahme von *Ballerina* mit dem Pagliacci-Thema. In der Branche wußten die Verleger, daß Cole nicht das geringste Interesse an Tin Pan Alley-Durchschnittsware hatte, wie kommerziell eine Ballade auch sein mochte.

Als Sänger war er weder so engagiert wie Sinatra noch so distanziert wie Como, und sein Gesang war der Triumph ausgefeilten Stils. Sein Sound, gedämpfte Streicher oder ein sanftes Tenor-Sax, war einzigartig und unverwechselbar. In der Vor-Rock-Ära, noch bevor Schwarz als schön galt, war er einer von zwei schwarzen Sängern, die in den Mainstream einbrachen. An Billy Eckstine, den anderen, erinnert man sich auf Grund von *I Apologize* und *My Destiny*. Obwohl die Reaktion auf Mr. B., wie Eckstine genannt wurde, intensiver war – er sprang für Sinatra im Copa ein, als der «Swooner» seine Stimme verlor –, blieb Eckstines Aufenthalt in den Top Ten von weitaus kürzerer Dauer als Coles, möglicherweise wegen seines übertriebenen, manchmal schon lächerlichen Vibratos.

In der Welt des Entertainment, einschließlich des Musikgeschäfts, hat man schon immer stolz verkündet, daß man frei sei von Vorurteilen. Aber wie viele schwarze Künstler fanden sich in der Liste von 197 Platten, die *Billboard* als die «Musikbox-Favoriten aller Zeiten» aufgestellt hatte? Nur sechzehn. Und viele von diesen Künstlern, einschließlich Cole, imitierten den weißen Stil. In den Vor-Rock-50er Jahren spielten weiße Mainstream-Diskjockeys keine Platten, die zu schwarz klangen. Als Ray Charles daher in den frühen 50er Jahren seine ersten Anstrengungen unternahm, bekannt zu werden, imitierte er Cole. Glücklicherweise – für ihn selbst wie für die Popmusik – kam die Anerkennung, als er sich seiner Gospel-Roots besann. Ähnlich ging es auch Aretha Franklin.

Johnny Mathis war jung und schwarz, und seinen ersten Hit hatte er, nachdem der Rock 'n' Roll geboren war. Aber er ist ein direkter Nachfolger der großen weißen Balladensänger der Vor-Rock-Ära, intensiv, aber nicht engagiert, ein Adagio-Sänger ohne Beat, Meister eines hochfliegend lyrischen Stils.

Mathis kann einen Rekord für sich verbuchen: eines seiner Alben blieb über vierhundert aufeinanderfolgende Wochen in den Billboard Charts. Fast acht Jahre – nur sechzehn Wochen fehlten –, von den späten 50er bis in die 60er Jahre, war sein Album «Johnny's Greatest Hits» in den Hitlisten verzeichnet. «Als Columbias Marketingabteilung versuchte, den Grund für diesen andauernden Erfolg herauszufinden», so sagte er mir, «kam man zu dem Ergebnis, daß meine Platte Liebenden aller Altersstufen dazu verhalf, ihre zärtlichsten und romantischsten Stunden zu finden oder wiederzuerleben.»

In einem analytischen Anflug fügte Johnny hinzu: «Da es kein anderes Medium gibt, das gleichsam auf Kommando eine Folge entspannender Songs liefert, wenn Leute sich auf ihr Sofa oder ihr Eisbärenfell zum Schmusen legen, werden die Schallplatten zu Katalysatoren für sinnliche *vibrations*, die zum Liebemachen anregen. Meinetwegen sei es Sex genannt. Es sei denn, man meint, meine Platten peitschten den Hörer in einen wilden und liebestollen Zustand. Nein, ich wähle Songs aus, die ohne Protest sind, ohne Haß, Gewalttätigkeit, Kummer und alle negativen Aspekte – und ich wähle Arrangements, die die Leute dazu anregen, einander zu lieben, indem ich alles darstelle, was schön und optimistisch ist.»

Das wäre das Schema der Vor-Rock-50er Jahre. Die Sänger waren eifrig bemüht, ihren Zuhörern Entspannung zu schaffen und eine Atmosphäre der Wärme und Zuneigung entstehen zu lassen. Sie versuchten, eine Traumwelt zu beschwören, in der jeder glücklich weiterlebte, wenn er nicht gestorben ist. Keine Four Letter-Gedanken. Keine Four Letter-Wörter. Nichts heraussingen, wie es wirklich ist – sondern schmalzen, summen, sinnieren, tagträumen. Angesichts einer Sternschnuppe wünschen, dem Mond zuzuwinken, in der Sonne entspannt träumen. Nur keine Wellen machen. Wie Johnny Mercer schrieb und Bing Crosby und die Andrews Sisters sangen: «Ac-cent-tchu-ate the positive, ee-lim-i-nate the negative». Aber keinen Gedanken verschwendet an Mercers weitere Ermahnung: Man halte sich an Mister Zwischendrin! Das war die Devise. Vor-Rock-Pop war das Hintergrundgesäusel, bevor die Branchen-Postillen den Begriff *easy listening* prägten und bevor die Muzak-Lautsprecher einen niemals endenden Strom seichter Von-der-Eingangshalle - zum - Fahrstuhl - zur - Bank - zum - Restaurant - zum - Flughafen - zum - Waschraum - Musik hervorplätschern ließen.

Der «Bart»

Knallende Ochsenziemer . . . krächzende Wildgänse . . . bellende Hunde . . . schmetternde Waldhörner . . . der bärtige Mitch Miller brachte Sound-Tricks und neue Impulse in die Popmusikszene der frühen 50er Jahre, die damals von einer allmächtigen Junta der Sechs regiert wurde.

Diese sechs waren die A&R-Häuptlinge der größten Plattenfirmen. Eigentlich bildeten sie gar keine Junta, denn sie wurden so oft abgelöst, daß diese sechs nur selten dieselben sechs waren. Aber es gab einen Zeitpunkt in den frühen 50er Jahren, da wirkten der fast kahle, mondgesichtige und Zigarren kauende Milt Gabler bei Decca (Nachfolger des hochgewachsenen, höflichen Dave Kapp, Nachfolger von Morty Palitz, Nachfolger von Jimmy Hilliard), der stoppelköpfige Charlie Green bei RCA Victor, der vierschrötige Joe Carlton bei Mercury, der mürrische Harry Meyerson bei MGM, der freundliche Andy Wiswell bei Capitol. Dies war die New Yorker Phalanx.

Und noch ein Mitverschworener wirkte in Hollywood. Diese Sechs waren eigentlich weniger die Männer persönlich als vielmehr die bundesweiten Plattenfirmen, die sie repräsentierten, mit ihren Vertrieben, Verkaufsmanagern, Werbe-Etats, PR- und Promotion-Stäben, regionalen Zweigbüros usw. Und was sie massenweise in ihren Presswerken produzierten, machte zusammengenommen den Mainstream der Pop-Musik aus.

Vom Februar 1950, als er die Zügel bei Columbia in die Hand nahm, bis zur Ankunft des Rock 'n' Roll war Mitchell Miller der beständigste Produzent von Hits und zudem die markanteste Persönlichkeit. Sein Kinn- und Schnurrbart war damals eine Modeneuheit. In einer Welt, in der die leitenden Angestellten glattrasiert waren und ihre Hosen messerscharfe Bügelfalten hatten, verlieh ihm seine Bartpracht eine einzigartige Identität. Er besaß einen akademischen Grad von der Eastman School of Music und war ein ausgezeichneter Oboist. Er war überdies ein Superschürzenjäger, wie er selbst gern verkündete.

Als der wohlgelittene Manie Sachs Columbia verließ, um zu RCA Victor zu gehen, holte Goddard Lieberson, auch ein Eastman School-Abgänger und damals leitender Direktor von Columbia, Mitch von Mercury Records, wo er sich bereits einen Namen gemacht hatte. Die in Chicago beheimatete Firma begann gerade ihre Werbekampagne für

38

Frankie Laines Platte *Cry Of The Wild Goose*, produziert von Miller. *Mule Train*, auf der Miller die Peitsche des Maultiertreibers hatte knallen lassen, war gerade vom vielbegehrten 1. Platz auf der Billboard Honor Roll of Hits gerutscht. Ein weiterer Laine-Hit, *That Lucky Old Sun*, war die Nummer zwei der Top Tunes von '49.

Trotz Millers Übertritt zu Columbia stellte ihn Mercury in einer Anzeige für eine neue Platte groß heraus: *The Flying Dutchman* des jungen Richard Hayes. Gekleidet wie der legendäre Seemann mit Hurrikan-Hut, war Millers Kopf zusammen mit dem von Hayes abgebildet. Nur war er viermal größer als der von Hayes. Da Columbia die erfolgreichste der großen Plattenfirmen in den frühen 50er Jahren war, wurde Miller zum meistpublizierten und selbstangepriesenen Plattenproduzenten.

Columbia Records war damals in der Seventh Avenue 799 beheimatet, an der Ecke der 52nd Street, einen langen Block westlich von dem kupfergetönten Wolkenkratzer an der Sixth Avenue, wo die Firma heute residiert. Miller kam jeden Morgen zur gleichen Zeit wie der Fahrstuhlführer, der das Gebäude aufschloß. Musikverleger, die gewohnt waren, nicht früher als um die Mittagszeit in ihren eigenen Büros aufzutauchen, mußten plötzlich lernen, daß man ihm am allerbesten um acht Uhr morgens neue Songs vorstellte. Der «Bart» ging zudem nur sehr selten zum Lunch aus dem Haus, sondern hatte einen kleinen Eisschrank in seinem Büro, knabberte Käse und Sachen aus dem Reformhaus und rauchte während des Tages lange, dicke Zigarren. Er trug nie ein Jackett. Offener Hemdkragen, lose Krawatte, zerknittertes Hemd, das ihm aus den faltigen Hosen rutschte – er war ständige Energie in Bewegung.

Wenn er einen Song ablehnte, tat er es mit einem einzigen Kopfschütteln. Wenn man dann seinen Blick erwischte, ließ er die Augenlider mitfühlend flattern. Wenn ihm ein Song gefiel, hatte er Verbesserungsvorschläge massenweise anzubieten. Seine Kommentare waren jedoch gewöhnlich sinnvoll. Und da es genau den Unterschied ausmachte, ob man eine Platte produziert bekam oder nicht, wurden seine Vorschläge immer angenommen.

Anders als die meisten A&R-Leute in den frühen 50er Jahren, die ausschließlich mit den Verlegern und ihren Gen. Prof. Mgrs. verhandelten, öffnete Mitch seine Bürotür auch Songschreibern persönlich. Terry Gilkyson, der Folk-Freund, der *Cry Of The Wild Goose* schrieb, war ein häufiger Besucher, ebenso wie Bill Engvick, der den Text zu *Song From Moulin Rouge* verfaßte, Alec Wilder, der Arrangeur und Songschreiber, und Bob Merrill (*My Truly, Truly Fair*).

Bald nachdem Miller sich bei Columbia eingerichtet hatte, folgte ihm auch Frankie Laine von Mercury. In der Miller-Gruppe befanden sich Doris Day, Jo Stafford mit der Orgel-Stimme, die farblose Mindy Carson und die zu den *belters* zählende Rosemary Clooney, bei den Männern

waren es Tony Bennett, Guy Mitchell, der Heuler Johnny Ray, die FOUR
LADS (*Moments To Remember*), der silberstimmige Vic Damone und
später Johnny Mathis.

Zusammen mit seinem Orchester und Chor, die aus sorgfältig ausge-
suchten Studiomusikern bestanden, konnte Miller selbst einige Bestseller auf sein Konto verbuchen, wie zum Beispiel *Yellow Rose Of Texas*,
eine der meistgespielten Platten 1955, und den *River Kwai March*. Wie
bei seinen eigenen Platten suchte er auch als Produzent den lebensfro-
hen, saft- und kraftvollen Sound und nahm damit die lebendige Frische
des KINGSTON TRIO vorweg. Gegen Ende seiner Amtsdauer bei Columbia, als er der Grandpa Moses des Sing-mit-mit-Mitch-Syndroms geworden war, konnte er für sich in Anspruch nehmen, (bis dato) mehr Alben
als sonst jeder Künstler jedes anderen Labels verkauft zu haben.

Als die Flutwelle des Rock 'n' Roll um 1958 ihren Höchststand
erreicht hatte, war er der einzige leitende Angestellte einer der großen
Plattenfirmen, der sich offen gegen den Rock aussprach. Und doch hat er
mit seiner Arbeit als Produzent bestimmte Aspekte des Rock 'n' Roll
vorweggenommen.

In seiner Songauswahl gab er immer wieder Folk-orientiertem Mate-
rial verschiedenster Prägung den Vorzug. *The Roving Kind*, ein Guy
Mitchell-Hit, basierte auf dem englischen Folk-Song *The Pirate Ship*
oder auch *The Rakish Kind*. Aus dem südafrikanischen Material von
Josef Marais suchte sich Miller Titel für Jo Stafford, Doris Day und
Frankie Laine heraus. Die Adaption, die Oscar Brand von einem alter-
tümlichen zotigen Song machte, der im Zweiten Weltkrieg als *A Gob Is
A Slob* kursierte, wurde 1952 als *A Guy Is A Guy* ein Bestseller für Doris
Day.

Miller brachte Bob Merrill dazu, Songs zu schreiben, die klangen, als
hätten sie Folk-Ursprünge. Maßgeschneidert für Guy Mitchell, der mit
manchen Plattendebüts unter anderem Namen (und auch seinem eigenen) Mißerfolge hatte, waren solche Hits wie *Belle, Belle, Sparrow In
The Tree Top, Pittsburgh, Pennsylvania* und *Feet Up (Pat Him On The
Po-Po)*. Auf diesen Platten benutzte Miller das Waldhorn mit seinem
hohlen, schmetternden Klang, der in der Welt des Pop so neu war.

All diese Songs wurden von Joy Music verlegt, einer Firma, unter
deren Einfluß Guy Mitchell und Mindy Carson, die Ehefrau von Eddie
Joy, zu Columbia kamen. Miller erwies dieser Firma – und auch den
Firmen des schlaksigen Howard Richmond – die seltene Ehre, sie persönlich zu besuchen, um sich neues Material vorspielen zu lassen, statt
darauf zu bestehen, daß Georgie Joy oder sein Sohn Eddie sich in sein
Büro begaben.

Trotz seines eigenen hochgebildeten musikalischen Hintergrunds –
noch zu jener Zeit trat Miller als Solo-Oboist mit Symphonie-Orchestern

auf – bewies er eine ungeheure Sensibilität für populären Geschmack, sogar für Hillbilly-Material. Die Leute in Nashville bezeichnen manchmal Songs, die in ihrem Umkreis entstanden, als «White Blues», während die Zeitschrift *Rolling Stone* das Underground-Beiwort «shit-kickin'» bevorzugt.

Schon 1951 nahm Miller eine Hank Williams-Ballade, *Cold, Cold Heart*, die von ihrem Autor bei MGM aufgenommen worden war, ließ sie von Tony Bennett covern und produzierte damit einen nachhaltigen Hit für den Mann mit dem tiefen Bariton. Im darauffolgenden Jahr machte Miller dasselbe für Rosemary Clooney mit einer anderen Hank Williams-Ballade, *Half As Much*, und für Jo Stafford mit dem Williams-Cajun-Swinger *Jambalaya (On The Bayou)*. Der Einbruch des C&W-Materials in den Mainstream fand auch bei den anderen großen Plattenfirmen statt. (Doch davon später.) Er half auch, den Markt auf Rockabilly, die früheste Form des Rock 'n' Roll, vorzubereiten.

Soweit ich weiß, machte Mitch nur einen Vorstoß in den Bereich des Rock 'n' Roll, und zwar über eine Songschreiberin/Sängerin, die ich verlegte und managte. Beverly Ross, Tochter eines jüdischen Hühnerzüchters in New Jersey, war Mit-Autorin von *Dim, Dim The Lights*, einem Titel, der von BILL HALEY AND THE COMETS aufgenommen wurde. Außerdem war sie Mit-Autorin von *Lollipop*, einer Rockballade, die zu einem Riesenerfolg für die CHORDETTES wurde.

Als Beverly mir zwei autobiographische Songs brachte, trat ich an Mitch heran, um sie von ihm produzieren zu lassen. Er war einverstanden. *Stop Laughing At Me* und *Headlights* wurden mit einer typischen R&B Combo und einem starken *afterbeat* eingespielt. Mitch war so begeistert, daß er Beverly (und mich) zu einer erweiterten Sitzung der Verkaufs-, Promotion-, Werbe- und Management-Abteilungen einlud, wo er die beiden Titel zum erstenmal vorstellte. Ich glaube, daß die Columbia-Leute beeindruckt waren und überdies angetan, daß Mitch sein Augenmerk auch auf den Teenage-Markt richtete.

Beverly besaß eine gellende Stimme ähnlich wie Shirley Bassey, und sie sang mit Herz. *Headlights* beschrieb die Sehnsucht eines einsamen Bauernmädchens, das dem Licht der Auto-Scheinwerfer nachträumt, die in ihr verdunkeltes Zimmer scheinen, und sich vorstellt, wie gut die anderen Mädchen es haben, die von ihren Freunden durch die Gegend gefahren werden. *Stop Laughing At Me* war der erbitterte Aufschrei eines unattraktiven Mädchens.

Trotz der Stärke der beiden Titel gab es Schwierigkeiten, denn Beverlys äußere Erscheinung arbeitete gegen sie. Sie war gebaut wie Mama Cass, hatte ziemlich grobe Gesichtszüge und kleidete sich auffällig. Darin nahm sie die Hippies der 60er Jahre in gewisser Weise vorweg. Columbia zeigte genügend Enthusiasmus, um eine Promotion-Tour zu den Disk-jockeys der wichtigsten Sender zu finanzieren. Unerfahren wie sie war, reagierte Beverly aus der Defensive, und ihr ungeschliffenes Auftreten irritierte viele Plattenjockeys. Der Produzent der *Ed Sullivan Show* zeigte sich beeindruckt, aber als Beverly persönlich auftauchte, wurde ihr Auftritt abgesagt. Die Zeitschrift *Life* schickte ein Fotografen-Team auf die Hühnerfarm ihres Vaters, und man bildete sie in der Umgebung ab, aus der die Songs stammten.

Nach fünf aufregenden Wochen war alles vorüber. Die Platte «hob nicht ab», wie man im Branchenjargon sagte. Ich möchte nicht so weit gehen zu sagen, daß diese Erfahrung Mitch endgültig vom Rock 'n' Roll abbrachte, obwohl er andererseits ein Mann war, der sich auch geringe Fehlschläge sehr zu Herzen nahm. Aber er hat danach nie wieder einen Rock-Sänger unter Vertrag genommen und wurde zum herausragenden Anti-Rock-Sprecher des Platten-Establishments.

Er argumentierte, daß die DJs ihre Verantwortung mißbrauchten, indem sie das Publikum vernachlässigten, das «Abwechslungsreichtum, musikalisches Können und mehr Feinheiten in der Musik» zu schätzen wußte. Und er warnte, daß der Single-Verkauf zurückgehen würde, weil die LP-Käufer «ihren erwachseneren musikalischen Geschmack» befrie-digen wollten. Der «Bart» zeigte sich prophetisch, wenn auch auf eine Weise, die er nicht vorhergesehen hatte. Die Album-Verkäufe stiegen immer mehr an. Aber desgleichen die der Singles. Und Teenager kauften Alben vielleicht noch in größeren Mengen als Erwachsene.

Die Begeisterer

Nachdem Bacharach und David im Pop groß herausgekommen waren, bat mich der Show-Komponist Vernon Duke, eine Zusammenkunft mit dem Texter Hal David zu arrangieren. Wir drei verbrachten einen Nachmittag zusammen, und Duke, der schnell, intelligent und nervös redete, deckte David mit Anekdoten ein, analysierte musikalische Trends, diskutierte über verschiedene Texter, mit denen er gearbeitet hatte (eine eindrucksvolle Liste), und drängte auf Zusammenarbeit. Es war eine eindrucksvolle Vorstellung, und Hal, der kein besonders zungenfertiger Gesprächspartner ist, war von Dukes Enthusiasmus überwältigt.

Später fragte Duke: «Ich hab ihn doch in Verzückung geredet, oder?»

Um dieses Ziel ging es im Musikgeschäft ständig. Ja, während der Tin Pan Alley-Ära war es das Leitprinzip. Songs und Platten, sogar Songschreiber und Sänger waren so kurzlebig – wie konnte man sie verkaufen, wenn man nicht übergroßen Enthusiasmus und himmelhohe Begeisterung zeigte. Verleger bedienten sich dessen, um Songs gegen kleine Vorauszahlungen einzukaufen. Gen. Prof. Mgrs. wie ich nutzten diese Methode, um Produzenten und Künstler zu überreden, einen neuen Song aufzunehmen. A&R-Leute benutzten sie für ihre Hype bei den Diskjockeys, damit diese die Neuerscheinungen in ihr Programm nahmen. Es kam nur darauf an, daß man durchschaute, ob die Methode aufgesetzt war oder ehrlich gemeint.

Das Publikum war immer begierig, einen neuen aufregenden Künstler zu hören oder sich für einen neuen Sound zu begeistern, obwohl es in den Vor-Rock-Tagen länger loyal zu sein schien. Und darum seien hier einige der *Begeisterer* der frühen 50er Jahre vorgestellt. Eigentlich gibt es ein solches Wort nicht. Aber es gab Künstler, die Begeisterung erregten und Enthusiasmus weckten.

1950

«So long, it's been good to know you...» Die Stimmen waren kraftvoll, tragend über die Weite der Prärie, lebensfroh. Drei Burschen und ein Mädchen. Sie nannten sich die WEAVERS. Sie sangen Woody Guthries *dust-bowl*-Ballade mit den barbarischen und heiseren Lauten und der Vitalität von Walt Whitmans dieser Tage. «Tzena...tzena...

tzena» hatte die rhythmische, in die Hände klatschende Lebensfreude einer israelischen Hora. 1950 schafften sie es zum erstenmal mit Huddie Ledbetters Holzfäller-Ballade, «I-i-rene, goodni-i-ight, Irene goodnight . . .». Leadbelly war im Jahr zuvor gestorben, und jetzt war seine Herzeleid-Ballade der größte Song des Jahres.

Der flimmernde Klang der Zither war neu und tauchte im unheildräuenden Titelsong des Carol Reed-Thrillers «Der dritte Mann» auf. Gespielt von dem österreichischen Komponisten Anton Karas, war die Aufnahme auch bekannt als *Harry Lime Theme*, nach der Schlüsselfigur des spannenden Films. Guy Lombardo, herausragender Exponent der «Tanzmusik für Geschäftsleute», machte einen Hit daraus. Art Mooney versuchte aus dem Sound Kapital zu schlagen, indem er eine in der Tin Pan Alley geschriebene *Zither Serenade* aufnahm (und verlegte). Aber die Nabobs von den Selznick-Studios und Loew's setzten sich zusammen – und MGM zog die Mooney-Aufnahme zurück.

Aus Hollywood kam auch *My Foolish Heart* mit einer schmalzigen Victor Young-Melodie. In dem Film gleichen Titels, vorgestellt von der tränenüberströmten Susan Hayward, dem Mädchen mit gebrochenem Herzen, wurden die Plattenaufnahmen des Songs von Gordon Jenkins und seinem Orchester sowie von Billy Eckstine zu Bestsellern. Im Wettrennen um den Oscar verlor *My Foolish Heart* gegen *Mona Lisa* aus dem mittelmäßigen Alan Ladd-Film «Captain Carey, U.S.A.», das seinen Erfolg dem phantasievollen Text, Nat Coles hervorragender Darbietung und einem von Nelson Riddles frühesten Hit-Arrangements verdankte. Die Arrangeure wurden in jenen Tagen nicht auf den Labels erwähnt – nur die Bandleader/Dirigenten – und man nahm an, daß Les Baxter für das Arrangement verantwortlich war, bis Nelson Riddle es wagte, offen auf seinen Anteil hinzuweisen.

Der wichtigste Import des Jahres war *La Vie En Rose*, bei uns von Edith Piaf vorgestellt, die den ursprünglichen französischen Text geschrieben hatte. In ihrer Heimat als «Spatz von Paris» bekannt und als ehemalige Prostituierte in der Presse lanziert, hatte die Piaf einen sensationellen Erfolg in Manhattans Schickeria-Club «Versailles» – aber Tony Martin machte die Hit-Platte.

Der Freak-Song des Jahres war eine zehn Jahre alte Ballade von Rodgers und Hart. Ursprünglich in *Pal Joey* vorgestellt, zeigte *Bewitched . . . bothered . . . and bewildered* anfangs keine Erfolgswirkung, möglicherweise weil die Show nur relativ kurzlebig war (270 Vorstellungen). 1950 führte eine Klavier-Version, rein instrumental, auf einem unbekannten Label (Tower) und von einem unbekannten Pianisten (Bill Snyder) zu einer überraschenden Wiederentdeckung des Liebesliedes. Es kam hoch in die Charts, und Doris Day machte eine weitere Erfolgsversion.

Und dann war da *The Thing*, ein Ulk von Charlie Grean, dem A&R-Chef von RCA Victor. Phil Harris sprach den Text in seinem Reibeisen-Bariton mit Südstaaten-Akzent. Es gab zwei laute Geräusche in dem kritischen Augenblick, als er in die mysteriöse Kiste schaut. Alle rätselten, aber niemand erfuhr je, was *The Thing* gewesen sein mochte – nur Bumm-Bumm.

Unter den Neuentdeckungen war eine Frau, die man herumhopsen und mit den Fingern schnippen sah, wenn man ihrer flotten Aufnahme von «Music, Music, Music . . . put another nickel in . . . in the nickelodeon . . .» zuhörte. Ihre Stimme war hart, jung und schrill, und ihr Name war Teresa Brewer, und sie stand am Anfang einer langen Karriere.

Ihre Stimmen waren volltönend und musikalisch, aber sie waren jung und Neulinge. Die AMORY BROTHERS aus Boston nahmen ihre Platten unter dem Namen AMES BROTHERS auf, coverten einen Song auf einem ausgefallenen Label (Bullet) und machten aus *Rag Top* einen Mainstream-Hitparaden-Erfolg. Ursprünglich war der Titel von einem seiner Autoren aufgenommen worden, von den Westernern JOHNNY LEE WILLS AND HIS BOYS. «Ra . . . R-a-g-g . . . M-o-p-p . . .» war guter 4/4-Dixieland. Aber der saftige Afterbeat ließ schon die Rhythmen ahnen, die bald zur Tanzmusik einer neuen Generation werden sollten. Zu jener Zeit jedoch wurde hauptsächlich *Sentimental Me*, die Rückseite, gespielt.

Es gab noch andere Zeichen dafür, daß möglicherweise ein Wandel ins Haus stand. Ein Country-Song, *Chattanoogie Shoe Shine*, von zwei Radioleuten aus Nashville geschrieben, kam auf die Nummer eins der Honor Roll of Hits. Red Foley nahm den Titel zuerst auf, aber sein Decca-Kollege Bing Crosby machte die schmissige Version, die in den Mainstream vorstieß.

Im Herbst '50 verwies Crosby auf die Zeit des Generationenwechsels, indem er zwei Lieder mit seinem ältesten Sohn aufnahm. Auf dem Plattenlabel wurden *Play A Simple Melody* und *Sam's Song* ausgewiesen als gesungen von Gary Crosby und einem Freund. Aber jedermann wußte, daß dieser Freund der Herr Papa war.

Sam's Song wurde verlegt von einer Firma, die im Branchenjargon «one-lung»-Betrieb genannt wurde. Solche Firmen wurden vom Schlafzimmer aus mit Hilfe einer Aktentasche geführt. Die Belegschaft von Sam Weiss, Inc., bestand ausschließlich aus Sam Weiss persönlich, einem Kontakt-Mann (Song Plugger), der seit Jahren mit großen Musikverlagen zusammengearbeitet hatte. In den späten 40er Jahren führten die sinkenden Sheet-Music-Verkäufe und ein wachsendes Interesse an Rundfunksendungen eher als an live gespielten Titeln dazu, daß allenthalben die Anzahl der Leute, die als festangestellte Song Plugger arbeiteten, reduziert wurde.

1950 versuchten schon eine ganze Anzahl von ehemaligen Kontakt-

Leuten ihr Glück als unabhängige Verleger. An Songs war nicht schwer ranzukommen. Kopien drucken zu lassen war billig. Das Problem war nur, eine Plattenaufnahme zu bekommen. Plötzlich öffneten die A&R-Leute bei den großen Plattenfirmen ihre Bürotüren einem jeden, der mit akzeptablem Material kam. Weiss gelang es, sowohl den Crosbys und Decca sein Lied mit dem sanften Rhythmus zu verkaufen wie Lou Busch bei Capitol, der *Sam's Song* unter seinem Pianisten-Pseudonym Joe «Fingers» Carr aufnahm. Der Beginn dieser Politik der offenen Tür war Anzeichen dafür, daß die großen Musikverleger das Geschäft nicht mehr so fest im Griff hatten.

1950 eröffnete das Birdland, ein Jazzkeller, der nach dem genialen Improvisator Charlie «Bird» Parker benannt war, am Broadway, wo früher der Clique Club gewesen war. Damit war das Ende der 52nd Street, des Mekkas der Jazzfans auf der ganzen Welt, als «Swing Street» signalisiert, und wichtiger noch: hier konnte sich der Bop weiterentwikkeln, und hier wurde er öffentlich gespielt, jener Jazz-Stil, der nach dem Kriege in Harlem entstanden war und der über die «Swing Street» nach *downtown* gekommen war. Der Erfolg des Birdland bestätigte, daß die Jazz-Fans aufnahmebereit waren für die komplexen Harmonien und Polyrhythmen des Bop. Jeder fungierte als Solist, einschließlich des Schlagzeugers, der früher kaum eine andere Funktion gehabt hatte als ein Metronom. Zwischen den altmodischen Balladen ohne Beat und dem neuen, eher konzertanten Jazz öffnete sich der Raum für eine Musik, nach der die jungen Leute tanzen konnten.

Woher würde sie kommen? In New Orleans begann ein Sänger/Pianist namens Antoine «Fats» Domino seine Karriere: er hatte soeben seine erste Platte für Imperial Records in Los Angeles aufgenommen. Er nannte die A-Seite *Fat Man*, denn das war er. Die Platte kam in die R&B Charts. Aber niemand schenkte dem besondere Beachtung.

Und in Akron, Ohio, wurde einem Diskjockey namens Alan Freed durch Gerichtsbeschluß untersagt, innerhalb eines 75-Meilen-Radius Sendungen zu machen, und zwar ein Jahr lang. Freed hatte die Station WAKR verlassen, um auf der gegenüberliegenden Straßenseite eine Position bei WADC anzunehmen. Das Management von WAKR setzte alle Hebel in Bewegung, um Freed nicht der Konkurrenz zu überlassen. 43 $ die Woche hatte er bei WKST in New Castle, Pennsylvania, verdient, bevor er 1945 für 60.50 $ die Woche bei WAKR angefangen hatte. 1949 hatte er schon 10.000 $ verdient, wie er auf gerichtliche Anordnung hin hatte zugeben müssen.

Nachdem er in Akron am Ende war, ging Freed nach Cleveland, und er spielte dort anfangs, wie damals in New Castle, klassische Platten im Radio. Nach einem Jahr hatte er die Leitung der *Moon Dog Show* übernommen, die von einem Plattengeschäft in Cleveland, das sich immer mehr auf R&B-Musik spezialisierte, finanziert wurde. Man fragt sich, was dem Rock 'n' Roll geschehen wäre, wenn man Freed nicht verboten hätte, in Akron Platten aufzulegen . . .

Mittlerweile war Gene Autry mit *Rudolph, The Red-Nosed Reindeer* zu einer Schlittenpartie aufgebrochen, die das Weihnachtslied zum größten und profitreichsten Song der vergangenen drei Jahrzehnte machte und möglicherweise sogar aller Zeiten. Eine Zeitlang hatte *White Christmas* Anspruch auf diese Position angemeldet. Aber in den vergangenen Jahren ist die (Irving) Berlin-Ballade, zum Teil auf Grund des Widerstandes schwarzer Bevölkerung gegen ihren Titel, von «Rudolph» überrundet worden, was Aufnahmen, Verkäufe und jährliche Aufführungen betrifft. Seit 1950 kann der Song-Autor Johnny Marks mehr als angenehm von dem Geld leben, das ihm dieser eine Song einbrachte.

1951

Die Radiowellen schwangen im *Tennessee Waltz*, als das Jahr begann. Clara Anne Fowler aus Tulsa, Oklahoma, besser bekannt als Patti Page, hatte eine ganze Anzahl von Hits gelandet, bevor sie ein Duett mit sich selbst sang, ein verhältnismäßig neuer Aufnahmetrick, und damit den Walzer so populär machte, daß er später zum Staats-Song von Tennessee wurde. Ihr Countryballaden-Stil, der ziemlich süßlich war, kontrastierte stark mit dem wachsenden Trend zu einem härteren Gesangsstil, wie ihn die kesse Blondine aus Maysville, Kentucky, Rosemary Clooney, verkörperte, die anbot, «(to) geeve-a you figs and dates and ev-e-ry-thing if you «Come On-A My House»».

Aus Chester, Pennsylvania, kamen die FOUR ACES, eine neue männliche Gruppe, die klangen, als säßen sie bei ihrem Harmoniegesang auf Motorrädern und trügen schwarze Jeans. *(It's No) Sin*, ihre erste Platte, wurde in Chester für Victoria Records produziert, ein einheimisches Label, erregte aber so viel Aufsehen, daß das Master-Band und die Gruppe sehr schnell von Decca weggeschnappt wurden. Vor Jahresende erfreuten sie sich eines neuen Hits, *Tell Me Why*, dessen Text der Lead-Sänger Al Alberts geschrieben hatte und in dem sie flehentlich fragten – nein, um Auskunft baten – nein, zu ergründen suchten – nein – zum Teufel: endlich wissen wollten, warum sie sich immer wieder verlieben mußten. Bald waren sie so populär, daß Hollywood-Produzenten ihnen Höchstgagen bezahlten; damit sie den Titelsong von *Three Coins In A Fountain*, Oscar-Song 1954, und *Love Is A Many Splendored Thing*, Oscar-Song von '55, sangen. Als Al Alberts die Gruppe verließ, schwand ihr Erfolg, und auch er schaffte es nicht. Und dann gab es noch die FOUR LADS mit einem ähnlichen Sound.

47

Wenn *Tennessee Waltz* nicht der größte Song von '51 war, dann konnte *Too Young* Anspruch auf die Ehre erheben. Dieser Titel blieb auf dem begehrten Platz eins der *Hit Parade*, Sonnabend abends, mehr Wochen als jeder andere Song in der Geschichte dieser Show. Eigenartig genug, wenn man bedenkt, daß hier schon – fünf Jahre vor dem massenweisen Aufkommen von Teenage-Balladen, die den elterlichen Mangel an Verständnis beklagten – ein wesentliches Thema des Generationenkonflikts angesprochen war: «They tried to tell us we're too young . . . too young to really fall in love . . .»

Er klang wie ein wiederauferstandener Caruso mit seinem bebenden dramatischen Tenor, dem Stimmumfang und der Energie eines Opernsängers und den Tönen, die er so lange aushielt, daß einem die Luft wegblieb. Ein ehemaliger Klavierträger war er, und er legte sich den Bühnennamen Mario Lanza zu. Kinobesucher waren von ihm so begeistert, daß sie während der Vorstellungen von «The Toast Of New Orleans» und «The Great Caruso» laut applaudierten – und manche riefen sogar *bravo* und *da capo*. *Be My Love*, ein Song aus «Toast», der für den Oscar nominiert wurde, und *The Loveliest Night Of The Year* aus «Caruso» waren der Anfang von Alfred Arnold Cocazzas Karriere, die mit seinem frühen Tod endete, denn er hatte sich im ständigen Wechsel von Überfressen und Diäthalten zu sehr strapaziert.

«Ich habe alles versucht: wie ein Schwarzer zu singen und auch wie Mario Lanza», sagte Anthony Dominick Benedetto, besser bekannt als Tony Bennett. «Dann entschlossen wir uns zu Streichern, und ich sollte einfach ehrlich und aufrichtig singen.» Die Ballade, die Tony auf Anraten von Percy Faith sang, war eine zehn Jahre alte Music-Hall-Melodie von Arthur Hammerstein, dem Bruder des Impresario Oscar (Hammerstein) und alternden Onkel von Oscar II, dem Librettisten von «South Pacific». *Because Of You*, in einer Version, die wie ein Echo auf Lanza klang, wurde zur Goldenen Schallplatte. Das war, nur kurz bevor Bennett und sein reizvolles Lispeln es buchstäblich von *Rags To Riches* brachten, einem Hit von '53.

1951 brachte einen frischen, neuen Sound auf die Plattenszene. Es klang nach vielen Gitarren und vielen Stimmen. Aber in Wirklichkeit handelte es sich nur um eine Gitarre, gespielt von Lester Polfus aus Waukesha, Wisconsin, und es war nur die eine Stimme aus der Kehle von Colleen Summers, einem ehemaligen Mitglied von Gene Autrys Hillbilly-Truppe. Ein synthetischer Prozeß, der als *overdubbing* bekannt war, steckte als Geheimnis dahinter.

Weder Lester noch Colleen konnten Noten lesen. Polfus lernte als junger Mann Songs, indem er die Tasten eines Pianolas numerierte und sich genau einprägte. In Elektronik oder Tontechnik hatte er auch keine formale Ausbildung. Irgendwie meisterte er den Trick, Sound um eine

Zehntelsekunde zu verzögern (um ein Echo zu produzieren), ihn um die Hälfte zu verzögern (um den Nachhall auszuschalten) und, schließlich, das Oberflächen-Kratzen bei vielfachen *overdubbing* zu eliminieren, was am wichtigsten war. Er arbeitete ausschließlich zu Hause, in einer Wohnung über einem Schlachterladen in Jackson Heights, Long Island, in einer ehemaligen Gaststätte in New Jersey und in einem einsam gelegenen Landhaus in Stroudsburg, Pennsylvania – also an Orten, wo um vier Uhr morgens kein Nachbar gestört wurde.

Es war eine ins Ohr gehende Aufnahme einer alten Show-Melodie mit komplizierten Akkordwechseln, die ihn bekannt machte. *How High The Moon* verkaufte sich in einem Zeitraum von wenigen Wochen über eine Million Mal und klang, als sei es von einem Gitarren-Orchester gespielt und von einer großen Vokal-Gruppe gesungen. Aber es waren nur Les Paul und Mary Ford, wie sie sich nannten. '51 hatten sie auch noch *Mockin' Bird Hill* . . . *Tra-la la twittle dee dee dee* . . . Und im folgenden Jahr *Meet Mr. Callaghan*, ein Instrumental, das ich in London auftat – es wurde als «Ouvertüre» zu einem Theaterkrimi gespielt – und per Luftpost zu Les nach Oakland, New Jersey, schickte.

1952

Der Überraschungs-Song des Jahres war *High Noon*, das Thema eines großartigen Hollywood-Westerns mit Gary Cooper und Grace Kelly in den Hauptrollen. Frankie Laine hatte den Hit, und im Film wurde der Titel von dem C&W-Star Tex Ritter gesungen. Und es klang wie ein authentisches amerikanisches Folk-Lied, sogar im Text: «Do not forsake me, oh my darlin'». Aber die einprägsame Melodie stammte von Dimitri Tiomkin, einem der talentierten Europäer (Bakaleinikoff, Amphitheatrof, Rosza, Steiner usw.), die seit Jahren Filmmusik komponierten und dirigierten. Als er bei der Oscar-Verleihung seine Rede hielt, folgte Tiomkin der Tradition, sich bei jenen zu bedanken, die den Erfolg möglich gemacht hatten, aber er zitierte dabei eine lange Namensliste von europäischen Komponisten der Vergangenheit.

Eine Überraschung ganz anderer Art – eher schon eine Mißgeburt – war der Song *Oh, Happy Day*. Er war das Werk eines achtzehnjährigen Burschen aus Cleveland, Don Howard, der ihn in seiner eigenen Garage aufnahm und dem es gelang, ihn bei einem kleinen einheimischen Label, Triple A, zu veröffentlichen. Das Gerücht ging, die Cleveland Diskjockeys spielten den Song deswegen, weil er so schlecht war, daß es schon wieder unterhaltsam klang und man sich darüber lustigmachen konnte. Manche glaubten, es sei nichts als ein Witz – trotz seines Titels hatte der Song eine melancholische Melodie. Offensichtlich erregte er jedoch so viel Aufsehen, daß der unternehmungsfreudige Dave Miller von Essex Records in Philadelphia ihn kaufte und veröffentlichte. Und dann geschah trotz der Musikprofis, die über den Song nur lachten, das Unerwartete. *Oh, Happy Day* wurde ein Hit, der allen davonlief. Damals wurde es niemandem bewußt, aber die Zeit der *indie* (independent – unabhängig) Plattenfirmen war gekommen. Und überdies war *Oh, Happy Day* ein frühes Beispiel für den Erfolg eines Amateurs. Und wie die meisten Amateure der Rock 'n' Roll-Ära hatte Don Howard nie wieder einen anderen Song, der ankam, obwohl er bei Coral Records als Sänger unter Vertrag genommen wurde.

Zwei neue Drosseln mußten erleben, wie Songs, die sie als erste aufgenommen hatten, für andere Sängerinnen zu Hits wurden: Joni James mit *You Belong To Me* und Sunny Gale mit *Wheel Of Fortune. You Belong To Me* war das Werk einer Hausfrau aus den Südstaaten, Chilton Price, und zweier Künstler aus Nashville, Pee Wee King und Redd Stewart, eines Trios, das '52 einen anderen Hit hatte, *Slow Poke.* Für Joni James war die Ballade mit der bündigen Feststellung das Plattendebüt als Solistin. Schnell folgende Coverversionen durch Jo Stafford auf Columbia und Patti Page auf Mercury sahnten jedoch ab. Aber vor Jahresende hatte Joni dann doch noch ihren eigenen Hit: sie jammerte und flehte *Why Don't You Believe Me?*

Sunny Gale, der es nie wirklich gelang, mit einer Platte Erfolg zu haben, machte ihr Debüt auf Derby Records, einem kleinen, unabhängigen New York City Label, mit *Wheel Of Fortune.* Wieder kamen die großen Firmen mit Coverversionen. Capitol ließ Kay Starr mit blecherner Stimme singen, Mercury ließ Georgia Gibbs zuschlagen. Bei den Aufnahmen verbrachte Georgia fast drei Stunden damit, die «Wheel»-Ballade mitschneiden zu lassen, und danach nahm sie noch in zwei schnellen Durchläufen einen lebhaften Song auf, den ich ihr gebracht hatte, eine amerikanische Adaption des argentinischen Tangos *El Choclo* mit dem Titel *Kiss Of Fire.*

Und natürlich hielt das Rad des Plattenglücks an der «falschen» Nummer. *Kiss Of Fire,* auf die B-Seite verwiesen, raste wie ein Lauffeuer durch die Plattenszene und schoß auf die Nummer eins der Honor Roll of Hits. *Wheel Of Fortune* hatte für Georgia keine Bedeutung, aber machte doch die Country-Shouterin Kay Starr bekannt, die Sunny Gale fast alle Plattenkäufer wegschnappte. Kays Gesang wurde von einem Hauch Realität unterstützt – dem sirrenden Klang eines Roulette-Rades im Hintergrund.

Eine weitere Platte, bei der man mit Real Sound-Effekt arbeitete, war *Blacksmith Blues* von Ella Mae Morse. Das Geräusch eines Schmiedehammers, der auf den Amboß schlägt, sollte den Rhythmus unterstützen.

Die Sensation des Jahres aber war jener Neuling, der als Mr. Emotion oder der Schluchz-Baron bekannt wurde. Johnnie Ray schluchzte sich buchstäblich an die Spitze der meistverkauften Platten des Jahres mit zwei «Tränen»-Songs auf einer Single.

Drei andere wichtige Neulinge waren zwar lange nicht so gefühlsbeladen oder exhibitionistisch, trumpften aber schwer auf: Don Cornel mit *I'm Yours*, Al Martino, einer von den *paisanos*, mit *Here In My Heart* und der junge Eddie Fisher, der Synagogen-Sänger und Obsthändler gewesen war, mit *Anytime*, *Lady Of Spain* und drei oder vier weitere Verkaufsschlagern.

Daß sich auf der Musikszene eine gewisse Schroffheit ausbreitete, wurde schon an manchen Titeln von erfolgreichen Songs des Jahres deutlich: *Be Anything (But Be Mine)*, ein Hit für Eddy Howard; *Be My Life's Companion*, ein Bestseller der MILLS BROTHERS; *Botch-A-Me* von Rosemary Clooney. Die Liebenden baten nicht um Gegenliebe; sie verlangten und forderten sie.

Und doch fehlten in den Ätherwellen nicht die Sentimentalität und die Schmachtfetzen. *The Glow Worm* stammte aus dem ersten Jahrzehnt des 20. Jahrhunderts und wurde zu einem Millionenerfolg für die MILLS BROTHERS, als Johnny Mercer das Glühwürmchen elektrifizierte und clevere Volt-und-Watt-Metaphern in den neuen Text einbaute. Auch aus Deutschland stammte Vera Lynns nostalgische Ballade *Auf Wiederseh'n, Sweetheart*.

Für diejenigen, die ein Ohr hatten für fröhliche Instrumentalmusik, gab es den *Blue Tango* von Leroy Anderson, einem Arrangeur der Boston Symphony's Pop Concerts, unter dessen anschließenden orchestralen Modesongs *The Typewriter* und *The Syncopated Clock* waren.

Percy Faith, dessen Zaubergeigen Englands Mantovani den Anstoß gaben, Ähnliches zu versuchen, kam mit *Delicado* in die Top Ten, einem lateinamerikanisch angehauchten Instrumental, bei dem er auch eine Harfe einsetzte. (Der Entschluß dazu wurde aus dem Augenblick geboren, als er das Instrument im Studio vorfand – zusammen mit Mitch Miller mußte er ein Schloß aufbrechen, um die Harfe aus ihrem Kasten zu holen.)

Ein Tanz namens *Bunny Hop* begann 1952 mit einer Ray Anthony-Platte. Man stellte sich in einer Reihe auf, abwechselnd Mann und Frau, und legte beide Hände auf die Schultern, um die Taille oder auf die Hüften des Mannes oder der Frau vor einem. Dann schwang man zweimal das linke Bein auswärts, zweimal das rechte und hüpfte auf beiden Beinen vorwärts, zurück und wieder vorwärts – hopp, hopp, hopp –, und dann schwang man wieder die Beine. Die Band beschleunigte das Tempo, während der Tanz immer weiterging, bis sich schließlich die Reihe auflöste.

1953

Why Don't You Believe Me? von Joni James war der Song Nr. 1, und *I Saw Mommy Kissing Santa Claus* von dem kleinen Jimmy Boyd folgte dicht darauf, als die Vereinigten Staaten am Neujahrstag 1953 erwachten. Aber Hank Williams, bekannt als «Luke the Drifter» (Lukas der Herumtreiber) oder der Hillbilly Shakespeare, war tot. Ein Herzanfall, offenbar von einer Kombination aus Drogen und Alkohol hervorgerufen, hatte seinem Leben ein Ende gesetzt, als er in einem Auto unterwegs war nach Canton, Ohio, wo er am Silvester-Abend auftreten sollte. Er war gerade neunund-zwanzig Jahre alt geworden.

«Ich könnte in Montgomery, Alabama, mehr Leute anlocken, und zwar als Toter», sagte er einmal einem Kollegen, der an Hanks Heimatpubli-kum herumnörgelte, «als du als Lebendiger.» Und das tat er bei seiner Beerdigung. Fünfundzwanzigtausend Menschen wollten an den Trauer-feierlichkeiten im Municipal Auditorium teilnehmen – Platz war nur für dreitausend. Die Feier wurde beschrieben als «die größte Gefühlsorgie in der Stadtgeschichte seit der Inauguration von Jefferson Davis.»

MGM Records veröffentlichte gerade eine neue Platte von Williams. *Kaw-Liga*, die Geschichte eines hölzernen Indianerstandbilds, wurde der Bestseller Nr. 1 in den C&W-Charts, und *Your Cheatin' Heart* wurde die Nummer 2. Drei weitere Songs, die von Williams geschrieben und auch von ihm aufgenommen worden waren, kamen posthum unter die Top Twenty: *Jambalaya, Take These Chains From My Heart* und das ironische Stück *I'll Never Get Out Of This World Alive*. Im Pop-Bereich hatte Joni James einen Chart-Song mit *Your Cheatin' Heart.* Später trug der Film über Hank Williams' Leben denselben Titel.

«Aufrichtigkeit», sagte Williams einmal, «macht unsere Art Musik so erfolgreich. Ein Hillbilly singt ehrlicher als die meisten Entertainer, denn er ist unter härteren Umständen aufgewachsen. Man muß eine ganze Menge Maultiermist gerochen haben, bevor man singen kann wie ein Hillbilly.»

Die repressive Atmosphäre im Lande fand ihren Ausdruck auch im Show-Business. Im Januar wurde der geistreiche Stückeschreiber S. Kaufman als Moderator des CBS-Programms *This Is Show Business* entlassen. «Machen wir einmal eine Sendung», hatte er gesagt, «ohne daß jemand *Silent Night* singt.» Er wollte sich damit, wie er später erklärte, gegen die Über-Kommerzialisierung von Weihnachtsliedern wenden. Aber Zuhörer bombardierten CBS mit wütenden Protesten, dies sei «antireligiös».

In Boston strafte die Station WHDH die Platte *I Went To Your Wedding* von Spike Jones und seiner berühmten Musical Depreciation Combo mit einem Spielverbot. Das Management behauptete, die Platte sei zweideutig, und zitierte dazu die Textzeile «You walked down the aisle and fell on your smile».

Die große Sache im Plattengeschäft war der Start eines neuen Labels (Cadence) und eines neuen Sängers (Julius La Rosa). Es herrschte mehr Aufregung als damals, als Al Martino mit *Here Is My Heart* auf BBS, einem kleinen *Indie* Label, einen Hit hatte und Capitol ihn unter Vertrag nahm. La Rosa wurde in Arthur Godfreys Morgensendung immer wieder vorgestellt, deren Bandleader und Arrangeur der Cadence-Gründer Archie Bleyer war. Der Erfolg von *Anywhere I Wander* aus dem Film «Hans Christian Anderson» wurde als Beweis für Godfreys erstaunliche Macht als Superverkäufer gewertet.

Die Aufregung schuf La Rosa ein Publikum, ohne daß er einen Hit hatte. Sein großer Verkaufserfolg war eine spätere Veröffentlichung, *Eh Cumpari*. Und '53 hatte Dean Martin, der versuchte, als Crooner-Komiker allein den Durchbruch zu schaffen, seinen ersten Plattenhit mit *That's Amore*, einer von vielen italienisch gewürzten Balladen.

Aber bevor das Jahr noch vorüber war, trennten sich Godfrey und La Rosa auf sensationelle Art und Weise. Augenzeugen waren die Fernsehzuschauer. Godfrey feuerte brüsk den jungen Sänger, während sie an einem Donnerstag im Oktober auf Sendung waren. Es mangele La Rosa an Bescheidenheit, so warf er ihm vor. Komiker und eine Fülle von satirischen Songs trugen dazu bei, 1953 zum «Jahr der Bescheidenheit» zu machen. Eddy Arnold und Colonel Parker trennten sich ebenfalls voneinander, nachdem sie acht Jahre zusammengearbeitet hatten, und jetzt konnte sich der gute Colonel einem bis dato unbekannten Rockabilly-Sänger widmen.

Eine Anzahl eigentümlicher Songs wurden in diesem Jahr veröffentlicht, darunter *Doggie In The Window* von Patti Page. Daß dieser Titel der drittgrößte Verkaufserfolg von '53 werden konnte, zeugt davon, wie beliebt Patti – und Hunde – beim Publikum waren. Bei den Aufnahmen steuerte der Arrangeur das Hundebellen bei. Homer und Jethro machten sich ihren Spaß mit einer witzigen Parodie unter dem Titel *That Hound Dog In The Window*. Patti demonstrierte ihre Stärke auch mit einem ganz anderen Song, *Changing Partners*, mit dem sie Konkurrenten wie Bing Crosby, Helen Forrest, Pee Wee King, Dinah Shore und Kay Starr glatt überrundete, was die Verkaufszahlen betraf.

Soundeffekte waren noch immer in Mode – das Meeresrauschen und das Krächzen von Möwen auf *Ebb Tide* von Frank Chacksfield, der außerdem mit Charlie Chaplins Thema aus «Limelight», auch bekannt als *Terry's Theme*, einen Bestseller landete. Die Mundharmonika, selten auf Popplatten zu hören, schien genau den richtigen romantischen Klang für Richard Haymans schöne Ballade *Ruby* zu haben.

Julie London überraschte jedermann, indem sie bei ihrem ersten

53

Gesangsversuch auf Platte sofort einen Hit machte. Ihr trockener Stil war genau richtig für die phantasievolle Liebesballade *Cry Me A River*, geschrieben von Arthur Hamilton, dem Koautor von *How High The Moon*. Eine zerbrochene Ehe sowie Julies reizvolles Aussehen waren an dem Erfolg der Platte nicht unbeteiligt.

Balladen, von denen so manche ziemlich kitschig waren, schienen überhaupt *in* zu sein. «You . . . you . . . you», klang ihr Harmoniegesang in simplen Einsilbern nach einer deutschen Biertisch-Melodie – und die AMES BROTHERS mit ihren vollen Bariton-Baß-Stimmen wuchteten sich in die Top Ten. Eddie Fisher verkaufte mehr als Sinatra mit der englischen Liebesleid-Ballade *I'm Walking Behind You*, obwohl die Aufnahme von «The Voice» durch einen guten Einfall bereichert war – ein hoher Sopran im Hintergrund, um die Titelzeile zu illustrieren: – «walking behind . . .»

Die faszinierendsten Töne des Jahres kamen aus der Kehle einer neuen RCA Victor-Künstlerin, die groß herauskam mit *Santa Baby* und *C'est Si Bon*, früher einmal ein Hit für Johnny Desmond. Eartha Kitt, unter der Obhut von Henri René, hatte eine erotische, katzenhafte Ausstrahlung von der Stimme her ebenso wie optisch, und überdies hatte sie einen attraktiven exotischen Akzent. Der an *Santa Baby* gerichtete Wunsch nach Cadillacs und Pelzmänteln war von einer profanen Anzüglichkeit, die manche Eltern abstieß. Eartha war aber eher ein personifiziertes Katzenmiauen als eine erfolgreiche Plattenverkäuferin.

Sex war auch im Spiel bei einigen Aufnahmen von Jo Stafford. Ihr verhalten nasaler Stil hatte eine fast strenge Kühle, wodurch so deutlich anzüglichen Songs wie *Make Love To Me* und *Teach Me Tonight* die Schärfe genommen wurde.

Als ich durch das Hauptquartier von RCA Victor an der East 24th Street in Manhattan spazierte, hörte ich eine seltsame Stimme und einen eigenartigen Rhythmus, der mich in ein Studio lockte. Ein gutaussehender, eher hellhäutiger Neger sang eine Calypso-Melodie auf Pidgin-Englisch. Ich erwarb die Verlagsrechte für *Matilda, Matilda* – «she took me money and run Ven-e-zue-la . . .». Der Calypso-Trend und Harry Belafontes Karriere als Gesangsstar deuteten sich mit diesem Titel drei Jahre vor der vollen Blüte schon an.

Die beiden größten Songs des Jahres kamen aus jeweils gegensätzlichen Musikströmungen. Die Musik für den Film «Moulin Rouge» stammte aus der Feder eines der französischen E-Komponisten, Georges Auric. Percy Faith suchte sich daraus die Melodie, die als *Song From Moulin Rouge* bekannt wurde – in ihrer Textversion *Where Is Your Heart?* buhlte sie um die höchste Ehre '53 mit einem sentimentalen Tex-Mex-Walzer, *Vaya Con Dios*, von Les Paul und Mary Ford mit vielfältigem Stimmen- und Gitarren-Overdubbing aufgenommen.

Trotz des scheinbar traditionellen Charakters der Plattenszene – Perry Como hatte eine Riesenscheibe mit Rodgers und Hammersteins Ballade *No Other Love* aus «Me And Juliet» – mehrten sich doch die Anzeichen für einen bevorstehenden Wandel.

Aus Texas kam ein siebzehnjähriger Songschreiber/Sänger, der unter den Teenagern gewaltige Begeisterung weckte, als er mit Bob Hope auf einer Tournee auftrat. Darrell Glenns Aufnahme der Country-Schnulze *Cryin' In The Chapel* hatte selbst keinen großen Erfolg. Aber Rex Allen machte davon eine Cover-Version auf Decca, die Orioles, eine heiße R&B-Gruppe, machten eine Platte, und June Valli nahm den Titel für RCA Victor auf. Allen kam in die Top Twenty der Country Charts. Die Orioles erreichten die Top Five der R&B Charts. Und June Valli brachte den Song in die Top Thirty der Pop Charts. Ein frühes Beispiel für den Einfluß von regionalen und Mainstream-Strömungen.

«Der König der Tin Pan Alley», schrieb Abel Green von *Variety* in einem Jahresrückblick, «ist der DJ, und die Platte ist das Schwert, mit dem er einen Künstler, einen Song oder einen Verleger zum Ritter schlagen kann. Aber natürlich zählt, was ‹in den Rillen› steckt.»

Vielleicht war aber noch richtungweisender eine zweite Perry Como-Platte, die in die Top Ten kam. *Don't Let The Stars Get In Your Eyes* war ein untypischer Country-Song, eigenartig strukturiert und mit seltsamem Rhythmus. Der Mitautor Slim Willet startete ihn auf Four Star, einem West Coast Label. Skeets McDonald auf Capitol übertraf Willet in den Country & Western Charts, und Como hatte einen überraschenden Monsterhit im Popbereich.

1953 sah den Aufstieg zweier neuer *indie* Verleger. Aus Chicago war es die Firma Brandom Music, die drei Songs in die Honor Roll of Hits brachte: *Why Don't You Believe Me* mit Joni James, *Have You Heard*, wiederum mit Joni, sowie *Pretend*, ein Hit für Nat Cole und als Instrumental für Ralph Marterie.

Brandom Music war nicht ganz so kurzlebig wie die Village Music Company, eine Brill Building-Firma, die von Sidney Prosen gestartet wurde. Prosen war der Autor einer der großen Balladen jenes Jahres, *Till I Waltz With You Again*, und eröffnete sein Haus in großem Stil, mit Kontaktleuten in Chicago, im Süden und in Hollywood. Trotz der Einnahmen durch die Teresa Brewer-Platte konnte Prosen nicht mithalten, und die Firma ging pleite.

So bezeichnend diese Entwicklungen auch waren, sie reflektierten doch eher die Zukunft, als daß sie sie beeinflußt hätten. Von weitaus größerer Konsequenz war, was außerhalb des Pop und der großen Plattenfirmen und Musikverlage geschah – und zwar auf dem R&B-Sektor. Für die jungen Leute, die damals aufwuchsen und die Stars der Zukunft stellen sollten, waren die Klänge aus der Tin Pan Alley und dem Tin Pan

Valley langweilig, ohne Leben, uninteressant. Diese jungen Leute drehten an ihren Radioknöpfen und suchten nach den frischen Tönen, die von eigenwilligen schwarzen Stationen kamen.

Einer von ihnen, der in Memphis in einer Sozialwohnung wohnte, hörte *That's All Right, Mama*, eine R&B-Ballade von Arthur «Big Boy» Crudup. Und er war begeistert von Big Mama Thorntons *Hound Dog*-Aufnahme, dem Nr. 1 Bestseller in den schwarzen Gettos im ganzen Land. Vielleicht hörte er auch *Crazy Man Crazy* von einem unbekannten Country-Sänger namens Bill Haley aus Essex. Es sollte noch zwei Jahre dauern, bis *Rock Around The Clock* von Haley um die Welt ging, und drei Jahre, bis dieser Mann die nationale Plattenszene in Aufruhr brachte.

Die Beats und die Belters

1952 trat Frank Sinatra im Paramount in New York auf, wo er Mitte der 40er Jahre Massenhysterie, Panik und Ohnmachtsanfälle ausgelöst hatte, ob dies nun echt war oder von dem Presseagenten George Evans manipuliert. Die *New York World-Telegram* würdigte Sinatras Rückkehr mit einer kurzen und grausamen Überschrift: «Gone on Frankie in '42: Gone in '52» (soviel wie: «'42 abgefahren auf Frankie: '52 alles vorbei»). Der Artikel war abgefaßt wie ein offener Brief: «Ich habe Sie gestern abend gesehen», schrieb eine Journalistin, «aber ‹das Gefühl von damals› wollte sich nicht einstellen . . . ich saß auf dem Balkon. Und ich fühlte mich irgendwie einsam. Der Platzanweiser sagte, es seien 750 Plätze – und 749 waren leer . . . Später stand ich beim Bühnenausgang. Drei Mädchen sagten leise und anbetend den Namen Frankie. Ich sagte: ‹Wie gefällt euch Frankie?› Sie antworteten: ‹Frankie Laine, der ist wundervoll› . . . Ich hörte ein Mädchen seufzen: ‹Ich bin ganz verrückt nach ihm›, und ich fragte, nach wem. ‹Johnnie Ray!› heulte sie. Plötzlich, Mr. Sinatra, fühlte ich mich irgendwie alt . . .»

Manche machten für Sinatras Abstieg schlechte Publicity und die Tatsache verantwortlich, daß die Öffentlichkeit sein Liebesleben nicht gutheißen mochte. Andere behaupteten, seine Stimme habe von ihrer Qualität verloren. Sinatra gab Mitch Miller die Schuld, besonders seit der «Bart» Hits mit einem anderen Frankie produzierte. Als er im Copa in New York City auftrat, trug Sinatra eine Waschbärenmütze, knallte mit einem Ochsenziemer und imitierte spöttisch das Krächzen von Wildgänsen.

In Wahrheit – und unabhängig von den persönlichen Problemen des Frauenlieblings und ihrem Einfluß auf seine Karriere – fand die neue Nachkriegsgeneration kein Verhältnis zu dem sanften, zärtlichen und besinnlichen Gesangsstil. Während des Krieges war Sinatra das Schlafzimmer-Idol der Mädchen ohne Männer gewesen, aber jetzt gab es keine Kommunikation mehr zu den ehemaligen «Bobbysoxers» (Kniestrumpfmädchen), die jung verheiratet waren und unter den Spannungen der ökonomischen Situation in den Nachkriegsjahren litten. Und ganz sicher sprach er nicht die *kids* an, die auf der Suche nach einem aufregenden Sound waren und einen lebendigen Beat brauchten, nach dem sie tanzen konnten.

Die Bühne war ausgerichtet für einen Stil, dessen Dynamik, Rhythmik

57

und physische Ausdruckskraft in den späten 40er Jahren von Frankie Laine mit seiner Platte *That's My Desire* angedeutet worden waren. Sein Umgang mit dem Song-Material war dynamisch, herausfordernd, selbstbewußt. Er seufzte nicht. Er schrie. Er kroch nicht. Er stampfte mit den Füßen. Ursprünglich war *Desire* eine schmachtende Tin Pan Alley-Ballade gewesen, die der Crooner Lanny Ross '31 zum erstenmal aufgenommen hatte. Laines *Desire* hat Fleisch und Blut, Leidenschaft.

Belting hieß der Stil, und er war in Drive, Spannung und Lautstärke das absolute Gegenteil des *crooning*. Und es schien fast so, daß die jungen Künstler aus Protest ihre Stimmen «laut» werden ließen – da die McCarthy-Hexenjagden zwischen '50 und '54 eine schweigende Generation hatten entstehen lassen – und die jungen Zuhörer die lauten und eigensinnigen Aufschreie als Ventil für ihre Frustrationen brauchten.

Der Philip Roth des Pop

Als er groß herauskam, war Laine ein Mann Mitte Dreißig mit schütterem Haar. Edwin Jack Fisher, Sohn eines Produktenhändlers aus Philadelphia, war gerade zweiundzwanzig, als er mit *Bring Back The Thrill* und *Thinking Of You*, der Neufassung einer Ballade von '27, in den Plattenmarkt einbrach. Fishers Aufnahme von *Thinking* wird eröffnet von dem langanhaltenden Wort «Why-y-y-y-y . . . is it I spend the day?». Blues-Sänger nennen diese Methode *worryin'*, während die akademischen Komponisten das Anhalten einer Silbe über mehrere Töne als *Melisma* bezeichnen. Fisher machte es anders: er sang die Silbe einfach auf einem Ton und zog diesen in die Länge. Die Spannung, die dadurch entstand, wurde zum Kennzeichen seines Stils. «An-ny-ti-i-i-i-ime . . .» Und . . . «You've got to have hear-ar-ar-ar-ar-art . . .» und . . . «I'm walking behi-i-i-i-ind you . . .»

«Er hat Kraft wie eine Bulldogge», sagte Joe Carlton, der seine Platten für RCA Victor produzierte. «Er kann siebzehn oder achtzehn Takes aufnehmen, während andere Sänger schon nach vier oder fünf müde werden.»

Hugo Winterhalter, der alle seine frühen Aufnahmen arrangierte und dirigierte, sagte: «Eddie braucht keine Tricks oder ausgetüftelte Phrasierungen. Sein Erfolg beruht auf dem Klang seiner Stimme. Es ist eine Stimme, die viel mehr Orchester-Begleitung vertragen kann als die meisten anderen. Man hat nie das Gefühl, daß er von der Begleitmusik zugeschüttet wird.» Man erinnere sich an *Lady Of Spain* und die Art, wie er hoch über den heulenden Bläsern und dem massiven Einsatz rasender Streicher singt.

Wie viele von den *belters*, schien Eddie seine Wörter auszuspucken oder sich in ihnen zu verbeißen. Und es war nicht verwunderlich, daß ihm besonders der Klang von Dentalen lag – Titel wie *Trust In Me, Tell Me Why, Downhearted* und *Dungaree Doll.*

Er sah jungenhaft gut aus, hatte einen Schopf widerspenstiger schwarzer Haare, eine hohe Stirn und das gewinnende Lächeln eines kleinen Jungen, einen verschmitzten Blick und Grübchen. Er war ein junger kraftvoller Bariton mit voller Stimme und erreichte die junge Generation.

Fisher begann mit dem professionellen Gesang, als er gerade zwölf Jahre alt war, bei der Station WFIL in Philadelphia. Er war kein guter Schüler und ging früh ab. Später hatte er Schwierigkeiten, sich an manche Zeilen zu erinnern, trotz ausgiebiger Proben, und Charlie Ventura, mit dessen Band er sang, beklagte, daß er «mit den Einsätzen und dem Rhythmus Mühe» habe.

Der große Durchbruch in Eddie Fishers Karriere kam in einem Hotel in den New Yorker Catskills, wo er später einen Skandal provozierte, als er Elizabeth Taylor umwarb, obwohl er noch mit Debbie Reynolds verheiratet war. Als der Komiker Eddie Cantor ihn dort im Grossinger's singen hörte, engagierte er ihn für eine Amerika-Tournee, die dem jungen Sänger den Plattenvertrag mit RCA Victor einbrachte.

Während die Sache mit Grossinger's und Cantor ein Zufall war, läßt sich doch sagen, daß die Grundvoraussetzungen bei ihm eben stimmten. Eddie Fisher war in der Popmusik, was Philip Roth und Bernard Malamud für den amerikanischen Roman bedeuteten. Er war der jüdische Junge, der sich auf einem Feld behauptete, das von *goyim* beherrscht wurde. «Er wirkt auf Frauen», meinte ein Musik-Verleger, «als sei er ihr eigener Sohn.» Und diese Wirkung bestätigte sich in dem ungeheuren Erfolg, den '53 «Oh, My Pa-Pa» mit seiner sentimentalen jiddischen Melodie hatte.

Fisher wirkte aber auch auf die jungen Leute jener Tage. Zwei Jahre, die er in der Armee verbrachte, nachdem er schon Aufmerksamkeit erregt hatte, waren seiner Karriere eher dienlich, als daß sie ihr schadeten. Als Solist bei der U.S. Army Band hatte er Hunderte von öffentlichen Auftritten in Korea, Japan, Europa und den USA. Und nebenbei konnte er Platten machen, die seine ersten gigantischen Verkaufserfolge waren: *Anytime* (über eine Million), *Turn Back The Hands Of Time, I'm Yours* und *Wish You Were Here*, ein Song, der vielleicht die Broadway-Show gleichen Titels rettete.

Als er im April 1953 aus der Armee entlassen wurde, trat er im Paramount in New York auf, als gleichzeitig der erste 3-D-Film lief («House Of Wax», den man sich durch eine zweifarbige Plastikbrille ansehen mußte). Die Kids erwarteten ihn, so wie sie einst für Sinatra gewartet hatten. Sie brachten ihre Lunch-Pakete mit und kreischten so hysterisch, daß er sich nicht singen hören konnte. Im darauffolgenden Jahr hatte er *Coke Time*, eine Fernseh-Show von NBC, die zweimal wöchentlich ausgestrahlt wurde. Sie richtete sich an die High School Kids und wurde von mehr als siebenhundert Fernsehstationen ausgestrahlt. Das war damals ohne Vergleich.

Auf die Frage nach dem Geheimnis seiner Wirkung antwortete der Veteran unter den Songschreibern, Irving Berlin: «Da ist etwas in seiner Stimme, das dem nahekommt, was Al Jolson hatte.» Und der dynamische Sänger, der so auf die Gefühle wirkte, ursprünglich mit schwarz geschminktem Gesicht sang und seine Ausbildung in Minstrel Shows erfahren hatte, war auch Eddies Lieblingssänger.

Eddie Fisher schlug eine Brücke von der Ära der intimen *crooner* zum Rock 'n' Roll. Während sein *belter*-Stil half, den Weg zu bereiten für die Wende, die 1956 eintrat, ging sein Stern ungefähr zu derselben Zeit unter. *Cindy, Oh, Cindy,* ein Song, für den ich in jenem Jahr die Promotion machte, war sein letzter großer Plattenerfolg.

Die Anatomie des Selbstmitleids

Johnnie Ray aus Oregon hatte schon ein halbes Dutzend Jahre als Profi gesungen, wenn auch ohne Erfolg, und mehrere Blues-Platten für Okeh aufgenommen, bevor er als Original vor eine verblüffte Welt trat. Niemand schien auf die extreme Art emotionsbeladenen Gesangs vorbereitet, die Ray repräsentierte, wenn auch schwarze Gospelsänger diesen Stil seit Jahrzehnten benutzt hatten.

So beeindruckend war seine Wirkung, daß sich der Klassik-Kritiker der *New York Times* veranlaßt sah, das Phänomen zu untersuchen und sich ins Copa in Manhattan zu wagen. «Ray singt wie ein Mann in der Agonie des Leids», schrieb er. «Tränenüberströmt . . . reißt er eine Leidenschaft in Fetzen und trampelt dann auf den kläglichen Überresten herum . . . die Haare fallen ihm ins Gesicht. Er klammert sich an das Mikrophon, und es hat den Anschein, als wolle er es zerstören. Seine Arme gestikulieren wild, und seine ausgestreckten Finger scheinen sich an Unsichtbares klammern zu wollen . . .»

Der Kritiker Howard Taubman hatte seine Zweifel an der Authentizität von Rays «unsäglichem Kummer»: «Man sollte nicht vergessen», so schrieb er, «daß er, besessen oder nicht besessen, zermartert oder nicht zermartert von Körperzuckungen, niemals vergißt, im richtigen Augenblick die Lippen vors Mikrophon zu bringen, wenn die Zeit gekommen ist, eine Phrase zu singen. Die schlimmsten spastischen Zuckungen hat er immer dann, wenn er gerade nicht singen muß.»

Das extreme Feeling teilte sich sogar denen mit, die nur Rays Platten hörten mit ihrem krampfhaften Stottern und dem angespannten, beinahe schmerzhaften Dehnen der Silben – Mittel, die übrigens von schwarzen Gospel-Predigern schon lange eingesetzt wurden. «E-e-e-eff yo-o-oo-oar s-s-s-sw-sw-sw-sweet h-h-h-h-ar-ar-ar-rr-rr-art s-s-s-sennzzz a ll-ll-ll-tt-ta-a-a-a u-u-uuff goo-oo-oo-b-b-b-by-yy-yy-y-y . . .»

Cry wurde Ende 1951 veröffentlicht und blieb auf Platz eins in der Hitparade bis zum Februar '52. Die B-Seite, *The Little White Cloud That Cried*, die Ray selbst geschrieben hatte, kam zur Überraschung aller aus eigener Kraft in die Top Thirty. Als *Cry* den fünften Platz in der jährlichen Peatman-Aufführungsliste einnahm, war «Little White Cloud» die Nummer 29. In dieser Liste von 1952 belegte Eddie Fisher die Plätze eins und zwei mit *Anytime* und *Wish You Were Here*. Aber Johnnie Rays Zwei-Plattenseiten-Hit kam auf den phänomenalen Verkaufserfolg von über vier Millionen Platten, eine Zahl, die Eddie mit keinem seiner Hits je erreichte.

Und es war auch für Johnnie unmöglich, diesen Erfolg zu wiederholen. Dennoch gelangen ihm mehrere Goldene Schallplatten, unter ihnen eine '52-Neuauflage von Harry Richmans Hit aus dem Jahr 1930 (*Walkin' My Baby Back Home*) und vier Jahre später *Just Walking In The Rain*.

Bei dem Versuch, Rays Publikum und den Reiz, den er ausübte, zu analysieren, kam der Kritiker der *New York Times* zu dem Fazit: «Der Stil dieses jungen Mannes spricht die jungen Leute an, die in einer schwierigen Zeit von Furcht und Zweifeln geplagt sind. Sein Leid mag auch ihr Leid sein. Sein Klagegesang und die Angst, in der er sich windet, mögen ihre geheimen Impulse widerspiegeln. Sein Auftreten ist die Anatomie des Selbstmitleids.»

Als er noch ziemlich jung war, begann bei Johnny Ray Taubheit einzusetzen, und das wirkte sich verheerend auf seine psychische Struktur aus. «Ich vermochte keinen Kontakt mit anderen Kindern meines Alters aufzunehmen», erinnert er sich. «Ich zog mich zurück, war häufig allein. Ich stellte mir oft vor, ein Star zu sein.» Selbstmitleid war ganz sicher die quälende Emotion, die den starken Reiz von *The Little White Cloud That Cried* ausmachte.

Ein Künstler, der soviel Begeisterung erregt wie Ray, fällt gewöhnlich ebensoschnell aus der Gunst des Publikums, wie er sie gewonnen hat. Johnny ging es nicht anders, und «ihren Anteil» daran hatten Skandale, die ihm einerseits beim Publikum schadeten, ihn andererseits aber auch interessant machten. Gerüchte, daß er drogensüchtig und homosexuell sei, die ihm in den 70er Jahren nicht geschadet hätten, hatten in der repressiven Atmosphäre der frühen 50er Jahre schlimme Konsequenzen.

Johnnie Ray-Interview

«Billie Holiday hat mich stark beeinflußt», sagte Johnnie Ray zu mir. «Ihr Stil. Ich habe schon immer originelle Leute gern gemocht. Mit ihr gab es jedenfalls keinen Vergleich.

In jenen frühen Tagen haben mich am meisten Spirituals beeinflußt. Viele davon waren so, daß man ihnen nur ein paar schmutzige Wörter als Text beigeben mußte, dann konnte man sie R&B nennen. Aber im Grunde blieben sie doch Spirituals. Und wenn ich schrieb, war ich unter dem Einfluß . . .

Nehmen Sie die Flame Show Bar in Detroit. Eine durchgehende Show, die ganze Nacht. Und ich war der einzige Weiße; soweit es die Show betraf, waren da nur Schwarze und Farbige . . .

Als meine erste Platte einschlug, glaubten eine Menge Leute, ich sei schwarz – und eine ganze Menge meinten, ich sei eine Frau. Und GAC (General Amusement Company) wußte nichts von meiner Existenz. Als ich Bill Weems bei GAC anrief, wußte er noch nicht mal, daß ich auf ihrer Lohnliste stand. Und dann stieg innerhalb von vier Wochen mein Preis von 150 auf 6000 $ . . .

Was macht man schon, wenn man auf einer Farm in Oregon lebt? Aber ich fühlte diese Berufung in mir: ich würde ins Show-Business kommen, und niemand würde mich daran hindern. Ich wollte eigentlich gar kein Sänger werden, sondern Schauspieler – und eigentlich bin ich das auch, wie sich rausstellt.

Ich war ein Billie Holiday-Fan der zweiten Generation. Billie hatte gerade *Lover Man* und *That Old Devil Called Love* aufgenommen (Ende 1944). Meine Schwester hatte die Platte zu Hause rumliegen. Ich fand sie und spielte sie. Es war, als sei sie *besessen* von irgendwas . . . Und dann entdeckte ich all die Sachen, die sie in den 30er Jahren gemacht hatte, mit dem eigenen Orchester und so. Ich wurde zum Billie Holiday-Sammler, und jetzt habe ich so gut wie alles, was sie je aufgenommen hat . . .

Ich lebte nur für den Tag, wo sie in die Flame Show Bar kommen und meinen Auftritt sehen würde. Als ich dann merkte, daß sie tatsächlich da war, dachte ich . . . ich kann nicht mehr weitermachen. Nicht wenn Billie Holiday da vorn steht. Da kann ich einfach nicht. (Er lachte.) Aber sie klinkte sich gleich auf mich ein. Sie bat mich an ihren Tisch, und da lud sie mich dann prompt ein, nach der letzten Show zu ihr ins Hotel zu kommen auf einen Drink. Und damit begann unsere Freundschaft . . .

Die Songs, die ich damals sang? Ich jammerte den Blues: *Pretty-Eyed Baby*, *I Almost Lost My Mind*, eine Menge Sachen von Ivory Joe Hunter und ähnliches Zeug, das ich selbst geschrieben hatte. Zwei von den größten Sachen von meinem Set hatte ich selbst geschrieben: *Whiskey And Gin* und *Till I Say Good-bye*. Die hab ich auch als erstes aufgenommen. Diese Songs waren im Grunde inspiriert von den Schwarzen. Ich war der einzige weiße Junge und der erste weiße Sänger, der da aufgetreten ist . . .

In Oregon gab es keine Schwarzen. Ich mußte erst ins Show-Business, um herauszufinden, was Nigger und Kick und all diese Wörter bedeuteten. In Oregon hatte ich sie nie gehört . . .

Ich nahm *Whiskey And Gin* b/w *Till I Say Good-bye* für Okeh auf. So seltsam es klingt, ich war für Okeh als R&B-Sänger unter Vertrag . . . Nachdem die erste Platte rauskam, schnappte mich Mitch Miller Danny Kessler weg – und dann folgten *The Little White Cloud That Cried* und *Cry*. Auch das war seltsamerweise noch auf Okeh. Danach übernähmen sie mich auf das Mutter-Label, und der alte Vertrag wurde neu verhandelt . . .

Walkin' My Baby Back Home war ein Song, den ich in meiner Jugend gehört hatte. Buddy Cole und ich machten Aufnahmen an der Coast. Und einfach so, wie aus heiterem Himmel, sagte ich: ‹Laß uns *Walkin' My Baby Back Home* aufnehmen.› Und wir taten's. Ehe ich mich recht besonnen hatte, kamen sie schon mit 'ner Goldenen dafür an.

Eine Menge Hits sind auf die Weise entstanden – wir hauten sie einfach zusammen runter. Wir machten *Somebody Stole My Gal* aus dem Stegreif. Und auch *All Of Me*, das sich sehr gut verkauft hat. Songs, die ich zu Hause hörte, als wir noch kleine Burschen waren.

Mein musikalischer Hintergrund war eigentlich Gospel und Country & Western. In Oregon gab es eine Menge Western-Musik. Und das hat sich bis heute nicht geändert. Als ich ein kleiner Junge war, wurde ich zu *square dances* mitgenommen. Mein Vater spielte die Geige. Wir kannten ziemlich gut so Sachen wie Roy Acuff und auch noch ganz abwegige Typen, von denen man vielleicht nicht erwartet, daß wir sie gehört haben: die MADDOX BROTHERS zum Beispiel und Rose, Homer und Jethro . . . Ich hab ein bißchen in der Kirche gesungen. Ich weiß nicht, ob man's Gospel nennen kann. Das kam auf das Gefühl an, mit dem man solche Sachen sang. Schließlich kann man auch *Bringin' In The Sheaves*, eine Hymne, nehmen und daraus einen Gospel machen. Im Grunde war es eine Kombination, eine Mischung von zwei verschiedenen Einflüssen – das sowie der brennende Wunsch, ins Showgeschäft zu kommen – eigentlich ziemlich seltsam, wenn man bedenkt, woher ich stamme. Aber es war eine Berufung. Ich mußte werden, was ich werden mußte. Und mir kam es nie in den Sinn, daß ich vielleicht nicht erfolgreich sein würde.

Und darum waren auch alle anderen außer mir überrascht, als es geschah. Viele Leute lachen, wenn ich die Geschichte erzähle. Wieviel Selbstbewußtsein kann einer haben?

Durch ein Mädchen namens Jan Mitchell kam ich von Oregon nach Detroit. Sie und ihr Partner waren ein Komiker-Team . . . Sie überredeten ihren Agenten, mich für zwei Wochen in Ashtabula, Ohio, zu buchen, für 150 $ die Woche . . . Ich dachte, mit den 300 $ minus den Prozenten für die Agentur könnte ich immer noch die Buskarte zurück nach Hause kaufen, wenn nichts lief. Ich schickte 50 $ an meinen Vater und stieg in den Greyhound nach Cleveland. Meine Freunde waren nach Detroit gefahren, um da aufzutreten.

In Ashtabula wurde ich nach der zweiten Woche gefeuert, und für den Rest des Jahres hatte ich nicht viel zu beißen. Aber ich kriegte einen Job als Background-Musiker in Akron, Ohio. Hatte ein paar Jobs hier und da in Cleveland, bis Jan, mit der ich mich damals beinahe verlobte, mich anrief und sagte: ‹Komm doch hier nach Detroit rauf, da gibt's 'ne Menge Clubs, und du kannst vorsingen.›

Am Tag, als ich dort ankam, nahmen wir eine Straßenbahn und fuhren zu einem Laden in Canfield, nein Woodward, und ich sang einem Mann namens Al Green vor, der inzwischen gestorben ist, sowie noch ein paar Typen. Ich gefiel ihnen, und sie nahmen mich für 125 $ die Woche. Das war der Anfang, und ich blieb. Einmal bin ich im Flame ausgestiegen und rüber zum Clover Club gegangen, aber dann kam ich zurück und kriegte mehr Geld. Ohne es zu wissen, hatte ich mir eine Anhängerschaft gewonnen – und daher war ich für sie so wichtig, daß sie mich wiederhaben wollten . . .

Eines Abends hörte mich zufällig Robin Seymour, ein einheimischer Diskjockey. Der sprach mit Danny Kessler, und Kessler bot mir einen Vertrag bei Okeh an, den ich ablehnte. Ich machte ein paar Demos und schickte sie an Dave Cavanaugh bei Capitol, ich war unheimlich selbstsicher. Ich wollte mich mit Kessler nicht einlassen, denn die besten Leute schienen mir bei Capitol zu sein. Als Cavanaugh mir die Demos zurückschickte, sagte ich okay zu Okeh.

Wir nahmen *Whiskey And Gin* und *Till I Say Good-bye* auf, und zwar in Detroit. Inzwischen hatte GAC Interesse gewonnen und nahm mich unbesehen unter Vertrag. Als erstes buchten sie mich in die Capitol Lounge in Chicago. Ungefähr 300 $ die Woche. Ohne daß ich es wußte, waren in Städten wie Boston, Philadelphia, Buffalo, Pittsburgh, in denen man zu jener Zeit mit seinen Platten den Markt aufbrach, beide Seiten der Platte an die Spitze der Charts vorgestoßen. Also schlug Columbia vor, daß ich nach Cleveland fahren sollte, um ein bißchen Promotion zu machen.

Es war nur eine Nacht auf der Eisenbahn von Chicago. Ich war nicht darauf vorbereitet . . . als ich aus dem Zug stieg, dachte ich, irgendeine Berühmtheit kommt an. Massenweise Leute waren gekommen, um mich zu sehen. Bill Randle, der damals unheimlichen Einfluß hatte, war es zu verdanken, daß meine Platte bis an die Spitze kam – und die anderen Städte waren seinem Beispiel gefolgt. Kein Zweifel, es war Randle, der den frühen Johnnie Ray hochgepusht hat.

Mitch hörte davon. Und er kam mit der Idee, daß ich *Cry* singen sollte. Als ich nach New York kam, spielte er mir den Titel vor. Er war schon von einem Mädchen auf irgendeinem obskuren Label aufgenommen worden. Und es war eine normale, hübsche, kleine Zuckerguß-Ballade. Wir machten also eine Aufnahme-Session für *Cry* und zwei alte Songs, die Mitch auch ausgesucht hatte – *Broken-Hearted* und *Please Mr. Sun*, die ebenfalls zu Millionen-Sellern wurden. Die Four Lads, Jimmy Carroll und Sam Butera am Saxophon waren bei den Sessions dabei. Keiner sagte mir, was ich tun sollte. Der Stil von *Cry* kam mir einfach von allein. Ich empfand so.

Wir hatten sogar noch etwas Zeit übrig. Und auf die Weise wurde auch noch *The Little White Cloud That Cried* aufgenommen. Ich glaube, die meinten: Wir tun dem Jungen einen Gefallen, denn wir haben ja noch ein bißchen Zeit, nehmen wir einen von seinen Songs auf und packen ihn auf die Rückseite von *Cry*.

Das Interessante ist: als ich die Playbacks hörte, wußte ich genau, was wir da im Kasten hatten. Ich wußte es einfach. Zwar ahnte ich nicht, daß die Platte um die Welt gehen würde, aber ich sah die Begeisterung voraus, ohne daß mir klar war, daß es so jemanden wie mich noch nie gegeben hatte . . . ich glaube nicht, daß es nur darauf ankommt, eben zur rechten Zeit am rechten Ort aufzutauchen.

Mit *Walkin' In The Rain* war es ziemlich seltsam, denn Mitch kam damit an. Ich war auf dem Weg nach England, auf eine von meinen lustigen kleinen Tourneen. Die ursprüngliche Aufnahme stammte von Sträflingen aus dem Staatsgefängnis von Tennessee. Mitch ließ sich das Pfeifen einfallen und das Banjo . . . aber ich hielt nicht viel von dem Song. Ich konnte ihn einfach nicht ernst nehmen. Hab nur so rumgemacht damit. Zwei Takes, so in fünf bis sieben Minuten. Manchmal hat man Glück, wie zum Beispiel mit *With These Hands*, das hab ich in einem Take aufgenommen. Ich wollte noch ein paar Töne anders singen, aber Mitch sagte: ‹Die Platte hat's! Nichts mehr dran ändern . . .›

Bei ‹Walkin'› kam er aus der Kontroll-Box und sagte: ‹Geh richtig ans Mikro ran, dann könnte das hier was werden.› Also nahm ich ein paar Takes auf und fuhr dann nach England. Vergiß es. Kein Cent für Promotion ausgegeben. . . . Kam zurück, und das verdammte Ding war auf Platz eins in der Hitparade.

Cash Box wollte 'ne Titelgeschichte machen. Sie mußten jemanden runterschicken ins Chase Hotel nach St. Louis. Machten ein Bild von mir im Regenmantel, mit Schirm, zwischen den Auftritten . . .

Walkin' In The Rain war meine letzte Goldene – 1956. Meine sechste im ganzen. Wenn man einmal keine Hits mehr hat, dann wird das Publikum unberechenbar. Es gibt immer jemanden, dem sie zujubeln können. Zehn Jahre vor mir war es Sinatra. Sechs Jahre nach mir war es Presley. Jetzt sind's Bobby Sherman und David Cassidy. Ich war auch mal so ein Teenager-Idol . . . nicht nur hier, sondern überall auf der Welt . . . Heute ändert sich die Publikumsreaktion von Abend zu Abend, von Ort zu Ort . . .»

Als er '72 auf die Bühne der Desert Inn Lounge sprang, sah Ray schlank aus, groß, gut. Ein metallisches Krächzen war in seiner Stimme, wie von einer Säge, die geschärft wird, und seine Arme und Beine zuckten, er ballte die Hände zu Fäusten und verzog sein Gesicht zu Grimassen des Schmerzes. Er fummelte an irgendwas herum, das er unter dem Hemd versteckt hatte, und dann erklärte er, daß er auf die Weise sein Hörgerät einstellte. «Mordssache, daß ich halb taub bin», kommentierte er. Dann sang er ein Medley von *walking* Songs, kaute auf manchen Silben herum. Andere zischte er. Die Stimmung für *The Little White Cloud That Cried* leitete er ein, indem er sich auf die Treppe setzte, die von der Bühne führte, und von einem unglücklichen Siebzehnjährigen erzählte, der in Rosebud, Oregon, lebte. Nach dem neunten Song ging er von der Bühne, von Applaus begleitet. Eine wilde, schnelle Gospel-Nummer hatte er gesungen. Als er zurückkam, wandte er dem Publikum den Rücken zu, nahm eine dramatische Pose ein und warf die rechte Hand vor, als spielte er mit Würfeln. Dann begann er: «Cr-r-r-r-rhyeh . . .» Er war wieder in den 50er Jahren, und sein Publikum nippte an den Longdrinks, seufzte hörbar und schwelgte in Nostalgie.

Die Cool Generation und die Beats

Bevor sie sagten *Crazy, Man, Crazy*, wie Bill Haley auf einer Platte von '53, sagten sie «Cool, man, cool!»

Der Cool Jazz entwickelte sich zur selben Zeit wie das *belting* in der Popmusik. Der Tenorsaxophonist Lester Young und der Trompeter Miles Davis führten die Gegenrevolution gegen die Bops-Revolution von Altsax-Mann Charlie «Bird» Parker, Trompeter Dizzy Gillespie und anderen. Ihre Introvertiertheit und Distanz waren die andere Seite der Medaille, die Entfremdung hieß.

1953 unterbrach in einem teuren Nachtclub in Los Angeles der Leader einer kleinen Combo den Titel *How High The Moon*, den seine Gruppe gerade spielte, und tadelte mit ärgerlichen Worten das Publikum, weil es sich unterhielt, während seine Leute Musik machten. Als er vom Management deswegen zur Rede gestellt wurde, erklärte Gerry Mulligan: «Die meisten Leute wollen zuhören. Wenn jemand redet, dann stört das nicht nur diejenigen, die zuzuhören versuchen, sondern wirkt sich auch negativ auf die Kontinuität unseres kollektiven musikalischen Denkens aus.»

Alles war verdreht. Statt der angeregten Atmosphäre, die gewöhnlich in einem Nachtclub herrschte, bemühte man sich um eine andachtsvolle Stille. Statt schwitzender und sich zur Musik bewegender Show-Künstler eine Gruppe ruhiger, «nachdenklicher» Musiker. Statt aggressiver Selbstdarstellung etwas, das schon wie Kontemplation war. Dixieland- und Swing-Fans wurden als «schimmlige Feigen» («moldy figs») bezeichnet, und ebenso abschätzig nannte man auch die Typen, die solche Musik spielten. Sie waren nicht *hip*.

«Hot Jazz, Dixieland und Swing, war und ist lebensfrohe Musik», schrieb ich im *Esquiere* im Mai 1954. «Er hatte Schwung, Lebensfreude, Bewegung, ein vielfarbiges Spektrum . . . Er war (und ist) eine Musik der Aktion, der Begeisterung, der Verwirrung und, wichtiger noch, der Befreiung. Im überwältigenden Gegensatz dazu ist der Cool Jazz introvertiert. Er ist ein Zustand der Betäubung. Der Musiker – Lennie Tristano am Klavier, Stan Getz am Tenorsaxophon, Cal Tjader am Vibraphon – ein Stilleben. Auf dem Höhepunkt der *coolness* verrät der Musiker nicht die Spur von Emotion. Dies ist musikalische Geisteshaltung, die aus dem Chaos Ordnung zu machen sucht und doch Angst hat, nur ein Vakuum vorzufinden.»

1954 nannte ich diese Musiker und ihre Anhänger die «Cool Generation». Später, während der Eisenhower-Ära, nannte sie Jack Kerouac die «Beat Generation». *Beat* hatte nichts mit Rhythmus zu tun. Es bedeutete vielmehr verausgabt oder erleuchtet. Dennoch, es ging um dasselbe – das Gefühl der Einsamkeit – der Grund lag in der Entfremdung von der Familie und den etablierten Werten –, das Fehlen von Verwurzelung in der Vergangenheit und die Furcht vor der Zukunft sowie die Neigung, mit sich selbst zu spielen und zu leben-leben-leben in der Gegenwart. Die Beats waren «unterwegs» (On The Road), versuchten, der spießigen Welt zu entkommen, die sie umgab. Sie unternahmen jedoch keine Anstrengungen, die Dinge zu verändern. Sie waren kontemplativ, und wenn unerträglich wurde, was sie kontemplierten, versuchten sie sich zu betäuben.

Die *belters* in der Pop-Musik waren sich gewiß nicht bewußt, welche psychologischen Faktoren ihrem Stil zugrunde lagen. Aber indem sie ihm folgten, drückten sie unbewußt die Spannungen und Frustrationen der heranwachsenden Generation aus.

Howl!

Eddie Fisher und Johnnie Ray repräsentierten die beiden Strömungen des *belting*, die den Pop in den frühen 50er Jahren beherrschten. Es gab die *shouters* wie Eddie, Don Cornel, Guy Mitchell, Al Hibbler, Roy Hamilton, die FOUR ACES, die FOUR LADS, Tony Bennett, die AMES BROTHERS – und auch die Frauen mit den harten Stimmen wie Rosemary Clooney, Georgia Gibbs, Teresa Brewer, Kay Starr, die MCGUIRE SISTERS. Und dann gab es die *emoters* und Exhibitionisten wie Johnnie Ray und Jackie Wilson, Sängernachfolger von Billy Daniels, und Little Richard.

Frankie Laine verkörperte beide Strömungen – den *screamer* auf Platten wie *Mule Train* und den leidenschaftlichen *emoter* mit Songs wie *Swamp Girl* und *Jezebel* – «If ever there was a devil in disguise . . . it was you! Jezebel! Jezzz-eheheh-ehbellllll!» Als er den schwarzen *drive* in die Popmusik brachte, nachdem er versucht hatte, es mit Hilfe des intimieren *crooner*-Stils von Crosby oder Sinatra zu schaffen, nahm Laine die Rockabilly-Pioniere um gut sechs Jahre vorweg.

Ob *screamers* oder *emoters* (die beiden überschneiden sich), die *belters* benutzten ihre Stimme wie Lanzen. Sie hatten Biß, Kraft, Lebendigkeit. Es war eine Explosion des Schmerzes oder der Freude. Sie waren Männer oder Frauen in Bewegung – nicht sinnend wie Como oder das Mikro streichelnd wie Sinatra, sondern dynamische Persönlichkeiten, deren lautstarker Gesang seinen Ausdruck in Gesten wie geballten Fäusten, zusammengebissenen Zähnen, stampfenden Füßen und wirbelnden Armen fand. Und sie peitschten ihre Auftritte zu einem Höhepunkt, den man *roxy ending* nannte, in dem die letzten Töne so viel Lautstärke, Dauer und Wucht hatten, daß die Fensterscheiben klirrten und die Rahmen schepperten, sogar in so gigantischen Kinopalästen wie dem inzwischen stillgelegten Paramount Theatre und dem Roxy.

Die Diskjockey-Stars

Wenn man in den 50er Jahren auf den Autobahnen von Los Angeles im dichten Verkehr zur Arbeit fuhr, beruhigte man seine Nerven, indem man die Sendung *Haynes at the Reins* hörte. Dick Haynes war Texaner und von den großen fünf Diskjockeys bei der Top-Radiostation KLAC in der Gegend derjenige, der die Leute morgens in Gang brachte. Die anderen hießen Alex Cooper, Bob McLaughlin, Gene Norman und Peter Potter. Absolute Spitze aber war Al Jarvis, der nicht durch einen Exklusivvertrag an die «Station of the Stars» gebunden war, wie sich KLAC nannte, die man bei 570 auf der Skala empfangen konnte.

Martin Block, der regelmäßig bei WNEW in New York Sendungen machte, wird manchmal als der erste Diskjockey der USA bezeichnet. Im Februar 1935, als er offizielle Bulletins vom Prozeß gegen Bruno Hauptmann erwartete, dem Anstreicher, den man schließlich schuldig sprach, das Lindbergh-Baby ' entführt und ermordet zu haben, spielte er zur Überbrückung Platten. Zu jener Zeit gab es nicht eine einzige Schallplatte im Archiv der Station, und Block mußte sich die Platten in einem Geschäft um die Ecke kaufen. Er spielte Clyde McCoy, den *Sugar Blues*-Trompeter, und tat so, als handele es sich um eine Live-Übertragung aus einer Tanzhalle. Das Management zeigte sich nicht besonders erfreut über ein Schallplatten-Programm, bis Block seinen eigenen Sponsor fand.

Später gestand er, daß die Idee nicht von ihm stammte. Weil er bei Stationen in Süd-Kalifornien gearbeitet hatte, war er vertraut mit *The World's Largest Make-Believe Ballroom*, einem Programm, das Al Jarvis mindestens drei Jahre früher über KFWB in L. A. präsentiert hatte. Daher sollte der Ruhm, Amerikas erster DJ gewesen zu sein, an Al Jarvis gehen, der zudem entscheidenden Anteil am Durchbruch des Swing hatte.

Benny Goodmans Auftritt 1937 im Palomar Ballroom von L. A. gilt im allgemeinen als die Geburtsstunde des Big Band-Swing. Weil die Band auf einer U.S.-Tournee nicht besonders gut angekommen war, schickte Goodman einen Mann voraus, der die Hollywood-Szene vorbereiten sollte. Charlie Emge, Redakteur von *Tempo* und später Redaktionsmitglied von *Down Beat*, wandte sich an Jarvis, der dann so oft Goodman-Platten spielte, daß die Leute ins Palomar strömten. Der stürmische Beifall der Zuhörermassen, der über die Rundfunkübertragungen in ganz Amerika zu hören war, brachte eine Welle ins Rollen, und schließlich war Benny Goodman der ungekrönte König des Swing.

Als Jarvis KFWB verließ, um bei KLAC zu arbeiten, bekam er einen Sieben-Jahres-Vertrag, der ihm 1 700 000 $ garantierte, ungefähr 245 000 $ im Jahr also. KLAC war die erste Nur-DJ-Station mit Spezial-Jockeys, und so wurde Jarvis in den 50er Jahren einer der erfolgreichsten Star-DJs. Die Station, die er verlassen hatte, traf ein Arrangement mit Block, so daß dieser live seine Platten über L. A.s KFWB spielte, eine Show für WNEW in New York auf Band machte, die dann über dreißig andere Stationen verbreitet wurde (syndicated). Dies Arrangement versprach Block einen Bruttogewinn von 2 Millionen Dollar.

Der Trend zum Star-DJ nahm in den späten 40er Jahren immer mehr zu, als Diskjockeys in drei verschiedenen Teilen des Landes Platten allein durch ihre Power durchzuboxen in der Lage waren. In Chicago senkte Eddie Hubbard, der für die Station WIND die Platten sich drehen ließ, die Nadel auf die Rillen von *Peg O – My Heart*, eine Ballade von 1913, und verhalf damit einer Instrumental-Gruppe, den HARMONICATS, zum größten und unerwartetsten Hit ihrer Karriere.

Eine noch eindrucksvollere Demonstration von Diskjockey-Macht war im selben Jahr (1947) zu erleben, als ein Plattenaufleger in Charlotte, North Carolina, eine alte 78er-Platte aus dem Jahre '31 zu einem nationalen Hit machte. Bei Decca Records war man verblüfft, als plötzlich die Bestellungen für eine gestrichene Ted Weems-Platte, *Heartaches* massenweise eintrafen, und man zweifelte so sehr an einem Revival, daß man den populären Guy Lombardo eine Neufassung machen ließ. Aber die Lawine, die Kurt Webster, «The Midnight Mayor of Station WBT», ausgelöst hatte, war nicht zu stoppen, und Ted Weems' Aufnahme wurde schließlich zur Nr. 3 des Jahres.

Weems war so begeistert von seiner neuerlichen Popularität, daß er im Juni 1947 im Charlotte Armory auftrat und den Erlös an Webster gab. Und Leeds Music, der Verlag von *Heartaches*, mit dem ich als Publicity- und Werbungs-Direktor zusammenarbeitete, lud den DJ aus North Carolina auf eine Woche Urlaub nach New York ein.

1948 bestätigte sich auf noch eigenartigere Weise die Einflußkraft eines der neuen Könige des Plattentellers. Der Moderator des Programms *Jazzbo Jamboree* aus Salt Lake City, Al Collins (später bekannt als Jazzbo Collins), erhielt eines Tages eine neue Platte von MGM. Mike Pingatore, ein buckliger Banjo-Spieler, der bei Paul Whiteman gespielt hatte, interpretierte eine Melodie von 1927, *I'm Looking Over A Four Leaf Clover*, begleitet von Al Mooneys PIEPMAUS BAND. Collins explodierte vor Wut, weil man es gewagt hatte, einem etablierten Jazz-DJ eine solche Platte zu schicken. Sein Ärger dauerte dreieinhalb Stunden, während der er die Platte immer wieder spielte und sich abreagierte, indem er ihr ständig einen neuen Titel gab. Diese Tour de Force brachte die Zuhörer in Salt Lake City in Aufruhr und löste eine Kettenreaktion aus, die schließlich Mooneys Aufnahme zum Nummer-vier-Bestseller des Jahres machte.

Anfang der 50er Jahre gab es kaum eine Stadt, die sich nicht eines oder mehrerer dieser auffallenden, extravaganten und selbstdarstellerischen Plattenjockeys rühmen konnte. Die Manager der Stationen zeigten großes Interesse an ihrem Beliebtheitsgrad und ihrer Fähigkeit, Geldgeber anzuziehen. Das Musikgeschäft berücksichtigte ihre Macht, Platten zu Hits zu machen. Obwohl es in New York DJ-Stars gab, unter ihnen Ted Brown und The Redhead bei WMGM, Bob und Ray bei WNEW, Klavan und Finch bei derselben Station, galt diese Stadt nicht als der Ort, wo Platten ihren Durchbruch erlebten. Die Ehre ging nach Jersey City an Paul Brenner bei WAAT; nach Boston zu Bob Clayton bei WHDH; Philadelphia zu Joe Grady bei WPEN; Washington, D. C., zu Eddie Gallagher bei WTOP; Cincinnati zu Bill Dawes bei WCKY; Chicago zu Howard Miller und Eddie Hubbard bei WIND; St. Louis zu Gil Newsome bei KWK und Detroit zu Ed McKenzie, «Jack The Bellboy», bei WJBK.

Anfang der 50er Jahre war einer der einflußreichsten Plattenwerber des Landes Bob Horn bei der Station WFIL in Philadelphia. Tom Donahue, ein Konkurrent, beschrieb ihn als «einem römischen Kaiser ähnlicher als alles, was ich je gesehen habe». Weil er sich angeblich mit einem seiner weiblichen Teenager-Fans eingelassen hatte, bekam er Schwierigkeiten, und 1959 wurde er im Rahmen der Payola-Untersuchungen wegen Steuerhinterziehung verurteilt. Auf diesen Caesar folgte früh ein Mark Anton: schon 1952 kam ein junger Mann namens Dick Clark zu seiner täglichen *Bandstand*-Show.

1952 sendete jener DJ, der «als der wichtigste und mächtigste Plattenaufleger des Landes» galt, täglich aus der Station WERE in Cleveland. «Wenn eine Platte scheinbar beiläufig von Bill Randle gespielt wird», so schrieb *Down Beat*, «hat das *blockbuster*-Wirkung.» Die Jazz-Zeitschrift räumte das ein und beklagte gleichzeitig, daß Randle dem Jazz abtrünnig geworden war. (Von '42 an hatte er sechs Jahre lang über die Station WJBL in Detroit «strictly jive» gemacht, gegenüber von WJBK, wo «Jack The Bellboy» der Hit-Macher war.)

Als er sich '49 in Cleveland niederließ, definierte Randle seine Politik ganz einfach: «Es ist mir egal, was es ist. Ich will Hits machen.» Und ein Hit-Macher wurde er. Eine seiner ersten Entdeckungen war ein junger Sänger aus Oregon namens Johnnie Ray, der in einem Club der Stadt auftrat. Eine andere war ein in Brooklyn geborener *paisano*, den Randle in den High Schools von Cleveland präsentierte und in seinem vierstündigen Nachmittagsprogramm immer wieder auflegte. «Ich wäre niemals geworden, was ich bin», hat Tony Bennett einmal gesagt, «wenn nicht Bill Randle geholfen hätte.»

Eine seiner frühesten Machtdemonstrationen gab er nicht mit einem Pop-Künstler, sondern mit einem R&B-Mann, Louis Jordan. Nachdem er *Saturday Night Fish Fry* von Jordan und seinen TYMPANY FIVE einmal gespielt hatte, reagierte er auf Zuhöreranrufe, die er live im Studio entgegennahm, indem er die Platte alle fünfzehn Minuten nochmals auflegte. Zudem gab er dem Decca-Vertrieb in seinem Bereich die richtigen Fingerzeige, was ihm wiederum Vorabinformationen über Platten, die in anderen Gebieten einschlugen, brachte. Konkurrenten behaupteten, daß er viele Tips von seiner Mutter bekam, die in Detroit wohnte und dort für ihn Ed McKenzie abhörte.

Es dauerte nicht lange, da mußten sich Plattenverkäufer immer wieder die Frage stellen lassen: «Setzt Randle auch darauf?» Und sie mußten feststellen, daß es schwierig war, neue Platten für ihre Läden zu bestellen, wenn sie nicht die Händler überzeugen konnten, daß das «Cleveland Monster» tatsächlich auf sie setzte. Um zu erreichen, daß Randle ihre Platten spielte, ließen ihm viele Künstler, Verleger und A&R-Leute vorab Exemplare noch nicht erschienener Platten zukommen.

Während der 50er Jahre erreichte Randle manchmal bis zu 80 % der Nachmittagshörer. Die verschiedenartigen Plattenhits, die von seinem Plattenteller kamen, reichten von der Neuaufnahme der Filmballade *Charmaine* (1926) durch Mantovani bis zu Titeln von den CREW CUTS und Elvis Presley.

Hatten früher die Song-Plugger Kopien von den Noten- und Textblättern in ihren Hosentaschen herumgetragen und sie mit überzeugungskräftigen Worten den Musikern für ihre Live-Auftritte aufgeschwatzt, so liefen sie in den 50er Jahren mit ihren Diplomatenkoffern herum, in denen sie auf Vinyl gepreßte Platten trugen, die sie den Diskjockeys überall im Lande andienten.

Die Macht der Star-DJs hatte ihren Höhepunkt mit dem Siegeszug des Rock 'n' Roll. Aber dann lernten sie die Konkurrenz eines vereinfachten Programmkonzepts fürchten, das als *Top Forty* bekannt wurde. Offensichtlich wurde damit schon 1953 begonnen, als Todd Storz, später an der Spitze einer mächtigen Rundfunkkette, WTIX in New Orleans kaufte und einen Weg, die Personalkosten zu senken, darin sah, daß er das Programmkonzept *Top Forty at 1450* realisierte. Nicht viel später ahmte Gordon McLendon, der Besitzer einer weiteren Kette, das mit einer Sendeliste nach, die den Jockeys der Station KLIF ihr Programm vorschrieb.

Manche behaupten, daß die Star-DJs sich mit überhöhten Gagenforderungen selbst aus der Radioszene katapultierten. Andere wiederum meinen, daß die Station-Manager darauf aus waren, sie loszuwerden, um ihren eigenen Verdienst und ihre Position zu verbessern (als Programm-Direktoren). Die Geschichte des Rundfunks nach dem Aufstieg des Rock 'n' Roll ist die Geschichte der Schlacht, die die Star-DJs gegen die *Top Forty* verloren. Aber die 50er Jahre waren ihre Ära, und auf ihren Plattentellern wurde entschieden, was zum *smash* und was zum *bomb* wurde.

«Your Hit Parade»

«*Your Hit Parade*, America's Taste In Popular Music» hatte ihr Debüt am Samstagabend, dem 20. April 1935, im Coast-to-Coast-Rundfunk, zu einer Zeit, als Kate Smith' Stern aufging und für Bing Crosby der Blues der Nacht auf das Gold des Tages traf.

Zu Beginn der Show sagte abrupt ein Ansager: «With men who know tobacco best, it's Luckies two to one.» Und ein Tabakauktionator rief in seinem Singsang-Kauderwelsch die Preise aus, bis er mit einem melodischen «Sold to A-mer . . . i-can!» schloß. Dann das Klicken eines Telegraphen in einem Rhythmus, der sogleich von einem Ansager nachgeahmt wurde: «L-S . . . M-F-T. L-S . . . M-F-T.» Eine andere Stimme: «You said it! Lucky Strike means fine tobacco! So round, so firm, so fully packed . . . so free and easy on the draw!» Und wieder der Auktionator, der in seinem Singsang nicht zu identifizierende Zahlen aufsagte, bis kam: «Sold to A-mer . . . ican!» Ein ansteigendes Harfen-Glissando, und dann fiel die Band in die ersten sechzehn Takte «This Is My Lucky Day», mit schwungvollen Bläsern. Und dann ganz zum Schluß André Baruch. Mild wie die Zigarette selbst kam seine Ansage: «Lucky Strike presents *Your Hit Parade* starring Kay Thompson, Charles Carlyle, Gogo De Lys and Johnny Hauser.»

Mit Beginn des Zweiten Weltkriegs, als Sinatra Star in der «Parade» war und «Saturday night was the loneliest night in the week» für die Mädchen ohne junge Männer, war *Your Hit Parade* von so großer Bedeutung wie heutzutage die Veröffentlichung eines neuen Albums der ROLLING STONES.

Die Ten Top Tunes der Woche! Ihre Titel und ihre Reihenfolge waren wohlgehütete Geheimnisse und ließen die Mächtigen ebenso rätseln wie die Massen. So geheim, daß Präsident Roosevelt Frank Sinatra, der einen Besuch im Weißen Haus abstattete, fragte, welcher Song wohl am kommenden Samstagabend die Nummer eins sein würde. Der Überraschungseffekt trug zweifellos viel zur langlebigen Popularität der *Parade* bei.

Was das Musik-Business betraf, so versuchte jeder Verleger und *song-plugger*, im voraus Informationen zu bekommen. Manche machten sich an die Werbeleute bei Batten, Barton, Durstine, Osborn (BBDO – kein «und») heran, der Agentur, welche die Show produzierte. Andere wiederum versuchten über Musiker beim Orchester oder Angestellte bei

NBC, Sekretärinnen, Bühnenarbeiter, Helfer und Wachpersonal etwas herauszubekommen. Aber höchstens konnte oder mochte jemand verraten, ob ein bestimmter Titel in der «Parade» war. Natürlich erfuhr das Personal der Show die Reihenfolge der Songs, je länger die Proben andauerten, aber offensichtlich herrschte so viel Loyalität, daß nur ganz selten einmal etwas durchsickerte.

«Es war wie eine große Familie, mehr als jede andere Show, bei der ich je gearbeitet habe», sagte mir Ray Charles. Ray war von 1949 bis 1958 Chorleiter und Gesangsarrangeur der *Parade* und arbeitete auch bei anderen Fernsehsendungen, zum Beispiel der Perry Como-Show. «Jeden Montag trafen wir uns zum Lunch bei BBDO: Mark Warnow, der Dirigent (später Raymond Scott), Bill Nichols (Hauptautor), Tony Sharmalee (Choreograph), Paul Barnes (Bühnenbildner), Sal Anthony (Kostümbildner), Clark Jones (Regisseur) und die Ko-Produzenten Ted Fetter und Dan Lounsberry von der Agentur. Wir hatten eine Liste der fünfzehn Top-Songs der vorangegangenen Woche und einige vorläufige Skizzen von den Autoren, wie die Gestaltung sein sollte.

Beim Lunch kam dann ein Telefonanruf von American Tobacco, und uns wurden die zehn (später sieben) Songs durchgegeben, die bei der wöchentlichen Umfrage am erfolgreichsten waren. Die Produzenten teilten den verschiedenen Mitarbeitern jeweils ihre Songs zu und planten mit den Hauptautoren und dem Regisseur die optische Realisierung. Dann riefen sie beim Sponsor (A. T.) an und ließen sich die Zustimmung erteilen.

O ja, nichts, absolut nichts wurde ohne das Okay von American Tobacco gemacht. Die Lucky Strike-Extras wurden im voraus geplant, und zwar nach einer Liste, die von den Tabak-Leuten vorher präsentiert wurde. *Fine And Dandy* war eines ihrer Lieblingsstücke, wahrscheinlich weil der berühmte George Washington Hill, der Kaiser bei A. T., es so gern mochte.

Montagabend arbeitete ich dann schon an den Gesangsarrangements, während andere Arrangeure in Nachtarbeit die Orchester-Arrangements machten. Am Dienstag begannen die Tänzer mit ihren Proben. Mittwoch waren die Bühnendekorationen und die Kostüme fertig. Donnerstag begannen die Gesangsproben mit den vier Gesangs-Stars und dem Chor. Donnerstag spät hatten wir den ersten Durchlauf. Um vier Uhr sahen wir uns eine Aufzeichnung der Show von der vergangenen Woche an. Das war wie eine Party ... wir hatten viel Spaß, applaudierten, lachten über die witzigen Einfälle, machten uns lustig über die Ausrutscher.

Da die Show live gemacht wurde, gab es immer wieder Fehler. Tänzer verpaßten ihren Einsatz. Dekorationen waren beschädigt. Und Snooky Lanson vergaß immer wieder seine Texte. Einmal schrieb er sich die Wörter auf den Boden, und kurz vor der Show wurden sie ihm von

75

den Leuten ausgewischt, die noch mal alles überprüften. Da hat er reichlich improvisiert! Und ein anderes Mal – das war was! – bei einer Weihnachtssendung, da konnte er sich plötzlich nicht mehr an den Text von *O Holy Night* erinnern.

Freitag morgens kamen die Musiker zur Orchesterprobe. Und am Nachmittag machten wir die Einstellungen im Studio für das Kamerateam. Sonnabend hatten wir einen vollständigen Durchlauf, dann eine Kostümprobe und um 19.30 Uhr war Show-Time. Danach gingen wir alle zum Essen und kamen um 22.30 Uhr zurück, um die Wiederholung für die West Coast zu machen.»

Außer ihrem Wert als musikalische Unterhaltung hatte *Your Hit Parade* den Reiz jeder sogenannten *inside*-Bestenliste. Nicht ein einziges Mal wurde enthüllt, auf welche Weise die Auswahl der zehn besten Melodien vor sich ging. Während der Sendung wurden Hinweise auf den Verkauf von *sheet music* gegeben – in jenen Tagen gab es so was –, auf die Häufigkeit, mit der die Titel in Musikboxen gespielt wurden, auf Plattenverkäufe und Aufführungen in Radio und Fernsehen. Die Verleger meinten, diese Aufführungen seien der Schlüssel. Von den 30er bis in die 50er Jahre war das Musikbusiness in der Tat einzig auf «No. 1 Plugs» geeicht – Songs, die man mit aller Macht im Radio, später dann auch im Fernsehen pushte, ohne Rücksicht auf Verluste: Payola, Hypola, Giftola, Layola – egal was, Hauptsache, das Ding wurde gespielt.

Im Sommer 1950 wurde *Your Hit Parade* zu einer der ersten langjährigen Radioshows, mit der man sich ins Fernsehen wagte. Sie ersetzte *Robert Montgomery Presents*. Inzwischen war das Fernsehen zu einem wichtigen kulturellen Faktor geworden, und zum erstenmal gab es in Amerika mehr Fernsehzuschauer als Radiohörer. Aber das Fernsehen und die musikalischen Entwicklungen des Jahrzehnts waren für die «Parade» sowie für das Bewußtsein, das sie repräsentierte, der Anfang vom Ende.

Die optische Aufbereitung erwies sich von Anfang an als das Hauptproblem. Wiederholte Darbietungen desselben Songs stellten fast unlösbare Anforderungen an die Drehbuchschreiber, sich immer wieder neue Dekorationen und Präsentationen auszudenken – und manchmal entfernten sie sich dabei zu weit vom Song selbst.

Als sich die Atmosphäre der Popmusik ab Mitte der 50er Jahre veränderte, war der Kontrast zwischen den Teenager-Songs und den Leuten, die sie darboten, katastrophal. Ein Rock-Kritiker schrieb: «Der schaurigste der vier, Snooky Lanson, stand vor den Pappkulissen und sang ‹You ain't nothin' but a hound dog› mit einem Scheiß-Lucky-Strike-Grinsen.»

Zwischen '57 und '58 entließ die «Parade» die vier Gesangsstars Lanson, Collins, McKenzie und Russell Arms. Statt dessen engagierte man eine Gruppe junger Leute, angeführt von Tommy Leonetti und Jill Corey. Aber obwohl sie jünger waren, wußten sie doch nicht so recht mit Rock 'n' Roll-Titeln umzugehen. Und statt daß man sich einen Dirigenten holte, der die Teenage-Musik verstand, wurde ein Arrangeur und Dirigent von Broadway-Musicals engagiert. Während der letzten Saison trat Johnny Desmond ohne viel Erfolg auf, und Dorothy Collins kam wieder mit ihrer langärmeligen weißen Bluse und ihrem schwarzen Kordelschlips, um vor dem roten Kreis der Lucky Strike-Packung den Werbespruch «so round, so firm» zu lispeln.

Im März 1958 wurde die «Parade» durch ein Musik-Quiz ergänzt. Zweihunderttausend Dollar warteten auf diejenigen, die eine Rätselmelodie errieten und mit fünfundzwanzig Worten oder weniger zu formulieren wußten, warum Lucky Strike allen anderen Zigaretten vorzuziehen seien. Dies war der Versuch, der Konkurrenz zu begegnen, die NBC-TV mit seinem Musik-Quiz *Dough-Re-Mi*, die Quiz-Einlage in Ted Steeles WOR-TV-Show und andere der «Parade» machten.

Der Redakteur einer Branchenzeitschrift kritisierte, daß sich die «Parade» nicht grundsätzlich dem Problem ihres Konzeptes stellte. «Entweder sollte man die Idee der Top-Hits ganz fallenlassen», schrieb Ren Grevatt in *Billboard*, «und nur Nicht-Rock 'n' Roll-Hits für erwachsene Zuschauer am späten Abend senden, oder man sollte sich auf ein konsequentes Pop-Hit-Konzept umstellen und das Studio mit Teenage-Fans füllen, die den Stroll tanzen können . . .»

Als *Your Hit Parade* im Herbst '58 wiederkehrte, versuchte sie noch immer, dieser Entscheidung auszuweichen. Nach fast einem Jahrzehnt bei NBC wurde sie jetzt durch CBS-TV präsentiert, in einer Choreographie von Peter Gennaro und unter der Regie von Norman Jewison – die beide später im Fernsehen, im Film und im Theater Karrieren machten. Da man versuchte, sowohl jung wie alt anzusprechen, teilte man das Programm in vier Abteilungen: die Top Three Tunes der Woche plus drei weitere Hits aus den Top Twelve sowie Titel von LPs und ein Medley aus der All-Time Hit Parade.

Zu Dorothy Collins und dem schmucken Johnny Desmond, die regelmäßig auftraten, gesellten sich Gäste: THE ACCENTS, ein Gesangsquintett boten *Bird Dog* dar, die Nummer drei jener Woche. Nachdem Desmond *Volare* gesungen hatte und Collins den Nummer-eins-Hit *It's All In The Game*, wurden die anderen neun Songs der Top Twelve in gereimten Zweizeilern von dem Chor singend vorgestellt.

Es war vielleicht ein mutiger und einfallsreicher Versuch, die 50er Jahre zu umspannen, aber eine Seite fußte auf der nicht besonders tragfähigen Vergangenheit, und die andere war in der Gegenwart verankert. Die «Parade» war gefangen in einem hoffnungslosen Widerspruch: sie brauchte ein erwachsenes Publikum, um ihr Produkt (Tabak) zu verkaufen, aber die Musik war die der Teenager.

Das Ende kam dann im Frühling 1959. Am 24. April sang Dorothy Collins wie einst Eileen Wilson: «So long for a while . . . So long to Your Hit Parade . . . and the tune you picked to be played . . .» Und alle Mitwirkenden gesellten sich dazu. Sie schunkelten und sangen «Be Happy, Go Lucky». Aber der Abschied war nicht nur für kurze Zeit, obwohl man Erklärungen veröffentlichte, daß man die Belegschaft intakt halten wolle, um im Herbst '59 wiederzukehren, sondern für immer. *Your Hit Parade* war wirklich nicht mehr zeitgemäß.

In den vierundzwanzig Jahren ihrer Existenz – fast genau an ihrem Geburtstag wurde die Sendung zum letztenmal ausgestrahlt – war sie zur Verkörperung, zum Symbol und zur Summe allem dessen geworden, was die Tin Pan Alley-Ära der Popmusik ausmachte. Kritiker des neuen Songstils, der half, sie sterben zu lassen, erwähnten gern die «Hit Parade»-Tradition als die «guter Musik». Heutzutage sagt man im Branchenjargon dazu *easy listening*. Es war die Tradition sentimental-romantischer Balladen und modischer Schmachtfetzen, alle im 32-Takt-Schema, ob sie nun aus Filmen stammten, aus Shows oder aus der Alley. *Entertainment* ist vielleicht das Wort, mit dem man jenen Gesangsstil charakterisieren kann, im Gegensatz zu *emotion* oder *expressiveness* (Gefühls- und Ausdruckskraft). Ob es sich um Tingeltangel (Vaudeville), Radio oder Fernsehen handelte, die Live-Darbietung war die wichtigste Grundlage, um bekannt zu werden und Promotion zu machen, nicht die Platte, nicht die Kassette oder das Tonband. Sänger wurden am Klavier begleitet, nicht von der Gitarre, und von Bands oder Orchestern, nicht von Combos mit elektrischen Instrumenten. Und die Harmonien, Melodien, das Gefühl stammten von Tschaikowsky, Ravel, neapolitanischen Liedern, mitteleuropäischer Operette, nicht aus Blues, Folk oder Country.

Als ich Ray Charles fragte, wie sich der Rock 'n' Roll auf die «Parade» ausgewirkt habe, antwortete er mit einem Wort: «Tödlich!» Und dann fügte er hinzu: «Natürlich war es nicht nur der Rock 'n' Roll, sondern es kamen andere Dinge hinzu, die zur gleichen Zeit geschahen. Bis zum Rock 'n' Roll war der *Song* die Hauptsache. Plötzlich war es die *Darbietung*. Die Zuschauer wollten einfach nicht Dorothy Collins *Rock Around The Clock* singen sehen und hören. Sie wollten BILL HALEY AND THE COMETS. Und sie wollten niemand anderes als Fats Domino für *Blueberry Hill*. Unser Publikum war Mittelgeneration, und ihm gefiel die Musik nicht, die da aufkam. Und die Kids, deren Musik es war, mochten die Leute nicht, die sie darboten. Plötzlich erschienen die Stars älter, als sie wirklich waren, und die Mädchen, die tanzten und sangen, sahen gar nicht wie Mädchen aus. Zu dem Zeitpunkt sprach alles gegen den Erfolg der Show – hauptsächlich aber die Zeit . . .»

Die «Hit Parade» trat mit dem Auftauchen der Big Bands in Erscheinung. Ihre Popularität hatte den höchsten Stand in den Tagen der großen Baritone und schwand, als die großen Belters aufkamen. Ihre Schwierigkeiten wurden noch stärker, als die Top Forty den Zuhörern eine stündliche Hitparade boten. Der Überraschungseffekt war dahin – warum erst noch auf Samstagabend warten? *Your Hit Parade* wurde ein Opfer der Rock-Revolution, und sie starb, als auch Tin Pan Alley nicht mehr Angelpunkt der Popmusik war.

2

Aufruhr in der Popmusik

1954–1955

«Sh-Boom»

Im Frühling 1954, als ich Vizepräsident und Gen. Prof. Mgr. von Hill & Range Songs war, traf ich mich eines Samstagmorgens mit Morty Craft, einem Arrangeur und unabhängigen Plattenproduzenten. Craft hatte gerade eine Platte aufgenommen, die auf dem R&B-Markt Aufsehen erregte. Ich hatte um unser Zusammentreffen gebeten, weil ich hoffte, einen Teil oder sogar 100 % der Veröffentlichungsrechte erwerben zu können.

Während unseres Gesprächs machte er Anspielungen auf ein seltsames Phänomen, das er gerade in Los Angeles wahrgenommen hatte. Er kam nicht raus damit, sondern fragte mich nur, ob ich den Nummer-eins-Bestseller dort erraten könne. Als ich Platten nannte, die in den Charts waren – *Wanted* (Perry Como), *Make Love To Me* (Jo Stafford), *Little Things Mean A Lot* (Kitty Kallen) –, schüttelte er immer wieder den Kopf. Schließlich fragte er: «Haben Sie schon einmal von einem Song mit dem Titel *Sh-Boom* gehört? Und einer Gruppe namens THE CHORDS? Der ist nämlich die Nr. 1 in Los Angeles!»

Da ich sehr verblüfft darüber war, daß dieser Song nicht auf der R&B-Bestenliste war, sondern im Pop-Bereich, rief ich einen Freund in Hollywood an, um mir Crafts Mitteilung bestätigen zu lassen. Tatsächlich, *Sh-Boom* von den CHORDS verkaufte dort mehr als Como, Kallen usw.

Ich verbrachte einen unruhigen Sonntag, aber Montag morgens um zehn Uhr hatte ich endlich herausgefunden, daß die Aufnahme der CHORDS auf dem Cat Label war, einer Tochterfirma von Atlantic Records, und daß das Copyright Progressive Music gehörte, ebenfalls einer Tochtergesellschaft von Atlantic. Mittags traf ich mich dann schon mit Jerry Wexler und Miriam Abramson, und sie zeigten sich überrascht, daß ich das Copyright kaufen wollte. Sie wollten wissen, was ich an *Sh-Boom* fand. Natürlich verriet ich ihnen nichts, und auch sie gaben mir keinen Hinweis darauf, ob sie an einem Handel interessiert seien. Andererseits vermutete ich, daß Wexler und seine Partner an Bargeld nicht uninteressiert sein würden und außerdem an der Promotion, die ich für einen Song machen konnte. Schließlich war Hill & Range als ein großes und einflußreiches Musikverlagshaus bekannt, während Progressive Music wie die meisten Tochterfirmen in jenen Tagen nichts als eine Holding-Gesellschaft war.

Natürlich konnte damals, als wir uns unterhielten, niemand ahnen, wie groß der Song werden würde – und wie schnell es dazu kommen sollte. Aber ich hatte so eine Art Eingebung. Und diese verdichtete sich zur Überzeugung, die Rechte kaufen zu müssen, nachdem ich mir die CHORDS-Platte angehört hatte. Sie hatte einen eigenartigen Sound und Reiz, von dem sich sogar die Atlantic-Leute verblüfft zeigten. Nachdem sie ein Hit geworden war, gestand Ahmet Ertegun, der Präsident von Atlantic, ein, daß bei einer Konferenz darüber, was veröffentlicht werden sollte, alle das Gefühl gehabt hatten, diese Platte «hätte was, aber was?».

Was ich hörte, war eine reizvolle Vitalität, die zum Tanzen animierte, und die verführerische Sinnlichkeit in der Stimme des Leadsängers. Die Platte begann mit zwei unbegleiteten «Life could be a dream ... life could be a dream», heiser und eindringlich, und ging dann mit Macht in einen schwungvollen, ungebrochenen Shuffle-Rhythmus über. Explosive «Sh-Booms» akzentuierten das Gesangs- und R&B-Tenorsax-Solo (dessen Eröffnungsphrase bedenklich nach «Mean To Me» klang). Die Phrase «Hello, hello again» kam mehrmals wie aus dem Nichts, um den Rhythmus zu halten, desgleichen irgendwelche Nonsense-Silben. Das Baß-Stimmen-Solo, auf R&B-Platten traditionell, vermittelte ein nostalgisches Gefühl der Sehnsucht. Was den Text betraf, war der Song aus Klischee-Phrasen zusammengesetzt wie «Tell me I'm the only one you love» und «Let me spend my whole life with you». Aber immer wieder wurde das einladende Versprechen «Life could be a dream» wiederholt. Ich fand den Titel unwiderstehlich.

Am folgenden Morgen rief mich Jerry Wexler an. Sie wollten eine 50%-Beteiligung an dem Song für 6000 $ Vorschuß verkaufen. Das war meiner Meinung nach eine ziemlich hohe Summe, aber ich ließ mich in meiner Entschlossenheit nicht beirren.

Jetzt mußte ich jedoch die Besitzer von Hill & Range, Jean und Julian Aberbach, überzeugen. Unglücklicherweise fuhr an jenem Dienstag Jean Aberbach, bei dem die Entscheidung lag, nach Kalifornien. Ich gab ihm ein Exemplar der Platte, als er im Büro ankam, und wollte, daß er sie sich anhörte, bevor ich erzählte, worum es ging. Als er jedoch darauf hinwies, daß er in der Hektik keine Entscheidung fällen könne, eröffnete ich ihm die Höhe der verlangten Summe. Er zeigte sich sehr erstaunt, nicht so sehr über die Summe als vielmehr über die Tatsache, daß ich gewillt war, sie in ein absolut unbekanntes Produkt zu stecken. Er war beeindruckt – wie die meisten Unternehmer von hohen Summen beeindruckt sind –, gab mir aber zu verstehen, daß ich auf seine Entscheidung noch warten müsse.

Der Tag verging, ohne daß er sich wieder bei mir meldete. Schließlich schickte ich ihm noch ein Exemplar der Platte nach Kalifornien.

Am nächsten Tag rief er mich von der Westküste aus mit erregter

Stimme an. «Können wir noch immer *Sh-Boom* kaufen?» Ich antwortete, daß ich es annahm.

«Und sind es 6000 $ für 50 % des Copyrights? Können Sie keinen besseren Preis aushandeln?» Ich verneinte.

«Dann ist es Ihre Entscheidung», antwortete er. «Wenn Sie wollen, können Sie zugreifen.»

Ein oder zwei Tage später händigte ich dem Anwalt von Atlantic Records, Warren Troub, einen 6000-$-Scheck aus, und der Hill & Range-Anwalt, Ben Starr, erhielt Kopien eines Vertrages, der von den leitenden Atlantic-Leuten unterschrieben war. Progressive Music und St. Louis Music, eine Tochterfirma von Hill & Range, waren jetzt gleichberechtigte Partner, was *Sh-Boom* betraf.

Hätten die Atlantic-Leute noch etwas mehr als eine Woche gewartet, hätte es für sie nicht den geringsten Grund gegeben, sich von einer Hälfte ihres Profits zu trennen. Aberbach hatte nämlich auf seiner Reise, die er mit dem Zug unternahm, bei einer Zwischenstation in Chicago, wo er einen Besuch bei Mercury machte, erfahren, daß diese Firma eine Platte in Blitz-Veröffentlichung herausbrachte – und zwar *Sh-Boom* in einer Cover-Version von einer weißen Pop-Gruppe aus Kanada, den Crew Cuts. Die Leute bei Mercury waren deswegen «schier aus dem Häuschen». Und Jean war am Telefon so erregt gewesen, weil wir gerade das brauchten – daß nämlich die schwarze Ballade auf dem Pop-Markt einschlug –, wenn wir einen Teil oder die gesamten Rechte erwarben. Dennoch hatte er mir das Gefühl vermittelt, die 6000 $ gäbe ich auf eigene Verantwortung aus.

Die Platte der Crew Cuts machte mir die Verantwortung leicht, denn sie wurde in der Woche veröffentlicht, als die Scheibe der Chords in die Pop Charts kam, und stieg schon eine Woche später in die Top Ten. Ende Juli war sie in *Your Hit Parade*, und dort blieb sie 12 Wochen, erreichte jedoch nur den 3. Platz. Aber in der Honor Roll von *Billboard* war sie im August und im September unangefochten an der Spitze und wurde damit zu einer der fünf Top-Songs des Jahres 1954.

Ich fühle mich bestätigt, weil Rock-Historiker wie Carl Belz und andere *Sh-Boom* zum ersten Rock 'n' Roll-Hit erklärt haben. Und dies ist unbedingt richtig, obwohl es zwei mögliche Konkurrenten und Anwärter auf diese Ehre gegeben hat. Mehrere Monate vor *Sh-Boom* kam ein R&B-Song mit dem Titel *Gee*, aufgenommen von den Crows auf Rama Records, in die Pop Charts. Aber er erreichte nicht die Top Ten und erregte bei weitem nicht so viel Aufsehen wie die Platte der Chords. Und fast ein Jahr zuvor stieß ein Heuler, der von den Orioles auf Jubilee erschienen war, in den Pop-Bereich vor. Doch *Crying In The Chapel* war ein Country-Song, von Darrell Glenn (dem Bruder des Autoren Artie Glenn) auf Valley Records aufgenommen.

Sh-Boom war in mancherlei Hinsicht einzigartig. Einmal handelte es sich dabei um einen im Studio geschriebenen Song, und die darbietenden Künstler waren auch die Autoren. Zum anderen kann dieser Song für sich den Anspruch erheben, nicht nur der erste nationale Superhit in dem neuen Genre gewesen zu sein, sondern überdies auch der erste Rock 'n' Roll-Song, der erheblich angegriffen wurde. Wie wir sehen werden, begann die ältere Generation nach dem Aufstieg des Rock 'n' Roll mit einer lang andauernden Kampagne gegen diese Musik. Im Fall von *Sh-Boom* war der profilierteste Gegner der Parodist Stan Freberg, der sich sehr ernsthaft engagierte. Als er in Peter Potters TV-Show von CBS, *Juke Box Jury*, auftrat und ihm dieser *Sh-Boom* vorspielte, sagte Freberg: «Ich hoffe, damit ist R&B gestorben.»

Frebergs Fernsehkommentar brachte ihm sehr viel Kritik von Sprechern der Industrie ein, die meinten, er habe damit besonders seinem eigenen Label, Capitol Records, einen schlechten Dienst erwiesen, denn diese Firma erweiterte ihr R&B-Repertoire immer mehr. Freberg war einer von jenen, die der heranwachsenden Generation das intensive Gefühl vermittelten, sie sei da im Besitz von etwas Neuem und vielleicht sogar Gefährlichem. Es war ein angenehmer Sommer für die jungen Leute, die sich am Strand sonnten und dazu aus den Transistorradios den zum Tanzen animierenden Klängen von «Life could be a dream . . . Sh-Boom, Sh-Boom . . .» lauschten.

In seinem Stil, seinem Erfolg und den Widerständen, die es hervorrief, war *Sh-Boom* der Kulminationspunkt der Nachkriegsentwicklung in der Popmusik und der Gesellschaft, besonders was die Situation der Schwarzen und ihrer Musik in Amerika betraf.

Jerry Wexler-Interview

«Ich kam im Juni 1953 zu Atlantic Records», sagte Jerry Wexler, mit dem ich wegen *Sh-Boom* verhandelt hatte. «Herb Abramson, der die Firma zusammen mit Ahmet Ertegun gegründet hatte, ging zur Armee . . . Ahmet war ständig im Studio, und er und Miriam Abramson brauchten jemand, der jeden Tag im Büro war. Sie hatten schon ein Jahr versucht, mich von den Big Three (Robbins, Feist and Miller Music Corporations) wegzuholen . . . aber sie hatten mir nur ein wöchentliches Gehalt angeboten. Als sie schließlich sagten: ‹Komm zu uns, und wir verkaufen dir einen Teil unserer Firma›, fand ich Interesse. Aber mein Freund, der Verleger Howie Richmond, sagte: ‹Mach das nicht. Da kommt nichts dabei raus, denn mit dem R&B wird es nichts.›

Ich hörte nicht auf Howie . . . Ahmet unterwies mich im Studio. Er wußte, daß ich genauso in einer Übergangsphase war, wie er am Anfang stand. Er hatte gerade Clyde McPhatter unter Vertrag genommen, mit dem ich als erstes zusammenarbeitete. Nachdem er nun die DOMINOES verlassen hatte, stellte sich Clyde eine neue Gruppe zusammen. Wir probten mehrere Monate mit ihnen. Dann machten wir eine Aufnahmesession. *Money Honey* war einer der Songs. Die ganze Session taugte nichts. Wir benutzten nichts davon, sondern Clyde suchte sich eine neue Gruppe, und wir begannen ganz von vorn. Als wir alle Titel dann noch mal aufnahmen, wurden sie gut. Wir haben lange darüber diskutiert, ob wir ihm einen besser verkäuflichen Namen geben sollten . . . aber Ahmet sagte: ‹Nein, laß uns bei seinem Namen bleiben.›

Ich kannte Ahmet und Herb aus den Zeiten, als wir alle Jazz-Platten sammelten. Und auf dem Wege kamen sie auch alle ins Plattengeschäft. Anfangs machten sie nur Jazz-Sessions, aber dann merkten sie, daß sie dafür auch irgendwo das Geld herholen mußten, und deswegen gingen sie zu Funk über.

Ich hielt sehr viel von R&B- und Blues. Bei *Billboard* war ich der R&B-Experte, bevor ich zu den Big Three ging. Immer wieder schrieb ich unheimlich positive Besprechungen über Atlantic-Platten. Ich schätze, ich hatte da so eine unbewußte Vorahnung, was kommen würde! Nein, ganz im Ernst, ich liebte die Platten, die sie machten. Und als Plattenkritiker dachte ich natürlich immer wieder, ich könnte noch bessere Platten machen – bis ich zum erstenmal ins Studio kam und herausfand, was da überhaupt lief.

Im ersten Jahr machte ich Aufnahmen mit Ruth Brown, den CLOVERS, Joe Turner und den DRIFTERS mit Clyde. In jenen Jahren konnte es eine Top-R&B-Platte auf vierhunderttausend bringen. Die Platten verkauften sich auf dem Getto-Markt, nicht an Weiße, und im weißen Radio wurden sie auch nicht gespielt. Das tolle war, was wir für ein hervorragendes Veröffentlichungskonzept hatten. Wir brachten alle drei Wochen vier Platten raus. Einmal zum Beispiel Ruth Brown, die DRIFTERS, Chuck Willis und Ray Charles. Dann Ivory Joe Hunter, die CLOVERS, LaVern Baker und Chuck. Und jede verkaufte sich so einhunderttausendmal. Um den weißen Markt scherten wir uns nie. Den suchten wir gar nicht zu erreichen . . .

Dann gab es den Zeitpunkt, als wir merkten, daß Weiße aus den Südstaaten unsere Platten kauften, weiße Kids aus den High Schools und den Colleges. Und das, lange bevor die Kids im Norden anfingen, auf R&B zu stehen. So ein Junge wie Presley hörte R&B lange vor den anderen Jungs in seiner Umgebung – hörte Joe Turner-Songs und sang sie nach.

Der Markt im Süden begann sich bei den Kids an der University of Virginia und in Carolina an der Küste für uns zu öffnen. Im Mai oder Juni brachten wir immer eine Platte raus, die als ‹Strand-Platte› bezeichnet wurde. Und sie wurde ein Hit überall in den Carolinas, wo man badete. Das ging nie daneben.

Wir wissen heute, daß Leute wie Elvis Presley und Delaney und Bonnie aus der Familienkultur der Südstaaten kommen. Und die war weder schwarz noch weiß. Das Proletariat des Südens, die Bauern des Südens, und diese Leute – die Lastwagenfahrer, Farmarbeiter –, die arbeiteten zusammen. Ihre Kirchen waren einander ähnlich. Eine weiße Baptistenkirche hatte denselben Stil wie eine schwarze, was die Gemeinde betrifft – da wurde auch geschrien, da ging auch etwas los – die Euphorie, die Sprache, das Zu-Boden-Fallen, der Wechselgesang, die Tambourine und die Blues-Sprache des Pfarrers. Die Leute können gegenseitig ihren Mumm hassen, auch wenn sie einer gemeinsamen Kultur entstammen – und so war es im Süden. Und darum glaube ich auch, daß die wahren Exponenten der weißen Soul-Musik, mit einigen seltenen Ausnahmen wie Eric Clapton und Joe Cocker, von südlich des Potomac kommen.

Ich glaube nicht, daß Sam Phillips von Sun Records in Memphis auf den weißen Markt schielte oder gar glaubte, daß er ihn erreichen konnte, als er Arthur Crudup und diese anderen Leute aufnahm und die Master-Bänder an Chess und RCA verkaufte . . . Er nahm das auf, was er in diesen Leuten hörte. Das war keine kalkulierte, zielgerichtete Aktion. Sondern etwas Atmosphärisches. Er fühlte, daß da etwas kam, das eben nicht in Nashville aufgenommen werden konnte. Was Presley und Johnnie Cash und Roy Orbison machten, war Nicht-Nashville-Country. Und bis zum heutigen Tag liebe ich Country-Musik, die keinen kommerziellen Stempel hat, die nicht aufgedonnert ist. Ebenso wie ich keine Broadway-Platten und keine Hollywood-Platten ausstehen kann. Phillips hörte etwas, das noch grob war, ungeschliffen, aber neu. Es war Teil der Südstaaten-Kultur, wo weiße und schwarze Kultur sich überschneiden und zusammentreffen.»

Blues mit einem Beat

Anfang '55 versuchte ich einen R&B-Plattenproduzenten für eine Gesangsgruppe zu interessieren, die ich entdeckt hatte. Als ich ihn anrief, um einen Termin zum Vorspielen abzumachen, war seine erste Frage: «Tanzen sie?»

«Ich rufe wegen einer Gesangsgruppe mit einem ungewöhnlichen Sound an», sagte ich.

«Wenn sie nicht tanzen können», sagte er, «kann mich ihr Sound nicht interessieren.»

«Hören Sie», sagte ich, ein wenig irritiert, «ich rede von Stimmen und Sie offensichtlich von Füßen.»

«Das ist mir klar», sagte er. «Wenn die Füße eines Sängers nicht tanzen können, kann er auch nicht singen – wenigstens nicht für meinen Markt. Wenn Ihre Gruppe das nächste Mal probt, schauen Sie sich ihre Füße an, und wenn die tanzen können, rufen Sie mich wieder an.»

Der R&B-Produzent bezog sich auf etwas, das sich Stan Frebergs Verständnis entzog und das manche Erwachsenen noch immer nicht begriffen haben. R&B ist gesungene Musik, ebenso wie der Rock 'n' Roll, aber es ist gesungene Musik *zum Tanzen*, und der Rhythmus der Wörter ist wichtiger als ihre Bedeutung, d. h., wenn man sich schon für eines von beiden entscheiden muß. (Im Idealfall sollte natürlich die Bedeutung nicht Nebensache sein.) Die ständige Meinungsverschiedenheit über den Rock zwischen den Generationen ist unter anderem der Konflikt zweier verschiedener Song-Traditionen und -Auffassungen.

Bei Vorträgen, die ich an Universitäten gehalten habe, pflegte ich verschiedene Fotos zu zeigen. Auf einem ist Sinatra abgebildet, der entspannt auf einem Hocker sitzt und singt, auf einem anderen steht er mit den Händen in den Taschen vor einem Notenständer. Auf einem dritten Foto sieht man Tom Jones, mit gespreizten Beinen, gebeugten Knien und erhobenen Armen, als liefe er oder wolle einen Angriff abwehren. Sinatra repräsentiert wie Como und Cole die introvertierte *crooning*- oder Konzert-Tradition des Songs, bei der die Schönheit des Sound und die klare Diktion die erklärten Ziele sind. Körperbewegungen kommen fast gar nicht vor, Handbewegungen sind auch nur sehr beschränkt eingesetzt, und man verläßt sich auf den Gesichtsausdruck. Interpretation und Kommunikation sind das Ziel, wenn auch ein Sänger wie Sinatra Engagement zu vermitteln in der Lage ist.

Tom Jones befindet sich in einer gegensätzlichen, extrovertierten Tradition, in der Erregung und Vitalität zählen. Ihm geht es weniger um die Verständlichkeit dessen, was er singt, als um den Drive und Rhythmus. Der Sänger ist Musik in Bewegung.

Sicherlich sind nicht alle weißen Sänger statische Interpreten gewesen. In den Tagen des Vaudeville waren Al Jolson und Eddie Cantor Leute, die sich auf der Bühne bewegten. Aber es ist vielleicht kein Zufall, daß beide mit schwarz-geschminkten Gesichtern arbeiteten und aus der Minstrel-Show-Tradition hervorgegangen sind. Die *belters* der frühen 50er Jahre waren auch Weiße. Und auch sie knüpften mit ihrem dynamischen Stil an schwarze Sänger an, in erster Linie an den R&B.

In seiner Ausgabe vom 24. April 1954 schrieb *Billboard* über den Wandel, der die Pop-Szene zu erfassen begann, unter der Schlagzeile «TEENAGERS· DEMAND / MUSIC WITH A BEAT / SPUR RHYTHM & BLUES» (Teenager verlangen Musik mit einem Beat / Rhythm and Blues stark gefragt): «Die Teenage-Welle hat die alten Barrieren niedergerissen, die Musik einem begrenzten Teil der Bevölkerung vorbehalten haben ... Die gegenwärtige Generation stillt ihren Hunger nach ‹Musik mit einem Beat› bei den Bands von Earl Bostic, Buddy Johnson, Tiny Bradshaw oder benutzt die rhythmisch skandierten Aufnahmen der Clovers, Ruth Browns und anderer als ihre Tanzmusik ...» Musikbox-Aufsteller in Kalifornien melden, daß «populäre Platten überall von R&B auf den zweiten Platz verdrängt werden», wo sich größere Gruppen von Teenagern versammeln.

Es gibt Grund zu der Annahme, daß sich die Teenager schon früher mit der Popmusik langweilten, möglicherweise schon '48/'49. Zwei Jahre nachdem *Billboard* ein sogenanntes Race Chart (Hitliste für schwarze Musik) zu publizieren begann, schrieb der Blues-Mann Roy Brown *Good Rockin' Tonight* und nahm den Titel auch auf. Später wurde der Song für Wynonie «Blues» Harris auf King Records ein Hit. Sowohl Presley wie Buddy Holly nahmen später ihre Versionen von *Good Rokkin' Tonight* auf, und das läßt darauf schließen, daß sie den Song aus ihren frühen Jahren kannten – also vermochten die weißen Jugendlichen aus den Südstaaten wohl schon früher als ihre Altersgenossen im Norden und Osten die gesellschaftlichen Vorurteile ihrer Eltern über Bord zu werfen.

Der große Vater der dynamischen Tradition war Louis Jordan, der sich in vielen Stilen der schwarzen Musik zu Hause fühlte und weiße Rockabillies wie Bill Haley ebenso wie einflußreiche schwarze Musiker wie B. B. King und Chuck Berry beeinflußte. Ursprünglich war er ein Blues-Mann aus Brinkley, Arkansas (in der Nähe von Memphis, Tennessee), später Jazz-Saxophonist und Sänger bei den Bands von Chick Webb und Earl Hines. Jordan verkaufte über eine Million 78er Platten, als der schwarze Markt noch relativ klein war. Wie sie die INK SPOTS und MILLS BROTHERS kauften, so halfen weiße Hörer auch, daß 1945 *Choo, Choo, Ch'Boogie* und *Caledonia (What Makes Your Poor Head So Hard)* vergoldet wurden. Jordans Talente als Blues-Komiker und Texter und zudem seine klare Diktion, machten ihn beim weißen Publikum sehr beliebt. Seine witzigen und satirischen Darstellungen des Negerlebens in Songs wie *Ain't Nobody Here But Us Chickens, Reet, Petite And Gone* und *Saturday Night Fish Fry* trugen aber auch unvermeidlicherweise dazu bei, bei den Weißen Gefühle der Überlegenheit zu bestärken.

Aber «Fish Fry» war 1949–50 die Nummer eins in den R&B-Charts, und das bedeutet ganz sicher, daß auch Schwarze JORDAN AND HIS TYMPANI FIVE kauften. Und das war ganz sicher recht so, denn er war bestimmt kein Onkel Tom, sondern setzte sich nur mit der Getto-Welt auseinander, die er kannte. *Saturday Night Fish Fry* hatte Realismus und die Atmosphäre des Gettos, war aber gleichzeitig Protest. Obwohl er nur seinen Spaß hatte, kam die Polizei zu dem Fischessen, knüppelte auf ihn ein und brachte ihn in ein «mieses Gefängnis». Jordan gab sich jedoch eher amüsiert als verbittert. Und seine TYMPANI FIVE legten einen grandiosen Boogie Beat vor, voller Lebensfreude, und machten das *Saturday Night Fish Fry* zu einem ungemein unterhaltsamen Song.

Das Jahr 1950 war der Höhepunkt in Jordans Karriere und seiner Arbeit mit Decca. Im folgenden Jahr verkaufte er nur mäßig mit *Teardrops From My Eyes*, einem Nr. 1 R&B Hit für Ruth Brown. 1954 wechselte er zu einem unabhängigen Label an der West Coast. «Mr. Jordan ist in der Stadt!» jubelte Aladdin in ganzseitigen Anzeigen. Aber *Dad Gum Ya Hide, Boy* b/w *Whiskey, Do Your Stuff* kam bei den Plattenkäufern nicht an. Ein paar Monate später sollte der Supreme Court seine Entscheidung gegen die Rassentrennung in den Schulen fällen. Jordans Gefühl für die typisch schwarze Atmosphäre war nicht mehr zeitgemäß. Aber das ändert nichts daran, daß er als Vater des R&B Pionierdienste leistete.

Der Blues-Mann Aaron «T-Bone» Walker, ein Pionier an der elektrischen Gitarre und in ihrer Verwendung als erotisches Requisit (wie später Jimi Hendrix) sagte, Jordan habe «guten Blues gespielt und ihn auch so gesungen, wie er ursprünglich gesungen wurde». Und Chuck Berry hatte das beste Kompliment für ihn: «Einer, dem ich bis in alle Ewigkeit zuhören könnte, ist Nat Cole. Aber wenn ich auch noch die Ewigkeit durchstehen müßte, würd ich Louis Jordan hören. Mit ihm identifiziere ich mich mehr als mit jedem anderen . . .»

Jordan war bei einem großen Plattenlabel (Decca) – und Bill Haley kam zu Decca, nachdem er auf einem kleinen Philly Label den Anfang gemacht hatte. Aber die R&B-Tradition, die den Charakter der Popmusik neu prägte, wurde entwickelt und gehegt auf zahllosen kleinen unabhängigen Labels. Einige von ihnen, wie Apollo Records in Harlem und Savoy in Newark, begannen schon in den frühen Jahren des 2. Weltkriegs, als der Mangel an Schellack (und seine Rationierung) die großen Firmen veranlaßte, ihre Randproduktion einzustellen. Aber der Aufschwung der *indie labels* kam mit dem Ende des Krieges: 1945, National in New York, King in Cincinnati, Aladdin, Modern und Specialty in Los Angeles; 1947, Chess in Chicago und Imperial in L. A.; 1948, Atlantic und Jubilee in New York; und schließlich 1949 Peacock in Houston. Zwischen '52 und '55, als die großen Firmen wieder ihr Augenmerk auf dasselbe Feld richteten, wurden ungefähr ein Dutzend *indies* von Bedeutung gegründet, von denen das wichtigste, Sun Records, 1953 in Memphis auftauchte.

Ahmet Ertegun-Interview

Ahmet Ertegun gründete Atlantic Records zusammen mit Herb Abramson und ist heute noch an der Spitze der Firma und gleichzeitig ein leitender Manager von Warner Brothers-Seven Arts, dem Konzern, dem jetzt Atlantic gehört. Über die frühen Tage der Firma, für die Warner Brothers-Seven Arts 15 Millionen $ bezahlte, hatte Ertegun folgendes zu erzählen:

«Wir kamen nach Washington, D. C., aus der Türkei, als mein Vater Botschafter wurde. Mein Bruder und ich blieben dort, nachdem mein Vater wieder zurückgekehrt war. Nesuhi lehrte an der UCLA Folk und Jazz, und ich ging an die Georgetown University in Washington, um meinen Doktor zu machen. Aber statt dessen hing ich immer in einem Plattenladen an der Seventh, Ecke T-Street rum, ungefähr einen Block vom Howard Theatre, dem bekannten Vaudeville-Haus der Schwarzen.

Ich stand auf Dusty Fletcher und Pigmeat Markham, zwei tolle Neger-Komiker waren das. *Open The Door, Richard*, später ein sensationeller Novelty-Song, war einer von Dustys berühmten Sketchen. Herb Abramson, mein Partner, mit dem ich Atlantic startete, war Aufnahmedirektor bei National Records. Er hat Dusty mit ‹Richard› aufgenommen, ich glaube, es war '47, als wir auch Atlantic gründeten. Es gab ‹Richard›-Aufnahmen von Jack McVea auf Black & White, von Count Basie und Louis Jordan.

Der Quality Music Shop, Ecke Seventh und T, gehörte Max Silverman. Lionel Hampton, er und ich gingen zusammen auf Tour, wenn er den Laden zugemacht hatte. Anfang des Krieges gab es eine Menge Kneipen, die bis in den frühen Morgen geöffnet hatten. Hampton redete immerzu davon, eine eigene Plattenfirma aufzumachen. Ich war schon interessiert, aber nur an einer Firma, die Jazz und Blues machte, echten Jazz. Aber ich wußte nicht, wie ich das anfangen sollte. Weil ich immer in Silvermans Laden rumhing, bekam ich mit, was die Leute so kauften.

Damals studierte ich die Anfänge des Jazz. Und ich kam mit dem ‹Schimmlige Feigen›-Syndrom (‹moldy figs›) in Berührung, als ich nach Musik suchte, die ganz früher gespielt wurde. Ich fuhr nach New Orleans, um Monk Hazel aufzusuchen, der bei Emmett Hardy Kornett und Schlagzeug gespielt hatte (Hardy soll Bix Beiderbeckes Lehrer gewesen sein). Versuchte Edison-Zylinder aufzutreiben, die Hardy gemacht haben sollte, denn ich wollte herausfinden, wie er sich angehört hatte. Monk Hazel sagte immer: ‹So hat er gespielt›, und dann schlug er die Trommeln mit den Füßen und einer Hand, und mit der anderen spielte er das Kornett. Der Bursche konnte das Horn jammern lassen.

Ich wollte wissen, wie Freddie Keppard geklungen hatte und Buddy Bolden. Und dann halfen wir mit, Bunk Johnson, der mit Bolden gespielt hatte, aus der Versenkung zu holen. Zur selben Zeit rekonstituierte mein Bruder KID ORYS BAND. Er gründete in Kalifornien ein Label mit dem Namen Jazzman, der später in Crescent Records geändert wurde. Er brachte Bands wieder zusammen, die zwanzig Jahre nicht mehr gespielt hatten, und machte einige historische Platten. Alle unsere Leute mußten diese Jazz-Musiker finden, die sich schon lange zur Ruhe gesetzt hatten, und sie wieder in Aktion bringen. Wir stellten die Nachforschungen an, und wir standen auf die Musik.

Aber aus meiner Erfahrung in Max Silvermans Laden wußte ich, daß die meisten Leute an diesem frühen Jazz nicht interessiert waren. Sie wollten modernen, Pseudo-Jazz, Sweet-Jazz, wie Don Byas, Erroll Garner – gute Künstler, aber mit einem Pop-Feeling. Wie Helen Humes und ihr *Be-baba-leba*, ein Jump-Blues, den sie für Aladdin aufgenommen hatte, und jene frühen Platten bei Apollo und Rainbow.

In meiner Vorstellung entwickelte sich jedoch eine ganz neue Sache. R&B zum Beispiel war Big Maceo, Washboard Sam und Leroy Carr. Sie waren meine Lieblings-Bluessänger. Dies war etwas anderes – eine sehr junge, zeitgemäße Annäherung an den Blues, wie er von den Pionieren gespielt worden war, aber mehr *sophisticated* und swingender. Und mir fingen diese Leute an zu gefallen, weil sie auf der Bühne so phantastisch waren.

Bei mir funkte es, als ich Louis Jordans Novelties hörte. Sie waren wie Fats Waller, und sie hatten außerdem musikalische Qualität. Es waren Stücke, die gut losgingen, und die Leute kauften sie, die Leute liebten sie und Nat «King» Cole, dessen Gesangsstil ein Gefühl für R&B hatte. Als ich Charles Brown mit seinem ‹Drifting Blues› hörte, wußte ich, daß ich wieder zu Hause war. Charles Brown und Amos Milburn beeindruckten mich als große R&B-Künstler, aber auch als großartige Bluessänger.

Und ich dachte, da ist was, das ich anpacken sollte, denn das ist Musik, auf die die Leute stehen, und die läßt sich auch verkaufen. Musik eben jener Tage, so wie die Musik, die wir ausgegraben hatten, großartige Musik ihrer Zeit für die Leute war, die damals lebten.

. Also gründeten wir im Oktober '47 Atlantic Records und brachten '48 unsere ersten Platten heraus. Unser Büro war eine Zwei-Zimmer-Suite im alten Jefferson Hotel, Ecke Broadway und 56th Street. Zuerst bekamen wir keine guten Sänger, aber wir hatten gute Bands. Wir nahmen die Band von Joe Morris auf. Morris war ein Trompeter, der bei Lionel Hampton gespielt hatte. Als er ging, nahm er Johnny Griffin mit. Johnny war Hamptons Tenorsax-Star gewesen, einer der größten Jazz-Saxophonisten aller Zeiten. Morris hatte Matthew Gee an der Posaune, Philly Joe Jones am Schlagzeug, Percy Heath am Baß, Elmer Hope am Klavier, für den später dann Ray Charles kam – ja, *der* Ray Charles. Eine echte All-Star-Band.

Tiny Grimes war noch eine großartige Band, die wir aufnahmen. Und diese beiden Bands machten auch unsere ersten Hitplatten. Tiny schaffte es mit *Blue Harlem*, das er vorher schon für Blue Note aufgenommen hatte. Er machte eine Neufassung davon für uns und außerdem noch eine ganze Menge anderer Standards. Wie *Old Black Magic* zum Beispiel, aber das mit einem stampfenden Beat. Tiny hatte ein Quartett, das unheimlich gute Musik machte. Er spielte Gitarre in der Charlie Christian-Tradition, ein bißchen Blues und eine ganze Menge Swing.

Wir machten auch viele Jazz Sessions – All-Stars aus der Stan Kenton Band, und progressiven Jazz mit Boyd Raeburn, Erroll Garner und anderen.

Der erste Hit, den ich aufnahm, war Stick McGhee mit *Drinking Wine, Spo-Dee-O-Dee*. Da merkte ich erst, was für ein Markt mit dem Blues zu erreichen war. Wir verkauften zwischen drei- und vierhunderttausend. Und ich sagte nur: ‹Mann!›

Also machten wir noch mehr auf Blues. Wir hatten das Glück, Ruth Brown unter Vertrag nehmen zu können, eine großartige junge Sängerin, die aus Virginia kam. Willis Conover von *Voice Of America* gab mir den Tip. Und außerdem auch Max Silverman, der mich anrief wegen dieser flotten kleinen Biene, die im Crystal Caverns auftrat, einer Nachtkneipe.

Ich hatte versucht, dies andere Mädchen zu kriegen, Little Miss Cornshucks. Aber die wollte nicht bei uns unterschreiben. Wir waren ihr zu unbekannt als Plattenfirma. Sie hatte außerdem schwierige Manager, und ich glaube, sie hat nie eine Platte aufgenommen. Sie war eine Vorläuferin von Dinah Washington. Sie und Dinah und all diese Mädchen sangen Songs wie *So Long, In The Rain* und *Evil Gal Blues*.

Dinah war phantastisch. Aber sie war bei Keynote – und deshalb für

94

uns unerreichbar. Und Little Miss Cornshucks war ausgeflippt. Sie kam ohne Schuhe auf die Bühne, um zu beweisen, daß sie richtig schwarz war, richtig Country, direkt aus dem Matsch. Sie trug geflickte Kleider, einen großen Strohhut, und in der Hand hatte sie einen Korb. Und dann sang sie: ‹I'm an evil gal . . . don't you bother with me, men . . .› Und diese kleinen Kneipen, in Washingtons Südosten, da ging's ziemlich hart her, die Leute gingen durch die Decke.

Als ich mir Ruth Brown anhörte, sang sie *A-Your're Adorable*. Nachdem sie ein paar Doris Day-ähnliche Songs gesungen hatte, sang sie ganz plötzlich *So Long*. Das hat mich umgehauen. Sie hatte einen unglaublichen Sound. Gleich ihre erste Platte bei uns war ein Hit, und von da an schlug sie immer wieder ein.

Sie wurde zu einem Symbol für andere R&B-Sängerinnen. Mädchen wie Little Esther imitierten sie. Und dann hatten wir die großartige LaVern Baker, eine überragende Sängerin aus Chicago, die über Detroit zu uns gekommen war. Joe Turner, ein alter Liebling von mir aus seinen Tagen mit Bennie Moten und Count Basie, hatte viel Erfolg bei uns. Und dann kam Ray Charles aus Joe Morris' Band. Er war bei einem kleinen Label in Kalifornien unter Vertrag, und wir kauften ihn da raus.

So fing's also mit Atlantic an, aber am Anfang war es ganz und gar nicht so einfach, wie es jetzt vielleicht klingt. Radio und Fernsehen waren auf den Geschmack der Weißen zugeschnitten, wie alles in der damaligen Welt der Rassentrennung. Und es brauchte seine Zeit, bis wir die Schranken eingebrochen hatten.

Während der Depression, als man nichts mehr verkaufen konnte, auch keine Platten, da waren die R&B-Platten das einzige, was noch ging. Damals nannte man sie *race records*. Die Schwarzen hatten keine Theater, in die sie gehen konnten. Das Radio interessierte sie nicht, auch wenn sie eins besaßen. Es gab keine großen schönen Tanzhallen für sie. Ab und zu kam mal ein Musiker und spielte in einer Tabak-Lagerhalle. Wenn sie die ganze Woche gearbeitet hatten und noch ein bißchen Geld übrig war, nachdem die Lebensmittel gekauft waren, dann blieb ihnen nichts, als sich was zu trinken zu kaufen und ein paar Platten und nach Hause zu gehen und einen draufzumachen. Und darum blieb das R&B-Geschäft zwar klein, aber beständig.

Aber auch damals schon kauften einige Weiße R&B-Platten. Ich sagte immer zu den Disk-jockeys: ‹Wenn ihr einmal Ruth Brown oder Dinah Washington spielen würdet, dann werdet ihr sehen, ob sie eurem Publikum gefallen.› Für die großen Plattenfirmen wie wir ein gefundenes Fressen: sie kopierten unsere Aufnahmen, aber mit weißen Sängern. Und diese Platten spielten die Radiostationen dann, während sie unsere nicht anrührten. ‹Tut uns leid›, sagten sie immer wieder, ‹das ist zu grob für uns.› Oder: ‹Tut uns leid, solche Musik nehmen wir nicht in unser

Programm!>
Und ich sagte: ‹Aber ihr spielt den Song doch in euren Top Twenty. Es ist doch eine Kopie unserer Platte.› Irgendeine Entschuldigung hatten sie immer. Aber so war es eben.

Die Veränderung kam schrittweise. Es begann eigenartigerweise im Süden, wo die weißen Stationen anfingen, R&B zu spielen. Viele Weiße aus den Südstaaten mochten die R&B-Musik. Als er aufwuchs, sang Elvis Presley Clyde McPhatter-Hits wie *Money Honey*. Und die hörte er gewiß nicht im Büro von irgendeinem Verleger, sondern im Radio. Und er war nicht der einzige. Viele Leute in Memphis standen auf R&B, und die Pop-Stationen fingen an, diese Musik zu spielen. Die Programmgestalter mußten feststellen, daß der Beliebtheitsgrad ihrer Sendungen stieg, weil sie nicht nur neue Hörer dazugewannen (die Schwarzen), sondern weil auch immer mehr Weiße die Musik mochten. Im Laufe der Zeit hat sich da viel getan, denn heutzutage kann man bei den Top Forty-Stationen alle möglichen Arten Musik hören . . .»

Ursprünglich wurde die Ausweitung des R&B, der ja eine städtische, elektrifizierte Ensemble-Form des Blues ist, ausgelöst durch die Wanderung der Schwarzen aus den Südstaaten in die Städte des Nordens, Ostens und Westens, wo ihnen neue Arbeitsmöglichkeiten offenstanden. Und mit den Landarbeitern und Fabrikarbeitern kamen schwarze Musiker und Sänger – Joe Turner aus Kansas City, B. B. King aus Mississippi über Memphis, T-Bone Walker aus Texas, Muddy Waters und Howlin' Wolf aus dem Mississippi-Delta usw.

Bars, Spelunken (Honky-Tonks) und Clubs in den schwarzen Gettos der Großstädte boten ihnen Auftrittsmöglichkeiten. Aber Treibstoffrationierung und andere Verknappungen – die Kehrseite des Überflusses, wie er in Kriegszeiten bei manchen gesellschaftlichen Gruppen entstanden war – schufen auch einen sich erweiternden Markt für häusliche Unterhaltung. Chess Records begann wie Peacock Records gleichsam als erweitertes Promotion-Medium für die Unterhaltungskünstler, die in jenen Clubs auftraten, die den Gebrüdern Chess in Chicago und Don Robey in Houston gehörten. Sogar schwarze Bluesleute, die in ihren Heimatstädten blieben – Fats Domino in New Orleans und Little Richard in Macon –, machten Aufnahmen für die neuen, aufstrebenden R&B-Labels: Domino für Imperial und Little Richard für Peacock und Specialty.

Als Muddy Waters schließlich 1946 für die Chess-Gebrüder Platten zu machen begann, war die Zeit der schwarzen Big Bands vorüber – und auch die ihrer besser bezahlten weißen Imitatoren wie Benny Goodman und Glenn Miller – durch die wirtschaftlichen Bedingungen der Nachkriegszeit wurden sie um ihre Existenz gebracht. Elektrifizierte Instrumente, mit denen man größere Lautstärken erreichen konnte und die überall erhältlich waren, machten die kleinen Combos zu den selbstverständlichen Nachfolgern.

Ebenso wie Sinatra und Como von den Big Bands herkamen, stammten auch Dinah Washington, Bullmoose Jackson, Joe Turner und andere aus dieser Tradition. Sänger und Gesangsgruppen waren *in*, ebenso wie in der Popmusik. Von Tanz-Combos begleitet anstatt von Gitarre und «Harp» (Mundharmonika), wandelte sich der Blues zum R&B, wenn auch die entsprechenden Platten anfangs mit Rassentrennung kennzeichnenden Namen belegt waren: «Sepia», «Race» oder «Harlem». Es war eine sinnliche, lebensfrohe Musik zum Tanzen und Feste feiern.

Sogar die Balladen, die von nichterwiderter und betrogener Liebe sangen, bekamen ihren Schwung von einem widerhallenden *afterbeat*. Es ist schon eigenartig, daß diesem deutlichsten Unterschied zum Pop von den Musikhistorikern nicht mehr Aufmerksamkeit geschenkt wurde. In der fünfzigjährigen Tradition der populären Songs spielten Piano, Baß und Schlagzeug «UUM-pa, UUM-pa», d. h. betonten jeweils den ersten und dritten Schlag eines Taktes. R&B war «uum-PA, uum-PA» und damit eine Wiederbelebung der *afterbeat*-Akzentuierung des New Orleans- und Dixieland-Jazz, wie sie heutzutage auf Rockplatten zu hören ist. In bezug auf den Rhythmus brachte der R&B-Boogie und -Shuffle einen Sound zurück – die rollende Acht-Ton-Figuration im Baß und die klagevollen Blue Notes in der Melodie –, der seit den 30er Jahren im weißen Pop nicht mehr zu hören gewesen war.

Formal veränderte sich der R&B gegenüber dem Blues auf eigenartige Weise. Statt des Zwölf-Takt-Schemas und der einfachen Drei-Akkord-Fortschreitung (I, IV, V) wurden Gospel- und Pop-Strukturen adaptiert, die aus acht oder sechzehn Takten bestanden. Die Akkordfolgen variierten sehr stark, aber ein durchgängiges bass-*Muster* hielt die Stücke zusammen. Das war eine Entlehnung des riff-Musters aus der Swing-Zeit, die Wiederholung einer bestimmten Tonfolge wurde jedoch in Form einer Rhythmus-Figur des Baß durchgeführt.

Zwei Instrumente zeigten sich bestimmend für den Sound des R&B. Die elektrische Gitarre war vergleichsweise neu. Aber das heisere und rauhe Tenorsax war wiederum der Swing-Musik entlehnt. Bei den Auftritten war es der Tenor-Mann, der den Laden einheizte. Mit geschlossenen Augen und auf der Stirn hervortretenden Adern machte er seine Grimassen und bewegte sich auf und nieder wie ein Hahn, wobei ihm der Schweiß in Strömen über das Gesicht lief. Big Jay McNeely war einer der bekanntesten unter den *honkers* und *screechers*, zu denen Eddie «Lockjaw» Davis, Illinois Jacquet und Willis «Gatortail» Jackson gehörten. Sie ließen sich manchmal rücklings auf die Bühne fallen oder kickten die Beine in die Luft und tanzten mit aufreizendem Hüftschwung, rülpsten einen tiefen Ton heraus oder ließen kreischend einen hohen immer wieder von neuem hören.

Man stelle sich die Reaktion der weißen Jugendlichen vor, wenn sie in Clubs auf der Central Avenue in Los Angeles kamen, in die Honky-Tonks auf der Southside von Chicago, in die Getto-Bars an der Beale Street in Memphis oder in das Apollo Theatre in Harlem. Der Bop hatte keinen Tanz-Beat, die Popmusik war zahm und lahm – und hier plötzlich hörten sie diese aufregende, treibende, pulsierende Musik! Kein Wunder, daß 1952, als der Diskjockey Alan Freed in der Cleveland Arena eine inzwischen berühmte Veranstaltung mit ausschließlich schwarzen Musikern arrangierte, ein großer Teil des Publikums aus weißen Teenagern bestand.

Die Charts auf den hinteren Seiten

Eines Tages, Ende 1947, stand Frank Schiffman draußen vor dem Apollo Theatre in Harlem, das ihm gehörte und das er leitete, als ein klappriger alter Ford mit stotterndem Motor vorfuhr, dem sechs junge Schwarze und ein weißes Mädchen entstiegen. Irgendwie hatten sie es geschafft, mit der alten 34er Karre den weiten Weg von Baltimore zu schaffen. Das Mädchen war Deborah Chessler, eine Song-Schreiberin, die die Gruppe auch managte, die ihren Namen von VIBRANAIRES in ORIOLES geändert hatte, in Anspielung auf den *Baltimore oriole*, den Baltimorevogel.

Schiffmans Sohn Jack erinnerte sich: «Teils aus Mitleid (Wie sollten sie überhaupt nach Baltimore zurückkommen?) und teils auf Grund seines Show-Instinkts ließ mein Vater sie vorsingen. Sie gefielen ihm, und er engagierte sie.»

Im folgenden Jahr hatten die ORIOLES einen bescheidenen Hit auf Jubilee Records mit der Deborah Chessler-Ballade *It's Too Soon To Know*, später von Dinah Washington auf Mercury aufgenommen und 1958 mit Pat Boone in einer Neufassung erschienen. '49 waren die ORIOLES mit *Tell Me So* in den Charts.

Die Charts, in die sie kamen, waren – wie die Schwarzen in den Bussen in den Südstaaten – auf den hinteren Seiten der Branchenzeitschriften. Nur eine kleine Bevölkerungsgruppe kaufte diese Platten. Und nur ein kleiner Sektor der Leute im Musik-Geschäft schenkte ihnen Beachtung. Aber gerade hier braute sich der Sturm zusammen, der über die Popmusik hinwegfegen sollte. Die ORIOLES wurden '54 bekannter, als sie eine Country-Aufnahme von *Crying In The Chapel* coverten und sie wiederum von anderen, bekannteren Künstlern gecovert wurden. Manchen der großen schwarzen Künstler der frühen 50er Jahre gelang jedoch nie die Grenzüberschreitung in den weißen Markt.

1950 erzählten JOE LIGGINS AND HIS HONEYDRIPPERS die bluesige Geschichte von *Pink Champagne*. Das Klavier leitete im Boogie-Rhythmus den Gesang ein, drei Saxophone echoten und antworteten dann im Frage-und-Antwort-Muster des traditionellen Blues. Der Rhythmus war ein durchgehender $^4/_4$ Takt wie bei den Bands der Swing-Ära. Und dann der einprägsame Refrain: «Cham-pagne! Cham-pagne! (Pause) Mellow, mellow wine . . .»

Der gutaussehende Percy Mayfield verkündete, er flehe nicht um Sympathie, nur weil *I'm in misery*, und wünschte dann mit sanfter Stim-

99

me *Please Send Me Someone To Love*, im langsamen Vier-Viertel. Seine Ballade war eine bemerkenswerte Kombination von Protest und persönlichem Romantizismus – ein Mann, der Verständnis unter den Menschen und Liebe für sich wollte. Er war cool, wenn er warnte: «Hate will put the world in a flame (what a shame)». Und seine Stimme, mit Anklängen an Nat Cole, aber mit mehr Biß, war ausgefeilt, die Diktion sauber wie eine Flöte und das Feeling wie in einer Kirche. Er selbst spielte ein plätscherndes Klavier dazu, meistens in den oberen Oktaven. (Curtis Mayfield von den IMPRESSIONS ist sein Sohn, ein Songschreiber und Sänger, besonders bekannt durch «Superfly».)

Im Jahre 1950 machte ein Teenager mit dem Namen Little Esther ihr Debüt mit Johnny Otis und hatte drei Nr. 1-Hits nacheinander: *Cupid's Boogie, Double Crossing Blues* und *Mistrustin' Blues*. Es folgten noch weitere Platten danach, dann war es still um Little Esther. Eine Zeitlang später kehrte sie als Esther Phillips zurück. Aber erst 1973 hatte sie ihren größten Erfolg – die Grammy-Nominierung für ihr Album «From A Whisper To A Scream» – und wurde von Leonard Feather hochgepriesen: «Esther Phillips ist die größte und eindrucksvollste Stimme seit Billie Holiday.»

Die vielleicht bemerkenswerteste Karriere, die in den 50er Jahren begann, machte ein Pianist und Sänger aus New Orleans, dessen erste Platte autobiographische Töne hatte. Sie hieß *Fat Man*. Antoine «Fats» Domino schrieb seine eigenen Songs und spielte ein mitreißendes Boogie-Piano. Er war einer der ersten R&B-Künstler, der in den weißen Markt einbrach, und zwar '55. Aber von 1950 an hatte er immer wieder Aufnahmen in den R&B Charts. 1953 zum Beispiel war er mit *Goin' To The River, Please Don't Leave Me* und *Something's Wrong* vertreten. Als er dann zum Rock 'n' Roll überwechselte, modifizierte er seinen frühen Stil, der in seinen hohen nasalen Tönen an den Country-Blues-Sänger Blind Lemon Jefferson erinnerte. Aber «Fats» behielt den Cajun-Akzent bei und einen Sound, der sich anhörte, als sänge ein Kind.

Ivory Joe Hunter war ein weiterer Autor und Sänger, der in den fünfziger Jahren, eigentlich schon seit '48, von sich reden machte. Zwar brachte der große Texaner mit den Eulenaugen und dem Lächeln einer Cheshire-Katze '49 drei Aufnahmen in die Charts, aber erst '50 schuf er die großen Songs seiner Karriere: *I Need You So* und *I Almost Lost My Mind*. Beide hatten in der frühen Rock 'n' Roll-Zeit Anteil am Aufbruch des weißen Markts. Später schrieb er *Since I Met My Baby*. Seine eigene Aufnahme davon wurde 1956 vergoldet. Sowohl in seinem Gesangs- wie Kompositionsstil mischte Ivory Joe Pop, Blues und Spiritual auf elegante Weise. Obwohl er erfolgreiche Platten bei King, MGM und schließlich Atlantic machte, war seine Kreativität als Songschreiber größer und langandauernder als seine Wirkung und sein Erfolg als Sänger.

Die dunkeläugige Ruth Brown debütierte '49 mit *So Long*, und in den Anfangstagen von Atlantic Records durchbrach sie schon die Schwarz/Weiß-Grenzen. *Teardrops From My Eyes* kam 1950 an die Spitze der R&B Charts, ebenso *Five-Ten-Fifteen Hours* '52 und *(Mama) He Treats Your Daughter Mean* mit seinem gemäßigten Kreischen '53. Miss Brown benutzte schwarze Manierismen nur sehr begrenzt, so daß sie mit ihrer tadellosen Begleitmusik und dem eigenen rhythmischen Drive weißen Hörern leichten Zugang zu ihrer schwarzen Musik bot. Und diese schätzten das, obwohl es an den Pop Charts noch nicht abzulesen war.

In *Five-Ten-Fifteen Hours* wurde die Liebe als durchaus körperlich angesprochen, wenn Ruth Brown um so viele Stunden Zeit bat, damit sie ihre Gefühle beweisen könne. Die junge Dame aus Virginia mit der deutlichen Diktion und einem schwarzen Sound, der Rosemary Clooney vorwegnahm, hatte mit dem Titel die Nr. 1 in den Charts. Eine reizvoll verführerische Qualität, die Sinatra später am Schluß von *Strangers In The Night* mit einer Anzahl Nonsense-Silben erreichte, gelang auch Ruth Brown, indem sie leicht heiser und leise seufzend «hoo-yeah . . . hoo yeah» sang und damit die Platte ausklingen ließ.

1950 entstand einer der großen Standards des R&B. *Every Day I Have The Blues* stammte von Peter Chatman aus Memphis, Tennessee, der unter dem Namen Memphis Slim Plattenaufnahmen machte und dessen lange Liste von Piano/Gesangs-Titeln immer am Blues orientiert blieb. Zuerst wurde «Every Day» jedoch von Lowell Fulson aufgenommen, einem Blues-Mann aus Oklahoma. '52 hatte Big Joe Williams damit einen Hit auf Checker, und '55 war es Count Basie auf Clef. Inzwischen hatte jedoch auch B. B. King den Titel aufgenommen, und seither dient er ihm als eine Art Erkennungsmelodie.

Im Jahre 1950 feierte die Broadcast Music, Inc. (BMI), die Organisation für Aufführungsrechte, die von den Sendern gegründet worden war als Konkurrenz zur ASCAP (American Society of Composers, Authors and Publishers), ihr zehnjähriges Jubiläum. In jenen Anfangsjahren hatte die BMI mit Pop kaum etwas zu tun, sondern etablierte ihren Katalog in zwei Bereichen, die von der ASCAP mit ihrer Broadway-Tin Pan Alley-Hollywood-Orientierung vernachlässigt wurden. Die BMI darf sich zu Recht rühmen, Blues- und Country-Songschreibern ein besseres Forum und bessere Honorierung für ihre Kreativität geschaffen zu haben und außerdem diesen regionalen Strömungen den Weg in den sogenannten *mainstream* freigemacht zu haben. Indem sie die Entwicklung des Verlagswesens (und der Plattenproduktion) außerhalb der New York–Chicago–Hollywood-Achse förderte, half die BMI an den Fundamenten der Tin Pan Alley als alleiniger Heimstatt des Pop zu rütteln.

The Clovers und A. Nugetre

Das Jahr 1951 erlebte die Geburt einer der ganz großen R&B-Gruppen, der ersten von drei Atlantic-Gesangsgruppen, die es in die Charts schafften. «Ooh-DIDDly-Do Dah-Do Dey-ey . . . Ooh-DIDDly-Do Dah-Do-Dey-ey . . .» sangen die CLOVERS auf ihrem ersten Hit *Don't You Know I Love You*. Der Leadsänger war cool, aber er ließ sich reichlich aus, zum Beispiel: «Your're my jail, you're my prayer, you're my all in all . . .» Der Text und die Musik waren von A. Nugetre – Ertegun rückwärts buchstabiert –, der die Platte zusammen mit Herb Abramson produziert hatte. Die Aufnahme war ziemlich ungeschliffen, aber besaß einen eingängigen, modifizierten Boogie-Beat, nach dem sogar ein Lahmer tanzen konnte.

Mit *Fool, Fool, Fool*, einem weiteren Nugetre-Song, der im Juli 1951 eingespielt wurde, hatten die CLOVERS so an Format gewonnen, daß man unschwer erkennen konnte, warum sie zu der einflußreichsten Gruppe der frühen 50er Jahre wurden. John (Buddy) Bailey sang jetzt die Leadstimme mit Intensität und Ausdruckskraft, und die anderen unterstützten ihn mit überzeugenden Harmonien. Die Stimmen besaßen reizvolle instrumentale Qualität, wenn zum Beispiel der Baß, tief und geil, mit einem «do-do-do . . . Do-Do» einsetzte und die anderen mit einem «da . . . ah-di-dey-do» im rhythmischen Zwölf-Takt-Blues antworteten. Der Text besaß eine unaufdringliche Deutlichkeit: «The first time you walked down the street, I said there goes my meat . . .»

Anfang 1952 machten die CLOVERS Rudolph Toombs *funky* Geschichte von *One Mint Julep*, und weiße Combos überschlugen sich mit Cover-Versionen – Buddy Morrow auf RCA und Louis Prima auf Columbia. Aber der Einfluß der CLOVERS ging noch viel weiter, führte schwarze Gruppen weg von dem hochglanzpolierten und am Pop orientierten Stil der INK SPOTS und MILLS BROTHERS zu einem R&B, der bissiger war und Gospel-Anklänge hatte. Sie behaupteten ihre Vormachtstellung die 50er Jahre hindurch mit einer ganzen Reihe von Bestsellern, kamen '55 mit *Love, Love, Love* in die Pop Charts und hatten noch '59 einen Hit mit Leibers und Stollers bluesigem *Love Potion Number Nine*.

Die Dominoes, Earl Bostic und Jackie Brenston

Eine weitere Gruppe, die '51 herauskam, bleibt sowohl ihrer Hits wegen in Erinnerung als auch auf Grund der Tatsache, daß ihr wichtige Solisten entstammen. Billy Ward and the DOMINOES waren verantwortlich für einen der kontroversesten Hits des Jahres: *Sixty Minute Man*, ein erotischer Song, den Ward als Ko-Autor verfaßt hatte. Federal Records, eine

Tochtergesellschaft von King, sprach von über zwei Millionen verkauften Platten. Clyde McPhatter sang die Leadstimme, Arrangements und Songs waren von Ward, und die Gruppe war '51 und '52 ständig in den Charts, brachte unter anderen Hits auch *Have Mercy Baby* heraus, einen Party-Song im Shuffle-ähnlichen Rhythmus zum Mitklatschen. Obwohl Jackie Wilson McPhatters Nachfolger wurde, als dieser die Gruppe verließ und die DRIFTERS gründete, verloren sie doch an Popularität.

Zum Tanzen in den frühen Morgenstunden in einer schwach beleuchteten Bar animierte Earl Bostic mit seinen heißen und vibrierenden Tenorsax-Tönen auf *Flamingo, Smoke Gets In Your Eyes* und anderen Pop-Standards. Er swingte im tanzbaren Vier-Viertel, und sein Stil war mehr Blues- und Funk-orientiert als jazzig. Er improvisierte auf mitreißende Weise, ohne sich allzuweit von der Melodie zu entfernen und ohne die Stimmung eines Songs seiner Spieltechnik unterzuordnen.

Rocket 88 war ein Instrumental-Bestseller eines anderen Genres. Ein schneller Boogie, auf dem das kernige Baritonsax von Jackie Brenston zu hören war, einem Sänger und Begleitmusiker, der mit IKE TURNER's KINGS OF RHYTHM Aufnahmen gemacht hatte. Brenstons Chess-Platte wurde nicht nur die Nummer eins in den R&B Charts, sondern im selben Jahr ('51) auch von Bill Haley auf Essex gecovert, der Jackies leichten *shouter*-Stil kopierte.

Haleys Cover-Version war ein Zeichen dafür, was die Zukunft bringen sollte, wenn auch zu jener Zeit kaum jemand dem mehr Beachtung schenkte als jenem seltsamen Phänomen, daß Johnnie Rays Platte *Cry* ebenfalls auf die Nr. 1 in den R&B Charts kletterte.

Zwei glücklose Stars

John Marshall Alexander, besser bekannt als Johnny Ace, tauchte 1952 zusammen mit Chuck Willis in den Hit-Listen auf. Beide waren Sänger mit Seele, beide starben vor Ende des Jahrzehnts, und beide hatten ihre größten Hits posthum.

Ace spielte Klavier bei B. B. Kings BEALE STREETERS, einer Memphis-Band. Als Don Robey aus Houston Duke Records seinem Peacock Label zuführte, zählte Johnny Ace zu den Künstlern, die er miterworben hatte. Im selben Jahr (1952) wurden schwarze Hörer auf ein neues Talent aufmerksam: *My Song* klang und klingt noch immer wie eine Aufnahme, die im Wohnzimmer gemacht ist. Aber das schmälerte nicht den Reiz von Ace' junger und wehmütiger Stimme. Im folgenden Jahre hatte Johnny zwei Platten in den Charts, *Saving My Love For You* und eine Nr. 1-Bluesballade, *The Clock*.

Am Weihnachtsabend '54 kam es zu der sinnlosen Tragödie. Ace saß in seiner Garderobe im ausverkauften Houston City Auditorium, und das Publikum wartete auf seinen Auftritt. Ace vertrieb sich die Zeit, indem er mit einem Revolver spielte. Angeblich um einem Mädchen zu imponieren, spielte er russisches Roulette und erschoß sich. *Pledging My Love*, eine Platte, die ungefähr zur selben Zeit auf den Markt kam, brachte ihm nach seinem Tode die Dreifache Krone in den *Billboard* Charts. Er war gerade 25 Jahre alt geworden.

Chuck Willis, eine Entdeckung von «Daddy» Zenas Sears von WAOK in Atlanta, war fraglos das größere Talent von beiden, ein ebenso empfindsamer Songschreiber wie ausdrucksvoller Sänger. Mit dem autobiografischen Titel *My Story* auf Okeh stellte er sich '52 den Plattenkäufern vor. Es folgte eine Reihe von sanften, seelenvollen Balladen und Aufnahmen, die Willis eine kleine Anhängerschaft brachten, aber nicht sonderlich bekannt machten. Erst nachdem die Rock 'n' Roller die Rassenschranken durchbrochen hatten und Willis zu Atlantic gegangen war, hatte er seinen Durchbruch mit *It's Too Late*, einem bescheidenen Hit im Jahre '56. Die beiden darauffolgenden Jahre waren erfolgreich für ihn. Er trat häufig auf und hatte immer wieder Chart Songs. Aber die Zeit war dennoch zu kurz – als er im April 1958 starb, war er gerade dreißig geworden. Sein größter Plattenerfolg kam posthum, als *What Am I Living For* b/w *Hang Up My Rock and Roll Shoes* zum Nummer eins-R&B-Hit des Jahres wurde.

Drei Pioniere

Howlin' Wolf wuchs auf einer Baumwollplantage in Mississippi auf, eigentlich sogar auf mehreren. 1910 in West Point bei Tupelo, Mississippi, geboren, zog er als Teenager nach Ruteville im Delta um, wo seine Eltern auf Young und Maras Plantage arbeiteten.

Der Country-Blues-Mann Charlie Patton lebte auf Dockeys Plantage, in der Nähe von Young und Maras. «Er hat mir viel beigebracht», sagt Howlin' Wolf, der auf den Namen Chester Burnett getauft war. «Er zeigte mir Sachen auf der Gitarre . . . abends nach der Arbeit ging ich hin und hing da rum . . . das meiste hab ich von Charlie Patton und Lemon Jefferson – von seinen Platten . . . was mir an Lemons Musik gefiel, war, daß er einen sauberen Akkord spielte.»

Howlin' Wolf fungiert als sehr wesentliches Bindeglied zwischen den ursprünglichen Einflüssen des Country Blues und des städtischen R&B, zu dessen Hauptexponenten er zusammen mit Muddy Waters im Nachkriegs-Chicago wurde. Lange bevor er seine erste Platte machte ('51), spielte er schon (neben seiner Farmarbeit) mit dem berühmten Robert Johnson und dem zweiten Sonny Boy Williamson, dessen Schwester er in den 30er Jahren heiratete und von dem er das Mundharmonikaspielen lernte.

Wolf lebte in Memphis, als er '51 *Moanin' At Midnight* und *How Many More Years* aufnahm. Ike Turner, der als Talentsucher für RPM Records in Los Angeles und Sun in Memphis arbeitete, arrangierte die Aufnahmesession, und Sun sorgte dafür, daß Chess Records aus Chicago die beiden Plattenseiten veröffentlichte. Sie hören sich ziemlich primitiv an, so primitiv, daß man leicht versteht, warum Chester Burnett als Howlin' Wolf bekannt wurde. Über einem ein- oder zweitaktigen Riff, das wie hypnotisch vom Anfang bis zum Ende der Aufnahme wiederholt wird, heult und stöhnt der Wolf eher unfertige Textzeilen.

How Many More Years kam '51 tatsächlich in die R&B Charts. Mit diesem Titel und mit *Smokestack Lightnin'*, *Killing Floor* und *Sittin' On Top Of The World*, späteren Platten, kreiert Howlin' Wolf einen Sound und einen Beat, der auf die Chicago-Musiker ungemein Einfluß hat – er spielte in vielen der Clubs, wo auch Muddy Waters auftrat – sowie auf die erste Welle der britischen Rockmusiker, einschließlich der BEATLES und der STONES. Junge Leute, die den schlaffen Sound der Popmusik langweilig fanden, begeisterten sich an der ungeschliffenen Vitalität und Ausdruckskraft, die Howlin' Wolf hatte.

1952 war Fats Domino bei weitem nicht so bekannt, wie er bald werden sollte. Aber Art Rupe, Chef von Specialty Records in L. A., war von seinem Sound so hingerissen, daß er nach New Orleans ging, um jemanden zu finden, der ähnlich spielte und sang. Nach einer Woche Hörproben stieß er auf einen Sänger, dessen erste Platte sowohl von Weißen wie von Schwarzen gekauft wurde. Plattenhändler in den Südstaaten berichteten, daß weiße Hausfrauen in ihre Geschäfte kamen und nach *Lawdy Miss Clawdy* fragten – eine Platte, die sie, äh, für ihre schwarzen Hausmädchen kaufen wollten. Natürlich ließ Rupe Lloyd Price bei seiner ersten Aufnahme von niemandem anders begleiten als von Dave Bartholomew, Fats Dominos Entdecker, Mitarbeiter und Bandleader. Wenn der Pianist auf der Platte nicht Domino ist, dann auf jeden Fall jemand, der seinen Stil unverwechselbar kopierte. Als Price wieder in die Charts kam, 1959, war er vom R&B zum Rock 'n' Roll übergewechselt.

Der wichtigste Blues-Mann jedoch, der '52 herauskam, war Riley B. King, ursprünglich ein Baumwollpflücker aus Mississippi, später Diskjockey in Memphis, wo er den Beinamen Blues Boy bekam, weswegen er später als B. B. King bekannt wurde. Dem Country Blues verbunden und als ein Exponent des Delta-Blues-Stils verfügte King über die ungewöhnliche Fähigkeit, Songs, die man mit anderen Künstlern verband, durch eigenwillige Versionen zu seinen eigenen zu machen – *Sweet Sixteen* von Joe Turner und *Everyday I Have The Blues* von Joe Williams. Er war kein sanfter klagender Sänger in der Charlie Brown-Tradition und auch kein ungehobelter *shouter* nach der Art Leadbellys. Intensität war sein Markenzeichen, Gospel-Intensität. Da er behauptete, nicht gleichzeitig singen und spielen zu können, benutzte er seine elektrische Gitarre – die er Lucille nannte – gleichsam als Antwortstimme, und er spielte bluesige Melodien à la Charley Christian oder T-Bone Walker.

Three O'Clock Blues, '48–'49 von Lowell Fulsom aufgenommen, wurde zu seiner ersten Chart-Platte, und fast unmittelbar darauf folgte *You Know I Love You*. Von '52 an schrieb er ständig und machte Aufnahmen. Erst nach der Zeit der BEATLES wurde er über den Bereich des sogenannten «chitlin' circuit» und einer verschworenen schwarzen Anhängerschaft hinaus bekannt. Letztere war bäurisch und proletarisch, und sie schloß nicht einmal schwarze College-Studenten ein. Heutzutage ist er weltweit als der Boss des Blues bekannt, als der King des Blues, und es gibt kaum einen illustren Ort, wo er nicht aufgetreten ist.

B. B. King-Interview

«Ich begann 1948 bei der Radiostation WDIA in Memphis zu arbeiten. Das ging bis Ende 1952, jeden Tag live mit einem Trio und dann auch noch zwei Stunden Platten auflegen. Live von 0.15 Uhr bis 0.30 Uhr, und Platten spielte ich von 1.00 bis 1.55 und wieder von 3.00 bis 3.55 Uhr nachts. Nach 1952 ging ich dann auf Tournee. Nun, ich war auch schon vorher live aufgetreten, aber ich fuhr nur so weit weg, daß ich zu meiner Radioshow wieder da war. Sonntags hatte ich frei.

Obwohl ich unter dem Namen Beale Street Blues Boy arbeitete, war ich nicht auf eine bestimmte Art Musik festgelegt, wie es heute manche Diskjockeys sind. Man überließ mir zu spielen, was meiner Meinung nach gut war. Natürlich spielte ich Blues und R&B-Künstler wie Lloyd Price, Fats Domino, Little Richard. Aber ich legte auch *My Mother Told Me There Would Be Days Like This* von Nat King Cole auf und seine *Now He Tells Me* und *Route 66*, Frank Sinatras *I'm Walking Behind You* und *Lean Baby*. Ich spielte die Platten von Dinah Washington und Louis Jordan. Ja, ich legte sogar Vaughn Monroes *Ghost Riders In The Sky* auf, Bing Crosbys *That Lucky Old Sun*, Louis Armstrongs *Blueberry Hill* und viele Frankie Laine-Platten.

Einen hab ich kaum je gespielt, und das war B. B. King. Höchstens wenn ein Brief oder eine Karte kam, die einen bestimmten Song ausdrücklich wünschten. Ich wollte nicht, daß die Leute glaubten, ich spiele B. B. King-Platten, weil sie meine eigenen sind. Als ich anfing, war mein Publikum so alt wie ich oder älter. Es waren nicht die jungen Leute, die auf mich standen. Ich versuchte, die Sachen zu spielen, die am meisten *soulful* waren – damals benutzten wir das Wort noch nicht –, Sachen, die für mich als Blues-Musiker das meiste Feeling hatten. Ich spürte, was am meisten Blues hatte, ob es nun Jazz, Pop oder Rock 'n' Roll war.

Als ich von WDIA fortging, übernahm Rufus Thomas meine Show. Das war schon eine eigenartige Sache. Rufus half mir nämlich, ins Show Business zu kommen. Im Palace Theatre in Memphis hatten sie einen Amateurabend. Es begann in den 40er Jahren und lief noch in den 50ern weiter. 1948 bin ich immer hingegangen, um mir Rufus und Bones anzusehen, ein Tanzteam. Al Jackson, der Bassist, hatte die Big Band da. Es war die beste Band in Memphis. Al Jackson jr., sein Sohn, trommelt heute bei BOOKER T AND THE MGs.

Ich hatte am Tage meine Arbeit, und Rufus ging es ebenso. Ich arbeitete bei der Newberry Equipment Company, und er war bei der Memphis Luggage-Fabrik angestellt. Wenn es mir gelang, bei der Amateur-Show auf die Bühne zu kommen, bekam ich dafür einen Dollar. Und dieser Dollar war Busgeld für ein paar Tage. Also setzte ich alles daran aufzutreten. Und Rufus, der die ganze Sache moderierte, half mir immer.

In den 50er Jahren hatte ich zwei Sendungen bei WDIA. Eine hieß *Sepia Swing Club* und die andere *Heebie Jeebies*. Als ich ging, übernahm Rufus den *Sepia Swing Club* und machte damit weiter bis vor ein paar Jahren.

Sonny Boy Williamson, der war indirekt verantwortlich dafür, daß ich zu WDIA ging. Ich hatte seit Jahren Sonny Boy gehört, als ich auf der Plantage in Mississippi war. Er war allen bekannt, und jeder versuchte, vom Feld wegzukommen und ins Haupthaus zu gelangen, um ihn zu hören.

Als ich nach Memphis kam, um dort zu leben – das war mein zweiter Trip von Mississippi –, arbeitete Sonny Boy bei der Station KWEM in West Memphis. Ich fragte, ob ich in seiner Show einen Titel spielen könnte. Er wollte mich zuerst spielen hören, aber ihm gefiel, was ich spielte, und er erlaubte mir, ‹einen Titel, aber nur einen einzigen›.

Wie das Schicksal es wollte, hatte er an jenem Abend zwei Jobs. Für den einen sollte er 12 $ kriegen, und für den anderen, außerhalb der Stadt, 100 oder 150 $. Also rief er die Frau an, für die er die 12 $ Gigs spielte, eine Miss Annie, der der Sixteenth Street Grill in Memphis gehörte. Sie hatte die Sendung gehört, denn er machte Reklame für den Grill. Tatsächlich benutzte man die eigene Radio Show immer dazu, die Clubs zu pushen, in denen man auftrat. Sie war jedenfalls einverstanden, daß ich an seiner Stelle auftrat. Er sagte zu mir: ‹Ich rate dir, Junge, spiel gut, denn wenn du's nicht tust, kriegst du es mit mir zu tun.› Das werde ich nie vergessen. Und das war auch das erste Mal, daß ich im Memphis-Gebiet einen Profi-Gig spielte.

Es gefiel mir sehr gut, denn es war mein Job, die Damen zu unterhalten, während die Typen ins Hinterstübchen gingen und Karten spielten. (Er lacht.) Als mich Miss Annie auszahlte, sagte sie, sie würde mir 12 $ den Abend zahlen plus Unterkunft und Verpflegung und einen Tag frei, wenn ich beim Radio wäre wie Sonny Boy. Mann, das war wie Disneyland! Ich hatte in der Baumwolle für 1.50 $ und weniger pro Tag gearbeitet, hatte Traktor gefahren für 2.50 $ am Tag. Es war einfach unglaublich!

Ein bißchen später hörte ich, daß sie eine schwarze Station gestartet hatten. WDIA hatte einen schwarzen Diskjockey, Prof. Nat D. Williams – Nat Dee, wie wir ihn nannten. Nachdem ich für den Bus von West Memphis nach Memphis bezahlt hatte, besaß ich keinen Cent mehr für die Fahrt vom Bus-Depot zur Radio-Station. Also mußte ich laufen, mit der Gitarre in der Hand, von der Nummer eins bis zum Block 2700. Ich vergesse die Hausnummer nie: 2724. Und geregnet hat's auch noch. Aber ich schaffte es.

Die Station hatte ein großes Schaufenster zur Straße, und ich konnte Nat Dee vor seinem Mikrophon sitzen sehen. Ich klopfte an das Fenster. Als er an die Tür kam, sagte ich, daß ich eine Platte machen wollte und im Radio spielen möchte. Er sagte, mit der Platte könnte er mir nicht helfen. Aber er war so nett, den Manager der Station anzurufen, einen Mr. Ferguson, der auch Manager einer Station unten in Mississippi gewesen war, wo ich als Mitglied eines Quartetts Spirituals gesungen hatte. Mr. Ferguson erinnerte sich an mich, und noch an demselben Tag machten sie zehn Minuten Sendung mit mir. Nur ich und meine Gitarre. Natürlich bekam ich nicht dafür bezahlt. Aber danach wurde ich ständig gesendet und konnte auch Reklame für den Laden machen, wo ich auftrat, den Sixteenth Street Grill.

Ungefähr zu der Zeit machte ich auch vier Aufnahmen. Es waren meine allerersten. Ich sagte später immer, daß ich damit das Bullet Label, so hieß es nämlich, pleite machte. Gleich danach nämlich wurde es eingestellt. Die vier Plattenseiten wurden im Studio von WDIA gemacht.

Als kurz danach einer der Diskjockeys die Station verließ, ließ Mr. Ferguson mich seine Sendung übernehmen – obwohl ich nie lernte, richtig zu reden. Ich kann es heute noch nicht. Der General Manager sagte, es hätte keinen Zweck zu versuchen, B. B. richtiges Sprechen beizubringen, der würde es sowieso nie lernen. (Er kichert.) Aber die Leute vertrauten mir, wie sie Arthur Godfrey vertrauten. Ich sagte, was ich meinte, und sprach aus, was ich wirklich fühlte. Und so wurde ich ein sehr populärer Diskjockey in Memphis.

Blues und richtiges Englisch passen sowieso nicht zueinander. Und darum können viele weiße Leute auch keinen Blues singen. Sie kennen weder die Erniedrigung noch das Leid noch den Stolz, schwarz zu sein.

Also können sie nicht so ungeschliffen sein, sie können nicht die Seele haben und nicht den Kummer. Wie der Song sagt: ‹Worry, worry, worry, worry's all I can do . . .›

Ende '49 bekam ich einen Plattenvertrag bei RPM, einem neuen Label, das von Modern Records gegründet worden war. Verhandelte mit Jules Bihari, dann mit Sol Bihari, später mit Joe Bihari. Ich war einer der ersten Künstler auf RPM. Wir machten drei oder vier Platten, die in Memphis sehr gut gingen und auch in Städten in der Nähe, Sachen wie *Woke Up This Morning, B. B.'s Boogie, B. B.'s Blues* und manche Sachen von Tampa Red und dem älteren Sonny Boy Williamson. Phineas Newborn, der ein bekannter Jazzpianist wurde, spielte mit, und er war auch auf den ersten Sachen dabei, die ich für Bullet machte. Er war noch nicht volljährig. Aber weil ich am Ort ziemlich angesehen war, bekam ich die Erlaubnis für ihn.

Außer Phineas hatte ich seinen Bruder Calvin an der Gitarre, seinen Vater am Schlagzeug, Ben Branch am Tenorsax, seinen Bruder Thomas auf der Trompete und einen Typen namens Tough Green am Baß. Es war eine ziemlich große Gruppe. Ich mochte immer schon gern große Gruppen, denn wenn man Spirituals sang – und das war meine erste Erfahrung mit Musik –, hatte man einen Chor hinter sich. Und wenn man viele Hörner hatte, dann war das wie ein Chor.

Ende '49, um die Weihnachtszeit, nahmen wir einen von Lowell Fulsoms Titeln auf, *Three O'Clock In The Morning*. Und das war meine erste Hit-Platte – blieb ungefähr achtzehn Wochen lang in der R&B-Hitparade. Meistens auf Platz eins. Kam aber nicht rüber in die Pop Charts, obwohl Leute auf dem Popsektor die Platte kannten.

Danach hatten wir während der 50er Jahre ein oder zwei große Erfolge jedes Jahr. *You Know I Love You* war der größte von allen, eine Blues-Ballade. *Please Love Me* hatte eine lateinamerikanische Atmosphäre. Als ich anfing, war Boogie-Woogie das große Ding. Später wurden Mambo und Calypso Mode. *Woke Up This Morning* hat ein bißchen was von einem Calypso.

Every Day I Have the Blues wurde Ende '54 aufgenommen. Ich hatte die Aufnahme von Memphis Slim gehört. Mir gefiel sie, aber ich war nicht fasziniert. Später hatte Lowell Fulsom einen Hit damit. Ich war damals Diskjockey. Aber dann hörte ich Big Joe Williams, nicht mit Basie, sondern mit einer Band aus Chicago. Die meisten Leute wissen nicht, daß Joe «Every Day» zum erstenmal mit King Kolax aufgenommen hatte. Das war auch die Platte, die mich veranlaßte, den Titel aufzunehmen. Also ging ich zu einem Arrangeur, der mit den Bihari-Brüdern arbeitete, Maxwell Davis. Er war ein guter Saxophonspieler und ein großartiger Arrangeur. Wir machten den Titel und hatten einen Hit im Jahre '55. Aber dann machte Joe Williams die Aufnahme mit Count

Basie, und damit war meine Platte abgeschrieben. (Er lacht.)

Später habe ich dann auch eine Aufnahme mit Basie gemacht. Wirklich. Ja, ich habe auch Titel mit Dorsey und Ellington gemacht. Die Biharis hatten die Rechte an einer Anzahl Master-Tapes gekauft. Statt einen anderen Sänger zu holen, ließen sie mich den Gesang machen und überspielten meine Gesangsspur auf die Master-Bänder. Ja, wir machten *Yes, Indeed* von Tommy Dorsey. Ich hatte Exemplare von diesen Platten unter Verschluß – denn die Leute würden niemals glauben, daß B. B. King Aufnahmen mit Ellington, Basie und Tommy Dorsey gemacht hatte.

Die Idee zu *Sweet Little Angel* bekam ich von Robert Nighthawks *Sweet Black Angel*, obwohl ich später herausfand, daß noch jemand anders den Song vor Nighthawk aufgenommen hatte. Zu jener Zeit war ‹black› kein populäres Wort wie heute. Also benutzte ich nicht den alten Titel, sondern änderte ihn in *Sweet Little Angel* – und mit der Platte hatte ich ziemlichen Erfolg.

Ich weiß, daß manche Leute *Sweet Black Angel* als meinen Spezialsong ansehen. Und es stimmt, er spielt eine große Rolle. Er ist jedoch nicht so wichtig für mich wie *Sweet Sixteen* und *Three O'Clock Blues*. ‹Sixteen› war Joe Turners Song. Ich habe ihn '58 aufgenommen. Aber ich hatte ihn natürlich vorher schon gehört. Ich fand, daß bestimmte Künstler wie Louis Jordan, Joe Turner, Charles Brown – wenn die einen Song gemacht hatten, war es nicht schlau, gleich hinterher dasselbe zu machen. Lieber warten, bis die Leute deren Version vergessen hatten. Wenn mir also ein Song gefiel, dann hob ich ihn mir auf, bis die Wirkung ihrer Fassungen vergangen war.

Außer bei Louis Jordan war das Publikum dieser Künstler in den 50er Jahren schwarz. Ende der 50er Jahre wurde Big Joe Williams ein großer Star bei den weißen Teenagern. Das war es, als er *Flip, Flop And Fly* machte und *Shake, Rattle and Roll*. Louis Jordan war davor sehr groß gewesen und blieb auch in den 50ern populär. Aber in Memphis, wo noch ziemliche Rassentrennung herrschte, wenn da Louis Jordan kam, dann machten sie zwei Vorstellungen, eine für die Weißen und eine für die Schwarzen. Eine frühe für die Weißen und eine späte für die Schwarzen. Dadurch hatten die Künstler gleichsam eine doppelte Verpflichtung. Louis Jordan mußte das immer machen, denn er hatte eine Menge weißer Fans.

Ziemlich viele von meinen Sachen waren von Jordan beeinflußt. Noch heute ist es so. Ich habe hier Tonbänder von seinen Aufnahmen, und ich werde bald wieder einen von seinen Titeln machen, den ich neu bearbeitet habe. Seiner hieß *Jordan For President*, und ich werde meinen *B. B. For President* nennen. Jedenfalls ist es ursprünglich seine Idee. Jordan hätte noch mehr Erfolg verdient gehabt. Später, als Bill Haley kam, da gab sich Decca natürlich mit ihm zufrieden und sah keine Veranlassung, Jordan wieder neu rauszubringen. Aber Jordan hatte lange, lange vor Haley schon dasselbe gemacht.

Während der 50er Jahre war mein Publikum schwarz – 99,5 % schwarz, und das ist reichlich schwarz. Aber Fats Domino schaffte den Durchbruch in die weißen Clubs. Dann knabberten Lloyd Price und Little Richard den weißen Markt an. Und schließlich kam Chuck Berry, und er wurde beim weißen Publikum ganz groß.

Als Lloyd Price *Lawdy Miss Clawdy* machte, war er noch in demselben Bereich, in dem auch ich mich befand. Aber als er dann *Personality* und *I'm Gonna Get Married* machte, wurde er zu einer Attraktion für die Weißen. Dasselbe bei Little Richard, als er in dem Film mitspielte, «The Girl Can't Help It», mit Jayne Mansfield, Edmund O'Brien und Tom Ewell. Das war der erste Film, an den ich mich erinnern kann, der als A-Film akzeptiert wurde, obwohl Schwarze darin mitspielten. Fats Domino war drin, Little Richard, Bill Haley und noch andere Schwarze, und sie wurden sehr positiv dargestellt. Ich meine, die Sache hatte 'ne Menge Klasse. Dadurch wurde Little Richard wirklich ein Star.

Während der 50er Jahre spielte ich nur in kleinen Clubs. Ab und zu vielleicht mal eine etwas größere Tanzhalle, wo sonnabends was los war. Aber keine namhaften Clubs. Erst Ende der 50er Jahre spielten wir im 20 Grand in Detroit oder Roberts in Chicago, wo Dinah Washington und die anderen Jazz-Giganten gewöhnlich auftraten. Und das lag daran, weil ich damals eine Big Band hatte und wir ziemlich viele Basie-Arrangements spielten. Die Leute sagten: ‹Klingt ja wie Basie.› Mann, und ich war irre stolz deswegen.

Ich meine, diese Big Band-Sache war schon ziemlich smart von mir, wenn ich überhaupt je was Smartes gemacht habe. Rock 'n' Roll war zu der Zeit angefangen, und die Leute standen nicht allzusehr auf die Blues-Sänger. Aber weil ich eine Big Band hatte, konnte ich all die Rockstars begleiten, Leute wie Jackie Wilson, Sam Cooke und andere. Mit dem Sound konnte ich aber auch in Jazz Clubs gehen. Die Band spielte einen Set, und dann kam ich als der Gitarrist mit meiner Gruppe.

Für mich war es immer ein Problem, gleichzeitig zu singen und zu spielen. Ich hab blöde Finger und witzige Ohren. Die wollten nie gleichzeitig funktionieren – und tun's noch heute nicht. Also singe ich entweder und spiele, wenn ich Atem hole – oder ich spiele und singe später. Hampton Reese war einer meiner Arrangeure und Maxwell Davis auch. Auch Mitglieder der Band schrieben Arrangements.

Der erste Club, der für mich eine Wende bedeutete, war das Fillmore West, nachdem Bill Graham es übernommen hatte. Vor Graham spielten wir auch im Fillmore, wie es hieß, und zwar sehr, sehr oft. Damals war das Publikum aber zu 95 % schwarz. Ich meine von '57 bis ungefähr '64 oder

111

'65. Als wir aber '68 da auftraten, sah ich sofort die Veränderung. Kids überall, aber alle weiß, langhaarig, weiße Kids. Ich sang und spielte, glaube ich, wie nie zuvor – aber nur meine Sachen: *Every Day I Have The Blues*, mein Erkennungssong, *How Blue Can You Get, Sweet Sixteen, Sweet Little Angel* – mein normales Repertoire. Und die waren begeistert!

Ich hab nie eine Rhythmusgitarre eingesetzt, vom Anfang meiner Laufbahn an bis vor gut einem Jahr. Ich mochte nie eine zweite Gitarre haben, die mir vielleicht in die Quere kommt. Der erste Gitarrist, den ich hatte, war Robert Junior Lockwood, der noch immer mein lieber Freund ist und mir eine Menge beigebracht hat. Und jetzt habe ich Milton Harper. Sie haben viel Ähnlichkeit miteinander, denn sie sind beide hervorragende Rhythmusgitarristen, und sie beeinträchtigen nie mein Spiel. Sorgen nur für einen perfekten Hintergrund.

1956 bin ich 342mal aufgetreten. Also, ich arbeite ständig. Noch immer gebe ich ungefähr 300 Konzerte im Jahr. Aber es war bei Bill Graham, da hat der Wechsel zum weißen Publikum stattgefunden.»

R&B geht zur Kirche

Die Erregung und Intensität der Gospel-Musik wurde 1953 zum Kennzeichen schwarzer Musik. Clyde McPhatter hatte die DOMINOES verlassen und arbeitete mit einer neuen Gruppe, den später auf sensationelle Weise erfolgreichen und langlebigen DRIFTERS. McPhatter war der Sohn eines Baptistenpredigers aus Durham, North Carolina, und gründete ein professionelles Gospel-Quartett, die MOUNT LEBANON SINGERS als er noch in der High-School war. Zwei der anderen DRIFTERS, Gerhart und Andrew Thrasher, sangen als Kinder bei den THRASHER WANDERERS, einem Familienensemble, und den SILVERTONE SINGERS, einer Gospelgruppe.

Ihre erste Veröffentlichung, *Money Honey*, wurde zu einem Riesenerfolg für die DRIFTERS. Die stimmliche Imitation von Dudelsackmusik, verstärkt durch die Wiederholung eines aus zwei Tönen bestehenden sogenannten ‹hook›, einer eingängigen kurzen Phrase, «ah-oom, ah-oom», gaben dem mächtig treibenden Vier-Viertel Feeling und Farbe. Der Realismus in Jesse Stones Liedtext schlug neue Töne an, was das Verhältnis Mann–Frau betraf – keine Liebe ohne ‹money, honey› sagte das Mädchen – aber auch der Typ. McPhatters silbriger Tenor, manchmal fast Falsett, präsentierte diese sehr direkte Gleichung mit kleinen Jauchzern des Entzückens.

Schnell ließen die DRIFTERS *Honey Love* folgen, einen weiteren Riesenhit, den McPhatter mitverfaßt hatte. Ein lateinamerikanischer Beat und schnelle Triolen auf dem Becken gaben dem anzüglichen Text seinen Pfiff ... «I want it ... I need it ... your honey love ...» McPhatters Eigenarten, seine Seufzer, Kiekser, sein Keuchen und Juchzen betonten die Erotik des Songs. Gospel-Intensität schien ohne weiteres einherzugehen mit den Wonnen des Fleisches. Im folgenden Jahr mußte McPhatter zur Armee, und die Besetzung der Gruppe begann zu wechseln – ihre Popularität blieb jedoch bis in die 60er Jahre bestehen. Nach seiner Entlassung versuchte Clyde es mit einer Solo-Karriere, wechselte von Atlantic zu MGM Records und starb 1972 im Alter von 39 Jahren, ohne den Superstar-Status erreicht zu haben, den er sich erträumt hatte.

Die FIVE ROYALES, eine andere heiße Gruppe von '53, begann als Gospelgruppe, das ROYAL SONS QUINTET, auf Apollo Records. Nachdem die DOMINOES ihren Durchbruch geschafft hatten, benannten sie sich um und wechselten zum R&B. Ihr Stil, der von Gospelekstase geprägt war, machte die Platten *Baby Don't Do It* und *Help Me Somebody* zu Nr. 1-Hits. Beide stammten von dem Leadsänger Lowman Pauling, dessen Stimme an Clyde McPhatter erinnerte – aber mehr Biß hatte. Live waren die FIVE ROYALES attraktiv, denn sie präsentierten ihren Gesang mit der visuellen Dynamik religiöser Zeremonien. Sie nahmen damit schon die ausgefeilte Choreographie der TEMPTATIONS und anderer Motown Gruppen vorweg. Bei ihnen nahm der R&B den Charakter einer säkularen Predigt an. In der Tat hat man ihren Hit von 1957, *Dedicated To The One I Love*, ein «säkulares Gebet» genannt. Die leidenschaftliche Ballade hatte Pauling in Zusammenarbeit mit dem Kings Records-Produzenten Ralph Bass geschrieben – inzwischen war die Gruppe nämlich von Apollo weggegangen –, und sie wurde 1961 ein Hit für die SHIRELLES sowie später noch einer für THE MAMAS AND THE PAPAS.

Der R&B erreichte '53 einen Höhepunkt mit einer Frau, die viele Rock-Stars der 60er Jahre beeinflußt hat und von der Elvis Presley einen Titel übernahm, mit dem er viel Furore machte. Dreihundert Pfund wog die vollbusige Bluessängerin Willie Mae Thornton, und sie hatte eine starke Anhängerschaft in Atlanta, wo sie regelmäßig in Snake's Variety Show in Bailey's 81 Theatre auftrat, in Chicago in Mike Delisa's Club, in Houston in Don Robey's Bronze Peacock und in Harlems Apollo Theatre – kurz gesagt, im sogenannten *chitlin' circuit*.

Sie war als Big Mama bekannt, und ihre Auftritte in Robeys Club waren so sensationell, daß der Besitzer des Peacock Labels mit ihr Plattenaufnahmen zu machen begann. Schließlich erschien *They Call Me Big Mama*, ein Song, an dem Robey als Koautor beteiligt war. '53 nahm sie einen Heuler von Jerry Leiber und Mike Stoller auf. So mächtig war Big Mamas knurrende und bellende Stimme von dem unbegleiteten Eröffnungsschrei an, daß Robey sie nur von einer Rhythmusgruppe begleiten ließ. *Hound Dog* schoß sofort an die Spitze der R&B Charts.

Drei Jahre später kopierte Elvis Presley ihre Platte und verkaufte davon viele Millionen. Niemand schien zu bemerken, daß das Songkonzept eigentlich nur sinnvoll war, wenn eine Frau davon sang, daß ein Hund um ihre Tür schlich.

«Unsere erste Hitplatte hatten wir auf dem R&B-Markt», sagte Mike Stoller, Mitglied des Teams, das *Hound Dog* schrieb und später zu einem der kreativsten Songschreiber-Gespanne des Rock 'n' Roll wurde. «Der Song hieß *Hard Times* und wurde von Charles Brown auf Aladdin eingespielt. In den frühen 50er Jahren gab es absolut eine Hautfarbenschranke, und mit Ausnahme von Künstlern wie Nat Cole und den Mills Brothers gab es einen *weißen* Pop-Markt und einen *schwarzen* Pop-Markt. Die Platten wechselten nicht von einem zum anderen.»

Bis '54 war an einen Wechsel von einem Bereich zum anderen überhaupt nicht zu denken. Die Märkte waren ebenso geteilt wie die amerikanische Gesellschaft. In Manhattan mußte man in die 125th Street gehen, wenn man einen R&B-Bestseller kaufen wollte. In keinem der Geschäfte am Broadway, geschweige denn in der Madison Avenue konnte man Little Esther, B. B. King oder Mama Thornton finden. Und um sie im Radio zu hören, mußte man auf der Skala ganz oben eine von den kleinen Stationen finden. Aber in den frühen 50er Jahren suchten die jungen Leute danach, und einer der Diskjockeys, den sie fanden und dem sie folgten, war der Rattenfänger des Rock 'n' Roll, Alan Freed.

Der Superpromoter des Rock 'n' Roll

Eines kühlen Abends spazierte ich durch Hamilton, die Hauptstadt von Bermuda, und in einer Seitenstraße hörte ich plötzlich laute Musik aus dem Radio. Als der Song vorüber war, kam ein Diskjockey mit einer Maschinengewehrstimme, die so heiser klang, daß es beinahe weh tat.

Ich war überrascht. Das konnte nicht sein! Aber plötzlich merkte ich, daß allenthalben dieselbe Stimme aus den Radios klang – es war die von Alan Freed von der Station WINS in New York. In dem kleinen Plattengeschäft am Ende des Blocks gab es alle amerikanischen R&B-Platten, die gerade in Mode waren, und sonst nichts.

Wenn Bill Haley der Prophet des Rock 'n' Roll gewesen ist, dann war Alan Freed zweifellos der berüchtigste Publizist dieser Musik, ein interessanter und charismatischer Mann, dessen Unbeherrschtheit ihm später die Karriere zerstörte und ihn vielleicht sogar das Leben kostete.

Während er bei WINS arbeitete, war ich eines Abends im Studio, als ihm eine Äußerung seiner ebenfalls anwesenden Frau mißfiel. Wir hatten uns angeregt unterhalten, während sich die Platten auf seinen Tellern drehten. Ohne Vorwarnung ergriff er einen Wasserkrug und warf nach ihr. Dieser zerbrach in tausend Splitter und ergoß Wasser und Eiswürfel auf den Tisch, an dem sie saß. Sie wurde nicht verletzt und war vielleicht nicht einmal überrascht. Während ein Studioangestellter den Schaden beseitigte, fuhr Freed fort, sich mit mir zu unterhalten, als sei nichts geschehen.

Gelegentlich, wenn eine Platte ihn besonders mitriß, signalisierte er seinem Tontechniker, das Mikro aufzumachen, und dann begleitete er den Titel, indem er mit der offenen Hand auf einem schweren Telefonbuch von Manhattan den Rhythmus mitschlug. Manchmal begeisterte ihn eine Platte derart, daß er die Musiker mit einem «Go, man, go!» anfeuerte oder seine Zustimmung in die Übertragung mischte: «Yeah, man, yeah!»

Von Freed, der half, Cleveland zu einer sogenannten «breakout»-Plattenstadt zu machen (eine Stadt, in der neue Platten ihren Durchbruch hatten), sagte der Diskjockey Bill Randle, der bei WERE arbeitete, als Freed bei WJW war: «Er war ein unglaublich engagierter Showmann, der jeden Beat und jeden Ton der Musik, die er auflegte, miterlebte, bis er schließlich von der Umgebung korrumpiert wurde, die ihn am Ende auch zerstörte.»

Wegen seines zügellosen Stils wurde den Leuten allgemein nicht bewußt, daß Freed ein gebildeter Mann war, der klassische Posaune und Musiktheorie studiert hatte und ein ausgebildeter Ingenieur war. Seine Laufbahn im Radio begann damit, daß er bei der Station WKST in New Castle klassische Platten spielte. Nicht weit von New Castle entfernt, in Johnstown, Pennsylvania, war er geboren. Eine seiner Töchter nannte er Sieglinde, weil er von Wagners Opernzyklus «Ring des Nibelungen» so begeistert war.

Er wuchs in Salem, Ohio, auf und ließ sich 1946 in Akron nieder (da war er fünfundzwanzig Jahre alt), wo er mit Sendungen für die Station WAKR begann. Von einem Warenhaus am Ort finanziert, gewann sein *Request Review* ständig an Popularität, so daß er 1950 nach Cleveland umzog, wo er die Show beim Fernsehen unterzubringen hoffte. Unglücklicherweise wurde daraus bei der Station WXEL nichts, und Freed blieb keine andere Wahl, als die Moderation für die Nachtprogrammfilme zu machen, eine ziemlich unangenehme Arbeit, derentwegen er angeblich zu trinken begann.

Erst im Juni 1951 konnte er eine neue Diskjockey-Show bei der *indie* Station WJW starten. Der Sponsor dieser Show war der Besitzer eines einheimischen Plattenladens, der überdies eine entscheidende Rolle in Freeds Karriere spielte. Als Reaktion auf den Verkaufstrend in seinem Geschäft wollte Leo Mintz Freed veranlassen, sich auf R&B-Platten zu konzentrieren. Freed widersetzte sich, bis er eines Abends dem Geschäft einen Besuch abstattete und die Reaktion weißer, nicht schwarzer Kids auf die Musik aus den Tenorsaxophonen von Red Prysock und Big Al Sears und den Blues-Gesang und das Klavierspiel von Ivory Joe Hunter miterlebte.

«Ich dachte darüber nach», sagte er später einem Reporter. «Ich dachte ungefähr eine Woche lang darüber nach. Dann ging ich zu dem Manager der Station und überredete ihn, im Anschluß an mein klassisches Programm eine Rock 'n' Roll-Party machen zu dürfen.»

Als Erkennungsmelodie wählte sich Freed *Blues For Moon Dog*, einen Titel von Todd Rhodes auf King Records. Damit schuf er sich das Alias Moon Dog, mußte diesen Beinamen später jedoch fallenlassen. Und dann änderte er den Namen seiner Show von *Record Rendezvous* in *The Moon Dog Rock 'n' Roll House Party*.

In einem Plattenhüllentext, den er für das Endalbum «Alan Freed's Top 15» schrieb, behauptete Freed, er habe 1951 begonnen, den Begriff *rock and roll* zu benutzen. Damals spielte er schwarze R&B-Scheiben, und noch nicht die weißen Ableger, die erst später kamen. Obwohl er den Begriff nicht erfunden hat, wie manche Historiker irrtümlich gesagt haben, verdient er alle Anerkennung dafür, diesen Begriff auf die neue Musik *angewendet* und ihn *populär gemacht* zu haben.

Die Phrase *rock and roll* kommt aus der Bluessprache und wurde damals als Euphemismus für den Beischlaf gebraucht – wie durchaus treffend sind die Bewegungen bei dieser Tätigkeit damit beschrieben! Die Bedeutungsverschiebung vom Besonderen zum Allgemeinen, vom Sex zum Spaß, Feste feiern usw. ist durchaus einleuchtend.

Als der R&B-Markt sich nach dem Zweiten Weltkrieg ausweitete, begannen Teile des Begriffs in Song-Titeln aufzutauchen: *Rock All Night* von den RAVENS und *Good Rockin' Tonight* von Roy Brown im Jahre '48; *All She Wants To Do Is Rock* von Wynonie Harris im Jahre '49; *Rockin' With Red* von Piano Red und *Rockin' Blues* von Little Esther '50. In den meisten dieser Fälle war das Wort *rock* auf zwei Ebenen zu verstehen, auf der des Sex wie auf der des lärmenden Tanzvergnügens, wenn auch die schwarzen Zuhörer (und später auch die weißen) durchaus der ersteren Bedeutung den Vorzug gaben.

Die gesamte Phrase war auf dem Titel der DOMINOES *Sixty Minute Man* zu hören ('51), und da gab es kaum eine Frage, was «rockin' and rollin'» bedeuten sollte; außerdem in dem Titel der CLOVERS *Ting-A-Ling* (1952), wo es heißt, daß die Mädchen erst mal testen wollen, wie gut einer das «rock and roll» beherrscht. Kurz gesagt, Freed wählte einen schon bestehenden Slangausdruck, und indem er damit eine schon existierende Musik (den R&B) bezeichnete, machte er der weißen Welt einen (für sie) noch neuen Sound bekannt. Und als eine neue Generation von Sängern und Songschreibern diesen Sound zu adaptieren, imitieren und modifizieren begann, blieb dies Etikett haften.

Die Zeit gab Leo Mintz' Überzeugung recht, daß der Big Beat, wie Freed den Rhythmus nannte, eine große Zukunft habe. Und Freed besaß die Persönlichkeit, die Zungenfertigkeit, was den Slang betraf, und letztlich noch die richtige Stimme, um der Superverkäufer dieses Beats zu werden. Eine Operation an seinen Stimmbändern führte zu jener Heiserkeit, die ihn wie einen *blues shouter* klingen ließ. (Leute, die ihn zum erstenmal leibhaftig vor sich sahen, waren oft überrascht, daß er weiß war.) *The Moon Dog Rock 'n' Roll House Party* wurde so immens populär, daß verschiedene andere Radiostationen seine WJW-Sendungen übernahmen.

Um 1952 wurde Alan Freed national bekannt – und das nicht nur wegen des Erfolgs seiner Show. Zusammen mit Leo Mintz und zwei weiteren Unternehmern mietete er die Cleveland-Arena und warb in seinem Radioprogramm für einen «Moon Dog Coronation Ball». Seine Werbung war so effektiv, daß achtzehntausend Eintrittskarten für eine Tanzhalle verkauft wurden, die kaum mehr als die Hälfte davon zu fassen vermochte. Unweigerlich kam es zu Krawallen. Um nicht über den Haufen gerannt zu werden, mußte sich Freed in einer Sende-Box verstecken. Obwohl man alle vier Promoter wegen Betrugs anzeigte, weil sie

117

zu viele Karten verkauft hätten, wurde die Anklage später fallengelassen.

Im folgenden Jahr mußte ein persönlicher Auftritt von Freed abgesagt werden, weil er in einen Verkehrsunfall verwickelt worden war. Sein Gesicht mußte mit Hilfe plastischer Chirurgie wiederhergestellt werden. Verletzungen der Lunge, Leber und Milz machten ihn anfällig für Lungenentzündung (die er auch des öfteren bekam), hinterließen bei ihm eine beinahe neurotische Furcht vor Autos und trugen wahrscheinlich auch zu seinem frühen Tod an Urämie bei. Während seiner Glanzzeit bei WINS arrangierte er Übertragungen aus seinem Heim in Connecticut, um nicht auf Autos angewiesen zu sein und der Gefahr einer Erkältung (in den Wintermonaten) zu begegnen. Als der «Moon Dog Ball» schließlich im Juli 1953 stattfand, wiederum in der Cleveland-Arena, war er ein ungeheurer Erfolg.

Ein Jahr später bekam Freed die abendliche Hauptsendezeit bei WINS, und die Station war auf dem besten Wege, zum wichtigsten Faktor im Rundfunk der Metropole zu werden. Bob Smith, damals Programmdirektor, hatte zufällig eine seiner Sendungen über eine New Jersey-Station gehört – WNJR sendete Wiederholungen seiner WJW-Shows –, und er bedrängte den Stationsmanager, er möge ihm die Erlaubnis geben, Freed zu engagieren. Paul Sherman, der noch heute bei WINS ist (als Nachrichtensprecher) und der damals mit der Freed-Show zu tun hatte, sagte: «Die Kids waren wie irre auf ihn. Man kaufte ihn für eine lächerliche Summe ein, aber in seinem ersten Jahr machte er einen Umsatz von über 750 000 $.» Wenige Wochen nach seiner ersten Sendung folgte auf Freeds Einladung, besondere Wünsche zu äußern, eine derartige Flut von Anrufen, daß Wünsche nur noch per Brief oder Telegramm geäußert werden durften.

Die Kontroversen um Freed begannen fast augenblicklich, als er im September '54 über den New Yorker Äther ausgestrahlt wurde. Louis Hardin, der blinde Dichter und Musiker aus New York City, bei Einwohnern von Manhattan und Touristen als Moon Dog weithin bekannt, verklagte Freed wegen des Gebrauchs seines Namens. Am 24. November gaben ihm die Gerichte recht – Hardin hatte den Namen seit 1947 benutzt, Freed jedoch erst seit '51 –, und Freed mußte den Namen, unter dem seine Show in Cleveland bekannt geworden war, aufgeben. Danach hieß seine WINS-Show *Alan Freed's Rock and Roll Party*.

Seine ständig wachsende Popularität führte zu einer unerwarteten Reaktion innerhalb der schwarzen Gemeinde. Eine Massenversammlung wurde in Harlems YMCA abgehalten, auf der man gegen seinen Ansagestil protestierte. Freed wurde vorgeworfen, die Stimme eines Schwarzen vorzutäuschen, und man machte WINS den Vorwurf, einen Weißen engagiert zu haben, der schwarze Musik spielen sollte. Der Programmdirektor Bob Smith, der eingeladen war, an der Versammlung

teilzunehmen, sagte später: «Unser Ziel war der Gesamtmarkt ...
hauptsächlich handelte es sich um einen schwarzen DJ von der Station
WHOM, der sich beschwert hatte. Er meinte, besser zu sein als Freed,
den wir engagiert hatten, ohne zu wissen, ob er schwarz oder weiß war.»

Zumindest ein prominenter schwarzer Künstler verteidigte Freed.
Der Bandleader Lucky Millinder räumte zwar ein, daß Freed den Jive-
Talk der Schwarzen imitierte, sagte aber: «Er hat das Feuer und die
Begeisterung eines Rev. Billy Graham, und er macht sich ganz gewiß
nicht über die Sprache der Schwarzen lustig.»

Freed schmälerte nicht nur die Leistungen schwarzer Künstler nicht,
sondern weigerte sich beständig und erfolgreich, Cover-Versionen
schwarzer Originaltitel von weißen Künstlern zu spielen – und das unabhängig von den Verkaufszahlen und der Popularität einer Platte. Und
offensichtlich teilte die schwarze Gemeinde nicht den Unwillen jener, die
zu der Protestversammlung gekommen waren. Als Freed in Manhattans
St. Nicholas-Arena eine Tanzveranstaltung persönlich moderierte, vier
Monate nachdem er bei WINS begonnen hatte, füllte er die Halle bis zum
Rand, und die meisten Besucher waren schwarze Jugendliche. Bei Box-
Veranstaltungen konnten 6000 Menschen in der Halle Platz finden,
Freed verkaufte an zwei Abenden über fünfzehntausend Eintrittskarten,
denn man hatte die Bestuhlung entfernen lassen. Alle auftretenden
Künstler waren Schwarze, und von dem Augenblick an, als Buddy John-
sons Orchester um 20.00 Uhr zu spielen begann, bis um 2.00 Uhr
morgens, als die Türen geschlossen wurden, herrschte ein wahres Höl-
lenspektakel in der Halle.

In dem Jahr, als Freed die New Yorker Szene an sich riß, sprengte
Chuck Berry die Plattenszene mit *Maybelline* (1955). Text und Musik
von Chuck Berry, Russ Fratto und Alan Freed, so stand jedenfalls das
Copyright eingetragen. Fratto war ein Diskjockey aus dem Mittleren
Westen, der später seinen Namen zurückziehen ließ. Nun war Freed
schließlich ein geschulter Arrangeur, und aus seiner Feder stammte
Tongue-Tied Blues, von Champion Jack Dupree aufgenommen, sowie
Nadine, ein solider Verkaufserfolg für die CORONETS auf Chess. Aber da
sein Name auch bei anderen Songs auftauchte, die von Künstlern aufge-
nommen wurden, die er sponsorte, liegt die Vermutung nahe, daß er von
Songschreibern und/oder Plattenfirmen mit solchen Geschenken über-
häuft wurde, weil man sicherstellen wollte, daß er seine Plattenteller zum
Wohle dieser Aufnahmen rotieren ließ.

Aber Freed war egoistisch genug, seine Macht jenen Leuten zu
beweisen, die ihm nicht gefielen. Im Business war bekannt, daß er ein
Freund aller kleinen, unabhängigen Plattenfirmen war – von denen
manche später als seine geheimen Wohltäter entlarvt wurden – und ein
«Feind» der großen. Teilweise entsprach diese Haltung den Gefühlen

der meisten schwarzen Musiker. Aber als RCA Victor, die größte unter den großen Firmen, die ISLEY BROTHERS-Platte *Shout* veröffentlichte, stellte sich Freed voll dahinter und machte einen wahnsinnigen Wirbel davon. Gelegentlich, wenn er über einen Künstler oder eine Platte ausflippte, wie zum Beispiel Jackie Wilsons Aufnahme von *I'll Be Satisfied*, bestritt er ein ganzes Abendprogramm nur damit.

Als Bill Haleys wachsende Popularität nach «The Blackboard Jungle» zu einem neuen Film – nämlich «Rock Around The Clock» – führen sollte, war von vornherein ausgemachte Sache, daß Alan Freed darin mitspielen mußte. Inzwischen war sein Ruf als New Yorks Super-DJ bei den Jugendlichen weit und breit vorgedrungen. Andere Diskjockeys imitierten ihn, das Konzept seiner Sendung ebenso wie seinen Ansagestil, und sie folgten seiner Plattenliste. Natürlich wollte sich die Filmfirma seiner Werbewirksamkeit versichern.

Paul Sherman erinnert sich an die Verhandlungen: «Freed sagte, er nähme die Filmrolle an, wolle aber seine Gage im voraus. Und zwar bar. Statt dessen bot ihm die Filmgesellschaft eine prozentuale Beteiligung an. Zuerst wollte er nicht. Aber Jolly Joyce (ein Agent aus Philadelphia, der als Vermittler fungierte) war ein sehr cleverer Mann, und er sagte: ‹Blödmann, greif doch zu!› Sie einigten sich auf eine kleine Summe in bar und eine großzügige prozentuale Beteiligung. Sie hätten Freed für 15 000 $ haben können, aber statt dessen verdiente er ein Vermögen an ‹Rock Around The Clock›.»

Im nächsten Jahr war Alan Freed an zwei weiteren Filmprojekten beteiligt. Im Dezember '56 wurde sein «Rock, Rock, Rock» aufgeführt, eine Produktion, die, was die Atmosphäre angeht, ebensogut bei einer seiner öffentlichen Live-Shows hätte gedreht sein können. In «Don't Knock The Rock» spielte sich Freed dann selbst. Es ging um die Geschichte eines Rock 'n' Roll-Sängers, gespielt von Alan Dale, der in seine Heimatstadt zurückkehrt und von dem Bürgermeister als Verführer der Jugend denunziert wird.

«Don't Knock The Rock» wurde im Times Square Paramount zu Washingtons Geburtstag im Jahr '57 uraufgeführt. Freed war zusammen mit vielen Stars Premierengast. Hinter ihm lag eine Show im Brooklyn Paramount in der Osterwoche '56, die in *Variety* kommentiert wurde: «Man kam sich vor, als habe man einen Logenplatz beim Erdbeben in San Francisco.»

Die Show im Paramount New York erinnerte am Eröffnungstag an Sinatras Auftritt am Columbus-Tag 1944 an derselben Stelle. Über fünfzehntausend Kids stürmten am ersten Tag die Kassen und ließen 29 000 $ zurück. Zwar gab es keine Ohnmachtsanfälle, aber die Teenager von '57 übertrafen die Massen von '44 in einer Hinsicht: sie trampelten so sehr mit den Füßen, daß das Management aus Angst vor

Einsturz den 2. Balkon räumen ließ. Erst nach einer gründlichen baupolizeilichen Inspektion des Gebäudes wurde er wieder freigegeben.

Inzwischen war Freed jeden Abend auf WINS zu hören, und zwar von 17.30 Uhr bis 23.00 Uhr, außer sonntags. Siebenundzwanzig Stunden beste Sendezeit die Woche. Zusätzlich konnte man ihn allabendlich von 21.00 Uhr bis 21.30 Uhr über das gesamte CBS-Sendernetz hören, und zwar in einer Show, bei der er seine eigene Band, dirigiert von dem Tenorsaxophonisten Sam «The Man» Taylor, an Stelle von Count Basies auftreten ließ. Die Sendungen kamen aus seinem Haus in Connecticut, in dem Spezialsendeeinrichtungen installiert worden waren. Freeds Ruhm war sogar nach Übersee gedrungen, und Radio Luxembourg in London sendete einen auf Band mitgeschnittenen Teil seiner Show als Höhepunkt des allsonnabendlichen *Jamboree*.

In der Weihnachtswoche '57 bewies er wiederum, welche Faszination er auf die Teenager ausstrahlte. Die Tageseinnahmen im Paramount erreichten die Rekordhöhe von 32000 $, und in den zwölf Tagen zwischen Weihnachten und Neujahr machte er einen Gesamtumsatz von 300000 $. Die jungen Leute zeigten sich während des gefilmten Teils der Show so unaufmerksam und unruhig, daß dieser nach wenigen Tagen aus dem Programm genommen wurde.

Trotz der phantastischen und noch weiter steigenden Popularität tauchten die ersten Probleme auf. Ein CBS-TV-Programm, *Rock 'n' Roll Dance Party* wurde angegriffen, weil es von Camel-Zigaretten finanziert war. Eigenartigerweise machte man Freed dafür verantwortlich, daß die Jugendlichen zum Zigarettenkonsum aufgefordert wurden, nicht die Station und nicht den Sponsor. Und Freed mußte auch den Kopf hinhalten, als die Kamera zufällig zeigte, daß Frankie Lymon von den TEEN-AGERS mit einem – Schreck o Graus – weißen Mädchen tanzte.

Ernster jedoch wurde die Situation, als Schul- und Kircheninstanzen in ihrer Unfähigkeit, das Interesse von Jugendlichen am Rock 'n' Roll einzudämmen, dazu übergingen, Tanzveranstaltungen von Teenagern zu verbieten und deren Musik immer ingrimmiger zu verdammen. Am 3. Mai 1958 trat Freed als Produzent und Moderator in Boston bei einer Show auf, deren Star der temperamentvolle Jerry Lee Lewis war. Weil es in anderen Städten schon zu Krawallen gekommen war und die katholische Kirche heftigsten Widerstand ausübte, kam es zu einem ungewöhnlich starken Polizeieinsatz. Mitten in der Show ließ die Polizei die Saalbeleuchtung einschalten, um das Publikum zu beobachten. Freed soll das mit den Worten kommentiert haben: «He, Kids, die Bullen gönnen euch nicht euren Spaß.»

Das war eine unvorsichtige Bemerkung aus dem Stegreif, die durchaus als Provokation wirken konnte. Aber Freed dafür verantwortlich zu machen, was nach der Show passierte, geht doch wohl zu weit. Als die

121

Menschenmenge das Theater verließ, kam es zum Aufruhr. Und der weitete sich auch auf andere Stadtteile aus. Offensichtlich wurde ein junger Mann durch Stichwunden verletzt, und viele andere wurden zusammengeschlagen. Die Stadtverwaltung von Boston schob die Verantwortung auf Freed. Er wurde verhaftet und angeklagt, zum Aufruhr und zur *Anarchie* aufgestachelt zu haben.

Als er nach New York zurückgekehrt war, wurde er vor das Management von WINS zitiert, und zu seiner Überraschung zeigte man kein Verständnis für seine Schwierigkeiten. Wutentbrannt kündigte er. Die Radiostation WABC nahm ihn mit offenen Armen auf, und sein neuer Slogan wurde: «We start them! The other's chart them!» (Soviel wie: «Wir machen die Hits! Die anderen verzeichnen sie in ihren Listen!») Trotz der offensichtlich ungerechtfertigten und geradezu lächerlichen Anschuldigungen mußte Freed enorme Summen für seinen Rechtsbeistand aufbringen, bis es endlich zu einem Niederschlagen des Verfahrens kam. Im Juli 1958 meldete er plötzlich seinen Konkurs an. Seine Schulden überstiegen sein Vermögen nach eigenen Behauptungen um 50 000 $.

Von diesem Augenblick an ging es mit Freeds Karriere ständig bergab. Das Schlimmste kam jedoch erst mit den Payola-Untersuchungen in den Jahren '59/'60. Obwohl er bei verschiedenen Radiostationen in Kalifornien und Miami arbeitete, nachdem man ihn in New York bei WABC und WNEW-TV hatte fallenlassen, war Freed ein gebrochener Mann. Sein Tod im Jahre 1965 – er war dreiundvierzig Jahre alt geworden – kam nicht überraschend. Die amtliche Todesursache hieß zwar Urämie, aber diejenigen, die ihm nahestanden, ahnten, daß er sich zu Tode getrunken hatte.

Man hatte ihn den Prinzen genannt, den König, den Dekan und den Vater des Rock 'n' Roll. Er war ganz sicher eine der schillerndsten und explosivsten Persönlichkeiten dieser Musik, und er brachte eine Erregung und Begeisterung in Diskjockey-Sendungen, die vor ihm kaum je gekannt waren und die ein echter Ausdruck der Musik waren, welche er vertrat. In gewissem Sinn war er eher ein Exponent des R&B als des Rock 'n' Roll, und er bewies eine Voreingenommenheit für schwarze Künstler, die ihm auf nationaler Ebene Einschränkungen brachte und – im Vergleich mit Dick Clark – weniger Geldgeber. Außerdem machte sie ihn leichter angreifbar. Wenn er auch jene Versuchungen, die mit seiner Macht daherkamen, nicht bewußt herbeiführte, so widersetzte er sich ihnen auch ganz gewiß nicht, ebensowenig wie Clark. Aber am Ende wurde er das Opfer jenes Krieges, den das Establishment gegen die neue Popmusik und ihre Vorkämpfer führte.

Konfrontation

«Freitagabend in Smalltown, USA. Ich war fünfzehn. Man schrieb das Jahr 1954.» So begann James Thompson einen Artikel im *Cavalier*. «Ich ging ins Kino. Ohne große Vorerwartungen, aber wozu auch? Natalie Wood hatte einen halbwegs vernünftigen Körper, und ich wollte mir Popcorn kaufen gehen, wenn Sal Mineo seine erste Szene hatte . . . Also, Popcorn habe ich mir nicht gekauft. Und als ich schließlich aus dem Kino ging, nachdem ich ‹Rebel Without A Cause› (‹Denn sie wissen nicht, was sie tun›) zweimal gesehen hatte, war ich ziemlich überrascht, daß die Stadt noch ganz die alte war: die Gebäude standen noch, nirgends umgekippte Autos, alles wie zuvor. Aber so war es doch nicht. Ich hatte mich verändert. James Dean hatte mich verwandelt . . . das ganze schlaffe Jahrzehnt war wie ein Riesenteller Kartoffelmus. Mit Ausnahme von James Dean . . . Die 50er Jahre waren durch Nixon repräsentiert gewesen, der Gebrauchtwagen verkaufte, und Eisenhower, der rumstand und väterlich aussah . . .»

Auf andere Weise erwachte der junge Barry Hansen aus Minneapolis, der widerwillig eine Tanzstunde in «einer der wohlangesehenen Prep Schools» der Stadt besuchte. Ihm war ungemütlich in dem überheizten Raum, sein Wollanzug kratzte ihn, und die Foxtrotts und Walzer aus der Generation seiner Eltern paßten ihm ganz und gar nicht. Und er war auch nicht besonders glücklich, als der Tanzlehrer verkündete, er wolle ihnen jetzt den Lindy Hop beibringen – einen Tanz, der – so Hansen – «fast so abscheulich war wie ein Menuett».

«Aber als er die Platte auflegte», erinnert sich Hansen, «da vergaß ich augenblicklich meine Partnerin, den Wollanzug, den Lindy Hop und Bill Haley, rannte zum Plattenspieler und versuchte das rot-schwarze Label der sich schnell drehenden 78er Scheibe zu identifizieren. Die Musik haute mich um. Es war *Shake, Rattle And Roll*, mein Lieblingslied, aber ganz sicher nicht von Bill Haley. Es war eine weitaus düsterere, bedrohlichere Version . . . und der Tanzlehrer hatte sie gekauft, weil er meinte, daß man nach ihrem stärkeren Beat besser tanzen konnte als nach Haleys Fassung.» Es war die Originalfassung des Blues-Mannes Joe Turner – und Barry Hansen, heute ein Plattenkritiker und Diskjockey, bekannt unter dem Namen Dr. Demento, war ein für allemal verändert.

1954 war das Jahr der Konfrontationen. Die bedeutungsvollste von ihnen – gemessen an der Wirkung – war die zwischen dem Senator von

Wisconsin, Joseph R. McCarthy, und der U.S. Army. Zum erstenmal hatte sich der Anti-Kommunisten-Kreuzzügler, dessen Name eins geworden war mit «skrupelloser Anklage ohne Beweise», einen wirklich mächtigen Gegner ausgesucht, und er wurde bezichtigt, seinen Einfluß als Senator eingesetzt zu haben, um einem ehemaligen Helfer besondere Privilegien zu verschaffen. Der clevere Demagoge ignorierte die Beschuldigungen und zog sich statt dessen auf die gewohnte Rot-Hetzerei zurück, wobei er diese nicht nur auf alle Zweige der Regierung, sondern auch auf die Armee selbst ausdehnte. Ganz sicher hatte er nicht mit dem Format seines Hauptwidersachers gerechnet. Der Anwalt Joseph N. Welch aus Boston war ein Meister des Sarkasmus und ein bedächtig-sanfter, aber unnachgiebiger Inquisitor.

188 Stunden, über 36 Tage verteilt, sahen Millionen von Amerikanern im Fernsehen diese klassische Konfrontation. Als die Senatsanhörungen vorüber waren, wußten alle, daß der Senator aus Winconsin erledigt war. Im Dezember '54 wurde Joseph R. McCarthy mit 67 gegen 22 Stimmen für schuldig gesprochen, sich «gegen die Traditionen des Senats» verhalten zu haben. Die McCarthy-Ära war vorüber.

Und ebenso schien die Rassentrennung aufgehoben zu sein, als der Oberste Gerichtshof am 17. Mai 1954 seine weitreichende Entscheidung verkündete, daß die Rassentrennung in den öffentlichen Schulen die Verfassung der Vereinigten Staaten verletzte.

Ein neues Klima kam auf. Die sogenannte schweigende Generation starb. Es kam eine Zeit, da man wieder offen sprach – und offen sang –, und ein wenig öffnete sich auch für die schwarzen Menschen der Eintritt in das allgemeine amerikanische Leben. Die Popmusik darf für sich in Anspruch nehmen, Wegbereiter für die Aufhebung der Rassentrennung gewesen zu sein. Die schwarze Musik, bis dahin ein Getto- oder Untergrund-Phänomen, wurde von einer neuen Generation von Plattenkäufern willkommen geheißen.

Im Jahre 1954 herrschten die Weißen Balladen

Oberflächlich betrachtet und im Rückblick erschien das Jahr 1954 noch wie eine Fortsetzung der *Tin Pan Alley – Your Hit Parade*-Tradition. Perry Como hatte den Top Song des Jahres mit *Wanted*, oder es mag Kitty Kallen mit *Little Things Mean A Lot* gewesen sein. Das hing davon ab, welche Erhebungen man akzeptierte. Natürlich, *Wanted* war eine Melodie mit Country-Anklängen, keine Ballade. Doch ihr Shuffle Beat war kaum bedeutungsvoll, denn Sänger und Songs alten Stils monopolisierten die WASP-Ätherwellen. (WASP – Abkürzung für White Anglo-Saxon Protestant)

Doris Days jungfräuliche Zuckerguß-Platte *Secret Love* wurde am meisten gespielt, gefolgt von Sinatras swingendem *Young At Heart*, Rosemary Clooneys hübschem Duett mit sich selbst *Hey There* und *Stranger In Paradise* von Tony Bennett und den FOUR ACES. Musikverlag Nr. 1 des Jahres war das Mammut-Unternehmen The Big Three von MGM, dicht gefolgt von den alten Giganten Warner Brothers, Shapiro-Bernstein und Buddy Morris-Gruppe.

Unter den Top 25 des Jahres waren vier Bestseller aus Hollywood-Filmen (*Three Coins In The Fountain, Secret Love, The High And The Mighty* und *That's Amore*). Broadway-Shows steuerten drei bei: *Hernando's Hideaway, Hey There* und *Stranger In Paradise*. Aus dem Ausland wurden erfolgreich solche Schnulzen importiert wie *Happy Wanderer – Val De Ri, Val De Ra* (Deutschland), *Oh, My Papa* (Schweiz), *The Little Shoemaker* (Frankreich), *Answer Me, My Love* (Deutschland) und *Skokiaan* (Nord-Rhodesien). Es gab einen reinen Country-Song, *This Ole House*, geschrieben und aufgenommen von Stuart Hamblen aus Kalifornien, aber durch Rosemary Clooneys Cover-Version bekannt gemacht. Der Rest war Tin Pan Alley nach altem Erfolgsrezept.

Es gab kein Anzeichen für etwa schwindende Popularität so etablierter Künstler wie Patti Page, Tony Bennett, Doris Day, Rosemary Clooney, Eddie Fisher oder Sinatra, von denen jeder zwei Platten in die Top 20 brachte – noch Jo Stafford, Nat Cole, Dean Martin, Como oder Kitty Kallen, die jeweils mit einer verzeichnet waren. Unter den meistverkauften Platten waren auch Instrumentals sehr gut repräsentiert – Platten von Hugo Winterhalter, Ralph Materie, Leroy Holmes, Victor Young, Les Baxter, Henri René und dem neuen Talent Archie Bleyer.

Von den populärsten Platten des Jahres – *Skokiaan* (FOUR LADS), *Little Shoemaker* (GAYLORDS), *I Get So Lonely* (FOUR KNIGHTS), *Stranger in Paradise* (FOUR ACES), *Three Coins In The Fountain* (FOUR ACES) und *Sh-Boom* (CREW CUTS) – repräsentierte nur die letztere eine Abkehr von Stil und Sound sowie als Publikum angesprochene Altersgruppe im Vergleich zu den typischen Pop-Gruppen. Und außer mit «Sh-Boom» hatte kein einziges kleines oder R&B Label einen Bestseller unter den Top 25.

Nein, die Top Songs, das Radio und das Fernsehen erweckten den Eindruck, in Geschäft und Musik sei alles beim alten. Etablierte Sänger, Songschreiber, Instrumentalisten und Plattenfirmen schienen den Pop unter voller Kontrolle zu haben.

Der Angriff beginnt

Nichtsdestoweniger gab es Anzeichen von Unwohlsein. Eine Gruppe von ASCAP-Autoren hatte eine 150-Millionen-$-Klage gegen BMI, drei Sendernetze und zwei Plattenfirmen (Columbia und RCA Victor) angestrengt, bei der es um monopolistische Praktiken ging. Die Ironie lag jedoch darin, daß man nur versuchte, einem drohenden Zusammenbruch der eigenen Monopolstellung auf dem Popsektor entgegenzuwirken.

Im Kampf gegen die immer häufiger in den Medien gespielten BMI-Songs schloß sich ASCAP einem Angriff auf die «leerics» an (Wortspiel: lyrics – Songtexte, to leer – lüstern schielen), wie sie in *Variety* genannt wurden. *Such A Night*, ein Song von dem talentierten Lincoln Chase, der von den DRIFTERS aufgenommen worden war, wurde zum Ziel des Angriffs, aber erst nachdem Johnnie Ray eine Cover-Version der Platte der schwarzen Gruppe gemacht hatte und diese in der *Billboard*-Liste der von Diskjockeys am häufigsten gespielten Platten erschien. Solange der Song sich nur auf den Plattentellern der R&B-Stationen drehte, kümmerte sich die ASCAP nicht um seine sogenannte Zweideutigkeit. Man erwies sich erst als in seinen Empfindungen getroffen, als Rays weiße Version von Pop-DJs gespielt wurde. Und dann machte ASCAP den Sendernetzen zu schaffen – und sie belegten den Song des Heulers mit einem Spielverbot, weil er gegen den guten Geschmack verstieß. Seltsamerweise fanden Zensoren in Großbritannien, die seit langem für ihre Prüderie bekannt waren, an Rays Aufnahme nichts Anstößiges – und sie wurde zu einem Bestseller auf Platz 2, der den ganzen Sommer in den britischen Charts blieb.

Die Basis der ASCAP-Attacke wurde in einer Erklärung enthüllt, die der Texter Billy Rose, Vorstandsmitglied der ASCAP, gegenüber *Variety* abgab. «Nicht nur sind die meisten BMI-Songs Schund», so äußerte er sich, «sondern sie sind zudem obszöner Schund, auf gleicher Ebene mit schmutzigen Comic-Magazinen.» Eine etwas eigenartig anmutende Erklärung von den Autoren des Textes von *Tonight You Belong To Me*, einem Song, dessen Thema sich kaum von dem in *Such A Night* angesprochenen unterschied.

Eine eher gesellschaftlich orientierte Attacke kam aus dem Süden. Eine Gruppe, die sich Houston Juvenile Delinquency and Crime Commission nannte, veröffentlichte eine Liste von Platten, die man für bedenklich (nicht weiter definiert) hielt, und bedrängte die Radiostationen, diese Platten aus dem Programm zu nehmen. Unter den mehr als dreißig Titeln befand sich überwiegend Material von schwarzen Künstlern oder Gruppen, das auf R&B Labels erschienen war. Angeblich sollen Teenager aus den Südstaaten diese Auswahl getroffen haben.

Jene, die sich um derartige *gefährliche* Entwicklungen besorgt zeigten, wußten sehr wohl, welche Publikumsmassen die Tanzveranstaltungen von Alan Freed anzogen. Man vermerkte, daß er ausschließlich schwarze Talente engagierte, daß ohne Ausnahme Tausende von Besuchern wegen Überfüllung an den Türen abgewiesen werden mußten und daß schon 1952 ein beträchtlicher Prozentsatz des Publikums weiß war.

Als *Billboard* 1954 über eine Tanzveranstaltung berichtete, die Freed wiederum in Akron abhielt, wurde nicht nur vermerkt, daß ein Drittel des Publikums weiß war, sondern man beschrieb diese Gruppe überdies als «das nachwachsende R&B-Publikum der Nation». Daß die großen Plattenfirmen sich dieser Marktsituation durchaus bewußt waren, manifestierte sich auf vielerlei Weise. RCA startete eine neue R&B-Tochterfirma, Label X. MGM betrat das Feld mit einer ganzen Anzahl von Veröffentlichungen. Decca begann Verhandlungen mit mehreren *indie labels*, um deren Plattenmaterial zu veröffentlichen. In einer speziellen R&B-Beilage vom April '54 konstatierte *Billboard*: «Der R&B wird von der Nation gehört.»

R&B verläßt das Getto

Daß diese Musik den jungen Leuten ins Ohr ging, war Musikboxen-Aufstellern sehr wohl bewußt. Viele von ihnen machten darauf aufmerksam, daß R&B-Platten gewünscht wurden, wo immer sich Teenager versammelten und daß sie auch in Musikboxen in weißen Gegenden vertreten sein mußten. Außer jenen R&B-Künstlern, die schon das Interesse weißer Zuhörer geweckt hatten – Ruth Brown, Johnny Ace, die Dominoes, die Clovers, Four Tunes, Five Royales, Drifters usw. –, verzeichneten die Musikbox-Unternehmer auch eine Nachfrage nach Joe Turner, den Midnighters und den Penguins sowie anderen.

Big Joes Wurzeln waren so tief im Kansas City-Blues und -Boogie der 30er Jahre, daß die 50er kaum die richtige Zeit für ihn zu sein schienen. Und das formulierte er auch, als Ahmet Ertegun darauf bestand, 1951 einen Atlantic-Vertrag mit ihm zu machen. Doch in jenem Jahr kam er schon mit *Chains Of Love* in die R&B Top Ten – '56 machte Pat Boone eine Cover-Version davon –, im folgenden Jahr mit *Sweet Sixteen* und dann '53 mit *Honey Hush*.

Seine größte Popularität als Plattenkünstler kam während der Übergangsphase vom R&B zum Rock 'n' Roll. Seine mächtige und treibende Baritonstimme machte *Shake, Rattle And Roll* ('54), *Flip, Flop And Fly* ('55) und *Corinne, Corinna* ('56) zu großen Erfolgen. Alle drei wurden von weißen Künstlern gecovert – «Shake» von Haley, «Flip» von Johnnie Ray und «Corrine» von Ray Peterson. Die Songs erwiesen sich für die weißen Sänger als größere Verkaufserfolge, als sie für Turner gewesen waren, dem der Übergang vom *blues shouter* zum Rock 'n' Roll nicht gelang.

Turners Platten kamen nicht auf die «Bedenklichkeits»-Liste der Houston Commission, obwohl Bill Haley *Shake, Rattle And Roll* aufgenommen hatte. Ebensowenig die Platten eines bissigen Blues-Mannes, die durchaus sinnlich, wenn auch nicht anstößig waren. Im Jahre 1954 erweckte Muddy Waters, ein bekannter Mann aus den Southside-Bars und -Musikkneipen im Chicago der frühen 40er Jahre, das Interesse der Plattenhörer mit *Just Make Love To Me, I'm Ready* und *I'm Your Hootchy Cootchy Man.*

Muddy war ein Delta Blues-Mann und Meister der klagenden *bottleneck*-Gitarre – ein Stil, bei dem man sich einen abgebrochenen Flaschenhals über den kleinen Finger stülpt und damit über die Saiten streicht –, und er hatte sich die elektrische Gitarre vorgenommen, nachdem er von Mississippi nach Chicago gekommen war. Er wurde einer der ersten Künstler, der Plattenaufnahmen für Aristocrat machte, das Label der Chess-Brüder, das Chess vorausging, und er hatte schon '48 Erfolg mit dem erotischen *I Can't Be Satisfied* und dem autobiografischen *I Feel Like Goin' Home.* Es ist sehr wahrscheinlich, daß sein grober Gesangsstil es den Mitgliedern der Houston Commission unmöglich machte, McKinley Morganfield zu verstehen. Auf den Namen nämlich war er 1915 in Rolling Forks, Mississippi, getauft worden. Ein Stilgemisch aus Country- und Shouting-Blues sowie dem elektrisch verstärkten Großstadt-Blues war der Chicago-Blues – eine Sache des schwarzen Gettos, eine Insidermusik, die überaus großen Einfluß auf die amerikanischen und britischen Rockmusiker der 60er Jahre hatte. Kenner wie Alan Freed hatten großen Respekt vor Muddys Originalität, und sie gaben ihm immer wieder Gelegenheit, sein Talent darzubieten. Aber erst die Reverenz, die ihm Mick Jagger von den ROLLING STONES und die BEATLES erwiesen, brachte ihm schließlich die Anerkennung und das Publikum, das er mit seiner Arbeit durchaus verdient hatte.

Die Houston Commission wandte sich mit viel Elan gegen mehrere Platten der Gruppe MIDNIGHTERS auf Federal Records. Deren Leader Hank Ballard kam in den 60er Jahren zu Ruhm, als ein Titel von ihm aus dem Jahr '58, der einen Tanzstil beschrieb, durch eine Aufnahme eines anderen Sängers (Chubby Checker) die Twistmanie auslöste, die größte Tanzmode seit dem Charleston und dem Lindy Hop.

Im Jahre '54 hatten Hank Ballard und seine MIDNIGHTERS mit zwei sinnlichen Shuffle-Balladen großen Erfolg, in denen sie immer wieder von «teasin'», «squeezin'», «meat» usw. sangen. «Let's git it while the gittin' is good», sang Hank, und der Chorus echote: «So-oh good, so-oh good, so-oh good ...» *Annie Had A Baby* war der Nachfolger von *Work With Me, Annie* – was sonst, wenn man sich vergegenwärtigt, auf welche

Art Arbeit Annie sich da eingelassen hatte. «That's what happens», schrieben die Koautoren Henry Glover und Lois Mann, «when the gittin' is good.» Glover, King Records A&R-Direktor im Osten, war ein Schüler von Lucky Millinder. Und Lois Mann war eines der vielen Pseudonyme von Firmenboss Syd Nathan, einem ungeheuer begabten Mann, der für King Records dasselbe war wie A. Nugetre für Atlantic.

Die Commission zeigte sich auch entrüstet über *Sexy Ways*, einen Top Ten Hit der MIDNIGHTERS, der jedoch nicht die Nummer eins erreichte. Alle ihre Platten waren großartig zum Tanzen, und *The Twist* war der Höhepunkt. Zu ungefähr derselben Zeit (1960) hatten sie Nummereins-Hits mit *Finger Pop-pin' Time* und *Let's Go, Let's Go, Let's Go*, beide von Ballard geschrieben.

Eine ganze Reihe von Gruppen mit Vogelnamen gab es in den 50er Jahren und später in den Charts, möglicherweise weil die RAVENS, eine glatte Popgruppe, die auf National Records waren und die INK SPOTS imitierten, soviel Erfolg gehabt hatten. Außer den ORIOLES (Jubilee) gab es da noch die CARDINALS (Atlantic), CROWS (Roma), FLAMINGOS (Gone/End), FALCONS (Lupine), ROBINS (Savoy), SWALLOWS (King), die JAYHAWKS und die PELICANS. '54 erschienen die PENGUINS am R&B-Horizont mit *Earth Angel*, einem neuen Ausdruck für die ‹Geliebte›. Auf Platz 1 kam diese flehentliche Bitte um Zuneigung und provozierte eine sensationelle Cover-Version im Jahre 1955 von jener Gruppe, die mit *Sh-Boom* soviel von sich reden gemacht hatte. Man erinnert sich an die PENGUINS in der Branche nicht nur, weil sie diesen Song so lässig darboten, obwohl es sich doch um ein leidenschaftliches Flehen handelte, sondern auch, weil sie die Vorläufer der PLATTERS waren. Nach dem Erfolg von *Earth Angel* wollte Mercury sie unbedingt unter Vertrag nehmen, und man ließ sich widerstrebend auch darauf ein, die andere Gruppe zu nehmen, weil sie denselben Manager hatte. Aber dann gelang es den PENGUINS nicht nochmals, in die Charts zu klettern.

Die CHARMS, eine DeLuxe Records-Gruppe, waren langlebiger. Wenn man der Geschichte glauben darf, dann entdeckte Syd Nathan, der Besitzer der King-Tochterfirma, sie draußen vor seinem Fenster. Sein Büro und die Fabrik lagen in den Außenbezirken von Cincinnati. Nathan hatte gerade einen Westcoast-Titel gehört und fragte sich, wie er am schnellsten eine Cover-Version auf den Markt bringen könne. Da sah er draußen vor seinem Fenster eine Gruppe schwarzer Typen Baseball spielen. Er lud die verblüfften jungen Leute ein, ihm vorzusingen. Er suchte nach einer guten Leadstimme, und er fand sie bei Otis Williams.

Es ging ins Studio, und – voilà! – er hatte Otis Williams und die CHARMS sowie einen Millionenerfolg – *Hearts Of Stone*. Die Platte erzählt die Geschichte. Und da war Otis Williams als Leadsänger mit ein wenig Gospelgestammel, nicht besonders leicht zu verstehen. Die anderen trieben den schnellen Rhythmus voran mit ihren «dodoo-WAHS». Eine ganze Reihe von «No-No-No-No-No-Nos» von Williams, so daß der Song aus dem Takt kam, neue Spannung erzeugt wurde und der richtige *hook* da war – womit das Interesse des Hörers geweckt wurde, den Song noch mal zu hören.

'55 hielten sich die Charms ihre Anhänger mit *Two Hearts* – ein Copyright, das ich für E. B. Marks Music erwarb – und *Ling Ting Tong*, einer Sound-Spielerei, die von einer anderen schwarzen Gruppe, den Five Keys, auf Capitol gecovert wurde. Wie die Penguins sangen die Charms und Five Keys in einem *cool style*, der gerade zu der Zeit im Jazz *in* war.

Zwei Jahre später waren die Charms noch immer da, und zwar mit *United*. Inzwischen hatte Otis Williams, der auch Solo-Aufnahmen machte, *Ivory Tower*, einen Song mit einer ganzen Anzahl von weißen Cover-Versionen, mit dem Williams zum Pop umstieg.

Umsteiger – und Roy Hamilton

In dem Jahr, als Sinatra sein phantastisches Comeback mit *Young At Heart* feierte, gab es kaum einen Umsteiger, jedenfalls keinen schwarzen Künstler. Aber eigenartigerweise stiegen gegen Ende des Jahres mehrere weiße Künstler auf die R&B-Charts um. In den *Billboard*-Aufzeichnungen vom 13. November ist Bill Haley auf Platz eins verzeichnet mit *Shake, Rattle And Roll*, die Crew Cuts finden sich auf Platz zwei mit *Sh-Boom*, gefolgt von den Chords mit der Originalversion des Titels. Auf Platz sechs war Patti Page mit *What A Dream*. So wie der R&B eine ungeheure Veränderung in den Pop brachte, so veränderte er sich seinerseits, als sich ihm der weiße Markt öffnete.

Während der 40er und frühen 50er Jahre waren Nat «King» Cole und Billy Eckstine eigentlich die einzigen Negersänger mit dem Status von Stars. 1954 hatte es den Anschein, daß ihnen ein weiterer Gesellschaft leisten sollte. Roy Hamilton war eher einer der großen Balladensänger als ein R&B-Shouter. Aber er hatte jene Gospelintensität. Tatsächlich besuchte er ein Priesterseminar, nachdem er sich auf der Musikszene versucht hatte. Seine direkte Wirkung hatte er verständlicherweise bei R&B-Käufern, wenn auch seine Fassung von *You'll Never Walk Alone* aus Rodgers und Hammersteins «Carousel» fast Arienqualität hatte, und zwar mit religiösen Untertönen.

Jack Schiffman von der Familie, die noch immer Harlems Apollo Theatre besitzt und leitet, erinnert sich, daß Hamilton bei einer Reihe von Amateurabenden auftrat. Anders als Sarah Vaughn, Ella Fitzgerald und andere schwarze Stars konnte Hamilton nie gewinnen. «Seine Spezialität», bemerkt Schiffman, «war *You'll Never Walk Alone*. Aber bei den letzten Takten des Songs fehlte es ihm an Stimme.»

Und doch stieg Hamiltons Platte, die er, kurze Zeit nachdem ihm von den Schiffmans geraten worden war, das Singen aufzugeben, aufnahm, an die Spitze der R&B-Charts. Im folgenden Jahr hatte Hamilton zusammen mit einem anderen schwarzen Sänger, dem blinden Al Hibbler, den Nummer-eins-Song von '55 – *Unchained Melody*. Beide verkauften sowohl auf dem weißen wie auf dem schwarzen Markt. Aber Hamilton kam damit an die Spitze der R&B-Charts, während das Hibbler nicht gelang, der offensichtlich mehr auf weiße Käufer wirkte. Bei seinen folgenden Plattenaufnahmen schlug Hamilton die Gospelrichtung ein. Weder *Don't Let Go* (1958) noch *You Can Have Her* (1961) fanden soviel Publikum wie seine beiden anderen Hits. Beide zeichneten sich durch Blues-Gospel-Wechselgesangmuster aus. Dann gab Hamilton plötzlich das Singen auf, wie Little Richard es vorgemacht hatte, und begann ein Priesterstudium. Als er zur Musik zurückkehrte, ebenfalls wie Little Richard auch, wechselte er ziemlich erfolglos von einem Label zum andern, bis er – im Jahre '69 – plötzlich an einem Schlaganfall starb.

Geklaut und Gecovert

Am Jahresende '54 schaltete Coral Records ganzseitige Anzeigen in die Branchenzeitschriften, um eine neue Platte der McGuire Sisters anzukündigen. *Sincerely* war die Cover-Version einer Platte der Moonglows, der Gruppe, die Alan Freed auf Chess Records sponsorte. Wenn sich das Musikestablishment auch noch trösten wollte, daß *Sh-Boom* in der Crew Cuts-Version nur eine Eintagsfliege war, schien die McGuire-Platte eine Modeerscheinung anzudeuten, zumal auch Bill Haley mit seiner Cover-Version des Joe Turner-Rhythm & Blueser einen solchen Erfolg hatte.

Zu der Zeit jedoch war das Plattenbusiness mit einem Wettrennen beschäftigt, von dem ersten Song zu profitieren, der vom Fernsehen populär gemacht worden war. *Let Me Go, Lover*, gesungen und aufgenommen von einer unbekannten Sängerin, Joan Weber, wurde in einer CBS-Sendung vorgestellt, bei der es um einen Diskjockey ging, der seine Geliebte umbrachte. Ursprünglich als *Let Me Go, Devil* bekannt, handelte es sich um einen Song, den ich als Gen. Prof. Mgr. von Hill & Range Songs betreut hatte und der auf mein Zutun hin '53 von Georgie Shaw auf Decca als Platte erschienen war. Obwohl Shaw von seiner Debüt-Platte, *Till We Two Are One*, gut verkauft hatte und auf dem Weg zum Star zu sein schien, wurde *Devil* ein Mißerfolg, und die Country-ballade von Jenny Lou Carson schien am Ende zu sein. Dann wandte sich

Mitch Miller an unsere Firma, weil er eine Ballade brauchte, die er für eine *Studio One*-Produktion einsetzen konnte.

Der «devil» des ursprünglichen Textes war der Alkohol. Ich hatte die Idee, den Titel in *Let Me Go, Lover* umzuwandeln, und die Aufgabe, den Liedtext umzuschreiben, damit er zu der Situation in dem Fernsehspiel paßte, fiel den drei Hausautoren zu, die als Team arbeiteten. «Al Hill», der Name, unter dem der Spezialtext des Songs erschien, war ein Pseudonym des Trios, das mit seinem Text genau die zentrale Situation des Fernsehspiels schilderte – die Bitte eines Mädchens, daß ihr ehemaliger Liebhaber sie freigeben möge.

Am Morgen nach der Fernsehaufführung fragte man im ganzen Land nach dem Song und der Joan Weber-Aufnahme. Wie ein Lauffeuer ging die Kunde von Händlern über Vertriebe zu Diskjockeys und Plattenproduzenten. Es dauerte nur Tage, da war Mercury mit einer Patti Page-Version auf dem Markt, und Carol brachte eine Fassung mit Teresa Brewer heraus.

Mitch Miller reagierte sehr scharf auf die plötzliche Konkurrenz, denn er fürchtete, daß seine Aufnahme mit einer unbekannten Sängerin gegen die Platten von sehr bekannten und etablierten Künstlerinnen wie Page und Brewer im Nachteil war. Bei einer Plattensendung, die er über WNEW machte, *The Money Record*, behauptete Mitch, die beiden Versionen seien Plagiate des Weber-Arrangements. Patti Page' Manager und Corals A&R-Boss verlangten sofort, ebenfalls Sendezeit für eine Antwort eingeräumt zu bekommen. Sie wiesen darauf hin, daß Miller kaum das Recht habe, solche Anschuldigungen zu formulieren, und benannten dann zwei Columbia-Platten als Plagiate. Doris Days Platte von *If I Give My Heart To You* war nach ihrer Auffassung eine Kopie von der Denise Lor (Majar) Aufnahme und Connie Boswells (Decca-) Platte. Rosemary Clooneys *This Ole House* sei geklaut bei Stuart Hamblens RCA Victor-Aufnahme.

Ein interessantes Geplänkel, wenn man bedachte, daß ziemlich viele Aufnahmen 1955 Kopien waren, die große Firmen von Platten machten, die auf kleinen Labels erschienen waren. Aber dabei handelte es sich ja darum, daß Weiße von Schwarzen stahlen – ein gesellschaftliches Phänomen, das offensichtlich durch Tradition sanktioniert war.

132

Perry Como

Frank Sinatra

Bobby Darin

Patti Page

Bill Haley

Johnny Ace

The Crew Cuts

Fats Domino

Howlin' Wolf

The Kingston Trio

Hank Williams

The Drifters

Johnny Mathis

La Vern Baker

B. B. King

Schwarze Originale
und weiße Cover-Versionen

Über «Blackboard Jungle», jenen Film, der die Musikszene 1955 in
Aufruhr brachte, schrieb Frank Zappa von den MOTHERS OF INVENTION in
der Zeitschrift *Life*: «Als die Titel über die Leinwand huschten, begannen Bill Haley und seine COMETS zu hämmern: ‹One . . . Two . . . Three
O'Clock . . . Four O'Clock Rock . . .› Lautere Musik hatten die Kids zu
jener Zeit noch nie gehört . . . Bill Haley . . . spielte die Nationalhymne
der Teenager . . . und er war LAUT! Ich sprang auf dem Sitz auf und
nieder. ‹Blackboard Jungle› repräsentierte, auch wenn die alten Leute
am Ende gewannen, doch ein neues Verständnis für das Anliegen der
Teenager . . .»

Und die Encyclopaedia Britannica notierte: «Das grobe Radau-Ele-
ment (im Pop) wurde repräsentiert durch ‹Rock Around The Clock›. Die
Rock 'n' Roll-Schule konzentrierte sich auf ein Minimum an Melodie
und ein Maximum rhythmischen Lärms, wobei sie absichtlich den künst-
lerischen Idealvorstellungen des Dschungels Konkurrenz zu machen
versuchte.»

1955 war das Jahr, in dem die großen Propheten der neuen Musik in
die Charts vorstießen und die Ätherwellen elektrifizierten – nicht nur
Haley, sondern Ray Charles, Bo Diddley, Little Walter, Little Willie
John, EL DORADOS, NUTMEGS, Fats Domino, die PLATTERS, Chuck Berry.

Zu Anfang des Jahres sang der dreiundzwanzig Jahre alte Johnny Ace
sein *Pledging My Love* in seinem besonnenen, kühlen, flachen und
nasalen Stil. Monatelang konnte man den Titel auf allen Radiostationen
hören. Aber Johnny war tot, ein Opfer seines eigenen Leichtsinns und
Übermuts. Zur gleichen Zeit produzierte Capitol Records als erste der
großen Firmen einen R&B-Hit: *Ling Ting Tong* von den FIVE KEYS. Und
aus Memphis verkündete Bob Neal, C&W-Diskjockey der Station
WMPS, er habe «das persönliche Management von Elvis Presley übernommen, einem neunzehnjährigen Countrysänger, der es in wenigen
Monaten zur Hauptattraktion von *Louisiana Hayride* aus Shereveprot
gebracht hatte». Presley und seine Begleitmusiker Scotty Moore (Gitarre) und Bill Black (Bass) sowie eine *Hayride*-Show sollten Mitte Januar
in Mississippi, Arkansas, Missouri und Texas auftreten – aber Neal blieb
«erst mal» Diskjockey bei WMPS. Dies waren kleine Notizen in den
Branchenzeitungen, und sie wurden von dem Musikestablishment mit

nur geringem Interesse registriert.

Natürlich war es '55 nicht leicht, die wachsende Anzahl eigenartiger Phänomene einfach nicht wahrzunehmen. Aber man konnte sie schließlich abtun als Modeerscheinungen, die ganz und gar keinen Trend kennzeichneten. Und obwohl die etablierten Verleger, Songschreiber und Künstler sich in ihrer Haut nicht so recht wohl fühlten – und gelegentlich doch Anzeichen des heraufkommenden Sturms erschreckt registrierten –, vermochten sie ihre Sicherheit doch wiederzugewinnen, wenn sie Radio hörten, fernsahen oder gar die Statistiken in den Branchenzeitungen studierten.

Der Top-Song von '55, *Unchained Melody*, stammte aus einem Film und der Feder eines Hollywood-Komponisten. Es war eine ziemlich eigenwillige folk-ähnliche Melodie, und die beiden Platten, die sie zum Hit machten, stammten von Schwarzen. Aber schließlich verlor sie ja auch den Oscar an eine traditionellere Ballade – *Love Is A Many-Splendored Thing*. Und der Song Nr. 2 war eine gute alte Country-Schnulze, *Ballad Of Davy Crockett*, gesungen in einem staubtrockenen Stil von Bill Hayes, einem Unbekannten, der mehr verkaufte als Tennessee Ernie und Fess Parker, der Davy Crockett der populären Fernsehserie.

Song Nr. 3 war ein sehr schönes Instrumental, *Cherry Pink And Apple Blossom White*, eine Melodie des kubanischen Bandleaders Perez Prado. Tiefe, pulsierende Posaunentöne, hochfliegende Trompeten, Kuhglocken, Stoßseufzer – es war ein Mambo – der lateinamerikanische Tanz, der sich von der Rumba unterschied wie der Jitterbug vom Foxtrott. 1950 aus Kuba von einem amerikanischen Bandleader und Arrangeur namens Sonny Burke auf der Platte *Mambo Jambo* importiert, wurde dieser Tanz 1954 zu einer nationalen Manie. Tin Pan Alley-Autoren kreierten *Mambo Italiano* für Rosemary Clooney, ein Titel, der von manchen Radiostationen als anstößig mit einem Spielverbot belegt wurde. *Mambo Baby* für Ruth Brown, Nr. 1 in den R&B Charts; *Papa Loves Mambo*, ein Novelty Pop Hit für Perry Como. Es gab sogar einen *Mambo Rock* von Bill Haley. Zu Weihnachten '54 wackelte sogar der Tannenbaum im lateinamerikanischen Rhythmus: *I Saw Mammy Doing The Mambo, Jingle Bell Mambo* und *I Wanna See Santa Doing The Mambo*. Die Zeit war reif für Prado, der die Musik zu *Mambo Jambo* geschrieben hatte, ursprünglich bekannt als *Que Rico El Mambo*, und der nach dem Erfolg der Decca-Platte von Sonny Burke in die Staaten eingewandert war.

Nr. 4 war eine Neufassung der Bürgerkriegs-Ballade *Yellow Rose Of Texas*, im Marschtempo von Mitch Miller für Columbia aufgenommen und in einer altmodischen *crooner*-Version von Johnny Desmond auf Coral gesungen. Und die Nr. 5 war eine Melodie aus dem Jahre 1903, *Melody of Love*, wiederbelebt von Billy Vaughn und seinem Orchester auf Dot – er hatte sich erinnert, den Titel auf dem Klavier gehört zu haben, als er noch ein kleiner Junge war. Mit einem neuen Text ausgestattet, wurde der Song von Tony Martin und Dinah Shore im Duett aufgenommen. Aber es waren die FOUR ACES, die von der Gesangsversion wirklich verkauften, und David Carroll auf Mercury machte Billy Vaughns Instrumentalversion Konkurrenz.

Der Löwenanteil an der Top Fifty des Jahres '55 war aus demselben Holz geschnitzt. Aber auf Platz sechs war schon ein anderer Titel, und ganz so leicht konnte man die Existenz von elf weiteren Titeln nicht verleugnen, die alle einen neuen Sound hatten. Diese vergängliche Modewelle, repräsentiert durch *Rock Around The Clock*, umfaßte schließlich nur zwölf Songs von insgesamt fünfzig – weniger als 25 %. Und außerdem hatte Sinatra doch sein Comeback, so daß keine Gefahr für die ‹gute› Musik bestand. Und dennoch gab es da diesen komischen Alan Freed! Er schien die Radioszene in Aufruhr zu bringen, nicht nur in der Metropole New York, sondern im ganzen Land. Und warum war er jeden Tag stundenlang auf Sendung, wenn nicht die Kids ihn hörten? Und er spielte nicht einen von den Top Five Songs, sondern nur Sachen von ganz obskuren Labels und Künstlern. Warum machten sich so viele der weißen Sänger über diese Songs her, statt ihr eigenes Material bei den etablierten Musikverlagen zu suchen?

Das Cover-Syndrom

Im Januar '55 erschien eine zweiseitige Anzeige im Billboard. Auf der ersten Seite verkündete RCA Victor lauthals: «*Ko Ko Mo* gehört Como!», und auf der zweiten Seite sah man ein Foto von «Perry in Aktion mit einer großartigen Rock-and-Roll-Platte!» – er schnippte tatsächlich mit den Fingern! Ein paar Seiten weiter präsentierte Mercury einen doppelten Smash von den CREW CUTS – *Ko Ko Mo* in Riesenlettern auf der einen Seite und *Earth Angel* auf der nächsten. Nun, *Ko Ko Mo* gehörte eigentlich Gene und Eunice, die den Song auf einem kleinen *indie label* namens Combo als erste herausbrachten. *Earth Angel* gehörte den PENGUINS auf Dooto. Aber Como nahm den Jesse Belvin-Rocker Gene und Eunice weg, deren Platte nicht unter den Top Tunes verzeichnet war, wo Como den 25. Platz erreichte. Und die CREW CUTS teilten sich die Verkäufe mit den PENGUINS.

Die Plattenindustrie hatte sich eine Methode angewöhnt, für die während der Prohibition eine Bezeichnung geschaffen worden war: *hijacking*. In der Musikbranche nannte man es euphemistisch *covering*. In der Top Tunes-Liste, von der wir gerade gesprochen haben, wurde *Sincerely* auf Nr. 7 den MC GUIRE SISTERS zugeschrieben, *Ain't That A Shame* auf

Nr. 10 Pat Boone, *Dance With Me, Henry* auf Platz 13 Georgia Gibbs und *Seventeen* auf Platz 18 den Fontane Sisters. Aber *Sincerely* war ursprünglich von den Moonglows aufgenommen worden, *Ain't That A Shame* von Fats Domino, *Dance With Me, Henry* von Etta James und *Seventeen* von Boyd Bennett. In all diesen Fällen verursachten die bessere Preßqualität, das bessere Vertriebswesen und die Werbemöglichkeiten, die den großen Plattenfirmen zur Verfügung standen – abgesehen von der Tatsache, daß die weißen Pop-DJs schwarze R&B-Platten nicht spielen mochten –, daß die Originalaufnahmen im Konkurrenzkampf eine sehr schwache Position hatten.

Aber es ging auch noch um etwas anderes, das die Musikhistoriker bisher außer acht gelassen haben, hauptsächlich weil sie mit den inneren Mechanismen des Musikbusiness nicht vertraut waren. Ich möchte das verdeutlichen.

Im Herbst '55, kurz nachdem ich bei E. B. Marks Music angefangen hatte, schlug ich Plattenproduzenten eine Rhythmus-Ballade mit dem Titel *Dungeree Doll* vor. Schon der Titel kennzeichnet, daß ich versuchte, auf die Kleidungsmode bei den Teenagern zu setzen, die doch immer mehr zum wichtigsten Kundenkreis wurden. Unglücklicherweise konnte ich keinen einzigen A&R Mann überreden, eine Platte zu machen.

Angesichts der einzigen Alternative, den Song im Archiv verstauben zu lassen, entschloß ich mich zu einer ungewöhnlichen Maßnahme – zumindest für jene Zeiten. Ich beraumte eine Aufnahmesession in Zusammenarbeit mit King Records aus Cincinnati an. Ich stellte ein Duo zusammen, das ich Rock Brothers nannte – es bestand aus Bernie Nee, einem bekannten Demo-Sänger, und Sherman Edwards, dem Koautor von *Dungaree Doll*, der später *1776* komponierte und textete. Wir nahmen eine Session auf, in der zwei Marks-Standards und zwei neue Songs, eben die *Doll*-Ballade und *Living It Up,* gesungen wurden. Marks trug die Aufnahmekosten, und King sorgte für Pressung und Vertrieb. Promotion wurde gemeinsam gemacht. Nachdem King die beiden neuen Songs herausgebracht hatte, tauchte die Platte – zu unserem Glück – auf den Bestseller-Listen in Cleveland auf. Ich nahm diese Listen mit zu Joe Carlton bei RCA Victor, der sofort eine Aufnahme von *Dungaree Doll* mit Eddie Fisher machte – und damit war ein Chart-Song geboren.

Handelte es sich nun bei der Eddie Fisher-Platte um ein Cover? Ja, aber in einem anderen Sinne als bei Platten wie *Sincerely* und *Sh-Boom.* Der Unterschied liegt im Stil und Charakter der neuen Version. Von dem Augenblick an, als Platten zu einem wesentlichen Verbreitungsmittel wurden, versuchten die Verleger, so viele Versionen eines neuen Songs auf den Markt zu bringen wie nur irgend möglich. Aber diese Versionen waren verschieden und, wichtiger noch, jeweils in dem Stil, der dem

Künstler, der sie aufnahm, eigen war. Was jedoch zwischen '54 und '55 geschah, war etwas anderes. Da ging es um «schwarz» und «weiß».

Bevor Georgia Gibbs in ein Mercury-Studio ging, um *Tweedle Dee* aufzunehmen, wurde die LaVern Baker-Fassung von einem Arrangeur sehr sorgfältig studiert. Da das Copyrightgesetz das Arrangement als solches nicht ausdrücklich schützt, konnte er frei die Baßführung kopieren, den Schlagzeugrhythmus – eben alles, was der Baker-Platte ihren wunderbaren Drive und ihre Vitalität gab und sie so geeignet zum Tanzen machte. Kurz gesagt, die Gibbs-Version war eine Kopie der Baker-Platte. Ausgefeilter, glatter, aber Gibbs mit schwarzgemaltem Gesicht. Desgleichen ihre Cover-Version von Etta James' *Wallflower*. Nur *Roll With Me, Henry* mit seiner unvermeidlichen Sex-Assoziation wurde zu *Dance With Me, Henry* abgeschwächt.

Georgias Mercury-Aufnahmen waren Bestseller, Platten, die millionenfach verkauft wurden und den Löwenanteil am Markt wegschnappten. Um Bekanntheitsgrad ging es – siebenhundert R&B-Deejays gegen zehntausend Pop-Jockeys – und LaVern und Etta wurden auf den Pop-Plattenspielern nicht gespielt. Aber es gab ja auch noch die Plattenkäufer. In dieser Übergangsperiode reagierten junge weiße Hörer auf die schwarzen Platten. Aber sie waren aufgewachsen mit den auf Hochglanz polierten Schallplatten, mit dem Samt und Satin der großen Orchester und dem *crooner*-Sirup, und deswegen war nur ein kleiner Prozentsatz aufnahmebereit für die ungeschliffene und erdige Überschwenglichkeit des Rhythm and Blues. Und da kamen die weißen Produzenten daher, die die großen Plattenfirmen hinter sich hatten, und sie gaben den Hörern etwas, das die lebensfrohe Qualität der Originale zwar erhielt, sie aber mit einer farbenfrohen, glatten Plastikumhüllung versah.

Diese Formel war fast zwei Jahre lang erfolgreich. All jene Kopien aufzuzählen, die zwischen '54 und '56 erschienen, ist nicht nötig. Fast jeder weiße Künstler klinkte sich ein. Jim Lowe, ein DJ aus Texas, der auch sang, nahm *Maybellene* auf. Joe Reisman, ein A&R-Mann und Arrangeur und Dirigent bei RCA Victor, coverte *Bo Diddley*. Und sogar Sinatra reihte sich ein mit einer Cover-Version von *Two Hearts, Two Kisses* von den CHARMS. Aber es dauerte nicht lange, da mußten sich die weißen Cover-Versionen die Verkäufe mit den schwarzen Originalen teilen, und nach einer Weile verzichteten die weißen Teenager auf die weißen Imitationen und gaben den schwarzen Originalaufnahmen den Vorzug. 1956 verkaufte Little Richards *Long Tall Sally* mehr als Pat Boones sahneweiße Version.

Gospel und Rock

Ray Charles kam über den Jazz zum R&B, nachdem er anfangs Nat «King» Cole imitiert hatte. 1954, während eines Engagements in Atlanta, kehrte er zu seinen Wurzeln zurück, zu der Gospelmusik, die er als Kind gehört und gesungen hatte. Indem er die spirituellen Quellen seines Volkes anzapfte, braute Charles eine Stilmischung, gegen die der Blues-Mann Big Bill Bronnzy protestierte: «Er hat eine gute Stimme, aber es ist eine Kirchenstimme. Er vermischt den Blues mit Spirituals. Das ist falsch!»

Charles schrieb *Jesus Is All The World To Me* um zu *I Got A Woman*. Und das wurde der erste Hit seiner Karriere. Er nahm den Gospelsong, der zum Händeklatschen animierte, *This Little Light Of Mine*, und verwandelte ihn in *This Little Girl Of Mine*. Und die Verwandlung war mehr als nur eine textliche. Nein, es wurde eine Verbindung des Geheiligten mit dem Säkularen, des Gospels mit dem Blues, obwohl diese beiden Arten von Musik in der Psyche der Schwarzen so weit voneinander entfernt waren wie Gott und der Teufel. Es bedeutete, die Gelüste des Fleisches in Zusammenhang zu bringen mit den Ekstasen der Seele. Charles war der Prediger mit dem rauhen Bariton, dem schimmernden Halbkreis zusammengebissener weißer Zähne und einem Stil der Gefühlsbetontheit und des Engagements, der später als Soul bekannt wurde.

Aber erst am Ende des Jahrzehnts konnte Ray Charles aus den Grenzen des schwarzen Untergrundmarktes ausbrechen – mit *What'd I Say*. 1955 spielten außer den siebenhundert R&B-DJs und Erneuerern wie Alan Freed die Pop-Disjockeys seine Platten nicht. Also mußte sich Ray Charles damit zufriedengeben, daß *I Got A Woman* und das noch diesseitsbetontere *Fool For You* nur in den R&B Charts des Jahres an hohe Plätze kletterten. Aber er hatte immerhin den Weg bereitet für Little Richard und andere Sänger der Ekstase.

Eine weitaus weniger bedeutsame Persönlichkeit, die jedoch auch half, Soul in die schwarze Balladenmusik zu bringen, war Little Willie John, ein Mann, der auf tragische Weise mit dreißig im Gefängnis starb. Nach einem Auftritt in Seattle war John Davenport aus Camden, Arkansas, in einen Streit geraten, und das führte zu einer Verurteilung wegen Totschlags im Jahre '65. Im folgenden Jahr mußte er ins Gefängnis, und er starb 1968 im Washington State Prison an Lungenentzündung. Kurz darauf nahm der Soul Brother No. 1, wie James Brown sich nannte, sein Vermächtnis in einem Gedächtnisalbum auf, das den Titel trug «Thinking About Little Willie John And A Few Nice Things». Der Titel sagte schon alles, denn Browns LP enthielt nur einen Song, den man mit Little Willie in Verbindung brachte, das unvergeßliche *Talk To Me, Talk To*

Me. Willie John nahm seine herzzerreißende Version 1958 auf, in jenem Jahr, als Peggy Lee einen anderen von ihm herausgebrachten und mitverfaßten Song, *Fever*, zu einem Pop-Superhit machte. '55 tauchte Willie zum erstenmal in den R&B-Charts auf, und zwar mit einer Ballade, an die man sich kaum noch erinnert: *All Around The World*. In den noch verbleibenden Jahren zeichnete er verantwortlich für so erinnerungswerte Platten wie *Need Your Love So Bad* (1956) und *Sleep* (1960). *Sleep* war schon eine seltsame Wahl, denn er war Teil eines Klavierkonzertes, das zum erstenmal 1928 von FRED WARING AND HIS PENNSYLVANIANS aufgenommen worden war. Dieser Titel wurde zu Little Willies Erkennungsmelodie. Man denkt an Sam Cooke, wenn man ihn hört. Wenn auch seine Stimme trockener und spröder war, so sang er doch nicht mit weniger Emotionalität.

Schwarze Vorläufer des Rock 'n' Roll

Obwohl er die BEATLES, die ROLLING STONES und andere Gruppen der 60er Jahre beeinflußte, schaffte Ellias McDaniel nie den Umstieg vom R&B zum Pop. Er kam erst mit dem Rock 'n' Roll Revival der späten 60er Jahre aus dem *chitlin' circuit* in die weißen Hallen. '55 brachte er auf Checker Records seine erste Platte heraus. Sein Bühnenname, Bo Diddley, war auch der Titel des Songs: «Bo Diddley bought a nanny goat to make his pretty baby a Sunday coat . . .» Die rockende Single war im schnellen Shuffle-Rhythmus mit heiserer Reibeisenstimme gesungen wie in einer Bar, und eine derart treibende Gitarre hatte man selten gehört.

Natürlich hatte er eine Insider-Anhängerschaft, aber an den R&B Listen von '55 kann man ablesen, wo er besonders gut ankam. *Bo Diddley* findet sich nicht unter den Top 25 auf den Spiellisten der DJs, aber auf Platz acht in den Musikboxen. Bo Diddleys rauher Bar-Blues-Stil war maßgeschneidert für lärmende wohlgelaunte Szenerien. Er war überdies eher ein Live-Entertainer als ein Plattenmacher, kam in grell gestreiften Jacketts auf die Bühne und trug eine große Sonnenbrille. Er nahm die Kids gefangen mit seiner dynamischen Art zu singen, mit dem rhythmischen Drive seines Stils und der harten, aufregenden Gitarrenarbeit.

Ein anderer Checker-Künstler, Little Walter, ist am besten bekannt für sein lyrisches Mundharmonikaspiel auf Muddy Waters-Platten. Aber Marion Walter Jacobs, geboren in Alexandria, Louisiana, 1930, hatte seit 1947 viele Aufnahmen mit Gruppen unter seinem Namen gemacht. '55 kam dann der große Erfolg mit einer Willie Dixon Ballade, *My Baby*. Sie wurde zu einem der gigantischen R&B-Hits des Jahres.

Obwohl er sich viel Mühe gab, konnte Little Walter diesen Erfolg nicht wiederholen. Ebenso erging es vier Bestsellergruppen von '55, auf deren Platten man den R&B sich in Rock 'n' Roll verwandeln hören kann. Wer kann die EL DORADOS und *At My Front Door* vergessen? Das instrumentale Riff am Anfang im Rhythmus von «Crazy little mama come (Pause) knock-in», womit das rhythmische Grundmuster der Platte festgelegt war; das düstere Tenor-Solo und dazu die Gruppe, die ihn mit Händeklatschen antrieb und mit «hey, hey»s; die Falsettstimmen . . . Es war die glückliche, triumphierende Geschichte eines Typen, der sich Sorgen machte, aber dann kam seine kleine Mama «knock-knock-knockin' at my front door». Pat Boone coverte die EL DORADOS in einer samtweichen Version, die das Original an rhythmischer, zum Tanzen animierender Kraft ganz und gar nicht erreichte, die bei weitem nicht so komplex war und der es überhaupt an überwältigender Lebensfreude mangelte.

Dann waren da die FOUR FELLOWS auf Glory mit *Soldier Boy* und die NUTMEGS auf Ember mit *Story Untold*. Die CREW CUTS coverten die NUTMEGS, aber mit diesem Titel hatten sie keinen großen Erfolg, und ihnen gelang es überdies nicht, den Reiz des Originals zu erhalten.

Soldier Boy, mehrere Jahre später von Presley gecovert, war ein Song, den ich für E. B. Marks bei Bryden Music, der Musikverlag-Tochterfirma von Glory Records, einkaufte. Die Beschäftigung mit dem Korea-Krieg machte ihn interessant für die junge Generation, und ich konnte Aufnahmen von Ella Fitzgerald (Decca), Sunny Gale (RCA Victor), Eydie Gorme (Coral), Pat O'Day (MGM), Burt Taylor (Essex) und Mel Williams (Federal) zustandekriegen. Trotz dieser eindrucksvollen Garde hatte der Song keinen besonderen Erfolg, und keine der Cover-Versionen war wirklich Konkurrenz für das Original, das die R&B Top Twenty erreichte. Aber *Soldier Boy* war der Anfang einer Zusammenarbeit mit Glory Records, von denen ich später die Rechte an *Cindy, Oh Cindy* und *The Banana Boat Song* für E. B. Marks kaufte. Von einer kurzlebigen Gruppe, den TARRIERS, aufgenommen, zu deren Besetzung der jetzt berühmte Alan Arkin gehörte, trugen beide Songs erheblich zu der Calypso-Begeisterung im Jahre '56 bei.

Bo Diddley-Interview

Er saß im Café, des Flamingo Hotels, dem Appian Inn, mit einem riesigen schwarzen Stetson auf dem Kopf. Ein bizarrer Anblick, aber niemand verlangte von ihm, den Hut abzunehmen, und das in einem Hotel, wo man einmal den Swimming-pool hatte leerlaufen lassen, weil ein schwarzer Unterhaltungskünstler gewagt hatte, seine schwarze Haut hineinzutauchen.

Drei blonde, blauäugige Männer mit Bürstenhaarschnitt, in Khaki-

Uniformen, umringten ihn. Auf ihren linken Schultern trugen sie Abzeichen, die sie als «Nevada Security Police» auswiesen. Sie wollten Autogramme . . .

Auf Wunsch eines der Männer nahm Bo Diddley seinen Stetson ab, wenn auch nicht, ohne zu zögern. Als er ihn wiederbekam, war ein silberner Stern daran geheftet. Bo freute sich wie ein Kind.

Später am Nachmittag schlich er sich von hinten an Chuck Berry heran – der auch im Flamingo auftrat – und tippte dem schlaksigen Rock 'n' Roll Kollegen auf die Schulter. Mit heiserer Stimme sagte er: «Sie habe ich gesucht!» Als sich Berry umdrehte, sah er nur den Silberstern auf dem Stetson, und er war für einen Augenblick sehr verblüfft. Dann hob Diddley den Kopf – und beide brachen in übermütiges Gelächter aus.

«Die 50er waren eine ziemlich harte Zeit», sagte Bo Diddley, «aber jetzt scheint alles ein bißchen besser zu laufen. Ich steh drauf, daß ich hier sein kann und trotzdem mein eigenes Ding machen. Ich habe nicht das Gefühl, viel aufgeben zu müssen . . .

Manche Leute haben mich gefragt, ob ich als Diskjockey angefangen habe. Weiß gar nicht, wie die drauf kommen. Ich war Preisboxer und hab 'ne Zeitlang so rumgemacht. Bin froh, daß ich aufgehört hab damit, denn sonst wäre ich heute wohl ziemlich angeknackst. Ich mache das, was mir wirklich gefällt. Vor Leuten auftreten und zusehen, wie die Spaß dran haben . . . das macht mir Spaß.

Meine Musik begann in den Straßen von Chicago. Dann hab ich in einem Club gearbeitet, von '45 bis '46 so, wirklich in dem schlimmen Stadtteil, im 708 Club. Das war nicht allzuweit von meiner Wohnung entfernt. Aber zwei oder drei Blocks weiter, da wurde es gefährlich . . . da kann's einem schon passieren, daß sie einem ein Bein abreißen . . . (Er lacht.)

Meine Gitarre hat mich oft aus Schwierigkeiten gerettet. All die anderen Kids wurden von den wilden Straßenbanden angemacht, die sich in Chicago rumtrieben. Die haben einen manchmal absolut fertiggemacht, für die war's gleich, ob sie einen schief ansahen oder bis auf's Hemd auszogen und liegen ließen. Ich ging immer auf sie zu – 's gab sowieso keine Chance, um sie herumzukommen –, und dann sagten sie: ‹He, Mann, was haste denn da?› Sie waren genauso alt wie ich, aber gegen fünfzehn oder zwanzig von ihnen konnte ich nicht ankommen. Wenn sie meine Gitarre sahen, sagten sie: ‹Na, denn laß mal was hören!› Also spielten ich und zwei andere Burschen, Jerome und ein Typ, der hieß Roosevelt Jackson und spielte Brownie Bass – so einen, der aus 'nem Waschzuber gemacht war –, wir spielten ein bißchen. Und sie ließen uns immer zufrieden. All die Straßenbanden kannten uns . . .

Meine ersten Platten machte ich bei Chess. Als ich da reinschneite, sagten sie, ich soll wieder nach Hause gehen und *Bo Diddley* umschreiben. Das Stück hieß noch *Uncle John*. Ich ging also zurück und änderte den Titel und benutzte den Namen, unter dem ich boxte ... und Rumms! – da war ein Hit! Das Publikum stand drauf. Echt dufte!

Aber wissen Sie, eins hat mich wirklich getroffen. Als es losging, da sind alle meine schwarzen Anhänger auf einmal ausgestiegen. Als dies Rassentrennungsding anfing – ich weiß auch nicht, was passierte – da sagten alle: ‹Na, Mann, der spielt Musik, die uns fünfzig oder fünfund-siebzig Jahre zurückwirft.› Das tat weh. Ich verstand das nicht. Ich spielte doch nur die Musik, die aus mir kam. Ich spiel nicht Blues ...

Ich war ein Muddy Waters-Fan. Aber ich war kein Typ, der versuchte, auch wie Muddy Waters zu spielen. Ich dachte nicht mal daran, eine Platte zu machen. Das war sowieso nur 'n Zufall. Ich hatte Ärger mit meiner Frau und ging einfach zu Chess Records und spielte so 'ne Begleitspur ein. Und Phil Chess sagte: ‹Mann! Das ist was Neues!› Und so ging's los. Wenn ich wie Muddy gespielt hätte, hätten sie alle gesagt: ‹Paah! Da hast du doch nix andres! Das hör'n wir jeden Tag!› Und darum sagt man mir auch nach, daß ich mein eigenes Ding mach.

Später hab ich dann wieder ein paar von den Brüdern zurückgewon-nen. Sie brauchten eben ihre Zeit, bis sie raushatten, daß ich wirklich *unsere* Musik machte. Es war etwas, das ich aus meiner Vergangenheit, aus meinem Hintergrund, von meiner Herkunft in mir spürte. Aber keiner merkte das, weil ich zwei oder drei Sachen so miteinander ver-mischte, zwei oder drei verschiedene Rhythmusarten. Mein Ziel ist es, die Leute glücklich zu machen. Und wenn ich sie glücklich sehe, bin ich noch glücklicher.

Die haben alle möglichen Tänze nach meinen Rhythmen getanzt. Ich weiß nicht mal, wie die alle hießen, wenn ich ehrlich sein soll. Sie hatten Tänze, die nannten sie Dish Rag, the Chicken, the Slop. Ich hab nie getanzt, außer auf der Bühne.

Außer Muddy hab ich noch Johnny Hooker bewundert und Jimmy Reed und Louis Jordan. Ich wollte immer wie Jordan sein. Auf seinen Stil stand ich. Aber ich konnte einfach kein Sax blasen. Also mußte ich die Chose sausen lassen und mich auf was andres stürzen. Also, ich bin ein Saiten-Liebhaber. Ich liebe Saiteninstrumente. Zwölf oder dreizehn Jah-re lang hab ich Geige gespielt, vor der Gitarre. Klassische Sachen. Das wissen viele Leute nicht. Hab jahrelang Unterricht bei Professor O. W. Frederick gehabt, der in Chicago wohnt. Er hat mich unter seine Fittiche genommen. Ich konnte für die Stunden nichts bezahlen; wir lebten von der Wohlfahrt ...

Professor Frederick sagte zu meiner Mutter: ‹Mrs. McDaniel, mit Ihrer Erlaubnis tun wir uns mit der Kirche zusammen und machen eine Sammlung, und dann kaufen wir ihm seine erste Geige. Ich bitte Sie, nur darauf zu achten, daß er sich auch wirklich eine kauft.› Und er gab mir

Unterricht, bis ich die 75 Cent pro Stunde bezahlen konnte. Es war verdammt schwer damals, 75 Cent zusammenzukriegen. Leute, die heute 1.25 $ bezahlen, denken, das ist zu teuer – aber die haben keine Ahnung. Heutzutage ist es doch leicht, weil 'ne Menge Geld im Umlauf ist. Aber als ich aufwuchs, da gab es gar kein Geld. Da gab's nur Lebensmittelmarken . . .»

Leiber und Stoller

Die CHEERS waren noch so eine Eintagsfliege. Aber ihre Platte, die von den DIAMONDS und Vaughn Monroe (!) gecovert wurde, ist historisch wichtig. *Black Demin Trousers* verkörperte das Image eigensinniger Jugend, das Marlon Brando schon so eindrucksvoll in «The Wild One» dargestellt hatte . . . Der Songtext entsprach der Phantasie der Jugendlichen, und die Platte kletterte in die Pop Fifteen der Honor Roll of Hits. Aber außer diesem Image waren es auch noch die beiden Produzenten, die Eindruck machten: Jerry Leiber und Mike Stoller, zwei junge Weiße aus Kalifornien (ursprünglich aus dem Osten), wurden zu einem der erfolgreichsten, vielseitigsten und profiliertesten Autoren/Produzenten-Teams der Rockmusik.

«Ich bin in Baltimore aufgewachsen, und zwar während des Zweiten Weltkriegs in einer Gegend, wo sowohl Schwarze wie Weiße wohnten», erzählte Leiber. «Dort hörte ich eine Menge Countrymusik und Delta-Blues . . . Meine Familie zog nach Hollywood, als ich zwölf Jahre alt war. Mit sechzehn arbeitete ich in einem Plattenladen und hörte eine Menge Bluesplatten, die auf Specialty, Aladdin, Modern, Savoy und King erschienen – das wurde meine Musik. Ich beschloß, Songschreiber zu werden, und natürlich wurden jener Sound, die Themen des Bluesmaterials, Witze nach Bluesmanier und die Art verschlüsselten Kommentars zur gesellschaftlichen Situation, die im Blues enthalten ist, zu Elementen meiner Arbeit . . .»

Stoller, der auch in Los Angeles die High School besuchte, nahm die Einflüsse seiner Mitstudenten auf, zu 85 % Mexikanern. Sechs Monate nachdem die beiden sich zusammengetan hatten, sorgte Charles Brown auf Aladdin für ihren ersten Hit. Während dieser Periode, 1952–'54, arbeiteten sie mit Johnny Otis und dem West Coast-Büro von Federal Records, schrieben Songs und produzierten Platten mit Little Esther, Mel Williams und Big Mama Thornton. *Hound Dog* und *Kansas City*, beide später *smash hits* für Presley, stammen aus jener Zeit.

1953 hatten sie genug Selbstvertrauen und Unternehmungsgeist, um ihr eigenes R&B Label zu starten, Spark Records. Mit den *Robins* produzierten sie eine Anzahl lokaler Bestseller, darunter *Cell Block*

Number Nine und *Smokey Joe's Cafe*. Der Titel führte Ende '55 dazu, daß Atlantic die Masterbänder kaufte und Leiber und Stoller als unabhängiges Produktionsteam unter Vertrag nahm. Diese Abmachung war die erste ihrer Art und leitete eine Entwicklung ein, durch die schließlich die kreative Kontrolle über Plattenaufnahmen aus den Händen der firmenangestellten A&R-Leute genommen wurde und auf sogenannte *indie* Produzenten, die frei arbeiteten, überging.

Coda

Wenn man bedenkt, was für einen Einfluß der R&B auf die Popszene von '55 hatte und welches Aufsehen der Rock 'n' Roll erregte – wie ein Vulkan kurz vor dem Ausbruch –, dann muß man doch eigentlich vermuten, daß die Popmusikwelt ahnte, was sich da tat. Gewiß war es bei manchen Verlegern, Künstlern, Songschreibern und Plattenleuten so. Aber das Musikestablishment sah das Interesse der jungen Leute am R&B und diese andere Sache, den Rock, als eine Modeerscheinung, die vergehen würde, wie das *belting*, der Mambo oder der Calypso.

Rock Around The Clock

Wenn man die Aufnahmesession benennen müßte, bei der der Rock 'n' Roll geboren wurde, dann müßte man sich wohl für den 12. April 1954 entscheiden, als Bill Haley und die COMETS im Pythian Temple in Manhattans Westside *Rock Around The Clock* aufnahmen. Es ist keine leichte Entscheidung, denn so ohne weiteres kann man auch nicht die '55-Session in Chicago außer acht lassen, als Chuck Berry *Maybellene* einspielte. Nicht ohne Bedeutung sind überdies *Ain't It A Shame*, in New Orleans von Fats Domino aufgenommen, und *Only You*, in Los Angeles von den PLATTERS auf Band gespielt. Ich habe die verschiedenen Orte erwähnt, um anzudeuten, daß die Entwicklung nationale Ausmaße anzunehmen begann. Nach einer endgültigen Analyse muß aber Haleys Platte die Ehre wegen ihres Stils und der Wirkung, die von ihr ausging, gebühren.

Alle angesprochenen Songs waren Pophits, nicht nur R&B-Erfolge. Während einer von ihnen als Cover-Version erfolgreich war, *Maybellene*, schafften es *Only You* und *Rock Around The Clock* in ihrer Originalaufnahme. *Maybellene* erreichte die niedrigste Plazierung von ihnen, und «Rock» endete unter den Top Six des Jahres. Bill Haleys Platte war ein einzigartiges Stilgemisch aus zwei regionalen Strömungen, R&B und C&W, die dem Rock 'n' Roll seinen unverwechselbaren Charakter gaben. Haley war ein Vorläufer von Presley, vom Memphis-Stil und von Rockabilly.

Es bleibt immer die Vermutung, daß ohne den Film «The Blackboard Jungle» der Song *Rock Around The Clock* eventuell nicht eingeschlagen hätte. Der Song war '53 von zwei weißen Songschreibern mittleren Alters aus Philadelphia geschrieben worden, die nur nebenher als Autoren arbeiteten. Eine R&B-Platte davon mit Sonny Dae war ein fürchterlicher *flop*. Haleys Platte jedoch, im Mai 1954 veröffentlicht, erregte weniger Aufsehen als seine Cover-Version von Joe Turners *Shake, Rattle And Roll*, die zwei Monate später herausgebracht wurde. Erst als der Film '55 in die Kinos kam, stieg ihre Popularität kometengleich an – und nicht nur in den USA, sondern überall, wo der Film spielte. Es ist denkbar, daß die Zeit zu seinen Gunsten arbeitete und 1954 vielleicht ein wenig zu früh war.

Obwohl Haley in Highland Park, einem Vorort von Detroit, geboren und aufgewachsen war, spielte und sang er mit einer waschechten Coun-

145

try & Western-Truppe, den SADDLEMEN. Sie waren über die Station WAPA in Chester, Pennsylvania, zu hören, wo Haley musikalischer Direktor war. Haley ist ein Bewunderer von Red Foley und Hank Williams und kultivierte sein etwas bäuerliches Aussehen – die gedrehte Locke auf der Stirn, die schielenden Augen und die vierschrötige Statur.

Während ihm seine Arbeit bei einer kleinen Radiostation kaum viel Geld einbrachte, brachte sie ihn doch in Kontakt mit der Welt der Schallplatten, einschließlich jener von Lucky Millinder und Louis Jordan. Dennoch waren seine ersten Veröffentlichungen auf Essex reine C&W Musik. Dave Miller, der Besitzer von Essex, überredete Haley '51, Jackie Brenstons *Rocket 88* zu covern. Brenston kam auf Platz eins der R&B Charts, in denen Haley nicht auftauchte. Aber er machte eine Erfahrung, die zum Wendepunkt seines Stils wurde.

'53 nahm Haley den damals modischen Slang-Ausdruck *Crazy, man, crazy*, schrieb einen Song und machte eine Platte. Eine Essex-Anzeige im *Billboard* vom April behauptete, innerhalb von zwei Wochen seien davon mehr als hunderttausend Exemplare verkauft worden. Im Juni war der Song in den Top Fifteen der Honor Roll. Obwohl man sagte, daß Ralph Materies Cover auf Mercury mehr noch als Haleys Platte für die Popularität sorgte, reichte die Aufregung, um die Aufmerksamkeit einer großen Plattenfirma zu erregen. '54 wurde Haley von Decca unter Vertrag genommen, jener Plattenschmiede, die seit den frühen 40er Jahren Louis Jordan herausgebracht hatte.

Die Entscheidung, Joe Turners Titel *Shake, Rattle And Roll* aufzunehmen, erwies sich als klug – und instruktiv. Turners Tempo ist langsamer als Haleys, mit einem durchgehenden schweren *afterbeat* und einem plätschernden Bordell-Piano im Hintergrund. Das hörte sich so an: «Shake (wumm) Rattle and Roll (wumm), Shake (wumm) Rattle and Roll (wumm) . . .» Und schon mit der ersten Zeile war angedeutet, in welcher Umgebung sich der Sänger und seine Partnerin befanden – «Get outa that bed, and wash your face and hands . . .»

Haleys schnellere Version war an ein jüngeres Publikum gerichtet, um dessentwillen er es für notwendig hielt, den Text zu entschärfen. Aus der ersten Zeile wurde: «Get out in that kitchen . . .», und es blieb nicht der geringste Hinweis auf das Bett. Eine später folgende Andeutung auf ein durchsichtiges und enthüllendes Kleidungsstück – «I can't believe that all of this belongs to you» – wurde ganz weggelassen. Turners saftige R&B-Version hatte sich in überschwenglichen Teenager-Rock 'n' Roll verwandelt.

Das Country-Näseln blieb in Haleys Stimme, auch wenn er den Blues sang. Wie die Bluessänger schrie er eher, als daß er sang, aber seiner Stimme fehlte der Ausdruck der Frustration und des Leides. Und doch hatte er Erfolg bei den schwarzen Plattenkäufern mit *Dim, Dim The*

Lights . . . I want some atmosphere ('55), geschrieben von einem Schwarzen und einer Weißen. Im Frühling '56 hatte er einen weiteren Bestseller, wiederum auf einen Slangausdruck gestützt – *See You Later, Alligator*. Die Cover-Version einer Chess-Scheibe von Bobby Charles war ein Rock 'n' Roll-Hit, kaum noch R&B.

Die Bedeutung von «Rock Around The Clock» ist aber noch größer, als der phantastische Umsatz der Platte und ihre Aufnahme beim amerikanischen Publikum andeuten – sie wurde nämlich zu einem internationalen Hit, dem *ersten* internationalen Hit des Rock 'n' Roll. Und auch das beinhaltet noch nicht die Ausmaße ihrer Wirkung. Es war der Film, der sie mit einem Inhalt befrachtete, der kaum von ihren Autoren und ganz gewiß nicht von Haley beabsichtigt war.

«Rock» bediente sich einer Shuffle-Figur – einer Rhythmus-Sequenz von punktierten Achtel- und Sechzehntelnoten – in auf- und absteigenden Terzen und eines altmodischen Swing Riffs und war einfach ein Song darüber, wie man Spaß hat: «Put on your glad rags . . . and we'll rock till broad daylight . . .» Aber seine Rolle in «Blackboard Jungle» stilisierte den Song zu einer Art *Marseillaise* der Rock-Revolution. Eine unbeabsichtigte Verbindung von Rock 'n' Roll und Entfremdung und Feindseligkeit der Teenager wurde geknüpft. Krawalle bei der Aufführung des Films in Princeton, New Jersey, und in Städten des Auslandes erweckten den Eindruck, der Song sei ein Aufruf zur Rebellion. Unabsichtlich wurde hiermit der älteren Generation Anlaß gegeben, die neue Musik mit Rowdytum, Gewalttätigkeit und Jugendkriminalität in Verbindung zu bringen.

Erwartungsgemäß wurde «Rock Around The Clock» der Titel eines Films im Jahre '56, in dem Haley, Little Richard, Chuck Berry und Alan Freed auftraten. Haley war außerdem der Star eines Films von '57 mit dem Titel «Don't Knock The Rock». Nach 1956 schien Haley jedoch seine Plattenerfolge hinter sich zu haben, wenn er auch '57 wie ein gefeierter Held von Southampton nach London reiste und in ganz Europa ausverkaufte Häuser hatte.

In Haleys Combos aus fünf oder sechs Begleitmusikern fehlte nie der Tenorsaxophonist Rudy Pompelli, dessen besessene Akrobatik an die frühen Tage des Dixieland erinnerte. Auch der Mann am Kontrabaß warf sich auf den Boden und spielte im Liegen oder ließ sein großes Instrument rotieren – Clownerien aus den frühen Jazztagen. Als Presley und die Memphis-Leute auf die Szenerie traten, hatte Haleys Rock 'n' Roll nur noch die Ersatzqualität, die allen Vorläufern dann eigen ist, wenn es richtig losgeht. Er blieb dennoch ein Favorit jener, die Presley nicht ausstehen konnten. Und Ende der 60er Jahre, als der Rock 'n' Roll ein Revival erlebte, fand er ein neues Publikum.

Bill Haley-Interview

«Eine Menge Leute haben mich nach dem Einfluß von Louis Jordan gefragt», sagte mir Bill Haley, als wir im Flamingo Hotel miteinander sprachen, wo er als Gast von Richard Naders *Rock 'n' Roll Revival* Show auftrat.

«Ich muß ganz ehrlich sagen», fuhr Haley fort, «daß ich bewußt überhaupt nicht von Louis Jordan beeinflußt worden bin. Aber ich habe darüber nachgedacht und würde sagen, daß die Möglichkeit besteht, daß ich beeinflußt worden bin, ohne es zu merken. Ursprünglich stammte ich aus Michigan, aber wir zogen nach Chester, als ich noch ein Kind war. Meine Mutter war Klavierlehrerin. Mein Vater, der aus Kentucky stammte, spielte Mandoline. Und ich vermute, daß daher der Country-Einfluß kam. Ich fing mit sieben Jahren an, Gitarre zu spielen, und ich war ein Country & Western-Fan. Ich nahm immer wieder an Amateur-Wettbewerben teil, die in einem Freiluftpark in der Nähe von Chester stattfanden.

Ich jodelte genausogut, wie ich die Gitarre spielte. Und an dem Tag, als ich den Wettbewerb gewann, war auch Hank Williams da . . . Er nahm mich mit in seine Garderobe und unterhielt sich mit mir. Jedesmal, wenn er danach wieder in Chester auftrat, versuchte ich, auch auftreten zu können. Wir wurden sehr gute Freunde. Hank brachte mir ein paar Akkorde bei und beeinflußte mich. Er war ein großartiger Blues-Sänger und weckte in mir das Interesse an der R&B-Musik, an der *race music*, wie sie damals genannt wurde.

Meinen ersten Profi-Job als Sänger bekam ich mit fünfzehn oder sechzehn bei der Station WDEL in Wilmington, Delaware, wo ich mit einer Gruppe sang, die Cousin Lee hieß. Danach ging ich von zu Hause fort und reiste durch die Gegend. Schließlich landete ich in New Orleans, von dem mir Hank Williams viel erzählt hatte. Da hörte ich viel Dixieland und Boogie-Musik. Ein paar Jahre später reiste ich mit einer Medicine-Show und landete schließlich bei der Station WOWO in Fort Wayne, Indiana, wo ich meine erste Rundfunksendung mit einer Gruppe namens Down Homers bekam.

Damals versuchte ich, Amerikas Meisterjodler zu werden. Aber der Einfluß von R&B hatte schon gewirkt, vermute ich, besonders während der Zeit in New Orleans. Und ich kann mir vorstellen, daß eine Menge Gruppen Louis Jordan-Musik spielten. Wahrscheinlich hat mich Jordan auf die Weise beeinflußt.

Dann reiste ich wieder und war mit dem WLS *Barn Dance* in Chicago. Dort traf ich Red Foley, und er wurde mein Idol. Außerdem lernte ich Lulu Belle und Scotty kennen, die damals einen erfolgreichen Song hatten, *Have I Told You Lately (That I Love You)*.

Und dann entschloß ich mich, das Showgeschäft aufzugeben. Ich war jetzt vier, fünf Jahre rumgezogen, hatte drei oder vier Platten gemacht, die ganz und gar nicht die Welt aus den Angeln hoben, und ich ging nach Hause zurück, um meine Mutter und meinen Vater zu besuchen, zurück nach Chester, Pennsylvania. Und mein Glück war, daß ein Mann namens Lew Pollard dort gerade eine Radiostation gestartet hatte. Es war eine mit 250 Watt. Auf Drängen meines Vaters besuchte ich ihn und wurde Plattenarchivar, Sportansager und machte jeden Tag mit meiner eigenen Gruppe eine drei- oder vierstündige Live-Show.

Bei dem Sender lief eine Show, die sich *Judge Rhythm's Court* nannte, eine Plattenshow, die von einem Mann namens Jim Reeves gemacht wurde (nicht dem Country-Sänger und -Schreiber) . . . ein Typ war das. Seine Show, eine Stunde R&B, war direkt vor meiner Sendung. Und irgendwie brachte mich das darauf: ‹Warum soll eine Country & Western-Gruppe nicht auch mal Rhythm & Blues singen?› In jenen Tagen war das unerhört . . . aber ich sah nichts Schlimmes darin, die Sachen zu vermischen. Ich mochte gern R&B-Sachen singen, und ich sang sie auch.

Shorty benutzte als Erkennungsmelodie den Titel *We're Gonna Rock This Joint Tonight*, und ich fing an, das Stück auch zu spielen. Ungefähr zu der Zeit kam Dave Miller von Essex Records aus Philadelphia, um mich zu besuchen. Er, seine Schwester und seine Mutter hatten meine Radiosendungen gehört und fanden, daß ich etwas Eigenartiges hatte, nämlich R&B mit einem Country & Western-Hintergrund. Also erklärte ich mich bereit, ein paar Platten zu machen. Und der erste Titel, den wir aufnahmen, *Rocket 88*, ein R&B-Hit, war schon ziemlich erfolgreich.

Ungefähr ein Jahr lang hatte ich immer wieder das, was wir ‹territoriale› Hits nannten – Platten, die in Cleveland, Baltimore, Washington oder sonst in irgendeiner Stadt einschlugen. Und das war's dann auch. Wir verkauften genug Platten, um Dave Millers Interesse zu erhalten und Geld zu verdienen. Nach ungefähr einem Jahr nahmen wir *We're Gonna Rock This Joint Tonight* auf, und auf die B-Seite nahmen wir *Icy Heart*, einen C&W-Song. Es dauerte nicht lange, da war Dave Miller am Telefon und sagte mir, wir hätten einen Hit – einen richtigen Hit – und er wolle, daß ich auf Promotiontournee ginge. Ich war einverstanden, und wir besuchten Bill Randle in Cleveland, Robin Seymour in Detroit und wichtige DJs in vielen Städten, meistens C&W-Leute. Als ich nach Nashville kam, war ich wirklich stolz, denn ich bekam ein Angebot von der *Grand Ole Opry*. Da ich Show kannte, seit ich klein war, konnte mir nichts Großartigeres passieren.

An dem Abend rief ich Hank Williams zu Hause an. Er wollte gerade auf Tournee gehen. Das war das letzte Mal, daß ich mit ihm sprach, denn kurz danach starb er. Er sagte mir, wie stolz er auf mich sei, daß ich bei

149

der *Grand Ole Opry* angenommen sei. Das muß im Oktober '53 gewesen sein.

Als ich Nashville verließ, um nach Richmond zu fahren, bekam ich einen Anruf von Dave Miller, der mich informierte, daß es nicht *Icy Heart* war, das sich so gut verkaufte, sondern die andere Seite der Platte. Als wir wieder zurück waren, hatte sich das endgültig bestätigt. Es war *We're Gonna Rock This Joint Tonight*, und wir verkauften über vierhunderttausend Stück. Das war in jenen Tagen eine ziemliche Menge.

Aber jetzt hatten wir ein Problem. Wir waren eine Country & Western-Truppe, die R&B-Musik machte. Joe Glaser übernahm unser Management. Das war, bevor Jolly Joyce auf der Bildfläche erschien. Glaser hatte Schwierigkeiten, uns zu buchen. Aber schließlich kriegte er uns in die Preview Lounge in Chicago. Ein Dixielandladen. Die Leute wußten nicht, was wir spielten. Es war nicht Rhythm & Blues, und es war auch nicht Country & Western. Und obwohl wir eine Menge Platten verkauften, war es doch eine ziemlich schwierige Zeit für uns . . .

Bald darauf zogen wir die Cowboystiefel aus und rasierten uns die Koteletten ab. Wir kauften uns Smokings und wurden eine Poptruppe. Dann beschlossen wir, daß wir einen Namen für die Sache brauchten. Ich hatte einen Song für die TRENIERS mit dem Titel *Rock-a Beatin' Boogie* geschrieben. Die Anfangszeile lautete: ‹Rock, rock, rock everybody / Roll, roll, roll everybody›, und ich glaube, sie nahmen das für Okeh auf. Auch eine Gruppe mit dem Namen ESQUIRE BOYS spielte den Titel ein . . .

Zu der Zeit gab es einen Diskjockey, der in Akron/Cleveland, Ohio, herauskam, Alan Freed, und der begann eine von diesen Platten als Erkennungsmelodie zu benutzen. Er schlug im Rhythmus der Platte auf seinen Tisch und sang laut dazu: ‹Rock, rock, rock . . . Roll, roll, roll› – und so wurde der Namen ‹rock and roll› geboren. Natürlich war uns noch nicht bewußt, was wir da hatten, bevor *Crazy, Man, Crazy* sich über eine Million Mal verkaufte.

Dann ging es los mit *Dance With The Dolly With The Hole In The Stocking, Stop Beating Around The Mulberry Bush* – und dann kam Mr. Milt Gabler von Decca Records. Inzwischen war unser Vertrag mit Dave Miller und Essex ausgelaufen. Ich glaube, es war Jimmy Myers, ein Verleger aus Philadelphia, der uns zu Decca brachte. Natürlich waren inzwischen mehrere große Firmen an uns interessiert. Als wir uns für Decca entschieden, hatten wir auch Angebote von Mitch Miller bei Columbia und Steve Sholes von RCA Victor. Ich kam auf Anhieb gut mit Milt zurecht, als ich ihn in New York besuchte. Und ich denke, mir gefiel Decca, weil Red Foley auch auf dem Label war.

So eine erste Aufnahmesession wie unsere hatte es noch nie gegeben . . . wir arbeiteten gut mit Milt zusammen. Gleich beim erstenmal nahmen wir *Rock Around The Clock* auf, das inzwischen mehr als 17 Millionen Mal verkauft worden ist. *See You Later, Alligator* brachte es auf zweieinhalb Millionen. Es war unser Augenblick, unsere Zeit. So viele Leute haben gesagt: ‹Sie waren ein Genie.› Aber das hatte mit Genie nichts zu tun, es war nur etwas, das eben fällig war. Wir waren nur ein paar Burschen aus Philadelphia. Und dann plötzlich waren wir die Idole der Welt . . .

Die Sinatra-Ära war vorbei. Glenn Miller war passé. Und es passierte nichts, außer vielleicht Modern und Progressive Jazz. Stan Kenton und Dave Brubeck, und natürlich Bop. Alles konnte passieren, und wir boten einen ganz einfachen Beat, nach dem die Kids tanzen konnten. Wir gingen zu Versammlungen und machten kostenlos Musik und Tanzveranstaltungen mit Diskjockeys überall in der Gegend von Philadelphia. Bob Horn und Dick Clark waren Freunde von mir. Ich habe vielleicht ein bißchen dazu beigetragen, daß Clark seinen Job bei Bandstand bekam. Jack Step, der Programmdirektor von WFIL, war ein Freund von mir. Bob Horn hatte gerade sein Payola-Problem, und sie suchten nach einem Ersatz. Dick Clark war ein Ansager, den ich mochte. Und als Jack Step mich fragte, wie er auch andere um ihren Rat fragte, da war ich einer von den Leuten, die Dick Clark empfahlen . . .

Wir machten neun Filme: einen in Italien, einen in Deutschland, zwei in Mexiko und fünf hier. Sie waren sehr nützlich, denn sie spielten immer irgendwann spätabends oder nachts im Fernsehen. Wir haben hart gearbeitet, aber wir hatten auch eine Menge Glück. Man kann hart arbeiten, aber wenn man kein Glück hat, dann schafft man es nicht. Rudy, der in all den Jahren der musikalische Direktor der Gruppe war, und ich sagen immer: es gibt da oben einen, der mag uns leiden. Aber natürlich, wie Sie gesagt haben, hier unten gibt es auch welche, die uns leiden können.

Ich mochte immer Bob Wills und seine Playboys gern. Er war ganz sicherlich Spitze im Western Swing, zusammen mit Tex Williams und Spade Cooley. Aber die haben mich nicht beeinflußt. Mein Einfluß kam von Hank Williams, hauptsächlich wegen der guten Songs, die er schrieb, die Herzeleid-Songs und den Blues. Später freundete ich mich mit Marty Robbins und Hank Thompson an. Thompson hatte auch eine Band, die Western Swing machte, und ich glaube, er hat mich ein bißchen beeinflußt, weil er Fiedeln benutzte . . .

Ich machte gegen Ende meiner Karriere bei Decca *Caledonia*, hauptsächlich, weil Milt Gabler der Koautor war. Er spielte mir einmal Louis Jordans Platte vor, und mir gefiel sie, und außerdem wollte ich gern Milt einen Gefallen tun. Das verkaufte Platten. Louis Jordan war großartig und hat eigentlich nie den Erfolg gehabt, den er verdiente. Ich glaube, daß er vielleicht nicht mehr Einfluß auf mich hatte, weil sein Höhepunkt zu der Zeit war, als ich Country & Western-Musik machte. Später, als ich

151

mich für den Blues zu interessieren begann, war Louis' Zeit vorbei. Aber ich bin sicher, daß einige Gruppen, die ich mir immer wieder anhörte, von ihm beeinflußt waren.

Ich nenne Ihnen einen Burschen, der mich ungeheuer beeinflußt hat – ich habe ihn gerade in Los Angeles in der Hollywood Bowl gesehen –, und das ist Big Joe Turner, der Boss des Blues. Joe und ich wurden gute Freunde, als wir 1957 zusammen eine Tournee durch Australien machten . . . Joe Williams ist großartig, aber Joe Turner ist der Boss.

Als ich in Chester aufwuchs, war es eine nette kleine Industriestadt. Ein Vorort von Philadelphia. Es war eine Musikstadt: die Atmosphäre war gut für Musiker. Die FOUR ACES kamen aus Chester – Frankie Avalon, Fabian, Mario Lanza und andere. Dann hatten wir Philadelphia und *American Bandstand*. Chester hatte eine Menge Nachtclubs, wo man als Musiker arbeiten konnte, und die Leute waren sehr aufnahmebereit.

Chester hatte auch einen schwarzen Stadtteil. Aber es gab keine Spannungen . . Damals arbeiteten wir in schwarzen Nachtclubs, und es gab weder Probleme mit den Musikern noch mit den Gästen. In Pep's Musical Barn war ich im selben Programm mit B. B. King, Fats Domino, Lloyd Price, Ray Charles, Nat King Cole – keine Schwierigkeiten.

Das gegenwärtige Rock 'n' Roll Revival ist eine eigenartige Sache. Wir haben eine Zeit erlebt, als die Begeisterung abebbte, hier bei uns, das stimmt, aber im Ausland haben wir ständig gearbeitet. Dann gingen wir '67 nach Europa, wie schon früher, und wir waren im Alhambra-Theater in Paris gebucht, an vierter Stelle im Programm. Zu der Zeit war die Hauptattraktion die SPENCER DAVIS GROUP. Wir saßen in der Garderobe, und wir hörten den unheimlichen Lärm. Schließlich wurde uns bewußt, daß sie ‹Bill Hah-lee, Bill Ha-lee› riefen. Wir waren noch ein bißchen skeptisch, wie wir wohl ankommen würden. Aber dann gingen wir raus, und wir haben sie absolut weggefegt. Und das war der Anfang des Revivals für uns. Später passierte dasselbe in Amsterdam und in anderen Teilen Europas. Bevor wir überhaupt die Bühne betraten, fingen sie an zu singen: *Rock Around The Clock*.

'68 hatten sie dann das ganz große ‹Rock 'n' Roll Revival› in England. Und '69 war es Richard Nader im Madison Square Garden. Ich kann nur vermuten, daß es so ist, weil im Moment sonst nichts passiert und die Kids daher wieder die ursprüngliche Musik entdeckt haben.»

Die Platters

Die PLATTERS, das waren vier Männer und eine Frau, und als erste schwarze Gruppe der 50er Jahre waren sie auf der Popszene erfolgreich, ohne daß etwa eine weiße Cover-Version ihres Titels kräftig mitgeholfen hätte. Sie etablierten sich nicht mit einem schmissigen Song zum Tanzen und auch nicht mit einem witzigen Modelied, sondern mit einer Ballade. *Only You* war ein schnulziges Ding, das aus den 30er Jahren hätte stammen können. Aber der Stil der PLATTERS war schwarz.

Wie schwarz, das machte ihre Version des Jerome Kern-Standards *Smoke Gets In Your Eyes* deutlich. Kaum war die Platte '58 erschienen, meldete sich ein Beauftragter von Kerns Witwe beim Verleger und verlangte, daß der Vertrieb der Platte eingestellt werde. Berichten zufolge soll der Verleger Max Dreyfus – der ehrwürdige und verehrte Patron aller großen Namen im Showgeschäft – sich ausdrücklich um die Aufnahme bemüht haben und sogar ein Promotion-Budget oder einen Tantiemenanteil geboten haben, um die Veröffentlichung sicherzustellen. Aber der Nachlaßverwalter zeigte sich unnachgiebig – Mrs. Kern sei der Meinung, die Version der PLATTERS füge dem Copyright nichtwiedergutzumachenden Schaden zu. Nachdem alle Gegenargumente fruchtlos blieben, erwähnte der Verleger, daß die Platte sich vielleicht eine Million Mal verkaufen würde. Offensichtlich besänftigte die Aussicht, unter einer neuen Generation von Plattenkäufern derart verbreitet zu werden – abgesehen von den einträglichen Tantiemen –, Kerns Witwe, und die Platte der PLATTERS wurde auch prompt vergoldet.

Als *Only You* '55 die Charts stürmte, spielte ein Diskjockey aus Manhattan Hühnergegacker während einer Übertragung dazu, um sich über den Gesangsstil zu mokieren und anzudeuten, daß die PLATTERS ganz sicher nur kurzlebig seien. Wie sehr kann man sich irren! '56 hatten sie zwei oder drei Top-Hits des Jahres mit *My Prayer*, einer Neufassung des Hits aus dem Jahre '39, und *The Great Pretender*, einem neuen Song von ihrem Manager, der alle jenen jungen Leute tröstete, die einen Minderwertigkeitskomplex hatten. '58 war es dann wieder Revival-Zeit mit *Twilight Time*, einstmals der Erkennungssong der Instrumentalgruppe THREE SUNS, die ihn zusammen mit Buck Ram, dem Manager der PLATTERS, geschrieben hatten.

Nach *Smoke Gets In Your Eyes* begann die Plattenpopularität der Gruppe mit *Harbor Lights* zu schwinden, einem weiteren Bestseller Revival, diesmal einer Ballade, die Rudy Vallee 1937 bekannt gemacht hatte. 1960 hatten die PLATTERS eine große und loyale Anhängerschaft, der es gefiel, wie sie Songs der Vergangenheit im Stil der Gegenwart neu interpretierten. Der Erfolg stieg ihnen jedoch offensichtlich zu Kopf, und mehrere Gruppenmitglieder wurden in einem Hotel in Cincinnati festgenommen, wobei es um Prostituierte und Marihuana ging. Die Geschichten davon in der Presse waren das Ende.

Ebenso wie bei den FOUR ACES begann der Niedergang auch dieser Gruppe, als der Leadsänger sich zu einer Solo-Karriere entschloß. Tony

153

Williams, der eine unverwechselbare, durchdringende Stimme hatte, arbeitete mit Herb Abramson, dem Mitgründer von Atlantic, zusammen, der es auch auf eigene Faust versuchen wollte. Triumph Records brachten weder Williams noch Abramson die gewünschten Triumphe. Und die PLATTERS hatten auch keine erwähnenswerten Schallplattenerfolge mehr, obwohl sie in neuer Besetzung bis in die 70er Jahre immer wieder live auftraten.

Chuck Berry

Chuck Berry hat man den «Folkpoeten der 50er Jahre» genannt, «die wichtigste Persönlichkeit des Rock and Roll» und «den entscheidenden Mann in der Geschichte des Rock». All diese Lobpreisungen hat er wohl verdient, nicht nur wegen seiner eigenen Leistungen, sondern auch wegen des Einflusses, den er auf spätere Super-Rockstars wie die BEATLES, die ROLLING STONES, Bob Dylan und die BEACH BOYS hatte (die BEACH BOYS wurden von seinem *Sweet Little Sixteen* zu ihrer Surfin' Musik angeregt).

Er war groß, hatte lockige Haare und sah ein wenig aus wie der junge Abe Lincoln, ging etwas gebeugt – und er sang von *Maybellene*, die sich mit einem Burschen absetzte in einem Cadillac Coupe de Ville, und er machte sich «motivatin'» hinterher in seinem Ford – «nothin' outrun my V-8 Ford» – und wenn Maybellene auch untreu gewesen sein mag, Berry sang sich direkt in die Herzen und Seelen der High School Kids von '55. Heutzutage sind's Motorräder, aber damals waren es Autos, aufgemotzte, heiße Autos, und alles, was sich schnell auf vier Rädern vorwärtsbewegte, bedeutete Romanzen, Abenteuer, Sex – und Chuck Berry hatte das richtige Gefühl dafür, und er sang es, wie es war.

Was den Anteil der beiden anderen betrifft, deren Namen als Koautoren erscheinen, so hat Chuck Berry kürzlich deutlich gesagt: «Alan Freed hat ein Drittel eingesackt. Zwei waren es eigentlich, denn Russ Fratto, ein anderer DJ, war auch noch dabei. Ich hab von Fratto alles wiedergekriegt, aber nicht von Freed. Das ging auf sein Konto – und noch heute geht es an seine Erben – Freed hat sich überhaupt nicht mit mir hingesetzt und auch nur das geringste mit geschrieben.»

Er arbeitete im Cosmopolitan Club in East St. Louis und hatte an der Poro School of Beauty Culture studiert. Chuck war sechs Monate ein praktizierender Kosmetiker, als er *Maybellene* nach Chicago brachte. Muddy Waters ließ ihn auf die Bühne eines Clubs an der Southside und drängte ihn, zu den Chess-Brüdern zu gehen. Berry spielte ihnen *Maybellene* vor, damals als *Ida Red* bekannt, und er sang es im Country-Stil. Der Legende nach soll Leonard Chess den Rock-Beat des Chicago-Blues hinzugefügt haben. Chuck hat gesagt, die einzige Maybellene, die er je gekannt habe, sei eine Kuh gewesen, und seine Arbeit als Kosmetiker habe keinen Einfluß auf die Wahl von Namen gehabt. Er neigt zu Widersprüchlichkeit, wenn es um ihn und seine Arbeit geht. Alan Freed half, den Song auf die Nr. 1 in den R&B Charts zu bringen, wo er *Rock Around The Clock* ablöste. Ihm folgte dann *Only You*. Auf der Pop Honor Roll of Hits erreichte er die Top Fifteen, aber da er von den weißen Radiostationen im Lande nur relativ selten gespielt wurde, endete er ziemlich am Ende der fünfzig Top Tunes des Jahres.

In dem Jahr, als Presley auftauchte (1956), schuf Chuck Berry eine Anzahl von Teenage-Klassikern. *Too Much Monkey Business* beschrieb das «Generve», dem die Kids ausgesetzt waren, wenn sie an Tankstellen jobbten. Wie *Thirty Days* mit seinem Kommentar über die Richter und *No Money Down*, das sich kritisch mit Autoverkäufern auseinandersetzte, kritisierte der Song das Establishment, auf das Berry als Schwarzer besonders sensibel reagierte und gegen das die Autoritäts- und Konformitätskritik der neuen Generation gerichtet war.

In *Roll Over Beethoven* und anderen Songs fing Berry auf überzeugende Weise die Gefühle der jungen Leute über Dinge ein, die ihnen Spaß machten oder die sie nicht leiden konnten. In diesem speziellen Song ging es um die R&B-Musik, und er schlug sich natürlich auf ihre Seite – «if you feel it and like it ...» Die Worte und Bilder, die er benutzte, waren nicht besonders ungewöhnlich, aber es steckte Sex dahinter. Berry war kein Teenager mehr, und er schrieb nicht als einer, der sich mit ihnen identifizierte, sondern als Beobachter. Aber was für ein Beobachter und welches Einfühlungsvermögen!

School Day, Johnny B. Goode und *Sweet Little Sixteen* aus den Jahren '57–'58 waren kleine Meisterwerke voller Einsicht und Verständnis. «School Day (Ring! Ring! Goes The Bell!)» traf haargenau die Gefühle eines High School-Schülers vom morgendlichen Schulbeginn, wenn «the teacher is teachin' the golden rule», bis zum erlösenden Klingelzeichen am Nachmittag um drei Uhr, wenn man endlich befreit war und zur Musikbox-Kneipe um die Ecke rannte: «Hail! Hail! Rock 'n' Roll / Deliver me from the days of old ...» Aber in *Baby Doll* offenbarte Berry auch einen Sinn für die Nostalgie der jungen Leute, die sich nach dem Schulabschluß erinnerten, wie sie damals zur Schule gingen, «when the weather was cool» und stehenblieben, um die neuesten Songs zu hören, die aus den Radios vorüberfahrender Autos erklangen.

In *Sweet Little Sixteen* beschrieb er voller Zuneigung die Freude eines Mädchens beim Sammeln von Bildpostkarten mit den Autogrammen berühmter Gesangsstars und ihre Begeisterung und Erregung, wenn sie ihnen leibhaftig gegenüberstand – «Oh, Daddy, Daddy / I beg of you / Whisper to Mommy / It's all right with you ...», wenn sie in engen

155

Kleidern und hochhackigen Schuhen erwachsen spielte und dann voller Enttäuschung erlebte, wieder «sweet sixteen back in class again» zu sein.

Almost Grown aus dem Jahre '59 definierte Reife mit Teenagerausdrücken und fing mit einer einzigen Zeile die Einsamkeit, die Introvertiertheit und die Zurückgezogenheit der Heranwachsenden ein: «Don't bother me, leave me alone . . .»

Allen denen, die wissen wollten, daß er in *Johnny B. Goode* und andere Songs viel Autobiografisches getragen habe, sagte Chuck Berry: «Alles, worüber ich geschrieben habe, handelte nicht von mir, sondern von denen, die sich meine Songs anhörten. Ich habe zum Beispiel *School Day* nicht in irgendeinem Klassenzimmer geschrieben, sondern im Street Hotel, einem der großen billigen Hotels für Schwarze in St. Louis.»

Musikalisch kam Berry von der Presley entgegengesetzten Seite, aber sie trafen sich gleichsam im Rockabilly. Während Presley ein Weißer aus Memphis war, der schwarz, bluesig und guttural sang, war Berry ein Schwarzer aus St. Louis, der weiße Country-Musik sang. Als er nach Chicago kam, sang er, wie er selbst sagt, «Nat und Eckstine mit ein klein bißchen Muddy». Und in der Tat hielt man ihn wegen seiner klaren Aussprache manchmal für einen Weißen, während Presley oftmals für schwarz gehalten wurde.

Berrys Erfolg hielt bis '59 an, als er eine Dummheit beging, wie sie jedem unüberlegten, arroganten Kid hätte passieren können. Während einer Tournee in Mexiko lernte er ein Spanisch sprechendes Apachen-Mädchen kennen und nahm sie mit nach St. Louis, wo er ihr Arbeit in seinem Bandstand Club vermittelte. Als er ihr schließlich kündigte, lief sie mit einer Geschichte zu den städtischen Behörden, die Schlagzeilen machte: «Rock 'n' Roll-Sänger lockte mich nach St. Louis, sagt 14jähriges Mädchen.» Berry wurde verhaftet und nach dem Mann Act angeklagt. (Die Überquerung von Staatsgrenzen mit Minderjährigen konnte als Entführung ausgelegt und bestraft werden.) In seinem Krieg gegen die Musik der Teenager hatte das Establishment ein leichtes Opfer gefunden. Obwohl bewiesen werden konnte, daß es sich bei dem Mädchen um eine Prostituierte handelte, wurde Berry verurteilt. Der erste Prozeß wurde jedoch angefochten, weil der Richter offensichtlich voreingenommen war. In einem zweiten Prozeß wurde er aber wiederum verurteilt und kam im Februar 1962 in die Bundesstrafanstalt von Terre Haute.

Obwohl es doch in den Gefängnisakten steht, hat Berry gelegentlich geleugnet, überhaupt gesessen zu haben. Sich selbst widersprechend, hat er auch behauptet, zu jener Zeit auf Grund geschäftlicher Verpflichtungen nicht in der Lage gewesen zu sein, aufzutreten und Platten zu machen. Er besitzt in Wentsville, Missouri, einen Country-Club mit Swimming-Pool, Nachtclub und Motel. Jedenfalls war er während der frühen 60er Jahre nicht im Geschäft, aber um die Mitte des Jahrzehnts machte er eine triumphale Tournee durch Europa, wo alle britischen Gruppen ihn mit Sympathie und Bewunderung überschütteten und seine Songs aufnahmen. Über den Grad an Popularität, den er in der BEATLES-Zeit erfuhr, hat er selbst gesagt: «Manchmal hören Kids Platten von mir, und dann sagen sie: ‹Mann, der Typ spielt ja 'ne ROLLING STONES-Nummer!›»

Das «Rock 'n' Roll Revival» hat ihm die besten Konzertsäle des Landes geöffnet, einschließlich des Hilton in Las Vegas. Aber er tritt in der Lounge auf, während Elvis Presley im Hauptsaal singt. Manche Kritiker meinen, es müsse umgekehrt sein, und es *wäre* auch umgekehrt, wenn man die Hautfarben auswechseln könnte. Auch Berry kam das oft in den Sinn, und er hat gesagt: «Es ist doch offensichtlich, daß Presleys Weg frei war, während meiner erst noch gebahnt werden mußte.»

Auf der Bühne kann Chuck mitreißend und überaus sympathisch sein, wenn er zum Beispiel sein Publikum dazu bringt, bei *My Ding-A-Ling*, seiner goldenen Platte von '72, Refrainzeilen nachzusingen. Er hat aber nie das Charisma erreicht, über das Presley verfügte. Der berühmte Entengang (duck waddle), den er 1956 bei seinem Paramount-Konzert in Brooklyn zum erstenmal vorführte, ist der Höhepunkt seiner Liveauftritte. Aber wenn es um reine Kreativität und Witz und Phantasie als Songschreiber geht, dann kann ihm kaum einer das Wasser reichen. Außer vielleicht Leiber und Stoller, möglicherweise noch Otis Blackwell, hat kein Songschreiber die Rock 'n' Roll-Erfahrung, die Gefühle, die Schwierigkeiten und die Freuden der Teen-Generation der 50er Jahre besser und deutlicher ausgedrückt als er. Er war und ist der Songdichter dieser Generation.

3
Die Rock 'n' Roll-Jahre

1956–1960

Der Gott des Rock 'n' Roll tritt auf

Im Jahre 1956 ließ sich Präsident Dwight Eisenhower im Walter Reed Hospital am Darm operieren. Die Filmschauspielerin Grace Kelly ging nach Monaco und wurde eine Prinzessin des 20. Jahrhunderts. Sowjetische Truppen schlugen in Polen und Ungarn brutal Aufstände nieder. Das schwedisch-amerikanische Luxusschiff Stockholm stach in See, und das italienische Schiff Andrea Doria sank auf den Meeresboden. Archie Moore stieg in einen New Yorker Ring, und Floyd Patterson wurde der jüngste Weltmeister der Boxgeschichte. Tommy Dorsey ging ins Bett und erstickte im Schlaf. Milton Berle setzte sich zur Ruhe, nachdem er acht Jahre als Mr. Television regiert hatte. Und eine junge schwarze Frau, Autherine Lucy, besuchte die Universität von Alabama – mit Hilfe eines Gerichtsbeschlusses und beschützt von Bajonetten.

Im Jahre 1956 betrat Elvis Aaron Presley – ehemaliger Lastwagenfahrer – ein RCA Victor-Studio, nahm *Heartbreak Hotel* auf und wurde damit zum Gott des Rock 'n' Roll.

Hysterie hatte die Ankunft Sinatras in den 40er Jahren begleitet und den Aufstieg der BEATLES in den 60ern. Presleys Auftauchen war ebenso explosiv und löste noch mehr Kontroversen aus. Die BEATLES waren ein Generations-Image. Sinatra war ein Sex-Image. Auch Presley hatte Sex, aber der war animalischer, und seine tiefe Stimme war wie das Knurren eines Hundes, der um eine läufige Hündin streicht. Aber seine anfängliche Wirkung und Ausstrahlung waren die eines Rowdys. Bis zum Jahresende hatte er sich jedoch zum archetypischen Heranwachsenden gewandelt, manchmal schüchtern, manchmal eitel, manchmal verletzlich, aber immer voller Respekt gegenüber den Erwachsenen.

Im Dezember '55 veröffentlichte RCA fünf Presley-Scheiben, die man von Sun erworben hatte und die schon vorher von der Memphis-Firma auf den Markt gebracht worden waren. Man hatte sich dazu entschlossen, weil man besorgt war, Presleys einzigartige Qualität könne in der komplexen Atmosphäre und Maschinerie einer großen Plattenfirma verlorengehen. Diese Platten verkauften sich jedoch so schlecht, daß leitende RCA-Angestellte schon mit Bedauern auf die 40 000 $ anspielten, die Presleys Kauf gekostet hatte. Dann kam *Heartbreak Hotel*, in den Victor-Studios unter der Leitung von Steve Sholes aufgenommen, jenes Mannes, der sich für den Einkauf von Presley stark gemacht hatte. Ende April schienen die Schlagzeilen in den Branchenzeitungen eine

161

neue Situation zu signalisieren: «Lacht Sholes am besten? Presley-Verkäufe steigen!» Und in der Tat hatte die Platte die Millionengrenze überschritten und stand an der Spitze der Honor Roll of Hits. Und alle anderen Presley-Platten verkauften sich in derartigen Mengen, daß er allein – so unglaublich es klingen mag – mehr als die Hälfte der gesamten Pop-Verkäufe bei RCA Victor ausmachte.

Als er Anfang Juni zum zweitenmal in der *Milton Berle Show* auftrat, wurden Presley zwei *Billboard*-Kronen präsentiert. Nicht viele Künstler erreichten die Nummer eins in drei Pop Charts; Verkäufe, Musikboxen- und Diskjockey-Spielhäufigkeit. Elvis the Pelvis hatte es überdies auch noch in den C&W Charts geschafft. Zu der Zeit war *Heartbreak Hotel* außerdem in den Top Ten zweier R&B Charts. Sein erstes Album war der Nr. 1-Bestseller aller Pop-LPs. Und eine neue Single, «I Want You, I Need You, I Luh-huh-huh-huv Yeh-hew», brach gleichzeitig in den Top Twenty, Pop und C&W durch, kaum daß sie erschienen war.

Presleys aufregender Erfolg bei den Teenagern, ob schwarz, weiß oder aus den Südstaaten, fand kaum das Gefallen der Erwachsenen. «Er kann nicht die Bohne singen», schrieb Jack O'Brian in *Journal-American*, «und versucht seine schwache Stimme zu kaschieren, indem er sich so eigentümlich, wenn auch offensichtlich geplant bewegt, daß man sich an die Paarungstänze von *aborigines* erinnert fühlt . . .»

Der geachtete Radio- und Fernsehkritiker der *New York Times*, Jack Gould, beschrieb ihn als «Rock 'n' Roll-Variation einer der ältesten Showbusiness-Darbietungen, Virtuosen des hootchy kootchy.»

Für John Crosby von der *New York Herald Tribune*, eigentlich ein Liberaler, war Presley «ein unsagbar vulgärer und talentloser junger Entertainer . . . Wie geht es nach Elvis Presley weiter, der schon obszön genug ist – und das wird vom Gesetz bestraft?»

Sogar ein Diskjockey aus New York, Jerry Marshall von WNEW, schloß sich der Entrüstung an. Bevor er Presleys neue Platte in seinem *Make Believe Ballroom* spielte, sagte er: «Wenn ihm die Zukunft wichtig ist, dann sollte Elvis mit seinen ‹hootchy kootchy›-Verrenkungen aufhören, sonst endet er noch als ‹Pelvis› Presley in irgendeinem Zirkus . . .» In Chicago ließ sich eine Radiostation zu einem anderen Kommentar hinreißen: täglich wurden Presley-Platten demonstrativ während einer Sendung zerbrochen.

Auf all die Kommentare reagierte NBC-TV mit einer Erklärung, daß Presleys Auftreten mit all seinem Hüftgeschlacker Milton Berles Fernsehsendung eine höhere Einschaltquote gebracht hatte als der Konkurrenzsendung *Phil Silvers Show* auf ABC-TV. Dennoch, als Presley im Juli als Gast in der *Steve Allen Show* auftrat, auf NBC, trug er einen Smoking und war, nach den Worten eines Kritikers, «schrecklich zahm». Als er seine neue Single *Hound Dog* sang, schnitt Allen statt der Hüftschwünge Bilder von einem traurig ausschauenden Beagle-Hund ein. Und wieder, wie bei Berle, waren die Einschaltquoten höher als bei der Konkurrenzsendung von CBS, der *Ed Sullivan Show*. Aber die Kids waren unzufrieden. Als Presley in New York Schallplattenaufnahmen machte, demonstrierten sie vor den RCA Victor-Studios mit Schildern, auf denen zu lesen stand «Wir wollen den echten Elvis!»

Als Ed Sullivan sah, daß er offensichtlich von Steve Allen überrundet worden war, soll er von oben herab gesagt haben: «Presley ist nicht meine Sache!» Und er soll hinzugefügt haben, er wolle den heulenden Hüftverrenker «um keinen Preis in seiner Familien-Show» haben. Aber in der folgenden Woche, als Allen ohne Presley wieder in der Beliebtheitsskala unter Sullivan fiel, vergaß Ed ganz schnell seinen Unwillen und nahm Presley für drei Herbstsendungen unter Vertrag, zu einer Gage von 17 000 $ pro Show.

Während des zweiten Halbjahres '56 ließ sich aus allen Statistiken Presleys enorm steigende Popularität ablesen. *Hound Dog* b/w *Don't Be Cruel* war ein doppelseitiger Hit, im Musikgeschäft sehr selten, dessen beide Seiten die Nummer eins erreichten. Über eine Million Platten wurden davon verkauft.

«*Love Me Tender*», im September veröffentlicht, hatte Vorausbestellungen für über 856 000 Exemplare, eine Woche vor Erscheinen. Eine sanfte Ballade, tief und langsam gesungen, und sie war das Titellied von Elvis' erstem Film – dem ersten von gut dreißig Filmen, die alle Kassenerfolge waren. Der Popularität des Sängers und Colonel Parkers Managerfähigkeit war es zu verdanken, daß man die Veröffentlichungsrechte an der Filmmusik bekam. Presley wurde überdies als Koautor an den Songs erwähnt und enthielt entsprechende Tantiemen.

Im September erschienen auf RCA Victor außer dem Titelsong des Films noch sieben weitere Singles. Das war ein unerhörtes Unterfangen, das von der Anti-Presley-Brigade diffamiert wurde als Trick, «das Geld einzusacken und sich dann schnell dünnezumachen». Musikprofis äußerten die Ansicht, alles, was so schnell Erfolg habe, werde auch ebenso schnell wieder von der Bildfläche verschwinden. Leitende RCA-Leute gaben zwar zu, daß man damit den Markt sättigen wolle, aber schließlich seien die Teenager offensichtlich unersättlich, was Presley-Platten beträfe.

Und die Verkäufe von *Love Me Tender* schienen ihrer Überzeugung recht zu geben. In den Single Charts von *Billboard* kam der Titel auf Anhieb auf Platz zwei. In der Geschichte dieser Branchenzeitschrift hatte noch keine andere Platte das je geschafft. Gleichzeitig stieß sie sowohl auf dem C&W- wie auf dem R&B-Sektor in die Top Ten vor und demonstrierte damit, daß Rockabilly tatsächlich eine Fusion dieser beiden Bereiche mit Wirkung auf den Pop-Markt war.

Zu Jahresende mußten sich diejenigen, die Presleys Erfolg den degenerierten amerikanischen Jugendlichen zuschrieben und ihn für begrenzt hielten, mit den Verkaufszahlen auseinandersetzen, die aus Kanada gemeldet wurden. In einem Land, wo Verkäufe von hunderttausend Platten als *smash* gewertet wurden, hatten *Hound Dog* und *Don't Be Cruel* über 225 000 Exemplare verkauft, und *Love Me Tender* kam nach sechs Wochen schon über 135 000. Noch eindrucksvoller waren die Berichte aus Musikgeschäften in Toronto und Montreal, daß die Presley-Manie zu einem enormen Anstieg der Gitarrenverkäufe geführt hatte. RCA Kanada nannte nicht nur *Don't Be Cruel* den größten Single-Erfolg in der Firmengeschichte, sondern meldete, daß Presley der einzige amerikanische Künstler sei, der gleichermaßen bei der englischen wie bei der französischen Bevölkerung des Landes ankam.

In einer Anzeige, die Mitte des Jahres erschien, behauptete Dot Records, daß Pat Boone «der einzige Künstler» sei, «der in der Geschichte des Musikgeschäfts 38 von 52 Wochen im ersten Jahr seiner Schallplattenkarriere in den ‹Best Selling Retail Record Charts› war». Tatsächlich war Boones Erfolg eindrucksvoll, und er hatte Hits wie *Ain't That A Shame, I Almost Lost My Mind, I'll Be Home, Friendly Persuasion, Tutti Frutti* und *Long Tall Sally*. Aber im ganzen betrachtet, erreichte der junge Mann mit den weißen Lederanzügen nur die zweite Stelle nach dem Tupelo-Troubadour. Presley war bei weitem der Top Hound Dog des Jahres.

«Als ich sehr jung war, sah ich eine Kusine von mir tanzen», sagte David Bowie, der englische Rock-Star. «Sie tanzte nach *Hound Dog* von Elvis, und ich hatte noch nie erlebt, daß sie von etwas so begeistert war. Das hat mich wirklich beeindruckt, die Kraft dieser Musik. Kurz danach besorgte ich mir Platten. Meine Mutter brachte mir am nächsten Tag *Blueberry Hill* von Fats Domino mit. Als ich älter wurde, hörte ich von Chuck Berry, und das führte mich zu R&B, Jazz und Blues.»

Knocking The Rock

Aus Cincinnati kam die Nachricht, daß ein Gebrauchtwagenhändler sein Geschäft mit einem Plakat anzukurbeln versuchte, auf dem zu lesen stand:

> Wir garantieren,
> daß wir in Ihrer Gegenwart
> fünfzig Elvis Presley-Platten zerbrechen,
> wenn Sie noch heute
> eines dieser Autos kaufen.

An dem Tag verkaufte er fünf Wagen.

Presleys geradezu fanatische Aufnahme bei den Teenagern erregte den Unwillen jener Kräfte des Establishments, die auch Alan Freed attackiert hatten. Im Verlaufe des gesamten Jahres 1956 richteten sich diese Angriffe nicht nur gegen den Pelvis, sondern gegen den Rock 'n' Roll allgemein. Die Motive, die dahintersteckten, waren manchmal ökonomischer Art (wenn Verleger, Songschreiber und Entertainer alten Schlages beteiligt waren), manchmal «moralisch» begründet und nicht selten von Rassismus getragen.

«Der Rock and Roll entflammt und erregt die Jugend», sagte Reverend John Carroll von der Erzdiözese Boston, «wie Dschungeltrommeln die Krieger zum Kampf aufrufen und vorbereiten. Ein falsches Wort, ein Mißverständnis, und alles geht in Flammen auf. Die zweideutigen Texte dieser Musik sind Angelegenheit der Gerichte und der Polizei. Aber in der ersten Verteidigungslinie müssen schon die Diskjockeys stehen.»

In Buffalo beim Sender WKBW wurde der Diskjockey Dick Biondi während einer Sendung gefeuert, weil er eine Elvis Presley-Platte spielte. Als bei einer anderen Show Elvis sein Oberhemd signierte, um es den Fans als Souvenir zu überlassen, machte Biondi den Fehler, sich in die Menge erregter Mädchen zu begeben. Man riß auch ihm das Hemd vom Leibe.

Aber *Billboard* berichtete in seiner ersten Ausgabe des Jahres, der R&B oder, wie die Teenager ihn nannten, Rock 'n' Roll habe es «zu Ansehen gebracht». Als Beweis dafür wurden genannt: eine *Rock 'n' Roll Ice Revue* im Roxy Theatre von New York City, eine Rock-Radiosendung von Alan Freed bei CBS, die Präsentation einer Revue, moderiert von Dr. Jive, einem R&B-Diskjockey, in der *Ed Sullivan Show,* der Gebrauch des Big Beat in einer Werbung für die Zigarette Pall Mall, eine R&B-Revue, die man in die Carnegie Hall gebucht hatte, und schließlich das Erscheinen der Platte *Rock Around Mother Goose* auf MGM. R&B befinde sich in einem *boom*, so meinte die Branchenzeitschrift, «obwohl chauvinistische Exponenten der Popmusik ihren frühen Tod prophezeit hatten».

Derartige Chauvinisten gab es aber nicht allein in der Musikbranche. Im Süden verkündete das White Citizen's Council von Birmingham, Alabama, seine Kampagne, jede Rock 'n' Roll-Platte aus den einheimischen Musikboxen zu entfernen. In Hartford, Connecticut, veranlaßte die dreitägige Rock 'n' Roll-Show von Alan Freed die Polizei, dem State Theatre die Lizenz zu entziehen. Die Hüter von Gesetz und Ordnung konnten sich auf die moralische Unterstützung eines ansässigen Psychiaters berufen, der die neue Popmusik charakterisierte als «eine anstekkende musikalische Krankheit, die mit der jugendlichen Unsicherheit ihr Spiel treibt und die Teenager veranlaßt, unerhörte Dinge zu treiben».

Drei Musiker der älteren Generation erhoben ihre Stimme zur Verteidigung der Rockmusik. In einem offenen Brief verdammte Sammy Kaye, ein berühmter Swingmusiker, die Kommentare des Psychiaters als «gedankenlos und geschmacklos». Kaye sagte: «Vor ein paar Jahren, als die Teenager den Lindy Hop zu tanzen begannen, gab es Leute – unter ihnen waren vielleicht auch Sie –, die diese jungen Menschen als Wahnsinnige und Kriminelle bezeichneten. Ich habe keinen Zweifel, daß auf diese Weise auch jene angegriffen wurden, die vor vielen Jahren zum erstenmal Foxtrott tanzten.»

Alan Freed nannte den nationalen Angriff auf den Rock 'n' Roll eine «Verschwörung» und erklärte, daß die Bandleader Benny Goodman und Paul Whiteman ihn eingeladen hätten, mal «Aufzeichnungen» zu vergleichen. Aus ihnen werde sich ablesen lassen, daß auch sie Angriffen ausgesetzt waren, weil ihre Musik angeblich «die Jugend verdarb».

Im April gab es eine neue Kampagne, diesmal von der auflagenstarken *Daily News* aus New York. In einem zweiteiligen Artikel denunzierte das Blatt den Rock 'n' Roll als «verantwortlich für Jugendkriminalität» und bezeichnete Alan Freed als Hauptübeltäter. CBS nutzte die Gelegenheit zu einem Sonderprogramm, das von dem Kommentator Eric Sevareid moderiert wurde. Es wurden Filmausschnitte von einer Rock 'n' Roll-Show in Camden, New Jersey, gezeigt, und anschließend interviewte man Teenager. Alle widersprachen der Unterstellung, diese Musik habe einen schlechten Einfluß. Mehrere Psychiater, die von Sevareid befragt wurden, sprachen die Musik von einem schlechten Einfluß frei und schrieben die Schuld an den Krawallen Mängeln in der häuslichen Umgebung der Jugendlichen zu, die sich daran beteiligten. Der A&R-Mann Mitch Miller, bekannt als Kritiker der Rockmusik, tauchte überraschend auch in der Sendung auf und erklärte: «Man kann Musik niemals als kriminell bezeichnen. Wenn man dem Rock 'n' Roll irgend etwas zum Vorwurf machen kann, dann ist es die Tatsache, daß er aus der Monotonie eine Tugend macht.»

Der Höhepunkt der Sevareid-Untersuchung war ein Interview mit Alan Freed, der Pressemeldungen über Krawalle bei seinen Rock-Shows als «unmäßig übertrieben» bezeichnete. Er erinnerte «Mom und Dad» an ihre eigenen (und seine) Teenager-Jahre, als der Big Band-Swing für sie das war, was die Rock 'n' Roll-Musik jetzt ihren Kindern bedeutete. Er warf der *Daily News* vor, absichtlich seine Wohltätigkeits-Aktivitäten nicht erwähnt zu haben, und wies darauf hin, daß an einem regnerischen Sonnabend über elftausend Jugendliche gekommen waren, um 500 000 Flugblätter zu verteilen, in denen dazu aufgerufen wurde, Geld zu spenden für den Kampf gegen die Nephrose (ein nichtentzündliches Nierenleiden). Sein Auftritt war gekonnt.

Die Kontroverse hielt an. In Boston präsentierte die Station WBZ eine einstündige Dokumentation, in der Duke Ellington als Befürworter der Rockmusik auftrat. Als Gegner formulierte der Direktor der katholischen Jugendorganisation der Diözese: «Es besteht kein Zweifel daran, daß der Rock 'n' Roll seine Narben bei der Jugend hinterlassen hat.»

Während noch Freed und die *Daily News* gegenseitig Karateschläge austauschten, startete das ABC Network *Rhythm on Parade*, ein R&B-Programm, das aus Detroits berühmter Flame Bar kam und von dem DJ Willie Bryant moderiert wurde. NBC-TV, der Sponsor von Alan Freeds *Rock 'n' Roll Dance Party*, erwog, den DJ für einen halbstündigen Teil von Jackie Gleasons *Stage Show* einzusetzen.

Unter den C&W-Zuhörern tat sich auch etwas. Trotz einer Opposition gegen den neuen Stil, teilweise deswegen, weil er von den Schwarzen kam, beugte sich doch eine immer größer werdende Anzahl von C&W-Diskjockeys den Wünschen der Zuhörer und nahm R&B und Rock 'n' Roll-Platten ins Programm auf. Und die Plattenfirmen sowohl im Süden wie im Norden suchten alle einen neuen Presley.

Inmitten des Tohuwabohus formierte sich in Chicago ein weiterer Angriff. Um das Teenagerinteresse am Tanzen vom Rock 'n' Roll abzuwenden und auf Polka und dergleichen auszurichten, begann ABC-TV die *Polka Time Show* der Station WKBY im ganzen Land auszustrahlen. ABC Paramount Records schloß sich an, indem man eine Reihe von Polkaalben von Steve Wolowu veröffentlichte.

Pearl Bailey versuchte, die Situation humorvoll zu nehmen, und veröffentlichte *I Can't Rock And Roll To Save My Soul* b/w *The Gypsy Goofed*. Im Herbst jedoch wurde der Kampf an einer neuen Front geführt. Eine Gruppe prominenter Songschreiber, hauptsächlich von Show-Songs, angeführt von dem Präsidenten der ASCAP, trat vor einem Kongreß-Ausschuß, der Monopolbildung in der Rundfunk-und-Fern-

167

seh-Industrie untersuchte. Ihre Anschuldigung: BMI, die Konkurrenz-
gesellschaft zur Wahrung der Aufführungsrechte, sei nichts anderes als
eine verschworene Organisation der Radio- und Fernsehleute, die die
Kontrolle über die Songs der Nation anstrebe.

Der Songschreiber und Theaterproduzent Billy Rose bezichtigte die
BMI, «die Ätherwellen mit Rock 'n' Roll und anderen musikalischen
Monströsitäten vollzustopfen», und behauptete, ein Songschreiber habe
kaum Chancen, gehört zu werden, es sei denn, er gehöre der BMI an.
Zum gleichen Zeitpunkt, als er dies behauptete, war sein eigener Song,
Tonight You Belong To Me die Nummer sechs in der Honor Roll of Hits
im *Billboard*, weil er in einer neuen Version von Patience und Prudence,
zwei elf- und vierzehnjährigen Teenagern, aufgenommen worden war.

Eine ungewöhnliche Anzahl von ASCAP-Standards war damals in
neuen Rock-Versionen erhältlich. Unter Presleys sieben eben veröffentlichten Platten befanden sich *I Love You Because* sowie *Blue Moon* von
Rodgers und Hart. Fats Domino war in den R&B- und Pop-Charts mit
When My Dreamboat Comes Home, 1936 von Guy Lombardo vorgestellt. Gerade zuvor hatte er einen Erfolgshit aus Walter Donaldsons *My
Blue Heaven* gemacht, Jahrgang 1927, und es sollte *Blueberry Hill*
folgen, 1941 von Gene Autry herausgebracht. *My Prayer* (1939) war ein
R&B- und Pop-Hit der PLATTERS.

Hinzu kamen neue Veröffentlichungen von *Candy* (1944) und *Mean
To Me* (1929) von Big Maybelle auf Savoy; *Yes, Sir, That's My Baby*
(1925), *Ain't She Sweet* (1927) und *My Heart Cries For You* (1950) von
den SENSATIONS auf Atco; *White Christmas* von Irving Berlin von den
DRIFTERS; *I Don't Care If The Sun Don't Shine* (1949) von Presley und *I
Wanna Be Loved*, eine Billy Rose-Ballade von 1932, auf Atlantic von
Ruth Brown. Und es war daher kein Wunder, daß sich verschiedene hohe
Leute der ASCAP von jenen Aussagen distanzierten, die vor dem Celler
House-Ausschuß gemacht worden waren, mit dem Hinweis, die An-
schuldigungen von Rose und anderen seien nur deren eigene Meinung.

Ein ASCAP-Standard, der es '56 nicht zu besonderem Erfolg brachte,
war eine R&B-Version von Cole Porters *I Love You* aus «Mexican
Hayride». Ursprünglich '44 ein Hit für Bing Crosby, war der Titel jetzt
von den ROBINS eingespielt worden. Chappell Music, der Verlag der
meisten Broadway-Showmusiken, setzte sich zur Wehr. Man behauptete, die neue Version mache den Song lächerlich und verletze das Copyright. Mit dem Erfolg, daß die Platte der ROBINS aus dem Verkehr
gezogen wurde. Ein paar Jahre später zeigte dieselbe Firma eine absolut
gegenteilige Politik, als es um die Aufnahme der PLATTERS von einem
anderen Show-Standard ging: *Smoke Gets In Your Eyes*.

Während eines Besuchs in New York im Dezember sprach sich der
ASCAP-Komponist Dmitri Tiomkin, der gerade die Filmmusiken zu

«High Noon» und «Friendly Persuasion» geschrieben hatte, gegen jeden musikalischen Snobismus aus. «Manche mögen Bach», sagte er, «manche mögen Benny Goodman, und anderen wiederum gefällt der Rock 'n' Roll . . . verschiedene Musik ist für verschiedene Stimmungen geeignet, und die amerikanische Musik hat ihre verschiedenen Apsekte.» Und dann sprach er ein Argument aus, das in erster Linie die Plattenkäufer betraf: Es möge «Freiheit nicht nur für die Schaffenden, sondern auch für das Publikum» herrschen.

Als sich das Jahr der Konflikte dem Ende näherte, wurde das National Guard Armory in Washington, D. C., für Rock 'n' Roll-Veranstaltungen gesperrt. Die Leitung des Armory machte dafür Störungen nicht innerhalb des Gebäudes, sondern außerhalb verantwortlich. Zu ungefähr derselben Zeit erlaubte man dem Diskjockey Tom Edwards von der Station WERE in Cleveland, der bei einer einheimischen Kirchen-Tanzveranstaltung auftrat, nicht, Platten von Presley zu spielen. Er durfte überdies keine Presley-Fotos verteilen und auch keine Presley-Dias zeigen, die er für die Pause eingeplant hatte.

Einer der schlimmsten Zwischenfälle des Jahres ereignete sich Ende April. Und weil es dabei um einen Sänger ging, der auch nicht im entferntesten mit Rock 'n' Roll oder R&B zu tun hatte, wurde besonders deutlich, welch irrationalen Charakter die Angriffe auf die Musik hatten und welche Vorurteile ihnen zugrunde lagen. Es geschah am Abend des 23. April im Municipal Auditorium von Birmingham, Alabama. Viertausend ausschließlich Weiße waren im Saal, weil eine Stadtverordnung ein gemischtes Publikum nicht zuließ. Star der Variety-Truppe, zu der der Komiker Gary Morton und das Orchester von Ted Heath gehörten, war ein Sänger, der in Montgomery, Alabama, geboren war: Nathaniel Adams Cole, besser bekannt als Nat «King» Cole.

Er hatte gerade *Autumn Leaves* gesungen und war mitten in *Little Girl* – kaum ein Rock 'n' Roll-Titel –, als fünf Männer durch den Mittelgang zur Bühne stürmten, hinaufsprangen und Cole angriffen. Polizei, der man eine Demonstration angekündigt hatte, kam von den Seiten und befreite Cole – aber immerhin war er von seinem Klavierhocker gestoßen und geschlagen worden. Im Polizeigriff wurden die fünf Rowdies abgeführt, während die Band von Ted Heath dazu *America* spielte.

Nachdem die Ordnung wiederhergestellt war, verkündete der Komiker Gary Morton, daß Cole wegen einer Fußverletzung nicht weiterspielen könne. Nach fünf Minuten kam Cole jedoch wieder auf die Bühne gehumpelt, und man empfing ihn mit einem fünf Minuten anhaltenden Beifall. Ein sechster Mann wurde verhaftet, der von der Polizei draußen in einem parkenden Wagen gefunden wurde. Er hatte Totschläger und zwei Gewehre bei sich.

Einer der verhafteten Männer wurde später als Anführer der White Citizen's Council-Gruppe identifiziert, die zum Boykott von «Bop- und Negermusik» aufrief, um die Rassentrennung von Weiß und Schwarz aufrechtzuerhalten.

Die Attacke auf Cole hatte ihren Widerhall in Charlotte, North Carolina, wo Bob Raiford, ein Diskjockey, von der Station WBT gefeuert wurde. Raiford war durch die Stadt gegangen und hatte mit einem Tonbandgerät Kommentare von Bürgern über den Angriff auf Cole aufgenommen. Einige dieser Kommentare hatte er gesendet. Das Stationsmanagement dementierte, ihn wegen seiner Meinung zum Rassenproblem entlassen zu haben. Nein, man hatte ihn vor die Tür gesetzt, weil er sich nicht an Anordnungen gehalten hatte – man hatte von ihm verlangt, die Interviews nicht zu senden – und weil er die Station kritisiert hatte.

Bill Haleys letzte Plattenveröffentlichung im Jahre '56 war wie eine Bitte, eine Warnung oder ein Rat. Sein Titel hieß: *Don't Knock The Rock*.

Neil Sedaka

Pat Boone

Conway Twitty

Bo Diddley and Chuck Berry

Rick Nelson

The Coasters

Elvis Presley

Ray Charles

Little Richard

Buddy Holly

The Everly Brothers

Jerry Lee Lewis

Paul Anka

Frankie Avalon

Connie Francis

Teenage-Ausbruch

«Little Richard! Mann o Mann, der war der Gott!» sagte Marty Balin von der JEFFERSON AIRPLANE. «Ich bin mit Little Richard groß geworden.»

Wenn Jerry Lee Lewis sich mit dem Hintern auf die Klaviertasten setzt, mit dem Stiefelabsatz die Tastatur bearbeitet oder auf den Flügel springt, dann hat er das von Little Richard. Wenn Presley seinen Text keucht-gurgelt-schluckt und mit den Hüften wackelt, hat er das von Little Richard. Wenn die BEATLES «Yeah, yeah, yeah» kreischen und in ein hohes Falsett steigen, dann haben sie das von Little Richard.

Sie sind alle mit ihm groß geworden. Ebenso wie Bill Haley und die ROLLING STONES, die seine wilden Songs aufgenommen haben und ihn mehr oder weniger imitierten. So ging es auch Pat Boone, der nicht aufwuchs, sondern fett wurde und der Richards Stil so aufbereitete, daß er für die weißen Teenager genießbar wurde.

«Gonna rock it up! Rip it up! Shake it up! Ball it up!» Little Richard war ein Erweckungsprediger, der das Evangelium der Lebensfreude predigte. «Ich nenn es die Musik, die heilt», hat er gesagt. «Die Musik, die Blinde sehen macht, die Lahmen, die Tauben und die Stummen gehen, hören und sprechen! Die Musik der Freude, die Musik, die deine Seele hochfliegen läßt. Ja, ja, denn ich bin die lebendige Flamme, und Little Richard ist mein Name . . .»

Er sang mit einer Intensität und Besessenheit und mit einem Engagement und stieß an die äußersten Grenzen des Rock 'n' Roll, und «Ohhh! My Soul!» war einer seiner Lieblingsausrufe. Später nannte man seinen Stil Soul. Er war die wilde, tobende Begeisterung, ein wirbelnder Derwisch am Klavier, der König der Show, in atemberaubenden Kostümierungen und mit einem schwarzen Pomade-Haarturm auf dem Kopf.

1955 arbeitete er als Tellerwäscher in seiner Heimatstadt. «O mein Gott, o mein Gott», rief er aus. «Ich arbeitete in der Greyhound Busstation von Macon, Georgia, o mein Gott. Ich wusch das Geschirr. Ich durfte meinem Boss nicht widersprechen. Er brachte mir immer diese Berge von Tellern, die ich waschen sollte, und eines Tages sagte ich zu mir: ‹Ich muß etwas tun, damit dieser Mann nicht kommt und mir ständig diese Berge Teller bringt, die ich waschen muß!› Und ich sagte zu ihm: ‹Awopbopaloobopalopbamboom, schaff sie wieder raus!› Ja, und so hab ich *Tutti Frutti* geschrieben. Und dann hab ich auch noch *Good Golly*

Miss Molly in der Küche geschrieben. Ja, ich hab auch *Long Tall Sally* da in der Küche geschrieben.»

Long Tall Sally war ein Mädchen in seiner Heimatstadt, so hat er später erzählt. «Ich hab sie immer Slim genannt. Long Tall Sally und mein Onkel Sam, die haben am Sonnabend immer eine Menge getrunken, wissen Sie, denn man kriegte sein Geld am Sonnabend, unten im Süden. Und mein Onkel, der haute ab mit dieser Frau, wissen Sie, und die haben reichlich gesoffen, und wenn er meine Tante kommen sah, Mann, da hat er sich versteckt.»

1951 nahm Little Richard, gerade fünfzehn Jahre alt, ein paar ziemlich nichtssagende Bluesplatten für RCA Victor auf. 1953 nahm er *crying*-Bluesstücke für Peacock auf. Roy Brown hatte es besser gemacht. 1955 nahm er für Specialty auf, und das war Little Richard. Gospel-Blues, und eine Erregung und überschäumendes Temperament, wie sie nur sehr wenige Sänger ihr eigen nannten.

Tutti Frutti kam zuerst, eher noch ein Hit für Pat Boone als für Little Richard selbst. Aber dann kamen sie eigentlich alle auf einmal. In den R&B Charts von '56 hatte Richard Penniman, um mal seinen richtigen Namen zu nennen, nicht weniger als fünf Platten in den Top Fifty: *Tutti Frutti, Ready Teddy, Slippin' And Slidin', Rip It Up* und den größten Hit von allen, *Long Tall Sally.* Aber außer mit «Sally» gelang Little Richard eigentlich nicht der Umstieg in den Pop.

Offensichtlich war er doch ein bißchen zuviel, weniger für die Teenager der Nation als vielmehr für die weißen Ritter der Plattenteller. Sie waren überwältigt, wenn nicht gar abgestoßen von seiner wahnwitzigen Emotionalität und von seinen schweißtriefenden Energieausbrüchen. Natürlich traten Imitatoren auf den Plan – aber Richards einzigartiger und extremer Stil erregte die Aufmerksamkeit der Showbusinessleute, und daher trat er in mehreren der Rockfilme von '56 auf. Er stahl allen die Show in «The Girl Can't Help It», einem Film, der als der realistische und am besten konzipierte von allen galt.

'56 schaffte Fats Domino den Umstieg auf den Popsektor, denn seine Titel *Blueberry Hill, I'm In Love Again* und *My Blue Heaven* schlugen ein. Da zwei dieser drei Hitneubearbeitungen von Stadards waren, hat er wohl auch Erwachsene erreicht. Obwohl er mit hoher nasaler Stimme zu einer Boogie-Shuffle-Begleitung sang, hatte sein New Orleans Cajun-Akzent keine schwarze Identität. Auch die Tenorsax-Soli von Lee Allen oder Herb Hardesty waren melodischer und nicht so grob wie auf den typischen R&B-Platten. Die jungen Leute fanden ihn unwiderstehlich. Seine Stimme war fröhlich und jugendlich genug, um eine Art Kumpanei für ihn zu empfinden. Er schaffte den Übergang vom R&B zum Rock 'n' Roll ziemlich leicht.

Der dritte Super-Plattenverkäufer des Jahres war natürlich der junge

Südstaatler, der die schwarzen Songs und ihren Stil gleichsam wie ein Fremdenführer präsentierte. Wie die BEATLES dem Rock der 60er Jahre, so brachte Pat Boone dem Rock 'n' Roll der 50er Jahre mit seinem wohlerzogenen und warmen Bariton eine gewisse Ehrbarkeit.

Diese drei wesentlichen Persönlichkeiten umspannen das Spektrum des Rock 'n' Roll von '56 – Little Richard auf der extrem schwarzen Seite, Fats (und Chuck Berry) in der Mitte und am extrem weißen Ende Pat Boone.

Schwarzer Rock

James Brown, bekannt als Soul Brother No. 1 und seit kurzem auch als Godfather of Soul, stammte ebenfalls, wie Little Richard, aus Georgia. Er war kein Tellerwäscher, sondern Schuhputzer vor einer Radiostation in Macon, die ihm inzwischen gehört. Als man bei King Records '56 seine erste Platte herausbrachte, konnte man noch nicht ahnen, daß eine Legende geboren wurde. *Please, Please, Please* war ein Titel unter zehn anderen King/Federal-Veröffentlichungen.

Aber es war eine ungewöhnliche Platte. Sie begann mit vier Wiederholungen des Titelwortes, mit heiserer Stimme, wonach eine Off-Harmony-Gruppe gegen hämmernde Triolen einsetzte. Der Song hatte keine Struktur, sondern bestand aus vier Zeilen, die wiederholt wurden und sich in ihrer Intensität steigerten wie bei der Predigt eines Erweckungspriesters: «I love you so-o-o-o», «You done me wrong», «Please don't go-o-o-o», und dann der Titel, «Please ... please ... please». Alle Mittel der Gospel-Predigt gaben der Platte ihre Gefühlsglut: das Stottern, die ins Mark gehenden Ausrufe, die heiseren Kreischer. Es war der Anfang für «Mr. Dynamite». Aber es brauchte natürlich seine Zeit, bis sich das weiße Publikum an derartige rücksichtslose Emotionalität gewöhnen konnte.

Nachdem er Gospel mit Blues verbunden hatte, wandte sich Ray Charles einem weltlicheren Song zu, *Drown In My Tears*, einer schwarzen Ballade von Henry Glover, die im Laufe der Jahre gewann. Mit *Hallelujah I Love Her So* bewies Charles von neuem die Kraft seines sakral-säkularen Stils. Es war ein Song, den Peggy Lee '59 aufnahm, nachdem sie einen Hiterfolg mit Little Willie Johns *Fever* gehabt hatte, der '56 in den R&B Charts war.

173

Oreo Rock

Zugänglicher als Charles oder Brown waren die Sänger, die äußerlich zwar schwarz waren, innen aber weiß, so wie die populären Kekse, die Oreo hießen. Der talentierte Brillenträger Ivory Joe Hunter war in der Schwarz/Weiß-Schule von Chuck Berry und Fats Domino, obwohl er niemals so groß wurde wie die beiden. '56 hatte er einen Top Ten-Song, und seine eigene Bluesballade *I Almost Lost My Mind* zählte zu den Top Tunes des Jahres. Er verkaufte an Weiße ebenso wie an Schwarze, aber dennoch weniger als Pat Boone, der sein Tempo kopierte, seine Phrasierung und seine Intonation und ihm die Sendezeiten stahl.

Since I Met You Baby, im Dezember veröffentlicht, markierte eine Veränderung im Publikumsgeschmack und auch in Hunters Stil. Seine Platte ließ Cover-Versionen von Molly Bee auf Dot und Mindy Carson auf Columbia weit hinter sich. Außerdem erschien sie auf Atlantic, wo man ihr viel mehr Promotion zuteil werden ließ als bei MGM. Und die Plattenkäufer besannen sich Ende '56 darauf, eher dem Original als den Nachahmungen den Vorzug zu geben.

Die weiße Teenage-Meute
Carl Perkins / Johnny Cash / George Hamilton IV / Gene Vincent

Hinter Boone, Presley und Haley versammelte sich eine ganze Anzahl von Teenage-Sängern, unter denen Carl Perkins der kreativste und Johnny Cash der langlebigste und erfolgreichste war. John Lennon, der nach Auflösung der BEATLES zum erstenmal ein Live-Konzert mit der PLASTIC ONO BAND spielte, sagte dem Publikum, man könne nur Songs spielen, die alle kannten (alle Musiker) – denn man hatte keine Zeit gehabt, ein neues Repertoire zu proben. Er und der Gitarrist Eric Clapton legten dann sofort los mit: «One for the money, two for the show, three to get ready, now, go, cat, go!» Welcher Rock 'n' Roll-Star der 50er Jahre spielte nicht *Blue Suede Shoes*?

«Für mich war es der leichteste Song, den ich je geschrieben habe», sagte Carl. «Ich stand um drei Uhr nachts auf, als meine Frau Valda und ich in einer Sozialwohnung in Jackson, Tennessee, wohnten. Ich hatte die Idee schon im Kopf, weil ich Jungs an der Bühne hatte stehen sehen, unheimlich stolz auf ihre neuen Stadtschuhe – man muß wirklich arm sein, um seine Schuhe so zu lieben, aber mir ging es nicht anders –, und an dem Morgen bin ich runtergegangen und hab den Text auf einen Kartoffelsack geschrieben – es gab ja keinen Grund für uns, Schreibpapier rumliegen zu haben.»

Mehr vielleicht als jeder andere Teenage-Song der damaligen Zeit kennzeichnete *Blue Suede Shoes* die Stimmung einer neuen Generation, die heranwuchs – den entschlossenen Willen, sich eine eigene Identität zu geben. Die blauen Wildlederschuhe waren ein Symbol. Mit meinem Haus kannst du machen, was du willst (es anstecken), mit meinem Wagen (ihn stehlen), mit meinem Schnaps (ihn trinken), aber «don't you step on my blue suede shoes!» Perkins' eigene Aufnahme des Songs ließ eine ganze Anzahl von Cover-Versionen hinter sich, einschließlich der Country-Platten von Pee Wee King, Jim Lowe und Cliffie Stone, und auch die Instrumentalaufnahmen von Boyd Bennett, Sam (The Man) Taylor und Lawrence Welk. Die Statistiken zeugen von der Breitenwirkung, denn Perkins' Sun-Platte kam in allen drei Bereichen in die Charts, am höchsten im C&W, wo sie die Top Four erreichte, dann im R&B und schließlich im Pop, wo sie immerhin noch unter die Top Twenty kam.

Zum Unglück von Perkins nahm Presley den Song '56 auf und machte ihn zum ersten Titel auf Seite eins seines ersten Albums, so daß viele *Blue Suede Shoes* eher mit ihm in Verbindung bringen als mit dem Autor selbst. Ex-Beatle George Harrison hat gesagt, daß er ursprünglich von Perkins' Gitarrenspiel inspiriert worden sei – nicht anders geht es nach eigenen Aussagen Jerry Garcia von der GRATEFUL DEAD. '64 und '65 war Perkins einer der drei amerikanischen Songschreiber, deren Songs von den BEATLES aufgenommen wurden – die beiden anderen waren Chuck Berry und Little Richard. Auf ihren frühen LPs erschienen *Matchbox*, *Honey Don't* und *Everybody Is Trying To Be My Baby*. Perkins war vielleicht origineller, besaß jedoch nicht soviel Charisma wie Elvis oder Johnny Cash.

Am 12. Mai 1956 veröffentlichte Sun Records eine Anzeige in den Branchenzeitschriften, in der sich Carl Perkins für die Anteilnahme seiner Fans und der Diskjockeys an dem Autounfall bedankte, den er und seine Gruppe auf dem Weg nach New York erlitten hatten. In der unteren Hälfte der Anzeige kündigte Sun eine Platte von «einem großen neuentdeckten Talent» an – Johnny Cash. Cash sprach eher, als daß er sang, mit einer tiefen, tiefen Vibrato-Stimme, die Integrität und Engagement vermittelte. *I Walk The Line*, ein Titel, den er geschrieben hatte, wurde zu einer der großen Platten des Jahres, aber nur auf dem C&W-Sektor. Anders als *Blue Suede Shoes* von Carl Perkins verkaufte er sich weder auf dem Pop- noch auf dem R&B-Markt. Aber er führte dazu, daß Cash im Juli '56 von *Louisiana Hayride* – der Show, die auch das Sprungbrett für Presley war – zu der prestigereicheren *Grand Ole Opry* überwechseln konnte.

Cash erklärte später, er habe *I Walk The Line* aus Frustration über einen Job geschrieben, den er nicht ausstehen konnte. Er war Eisschrankverkäufer in Memphis. Über sich sagte er: «Wenn man nahe an der Erde lebt, dann lernt man verstehen, was Liebe und Haß bedeuten und was sich Menschen vom Leben erträumen. Don Gibson, Hank Williams und ich stammten von armen Bauernhöfen. Wir wuchsen in kleinen Hütten auf, lernten Baumwolle zu pflücken und die Scholle zu bestellen.»

Nachdem die Presley-Manie zu Ende ging, die den Sun-Künstlern und Rockabilly-Sängern ihre spezielle Aura verliehen hatte, fuhr Johnny Cash fort, in C&W-Tradition zu arbeiten, und veränderte seinen deklamatorischen tiefen Gesangsstil nur wenig. Als die Rockmusik in den späten 60er Jahren sich wieder ihrer Wurzeln besann, brachte ihm das den Status eines Superstars, eine eigene Fernsehserie und internationalen Ruhm.

Ein anderer Country-Sänger, der '56 in die *Grand Ole Opry* kam, weil er einen Hit hatte, war der neunzehnjährige George Hamilton IV aus Winston-Salem, North Carolina. Mit dünner Stimme sang sich George in die Phantasie der jungen Plattenkäufer mit dem Titel *A Rose And A Baby Ruth*, einem Song von einem Top-Country-Schreiber, John Loudermilk. Es war eine kitschige Geschichte über den Streit eines Liebespaares und die Versuche des Jungen, seine Liebste mit einer Blume und einem Schokoladenriegel wieder zu betören. Aber eben diese beiden Dinge projizierten das Bild einer Teenageromanze, mit der sich die jungen Leute identifizieren konnten, und Hamiltons Jungengesicht trug seinen Teil dazu bei. Obwohl die Platte wohl annähernd eine Million Mal verkauft wurde, hat George es danach nie wieder geschafft. So war er wohl der erste einer großen Anzahl von Teenagesängern mit nur einem Hit.

Gene Vincents Image war bissiger und eher im Schwarze-Lederkleidung-und-Motorrad-Syndrom von Presley angesiedelt. Und bei Capitol Records glaubte man, in dem jungen Seeman aus Norfolk, Virginia, eine Antwort auf den Rockabilly-Gott gefunden zu haben. Wie Presley war Vincent ursprünglich ein Country-Sänger. Durch den Gebrauch von Echohall vermochten die Toningenieure von Capitol seiner eher sanften und hohen Stimme einen rauhen, treibenden Rockabilly-Sound zu geben. *Be-Bop-A-Lula*, von Vincent und einem DJ aus Atlanta, Sheriff Tex Davis, geschrieben, hatte großen Erfolg auf dem Popsektor und noch größeren im C&W.

Während sein Hochgesang auf die Frau mit dem Beat noch immer eine Smash Single war, veröffentlichte Capitol eine weitere Platte, die das aggressive Image von Vincent weiter aufbauen sollte. Aber *Race With The Devil* b/w *Gonna Back Up Baby* war ein totaler Mißerfolg, und obwohl noch eine Anzahl Platten erschienen, brachten es Gene und seine Blue Caps nicht noch mal zu einem Hit. Dennoch erinnerte man sich an *Be-Bop-A-Lula* noch auf der anderen Seite des Ozeans, als die amerikanischen Fans Gene Vincent schon vergessen hatten. Zu Beginn der 60er

Jahre machte er eine Tournee durch England mit einer Gruppe, deren Schlagzeuger Richard Starkey war, später unter dem Namen Ringo Starr besser bekannt. Im April '60 war er an einem tragischen Autounfall beteiligt. Der junge Rockstar Eddie Cochran starb auf der Stelle, und Vincent wurde so schwer verletzt, daß man ihm ein Bein amputieren mußte. Nach einer Weile begann er wieder zu arbeiten, aber erst '70 erschienen in den USA wieder neue Platten von ihm, als er zwei Alben für Buddah aufnahm.

Die schwarzen Gruppen

«Now, they often call me Speedoo», sang er, vor einem Uptempo-Hintergrund von *boom-boom-diddliums*, «but my real name is Mr. Earl.» Sein Name war in der Tat Earl Carroll, und er war Mitglied der CADILLACS, die einen R&B-Smash-Hit mit *Speedoo* auf Josie Records hatten. Es war eine leicht witzige Platte, und sie versuchten einen Nachschlag mit *Zoom*. Aber der war jener Geschichte zu ähnlich von dem Mann, den manche Moe nannten, andere Joe, der aber niemals «slow» war – und *Zoom* schaffte es nicht. '58 hatten sie noch einen bescheidenen Hit mit *Peek-A-Boo*, und das war es dann auch. Aber die CADILLACS waren die Vorläufer einer der ungewöhnlichsten Gruppen in der Geschichte des Rock 'n' Roll – und «Mr. Earl» wurde eine Zeitlang von den COASTERS gesungen.

Humor ist eine seltene Qualität bei populären Songs, und noch seltener gar war sie im Rock 'n' Roll zu finden. Die COASTERS waren da eine brillante Ausnahme, eine Gruppe, die sich aus den ROBINS entwickelte, als Leiber und Stoller einen unabhängigen Produktionsvertrag mit Atlantic abschlossen. Zwei der ROBINS, Leadsänger Carl Gardner und Baßmann Bobby Nunn, taten sich mit dem Tenor Leon Hughes und dem Komiker/Sänger Billy Guy zusammen, um eine neue Gruppe zu gründen, die nach ihrem Ausgangsort, der West Coast, benannt wurde.

'56 erschien ihre erste Platte, *Down In Mexico* b/w *Turtle Dovin'*. «Mexico» war ein erzählender Song in einem Genre, das Leiber und Stoller noch perfektionieren sollten. Außerdem war er satirisch, machte sich auf freundliche Weise lustig über die Kundenfängerei von Händlern südlich der Grenze.

Down In Mexico hatte nicht den Kick von *Smokey Joe's Café*, einer früheren ROBINS-Geschichte von dem Cafébesitzer, der einen Gast, der Interesse an seinem Mädchen zeigt, mit Hilfe seiner Bestecksammlung ablenkt. Aber der Leadsänger Carl Gardner sang die Wörter am Schluß der Textzeilen mit einer Hebung, die Spannung und Spritzigkeit brachte. Die Begleitmusik war nicht nur gut zum Tanzen geeignet, sondern unterstützte und trug die Texterzählung wie Filmmusik. *Down In Mexico* war ein bescheidener R&B-Hit, aber er machte mehr als deutlich, was da noch zu erwarten war. Die ganz große Zeit der COASTERS kam Anfang '57.

Eine Anzahl von R&B-Gruppen, deren Existenz der von Eintagsfliegen glich, trug doch zur Erinnerung an den Sound von '56 bei. Dazu gehörten die SATINS mit *(I'll Remember) In The Still of The Night* auf Ember; die CLEFTONES mit *Little Girl Of Mine* auf Gee; die TURBANS mit *When You Dance* auf Herald und die CADETS mit *Stranded In The Jungle* – sie waren außerdem die JACKS mit dem Titel *Why Don't You Write*. Aladdin, ein West Coast-Label, das verantwortlich war für Gene und Eunice und *Ko Ko Mo*, kam mit einem anderen Duo heraus, das einen R&B-Klassiker machte. Shirley und Lees *Let The Good Times Roll* machte großen Eindruck auf weiße Käufer, obwohl die Platte von vielen Diskjockeys nicht gespielt wurde, weil man ihren Text für zu eindeutig hielt. Lee, der den Rocker geschrieben hatte, sang mit einer knurrigen Stimme und starkem Akzent, die sehr gut zu Shirleys Kleinmädchenstimme kontrastierte.

Während des Jahres '56 wurde «Teenage» zum Signalwort. Gruppen mit Namen wie TEEN-QUEENS, die TEENAGERS und THE SIX-TEENS wurden gegründet. Auf dem West Coast Label RPM hielten sich die TEEN-QUEENS mit *Eddie My Love* sehr gut gegen eine ausgefeiltere und besser promotete Cover-Version der FONTANE SISTERS.

Die populärste Gruppe von '56 nach den PLATTERS waren die TEENAGERS, ein R&B-Quartett, dessen Leadsänger gerade erst dreizehn Jahre alt geworden war. Frankie Lymon schrieb *Why Do Fools Fall In Love*, wenn auch George Goldner als Mit-Autor aufgeführt ist. Goldner, dem die Rama, Gee, Gone und End Labels gehörten, machte sich auf die Suche in den Gettos von New York City und fand nicht nur die TEENAGERS, sondern auch die CROWS, die an Straßenecken sangen. *Why Do Fools Fall In Love* war ein ziemlich erwachsenes Thema für einen gerade Dreizehnjährigen. Aber es war Lymons Sound – der eines niedlichen Chorknaben mit Power und Beat –, welcher den Song in allen R&B Charts bis in Spitzenpositionen brachte, auf die Nummer fünfzehn in der Honor Roll of Hits und in die Top Thirty aller anderen großen Platten von '56 – und das trotz der hervorragenden Konkurrenz durch die Cover-Versionen von den DIAMONDS auf Mercury und Gale Storm auf Dot. Die Kids kauften die Musik von dem Kid.

Lymon und die TEENAGERS erhielten sich ihre Popularität mit *I Want You To Be My Girl*, einem Song, den er nicht geschrieben hatte. Aber sie erreichten damit nicht den Millionenverkauf ihres Debüt-Hits. Ebensowenig mit *I Promise To Remember* oder *ABCs Of Love*, einem etwas zu offensichtlichen Versuch, Lymons Jugend kommerziell auszuwerten. Man erzählte sich innerhalb der Branche den Witz, daß Goldner jeden

Abend ein Gebet spräche, Frankies Stimme möge sich nicht ändern. Aber die Hits hörten sowieso vorher auf.

Als das «Rock And Roll Revival» 1967 begann, wurde *Why Do Fools Fall in Love* ein neuerlicher Hit mit den HAPPENINGS. Im folgenden Jahr fand man Lymon tot in Harlem, offensichtlich war er an einer Überdosis gestorben.

Am Pop-Ende des Soundspektrums war eine der erfolgreichsten Gruppen: die FOUR LADS auf Columbia. Obwohl sie «reife» Balladen sangen wie *Standing On The Corner* aus dem Musical «The Most Happy Fella», *No, Not Much* und *Moments To Remember* – alle unter den fünfzehn meistgespielten Platten von '56 –, hatten sie mit ihrem robusten *belter*-Stil und den saftigen Harmonien bei jungen Plattenkäufern Erfolg.

Die Sache mit der «Fliegenden Untertasse»

Eine der seltsamsten Platten des Jahres 1956 war *The Flying Saucer*, eine Aufnahme, auf der zwei junge Leute mit viel Erfolg die Gerüchte über UFOs (Unidentifizierte Fliegende Objekte) ausbeuteten. Unter dem Vorwand, eine fliegende Untertasse statte der Erde einen Besuch ab, bastelten Buchanan und Goodman Stellen aus fünfzehn modischen Hitsongs zusammen, die sie direkt von Platten überspielten, die auf dem Markt zu erhalten waren. Die jeweils zehn Sekunden langen Auszüge waren ohne ersichtliche Struktur oder Logik aneinandergereiht. Aber die Jugendlichen liebten es nicht nur, weil dadurch ihre Phantasie angeregt wurde, sondern auch weil es zum Spiel wurde, die Platten, Sänger und Songs herauszufinden, die da überspielt worden waren.

Die Reaktion in der Musikbranche war ganz anders, zumal *The Flying Saucer* Mitte Juli wie eine Rakete in die Charts vorstieß. Plattenfirmen und Musikverleger drohten mit Prozessen wegen Piraterie, Copyright-Bruch usw. Andererseits wurde gespöttelt: «Was? Ihr seid nicht auf dem ‹Flying Saucer›? Dann taugt ihr wohl nicht viel!» Es wurde gerätselt, wer die Finanziers, die Chefs von dem seltsamen Luniverse-Label waren, wo man die Platten hatte pressen lassen und dergleichen.

Trotz der vielen Drohungen stieg *The Flying Saucer* in die Honor Roll of Hits – und zwar nach ziemlich weit oben. Schließlich brachten es die betroffenen Verleger, deren Copyrights widerrechtlich benutzt worden waren, zu einem außergerichtlichen Vergleich mit den beiden Missetätern. Aber inzwischen waren schon wieder drei nichtlizensierte Zusammenstellungen auf dem Markt: *The Answer To The Flying Saucer* auf Cosmic, *Marty Of Planet Mars* auf Novelty und *Dear Elvis* auf Plus. Keine dieser Platten erreichte jedoch die Popularität, zu der es der ursprüngliche «Saucer» gebracht hatte.

Die zweite Platte, die von dem Team gemacht wurde, erschien im September und hieß *Buchanan And Goodman On Trial* b/w *Public Opinion*. Wieder war dieselbe Technik der Sound-Montage angewendet, aber diesmal hatten sie keine Stellen aus anderen Platten ausgekoppelt, sondern eigene Imitationen gemacht. Dies zweite Werk hatte jedoch keinen Erfolg.

Mitten im Sommer kam dann noch ein seltsames Werk auf den Markt. Es trug den Titel *Transfusion*, wurde auf Dot veröffentlicht, und der «Künstler» nannte sich Nervous Norvus. Auch diese Platte schlug ein und kam in die Honor Roll, wenn auch nicht so hoch wie die «Fliegende Untertasse». Der Text handelte von einem Autounfall – einschließlich der Originalgeräusche eines Zusammenstoßes – und einer der Verletzten rief immer wieder nach einer «Transfusion». Es handelte sich um kranken Humor, der sehr bald den Vorwurf schlechten Geschmacks zu hören bekam und viele Radiostationen dazu brachte, die Platte nicht zu spielen, aber immerhin wurde sie noch vorher von den PLATTERS auf Mercury gecovert.

Obwohl keine der beiden Platten etwas mit Rock 'n' Roll zu tun hatte, nahm das Musik-Establishment – ganz zu schweigen von der älteren Generation – sie zum Anlaß, darauf hinzuweisen, wie tief doch der Geschmack gesunken sei.

«Rebel Without A Cause»

Ende '55, nachdem er gerade die letzten Szenen für den epischen Film «Giganten» abgedreht hatte, wurde der Schauspieler James Dean, der gern mit hoher Geschwindigkeit Auto fuhr, getötet, als sein Sportwagen in einen Unfall verwickelt wurde. Ein etwas gruseliger posthumer Kult entstand um ihn. James Dean war ein Außenseiter gewesen, der rebellische Star von «Rebel Without A Cause», ein eigenwilliger Schauspieler, der etwas Geniales hatte (was sogar seine Gegner zugaben, nachdem «Giganten» erschienen war), und ein junger Mann dazu, der es liebte, gefährlich zu leben.

Im März '56 brachte RCA Victor eine Ballade im Folk-Stil heraus, *The Ballad Of James Dean* von Dylan Todd. Obwohl die Filmfanzeitschriften kaum ein anderes Thema hatten, hatte die Platte keinen Erfolg. Aber als die Erregung vor der Uraufführung von «Giant» im November wuchs, nahm der Dean-Kult phantastische Proportionen an – und das Musicbusiness startete voll durch.

MGM veröffentlichte den doppelseitigen *Tribute To James Dean* von Art Mooney und seinem Orchester, die Themensongs zweier seiner Filme, in ein besonderes Cover verpackt – ungewöhnlich zu jener Zeit –, auf dem ein Bild von James Dean war, «zum Rahmen geeignet». Zu der Zeit verkündete ein Fanmagazin, das ausschließlich Dean gewidmet war, es habe «eine Botschaft aus dem Jenseits» erhalten. Forest Records, ein *indie label*, hatte eine weit weltlichere Botschaft. Man veröffentlichte eine Platte von Nathan Russell und schickte die Schauspielerin Veronica Lake auf Promotion-Tour zu den Radio-DJs und in die TV-Talk-Shows.

Bald gab es Singles auf Jubilee, *Ballad Of James Dean*, auf Mecca (*His Name Was Dean*) und auf Mercury (*Love Theme From ‹Giant›*). Zwei LPs und eine EP, später kam dann der Höhepunkt mit einer kitschigen Monster-LP auf Coral. Sie hieß «The Story Of James Dean», und der Fernsehmann Steve Allen hatte einen Text geschrieben und rezitierte ihn als Prolog. Der Diskjockey Bill Randle erzählte Deans Lebensgeschichte und stellte die Musikstücke vor. Jimmy Wakely sang *James Dean, Jimmy Jimmy* und *His Name Was Dean*. Gigi Perreau rezitierte *We'll Never Forget You*.

Musikalisch brachte der konzertierte Versuch, Deans posthume Popularität auszubeuten, nichts. Es bestand kein Zweifel, daß Dean für Tausende von jungen Leuten – «rebels without a cause», außer ihrer eigenen Identität und ihrer Einsamkeit – ein Mythos wurde. Wenn man in Betracht zog, wie die ältere Generation auf den «verirrten» Teenagergeschmack herabsah, dann erscheint es um so zynischer, wie bereitwillig man die echten Gefühle der Heranwachsenden kommerziell ausbeutete.

The American Bandstand

1957 redete man in Amerika über Sputniks, den Edsel, Maverick und Palladin. Der Sputnik war jener erste Satellit, den die Sowjetrussen gestartet hatten und der den Wettlauf ins Raumzeitalter einleitete. Der Edsel, ein neues Automodell von Ford, war ein absoluter Fehlschlag – ebenso wie die Vanguard, die erste US-Rakete plus Satellit. *Maverick* war eine neue heiße TV-Serie und Palladin der neue Ritter des Westens, ein belesener Revolverheld aus *Have Gun Will Travel*. Western für Erwachsene nannte man diese Filme und andere, wie *Tombstone Territory* und *Wells Fargo*. Und Millionen von Amerikanern versäumten viele Stunden Schlaf, weil sie die *Tonight Show* mit Jack Paar ansahen oder die Filme in der *Late Show* – während zwölfhundert Filmtheater ihre Pforten schlossen.

'57 schickte Eisenhower Bundestruppen nach Little Rock, Arkansas, um schwarze Schulkinder zu schützen, während weiße Bürger die Kirchen und Häuser von Schwarzen in Montgomery, Alabama, mit Bomben zerstörten, weil sie dagegen waren, daß ihre Kinder zusammen mit schwarzen Kindern in Schulbussen fuhren. Arturo Toscanini starb und auch Senator Joseph McCarthy. Die Kids tanzten Calypso und Chalypso, während ihre Eltern den Mambo und Cha-Cha-Cha aufs Parkett legten.

'57 war die große Sensation für die Teenager – *Young Love* war der erste Smash-Hit des Jahres – eine Fernsehshow aus Philadelphia, die *American Bandstand* hieß und über das ABC Network ausgestrahlt wurde. Sie wurde für die jungen Leute, was *Your Hit Parade* für ihre Eltern gewesen war – und noch mehr. *American Bandstand* war die Verkörperung einer Generation, sie bestimmte die Mode, die Tänze, die Pop-Heroen und die Verhaltensweisen. Und dieses Programm war zudem ein Symbol für den Sieg der Teenager – eine Sendung, die ihnen gehörte und die bald von Hunderten lokaler Shows im ganzen Land imitiert wurde. Und Dick Clark, der jugendliche, liebenswürdige Gastgeber mit dem Zahnpastalächeln, wurde das Gegengewicht zu Alan Freed. Er repräsentierte den weißen Rock, der cool war, während Freed die Verkörperung der heißen schwarzen Rockmusik blieb. In ihren Sternstunden wurde *American Bandstand* über mehr als einhundertfünf Fernsehstationen ausgestrahlt und erreichte Augen, Ohren und Herzen von mehr als 20 Millionen Jugendlichen.

Dick Clark beschrieb sich selbst als zu alt, um noch ein Spielgefährte zu sein, und zu jung, um schon als Vater angesehen zu werden. Big Brother (der große Bruder) mag eine gute Beschreibung gewesen sein, aber er hütete sich, sie je zu benutzen. Anders als die *screamers* und *exciters*, die Dr. Jives, Jocko Hendersons und Alan Freeds, war Richard Augustus Clark II (um seinen vollen Namen zu nennen) besonnen, reserviert und von einer gewissen Distanz. «Ich bin ein Beobachter, und ich präsentiere», sagte er und gab sich dabei sehr erhaben. Und mit der gebührenden Bescheidenheit wies er es von sich, ein Hitmacher zu sein oder gar ein Interpret. Seine leutselige Erhabenheit half, die Kids in ihren Schranken zu halten.

Clark war in der Tat der große Beruhiger der Ära, und er überzeugte durch seine verbindliche Art die Eltern, daß Rock 'n' Roll nicht böse war. Die Jugendlichen in seiner Show verwandelte er in strahlende Saubermännchen (lächeln, aber ja nicht lachen!). Reichlich Milch rührte er in den Teig, aus dem er da etwas backen wollte, aber auf Hefe verzichtete er ganz, und die Kids tanzten «offen», hüpften auf und nieder wie ausdruckslose Attrappen.

Billboards Reaktion auf die Premiere der Show am 5. August 1957 war nicht allzu wohlwollend: «Als soziologische Studie von Teenagerverhalten», schrieb der Rezensent, «war die Premiere vielleicht ein leichter Erfolg. Vom Standpunkt der Unterhaltung und Entspannung jedoch war sie es nicht.» Und dabei war der Kritiker vielleicht, ohne es noch zu ahnen, auf den Grund gekommen, weswegen *American Bandstand* einen solch großen Reiz auf die Teenager ausübte: es handelte sich nicht um Unterhaltung, sondern eher um ein *Ereignis*, an dem man teilhaben konnte. Und wenn niemand aus der Generation der Eltern zuschaute, um so besser. «Es war auch nicht deren Programm, sondern *unser* Programm, und wir können uns eine Identität heranbilden.»

Der Rezensent fuhr fort: «Der Großteil der neunzig Minuten war nichtssagenden Jugendlichen gewidmet, die nach Platten aus jener Zeit frühe amerikanische Tänze wie den Lindy Hop und den Box Step tanzten. Wenn das die ‹gesunde› Antwort auf die Abwegigkeit des Rock 'n' Roll sein soll, dann bringe man uns lieber die rotierenden Hüften zurück.»

«Dick Clark, ein gutaussehender Gastgeber mit Persönlichkeit, der ein besseres Network-Debüt verdient hätte, unterhielt sich kurz mit zwei Gästen, bevor diese sich wieder ihren Platten zuwandten.»

Ihren wirklichen Anfang hatte die Show schon fünf Jahre zuvor gehabt, als «Bandstand» (vielleicht nach dem Muster von Al Jarvis' und Martin Blocks *Make Believe Ballroom* im Radio). Ihr Gastgeber war Bob Horn. Live-Auftritte gab es nicht. Optisch aufbereitet war die Show durch gefilmte Auftritte von Künstlern, die von Managern, Verlegern usw. zur Verfügung gestellt wurden und im Zusammenhang mit Platten genutzt wurden.

Im Juli 1956 geriet Horn ins Straucheln. Zu einer Zeit, da die Zeitung *Philadelphia Ledger* eine großangelegte Kampagne gegen Alkohol am Steuer führte – und der Zeitung gehörte auch die Radiostation WFIL –, wurde Horn verhaftet, weil er angetrunken gefahren war. Zuvor hatte es überdies Gerüchte gegeben, er habe eine Affäre mit einem jungen weiblichen Fan des Programms gehabt. Das Management konnte nicht anders: Horn wurde abgesetzt. Ärgerliche Teenager demonstrierten vor der Station mit Schildern, auf denen zu lesen stand: «Wir wollen Horn wiederhaben!» und «Trinkt Roger Clipp etwa nicht?» (Clipp war der Manager von WFIL!) Als Nachfolger für Horn wurde Dick Clark ausgewählt, ein junger Mann, der im Jahre '52 aus Bronxville, New York, Syracuse University und von einem Job als Ansager bei einer Station in Utica, New York, zu WFIL gekommen war.

Nach Aussagen von Clark wurde das Tanzen nur aus Zufall Teil von «Bandstand». Die Station lag in der Nähe einer High School. Nach der Schule kamen die Kids vorbei und schauten zu, wie Horn und später Clark die Platten ansagten und Werbespots lasen. «Als die Platten liefen», erinnert sich Clark, «fingen die Kids ganz spontan zu tanzen an.» Kurz, «Bandstand» wurde zu einem sogenannten Record Hop (Tanz zu Schallplatten – Diskothek).

Er nahm den Standpunkt eines fast distanzierten Beobachters ein – es gab oft Kameraeinstellungen, bei denen man ihn gleichsam wie einen Lehrer auf das blicken sah, was um ihn vorging –, und daher kleidete sich Clark weder wie ein junger Mann, noch verhielt er sich so. Wie ein Lehrer legte er sehr strenge Auswahlkriterien bei denjenigen an, die zum Studiopublikum zugelassen werden wollten, ob sie nun nur zuschauten oder mittanzten. Die Jungen mußten Jacketts tragen und die Mädchen Röcke. Hosen oder gar Jeans waren nicht erlaubt. Ebensowenig engsitzende Pullover oder T-Shirts. Während der Herbst- und Wintermonate in Philadelphia trugen die Mädchen dicke Pullover und feste, aufgerollte weiße Socken, eine Mode, die sogar in Atlanta, Miami und im warmen Süden kopiert wurde. *American Bandstand* kreierte einen Lebensstil, und der gefiel den Eltern. Clark «schrieb» später sogar ein Buch über Etikette.

Eine ganze Anzahl von Plattenstars, die '57 groß herauskamen, waren ganz sicher keine Sänger. Fabian und sein *paisano* aus Philadelphia, Frankie Avalon, hätte man durchaus an die Spitze der Liste «nichtsingender» Plattenstars setzen können. Aber Avalon sagte einem Reporter: «Als ich *Venus* aufnahm, setzte sich Dick sehr dafür ein, und die Platte verkaufte sich eineinhalb Millionen mal. Er ist der Größte!»

Es gab andere aus Philadelphia, die sich Avalons Aussage hätten anschließen können, und es war nicht überraschend, daß sie obendrein noch für lokale Labels aufnahmen wie Chancellor, das Bob Marcucci gehörte, einem von Clarks vielen Partnern. Andere Firmen, die «über einen guten Ausgangsort verfügten, um für ihre Produkte Werbung zu machen», wie jemand es einmal ausdrückte, waren Swan Records aus Philadelphia, die mit Freddy Cannon und Billie und Lillie Top Ten Stars hatten, sowie Cameo-Parkway, bei denen Bobby Rydell, Charlie Gracie, die Rays und John Zacherle viele Platten verkauften. Die Querverbindungen zwischen Clark und dem Besitzer von Cameo-Parkway kamen im Zuge der Payola-Untersuchungen zutage.

Außer Moden und Lebensstil machte Dick Clark auch Hits und Stars und war für verschiedene Modetänze verantwortlich. Während der wichtigsten Jahre seines Regiments (1957 bis zu den BEATLES) konzentrierte sich das gesamte Musikbusiness auf Philadelphias WFIL 13th Street Station und WFIL-TV – Plattenpromoter, Manager, Song Plugger, Verleger, Songschreiber, Künstler und auch A&R-Leute. Man konnte den Herrn nicht einfach so aufsuchen, wie es bei den meisten anderen Diskjockeys möglich war. Nein, man mußte weit im voraus eine Verabredung treffen, auch wenn man aus einer anderen Stadt angereist kam.

Plattenkünstler hatten es nicht ganz so schwer. Aber auch sie näherten sich Clark vorsichtig und überlegt. Zu seinem Geburtstag 1958, etwas mehr als ein Jahr nachdem aus dem lokalen «Bandstand» die *American Bandstand* Show im ABC Network geworden war, erwartete ihn im Studio eine ganze Anzahl von Künstlern. Außer den Lokalgrößen hatten sich unter anderem Bobby Darin, Connie Francis, Sal Mineo, DANNY AND THE JUNIORS, LITTLE ANTHONY AND THE IMPERIALS und Pat Boone versammelt, um ihn mit Glückwünschen zu überraschen. Und in dem Jahr eröffnete Chuck Berry in St. Louis einen Club, den er aus Reverenz gegenüber der Clark-Show «The Bandstand» nannte.

Bei seinem ersten Auftritt in «Bandstand» hatte Chuck Berry eine Auseinandersetzung mit Clark. Weil die Teenagerplatten meistens eher Werke der Tontechnik waren als künstlerische Darbietungen, sangen die Künstler bei Dick Clark und bei anderen TV-Shows nicht, sondern mimten lippensynchron den Gesang, während ihre Platten im Playback liefen. Zudem gab es noch einen finanziellen Faktor, der dafür verantwortlich war. Das Playbackverfahren galt als Werbung, während tatsächlicher Live-Gesang als ein Auftritt gegolten hätte, der honoriert werden mußte.

Als man Berry informierte, daß er das sogenannte «Lippen-Synchron» machen sollte, erklärte er: «Chuck Berry wird nicht seinen Mund öffnen, ohne daß etwas rauskommt!» Aber dann kam Leonard Chess, der Boss von Chess Records, und sprach mit ihm. Wie Berry später erläuterte: «Leonard sagte: ‹Da gibt es ein paar Sachen in diesem Geschäft, die muß man machen, auch wenn sie einem nicht gefallen.›

Also schlossen wir Freundschaft, denn Dick Clark hatte eine Menge Macht und genoß überall Ansehen.»

Wieviel Macht er tatsächlich hatte, machte Bill Randle von der Station WERE in Cleveland deutlich, der selbst durchaus auch einer der ganz wichtigen Leute war, aber bereitwillig zugab, daß Clarks Fernsehshow eine größere Konkurrenz für die lokalen DJs war als jede rivalisierende Radiostation. Während der Zeit, da Clarks Sendung auch in Cleveland zu empfangen war, stellte sich Randle um: statt Singles in sein Programm zu nehmen, beschränkte er sich auf ausgewählte Titel von LPs. Der Erfolg von «Bandstand» war so phänomenal, daß über hundert Videostationen im Lande Record Hop Shows für die Stunden nach der Schule einführten.

Neue Tanzschritte waren natürlich ein wesentlicher Bestandteil des Teenager-Lebensstils. Und das gesamte Musikbusiness war damit beschäftigt, sie zu erfinden und in neue Songs einzubauen. *American Bandstand* machte sie dann zu nationalen, wenn auch jeweils sehr kurzlebigen Tanzmoden. Zum Beispiel der Stroll, der von der Teenagertochter eines Musikmannes ersonnen war: «Die DIAMONDS nahmen eine Platte auf Mercury auf, und im Dezember '57 wurde ein Schaubild der Schritte in Anzeigen der Branchenzeitungen veröffentlicht. Kurz nachdem die Platte erschienen war, traten die DIAMONDS in «Bandstand» auf und brachten dem Studiopublikum bei, wie man den Stroll tanzte. An den folgenden Tagen wiederholten die lokalen TV Record Hops den Tanzunterricht, weil sie begierig alles Neue mitmachten. Es dauerte nur ein paar Wochen, bis die Platte der DIAMONDS in der Honor Roll of Hits ganz oben war. Und der Stroll wurde überall im Lande von den Teenagern auf ihren Tanzparties getanzt.

Nicht alle Tanzschritte, die beim *American Bandstand* vorgestellt wurden, hatten derartigen Erfolg. Aber in den späten 50er Jahren tanzten Teenager den Fish, den Walk, den Madison, den Slop, den Circle, den Chalypso und den Philadelphia, Tänze, von denen sie die meisten zum erstenmal in der Dick Clark-Show gesehen hatten. Bei all diesen Tänzen berührten sich die Partner nicht und redeten auch nicht miteinander. (Für die Tänzerin und Choreographin Agnes de Mille befanden sich auf der Tanzfläche «keine Gruppen von Paaren, sondern nur eine Menge von Individuen . . . Diese Tänze sind der Ausdruck einer totalen ständigen Einsamkeit und Verzweiflung. Sie sind die Tänze der Furcht».)

Leute aus dem Musikgeschäft in Philadelphia, die ich kannte und die oft im Studio dabeiwaren, berichteten, daß es gelegentlich zu Schwierigkeiten unter den teilnehmenden Teenagern kam, die gewöhnlich deswegen entstanden, weil manche vor die Kamera wollten. Die regelmäßigen Teilnehmer wußten, daß jene Kamera auf Sendung war, an der zwei kleine rote Lämpchen glühten – und manche der Exhibitionisten hatten es nur allzu eilig, sich vor eben die Kamera zu manövrieren. Dabei kam es zu Drängeleien und Handgreiflichkeiten, die aber an den Fernsehschirmen zu Hause niemals zu beobachten waren. Clarks Stab war wohltrainiert, das zu vermeiden, und er selbst gab sich jede Mühe, die Anwesenden ruhig und besonnen zu halten.

Sogar bei *Your Hit Parade* strengte man sich an, eine gewisse Begeisterung zu schaffen und Spannung zu wecken, welches nun der Top Song der Woche sein würde. Nicht so Clark. Er war der große Besänftiger und darauf aus – so sagte er einem Reporter vor nicht langer Zeit –, «früh genug zu reflektieren, was los war, um davon zu profitieren». Und das gelang ihm, für andere ebenso wie für sich selbst. So enorm war der Profit, daß ihn der Abgeordnete Peter F. Mack aus Illinois auf dem Höhepunkt der Kongreßuntersuchungen über das sogenannte «play for pay» «den ‹Top Dog› auf dem Payola-Feld» nannte.

Dies war ein Bereich, ganz anders als Clarks leutseliges und eher unauffälliges Image vor der Kamera. Für alle war er der ältere Bruder, der mit Neugier, Interesse und auch Sympathie beobachtete, was seine jüngeren Geschwister so trieben. Viel später, als er sich in Hollywood niedergelassen hatte und in einer Anzahl von Filmen mitwirkte, sagte er einem Reporter: «Ich scheine immer den netten, sauberen Burschen zu spielen, der sich schließlich als Schurke herausstellt.»

Die Kids wollten von dergleichen nichts wissen – und viele weigerten sich rundheraus, zu glauben, was sie da in den Zeitungen lasen und im Radio und Fernsehen hörten, wenn es um Clarks Interessenkonflikte ging, weil er Anteile am Verlags- und Plattengeschäft hatte. Andere waren in ihren Illusionen erschüttert, als sie das Gefühl gewannen, jene Show, die sie als *ihr* ureigenes Programm betrachteten, sei von Big Brother und seinen Geschäftsfreunden manipuliert worden. Aber von '57 bis zum Ende des Jahrzehnts war Clarks Image das eines All American Boy, der jungen netten Leuten dazu verhalf, daß sie ihre eigene Musik in einer freundlichen und schönen Atmosphäre genießen konnten. Das alles hatte nichts gemein mit der Sinnlichkeit von Presley, der Vulgarität eines Alan Freed oder gar der schmutzigen Anstößigkeit der R&B-Platten.

Wenn der Rock ’n’ Roll seine rebellische, widerspenstige Seite hatte, die sich gegen das Establishment richtete, so war davon in *American Bandstand* nicht das geringste zu spüren. An Stelle von Anti-Helden wie Marlon Brandos «Wild One» und James Deans «Rebel Without A Cause» sah man wohlerzogene, nett gekleidete Teenager, die sich sehr gut benahmen und einen angenehmen Nachmittag unter der Aufsicht eines gönnerhaften Anstandsherren verbrachten. Ein Schauspiel, das es den Kritikern des Rock ’n’ Roll schwermachte, diese Musik anzugreifen. Aber dennoch taten sie es, wie wir sehen werden.

187

Die verwegenen Amateure –
und die Country-Rocker

Im April '57 erhielt ein Redakteur von *Billboard* eine Anfrage von einem jungen Mann als Delphos, Ohio, in der stand: «Obwohl ich nie geschauspielert habe und auch nie Musik gesungen, kann ich doch wahrheitsgemäß sagen, daß ich genausogut singen kann wie Como, Crosby oder Boone . . . ich glaube auch, daß ich ein zweiter John Wayne sein könnte, obwohl ich nicht so groß bin wie er und auch nicht so aussehe, aber ich kann den Ruhigen und Kühlen bringen. Meine Schulter- und Armmuskeln sind ziemlich ausgeprägt, und wenn man es richtig macht, dann könnte aus mir wohl eine große Sache werden. Wenn Sie irgendwelche Vorschläge hätten oder einen Rat geben könnten, wäre ich sehr dankbar . . .»

Kürzlich schrieb der Komponist und Arrangeur Alec Wilder in *Popular Music*: «Was den Rock betrifft, so ist es die Zeit der Amateure.» Wenn man an Leiber und Stoller, Chuck Berry, Kris Kristofferson, Carole King, John Lennon, Curtis Mayfield, Bob Dylan, Jimmy Webb, Paul Simon, Isaac Hayes, Harry Nilsson und Neil Diamond denkt, um nur wenige zu nennen, wird offenkundig, daß der sonst so umsichtige Alec hier ziemlich wild verallgemeinert. Aber es ist dennoch wahr, daß die ersten Jahre des Rock 'n' Roll Jahre der verwegenen Amateure waren – und das ist eigentlich bei Beginn einer jeden Kunstform so.

Sie tauchten an allen Ecken auf, und manche von ihnen wurden für kurze Zeit ganz groß. Man brauchte nicht singen zu können, und man brauchte auch keine Stimme zu haben. Man mußte nur den Mumm haben, es zu versuchen. Je linkischer und unprofessioneller man war, desto besser. Professionalität, Ausgeglichenheit und Sicherheit, ausgefeiltes Können – das waren Kriterien der älteren Generation und schon deswegen suspekt. Wenn irgend etwas die Ängste und die Unsicherheit der neuen Generation kennzeichnete, dann war es die Glorifizierung der Mittelmäßigkeit und des Primitiven. «Ha, so gut wie der kann ich auch singen – seine Platte muß ich kaufen!»

Fabian / Sal Mineo / Charlie Grace / Bobby Helms

Fabian tauchte erst Ende der 50er Jahre auf. Aber die Art, wie er entdeckt und aufgebaut wurde, ist bezeichnend. Eines Tages hatte ein

Polizist aus Süd-Philadelphia mitten auf der Straße einen Herzanfall. Bob Marcucci, der Manager von Frankie Avalon, war zufällig zugegen und half Dominick Forte – so hieß der Polizist. Und dann sah er Fortes vierzehnjährigen Sohn Fabian. Marcucci bemerkte sofort die Ähnlichkeit mit Presley – die schwarzen Haare, die aufgetürmt und zu einer sogenannten «Schwalbe» zurückgekämmt waren, die leicht olivenfarbige Haut und der erotisch «schwüle» Blick. Wenn er doch auch noch singen könnte!

Marcucci schleppte Fabian Forte, nicht ohne dessen Widerstand, zu einem Gesangslehrer, der sich weigerte, ihn als Schüler anzunehmen. Aber das schreckte Marcucci nicht ab. Er fand einen Willigen (eigentlich sogar mehrere), der sich bereit erklärte, Fabian Gesangsunterricht zu geben, einen ehemaligen Schauspieler, der ihm beibrachte, wie man redete, einen Anstandslehrer, der ihn unterwies, wie man sich kleidete und benahm. Die Ausbildung dauerte zwei Jahre. Dann schaltete Marcucci ganzseitige Anzeigen in die Branchenzeitungen. Schließlich veröffentlichte Chancellor Records, jene Firma aus Philadelphia, an der auch Dick Clark Anteile besaß, die Platte *Turn Me Loose*. Darauf folgte *Tiger*. Der Retorten-Fabian, auf dessen Nachnamen man verzichtet hatte, trat mehrere Male in *American Bandstand* auf. Die erste Platte verkaufte sich 750 000mal und die zweite gar eine Million mal, so wurde jedenfalls gesagt. Von den Platten machte Fabian den Sprung auf die Leinwand. Er spielte in «Hound Dog Man» und später in «North To Alaska» mit John Wayne. Zwei Dinge stimmten an der Sache nicht – er konnte weder singen noch schauspielern. Er verkaufte nichts als sein Aussehen. (Und das tat er noch im Jahre 1973, als er nackt im *Playgirl Magazin* zu bewundern war.)

Sal Mineo andererseits war ein Schauspieler – zumindest konnte er spielen. Aber singen konnte er nicht. 1957 hatte er zwei Platten auf dem Markt, die zwar Lärm machten, es aber nicht in die Charts schafften – *Start Movin'* und *Lasting Love*. Mineo war einer von jenen jungen Filmstars, die Platten verkauften, ohne mehr als ein Amateursänger zu sein. Der erfolgreichste von ihnen war der blauäugige, blondschöpfige, perlenzähnige Tab Hunter, der eine Cover-Version von Sonny James' *Young Love* machte und damit eine goldene Schallplatte einstrich. Das demonstrierte, wie Ed Byrnes später in der Fernsehserie *77 Sunset Strip* bewies, daß Persönlichkeit und Image mehr zählten als die Fähigkeit zu singen – abgesehen von der gigantischen Wirkung, die die Massenmedien wie Film oder Fernsehen hatten.

Zu den Eintagsfliegen von 1957 gehörten die TUNE WEAVERS, die *Happy, Happy Birthday, Baby* sangen und viel Wehleid in ihren Stimmen hatten, und die BOBETTES, die *Mr. Lee* mit viel Schluckaufgeräuschen in die Top Fifty hievten. (Mr. Lee war der Direktor der High

School, die von den vier Mädchen besucht wurde.) Dann hatten noch Eintagserfolge Jodie Sands auf Chancellor mit *With All My Heart*, Mitautor Bob Marcucci; die RAYS auf Cameo mit *Silhouettes*, einer interessanten und phantasievollen Ballade von Frank C. Slay jr. und Bob Crewe, den Besitzern von Swan Records, sowie Charlie Gracie, auch auf Cameo, mit *Butterfly*.

Butterfly, der erfolgreichste Song aus dieser Gruppe, war das Werk von Bernie Lowe und Kal Mann, die ihr Label Cameo damit starteten. Auf der Rückseite war ein Song mit dem Titel *99 Ways* von A. September, ein Pseudonym von Dick Clarks Produzenten Tony Mammarella.

Für die Aufnahme von *Butterfly* wählten Lowe und Mann Charlie Gracie, der als sehr guter Gitarrist bekannt war. Andy Williams nahm sehr bald eine Cover-Version auf Cadence auf, während Tab Hunter *99 Ways* auf Dot coverte. Durch diese beiden Platten populär gemacht, flog *Butterfly* an die Spitze der Honor Roll of Hits, wo der Titel im April '57 drei Wochen nacheinander verzeichnet war. In der Woche, als er auf die 4. Position abstieg, kletterte *99 Ways* auf Platz elf. Obwohl Williams und Hunter ihren Anteil am Erfolg des Songs hatten, war nicht zu bestreiten, daß Charlie Gracie eine Superplatte auf sein Konto schreiben konnte.

Fabulous, ein Nachzieher und eine offensichtliche Imitation des kehligen, nach Luft schnappenden Stils von Presley, war ein echter Mißerfolg, denn schließlich hatte Gracie keinen eigenen Stil. Obwohl er im nächsten Jahr in dem Film «Jamboree» auftrat, einem oberflächlichen und schlechten Rock 'n' Roll-Streifen, zählte er doch nur zu denjenigen, die nach einem Hit so gut wie vergessen waren.

Für Bobby Helms, einen Zweiundzwanzigjährigen aus Monroe County, Indiana, brachte das Jahr '57 drei solide Verkaufserfolge, die eine ansehnliche Zukunft versprachen. Er hatte den richtigen Hintergrund, denn schon mit elf Jahren hatte er zu singen begonnen, und zwar in *Monroe County Jamboree*, der Radiosendung seines Vaters. Sein erster und größter Hit war *Fraulein*. Helms verkaufte auf dem C&W-Sektor weit mehr als Kitty Wells, die den Titel auch aufgenommen hatte. *My Special Angel*, Bobbys zweiter Hit, schlug nicht ganz so ein wie *Fraulein*, obwohl er die Nummer 15 der C&W-Platten des Jahres wurde und ein Evergreen, als die Melodien der 50er Jahre ihr Revival erlebten. Und *Jingle Bell Rock*, sein dritter Erfolg, blieb weit hinter den beiden ersten zurück. Offensichtlich klang Bobby Helms zu sehr nach Country, um es im Teenage-Pop zu schaffen.

Aber das Jahr '57 brachte eine Flut von Poptalenten. Tommy Sands, 1937 in Chicago geboren, stammte aus einer Showbusinessfamilie. Seine Mutter war Sängerin bei einer Tanzband. Auftritte bei Fernsehshows von Ted Lewis und Tennessee Ernie Ford führten zu einem Sänger/Schauspieler-Debüt in «Kraft Music Hall», in einer Rolle, die Elvis

Presley abgelehnt hatte. Tommy spielte einen Rocker im Presley-Stil in «The Singin' Idol». Diesem Auftritt verdankte er seinen ersten großen Plattenerfolg, *Teen-Age Crush*, eine Countryballade, die das Thema jugendliche Liebe mit mehr Intensität darstellte als *Young Love*, zu der Zeit an der Spitze der Charts, oder *Too Young*, eine Nat Cole-Ballade aus den frühen 50er Jahren. Der Text kritisierte die ältere Generation, weil sie vergessen habe, zu welchen Gefühlen sie früher fähig war, und bat: «Don't try to keep us apart».

Als «The Singin' Idol» Ende '57 verfilmt wurde, spielte Sands die Hauptrolle in «Sing Boy Sing», wie der neue Titel des ehemaligen Fernsehspiels jetzt lautete. Er schaffte es sehr schnell in die Nachtclubszene und trat als Hauptattraktion in einem großen Hotel in Las Vegas auf. Eine kurze Ehe mit Nancy Sinatra gab ihm die Chance zu einer Rolle in einem Sinatra-Film. Beobachter und Kenner meinen jedoch, sein Unglück habe darin bestanden, daß der Erfolg zu schnell kam.

Der Tex-Mex-Sound

Aus einem anderen Landesteil, dem Südwesten, kamen drei junge Sängerknaben, von denen einer es zu Ruhm brachte, wenn auch nur für kurze Zeit. Der erste von den dreien, der es in die Charts schaffte, war Buddy Knox, 1933 in Happy, Texas, geboren. Er kam im März '57 groß heraus, schaffte die Nummer eins in der Honor Roll mit *Party Doll*, einer rockenden Ballade, die er zusammen mit Jimmy Bowen geschrieben hatte. Wer entsinnt sich noch? Er brauchte ein Mädchen, wenn er so richtig in Gang kam, die ihn liebte und mit den Fingern durch seine Haare strich, mmmmm, mmm. Jimmy Bowen, der zweite der Südwesterner, war 1937 in Santa Rita, New Mexico, geboren und hatte bei den RHYTHM ORCHIDS den Bass gespielt, einer Gruppe, die Buddy Knox gründete, als sie zusammen das West Texas State College besuchten. Er kam in die Charts mit *I'm Stickin' With You*, fast gleichzeitig wie Knox, mit dem er auch diesen Titel geschrieben hatte.

Wie *Party Doll* erschien «Stickin'» ursprünglich auf Triple D, einem Plattenlabel, das die beiden in Dumas, Texas, zusammen mit den beiden restlichen Mitgliedern der RHYTHM ORCHIDS gestartet hatten. Als die Plattenseiten in West Texas Aufsehen erregten, kaufte Roulette Records, damals im Besitz von Luigi und Hugo, die Masterbänder und veröffentlichte sie bundesweit, nachdem man die Songs neu aufgenommen hatte.

Anders als der Rockabilly-Stil der Memphis Leute hatte der Tex-Mex-Sound von Knox und Bowen keine schwarzen Einflüsse. Buddy Knox sagte später, er könne sich nicht erinnern, je einen schwarzen

191

Sänger gehört zu haben, bevor er nach New York gekommen sei, um *Party Doll* neu aufzunehmen. Beide Texaner sangen in einem Western-Country-Stil, dem sie einen Rockbeat unterlegten, der aus dem Western Swing kam.

Buddy Knox ließ auf *Party Doll Rock Your Little Baby To Sleep* folgen und dann *Hula Love*, beide von ihm geschrieben. Trotz des Hula-Titels benutzte er keine Hawaii-Rhythmen, sondern indianische. Aber die Popularität seiner Debütplatte erreichte er niemals wieder; und obwohl er weiterhin Plattenaufnahmen machte und auch auftrat – mit *Gipsy Man* hatte er während des Country Revivals von '69 ein Comeback – brachte er es nie zu Starstatus. Nach einer Anzahl von Platten mit mittlerem Erfolg und einer Gastrolle in dem Film «Jamboree» wurde Jimmy Bowen Produzent bei Chancellor, dann bei Reprise und schließlich bei Amos, seiner eigenen Firma.

Der bei weitem wichtigste Exponent des Rock 'n' Roll aus dem Südwesten, den man zuweilen auch Tex-Mex-Sound nennt, war jedoch Charles Hardin Holley aus Lubbock, Texas, besser bekannt unter dem Namen Buddy Holly. 1955 war er von einem Elvis Presley-Auftritt in Lubbock so begeistert, daß er auf die Bühne sprang und sang. Er arbeitete damals als eine Hälfte des Duos BUDDY AND BOB (Montgomery), von dem ein konventionelles Nashville-Album auf dem Markt war. Decca schloß schnell mit ihm allein einen Vertrag ab und machte einige Platten mit ihm, die nicht besonders eindrucksvoll waren. Als der Vertrag ausgelaufen war, ging Holly zu Norman Petty und arbeitete im Clovis Studio mit einer Gruppe, die als CRICKETS bekannt wurde. Mit ihnen entwickelte er jenen Stil, der *That'll Be The Day* im Herbst '57 hoch nach oben in die Honor Roll brachte.

Der Song, der von Holly, Petty und dem Schlagzeuger Jerry Allison stammte, schildert die unsicheren Gefühle eines jungen Mannes, der einerseits fürchtet, daß sein Mädchen vielleicht nicht zu ihm zurückkommt, der andererseits aber darauf vertraut, daß sie nicht fortbleiben kann. Pettys Beitrag war eher auf das Management und die Arbeit im Studio beschränkt, und in der Tat gibt es eine frühere Decca-Aufnahme des Songs, bei der nur Holly und Allison als Autoren genannt sind. Die Version auf Brunswick von Holly und den CRICKETS war jedoch der große Hit.

Peggy Sue, die Platte, die danach folgte, ließ Holly auf der Popszene gleichsam explodieren. Im Stil lag sie näher bei Bo Diddley, der Hollys Songschreiben beeinflußte, als beim Rockabilly, der eher vom Western Swing kam als vom Nashville Country. Petty spielte ein schrilles Piano, und die klirrenden Akkorde einer hochverstärkten elektrischen Gitarre rollten übereinander wie von einem vibrierenden Becken. Der fließende Rhythmus hatte eher Puls als einen harten Beat. Es war Tex-Mex-Sound. Und gegen den verhallten, metallischen Klang sang Holly mit nasaler,

192

hoher Stimme à la Hank Williams, einschließlich der Kiekser und der gedehnten Silben. Eine eigenartige Atmosphäre nervöser Erregung gab der Ballade ihren Reiz.

Sänger alter Schule fanden diese Art respektlosen Umgangs mit dem Songtext ziemlich bestürzend. Aber Hollys Bewunderer machten sich nichts daraus, daß seine Darbietung kaum zu tun hatte mit der Art, wie sonst wehklagendes Liebesflehen gesungen wurde. Es zählten nur die Spannung, die Energie und die Erregung, die Hollys Fassung hatte. Und hier lag auch die Trennungslinie zwischen der Ära der großen Balladen und der des großen Beats. Für den Rock 'n' Roll-Sänger war der Song nicht das Medium, sondern eher Ausgangspunkt. Er war kein Interpret, sondern Stilist. Seine Darbietung war der Song. Seine Platte war der Song. Was in den Ohren der Fürsprecher «guter Musik» so amateurhaft klang, war für die Teenager eine neue Ästhetik.

Hollys Biograph, Dave Laing, sieht in Norman Pettys Arbeit mit den CRICKETS und dem Mann mit der dicken, schwarzrandigen Brille und dem Offenen-Mund-Lächeln ein frühes Beispiel für «Studio Rock». Es war nicht so, daß die Sänger und Musiker ins Studio kamen, um einen Song aufzunehmen, sondern viel eher entstand der Song erst durch den Aufnahme-Prozeß. Der Tex-Mex-Sound war nicht geplant oder arrangiert. Er entwickelte sich aus der Interaktion zwischen Songschreibern, Sängern, Musikern, Plattenproduzenten und dem Instrumentarium des Studios.

Wie es Holly in den 60er Jahren ergangen wäre, bleibt eine offene Frage. Wie bei Anka und Bobby Darin ging seine Entwicklung, unter der Anleitung von Petty in Richtung «erwachsen». Bei *It Doesn't Matter Anymore*, einem Anka-Song, experimentierte er mit Streichern. Aber Hollys Karriere fand ihr jähes Ende, als er Anfang '59 bei einem Flugzeugabsturz ums Leben kam. Wie James Dean, Johnny Ace und Hank Williams wurde er zur Legende. Bobby Vee, der ihn auf seinen frühen Platten imitierte, war einer von den jungen Sängern, deren Huldigungen (*I Remember Buddy Holly*) aus dem Texaner eine Legende machten.

Die Everly Brothers

Aus dem Nashville-Country kamen die EVERLY BROTHERS, und sie klangen wie heranwachsende Chorknaben. «Ich fand Presley nicht so gut wie die Everly-Jungs», sagte Chuck Berry, «als ich ihn zum erstenmal sah . . . und auch die BEATLES fand ich nicht so gut.» Bevor sie die BEATLES wurden, nannten sich John Lennon und Co. die Everlys – und den Sound von Phil und Don hört man raus bei den BEACH BOYS und den MAMAS AND PAPAS.

Phil und Don waren die Söhne von Country-Musiker-Eltern aus Kentucky, und schon als Kinder wurden sie Profis. '57 feierten sie bei Archie Bleyers Cadence Records ihr Plattendebüt. Mit *Bye Bye Love*, einem rockenden Shuffle, der die Nummer zwei in der Honor Roll erreichte, und *Wake Up Little Susie*, das nach vier Wochen auf den ersten Platz schoß, hatten sie zwei gigantische Verkaufserfolge. Beide Titel stammten von den in Nashville ansässigen Autoren Boudleaux und Felice Bryant, die dem Duo noch viele Folgehits schrieben. Für einen Country-Songschreiber hatte Boudleaux einen interessanten Hintergrund, denn als junger Mann zwischen zwanzig und dreißig war er Streicher beim Atlanta Symphonie Orchester.

Wake Up Little Susie wurde in Boston nicht gesendet. Zu anzüglich, sagte man bei mehreren Radiostationen. Und das, obwohl Susie und ihr Freund im Kino einschliefen, weil der Film so langweilig war. Das Sendeverbot war offensichtlich noch weitreichender als berichtet, denn *Bye Bye Love*, vor ein paar Jahren von Donny Osmond wiederbelebt, kam unter die Top Tunes des Jahres, während *Susie* diese Ehre nicht zuteil wurde. Sehr wirkungsvoll setzte sich dieser Titel mit der weltweit mißlichen Lage der Teenager auseinander, die länger von zu Hause fortblieben, als ihnen die Eltern erlaubt hatten, und sich mit dem Zorn und dem Argwohn ihrer Mütter und Väter plagen mußten.

Die Everlys konnten ihre Stellung bei den Leuten unter dreißig halten, auch nachdem der Acid Rock geboren war und die Britische Rockinvasion anlief. Als die Rockmusik in den späten 60er Jahren zu ihren Country-Wurzeln zurückkehrte, hatten sie ein Comeback.

Aus Presleys altem Stall kamen mindestens zwei Plattenstars. Wie viele ambitionierte Sänger, die sich zu Sun Records aufmachten, reiste auch Jerry Lee Lewis an, und zwar aus Natchez, Mississippi, wo er in einem Club namens Wagon Wheel regelmäßig, seit er fünfzehn war, auftrat. '56 war es sehr schwer, die Gelegenheit zu bekommen, dem vielbeschäftigten Sam Phillips vorzusingen, und Lewis mußte mit Jack Clements, einem Mitarbeiter, vorlieb nehmen. *Crazy Arms*, seine erste Platte, war eine Cover-Version eines Ray Price-Hits und erregte kein besonderes Aufsehen. Aber immerhin stellte dieser Titel Jerry Lee Lewis und sein «Pumping Piano» vor – wie auf dem Label zu lesen stand.

Carl Perkins, der zur Zeit von *Crazy Arms* mit Lewis arbeitete, sagt, er sei «schüchtern» gewesen. «Er saß am Klavier und drehte sein Gesicht weg...» Aber schüchtern hörte sich der Sänger/Pianist aus der Losgehnummer *Whole Lot-ta Shakin' Goin' On* ganz bestimmt nicht an. In den Country-, Pop- und R&B-Charts raste die Nummer auf Platz eins.

«Niemand sonst», hat John Lennon gesagt, «seien es die BEATLES, die STONES oder Dylan gewesen, hat – zumindest nach meinem Geschmack – Besseres als *Whole Lot-ta Shakin' Goin' On* gemacht.»

Als Jugendlicher hatte Jerry Lee ein Priesterseminar besucht. In seiner wilden Besessenheit kommt sein Stil Little Richard am nächsten, der auch Priester werden wollte, und dessen Dynamik und Mätzchen auf der Bühne Lewis kopierte. Er war auf der Bühne stürmischer und lauter als Elvis und hatte einen stärkeren Südstaaten-Akzent. Er sang mit der Gospelerregung eines schwarzen Predigers.

Great Balls Of Fire, ein weiterer '57-Hit für Lewis, war ebenfalls eine wilde, temporeiche Nummer. Sie stammte von Jack Hammer und Otis Blackwell, den Lewis beschrieben hat als «kleinen farbigen Burschen in einem schwarzen Derby». Der talentierte Blackwell war der Autor von *Don't Be Cruel* und *All Shook Up* – Presleys Superhits, bei denen als Mitautor Presley aufgeführt war – und von *Breathless*, einem Titel, den Lewis '58 zum Hit machte.

In dem Jahr heiratete Lewis seine 14jährige Kusine Myra Brown, und das brachte ihm derartige Skandal-Publizität ein, daß seine Karriere jäh zum Stillstand kam und beinahe zu Ende gewesen wäre. Er war auf Tournee durch England, als die Nachricht veröffentlicht wurde, und er beging den Fehler, Myra in einem Londoner Theater auf die Bühne zu holen. Der Vorhang mußte fallen. Er durfte nicht mehr länger in seinem Hotel wohnen. Und die Tour mußte abgebrochen werden. In den Vereinigten Staaten wurde *High School Confidential*, seine neueste Plattenveröffentlichung, von den Stationen faktisch totgeschwiegen.

«Die Eltern wollten den Rock 'n' Roll umbringen», sagte Judd Phillips, der für die Firma Sun Records seines Bruders Sam die Promotion machte, und zwar während der Presley-Ära. Heute ist er der Chef von den Jerry Lee Lewis Enterprises. «Man meinte, diese Heirat mit Myra benutzen zu können, um die Kids von ihrem Idol abzubringen . . . Mütter und Väter pflegten damals immer wieder bei den Radiostationen anzurufen und zu sagen: ‹Ich möchte nicht, daß Sie die und die Platte spielen›. Und die Leute von den Stationen hatten einen höllischen Respekt . . .»

Erst in den späten 60er Jahren konnte Lewis seine Laufbahn fortführen. Er gewann so viel Anerkennung wieder, daß er '73 ein Hitalbum hatte. Nach Presley war er der aufregendste und explosivste der jungen weißen Musiker, und viele meinen, daß er Ende der 50er Jahre Presley überrundet hätte, wäre er nicht ein Opfer der Hysterie jener Zeit geworden.

Jerry Lee Lewis-Interview

«Als ich ungefähr zwölf war», sagte Jerry Lee Lewis, der inzwischen älter und weiser geworden ist und immer noch mit einem sehr starken Südstaaten-Akzent redet, «spazierte ich in Ferriday, Louisiana, wo ich gebo-

195

ren bin (29. September 1935), in ein Filmtheater. Bevor der Film anfing, spielten sie eine Platte. Ich blieb gar nicht, um den Film zu sehen. Die Platte beeindruckte mich so sehr, daß ich auf der Stelle nach Hause rannte, mich ans Klavier setzte und versuchte, *Down Among The Sheltering Pines* genauso zu singen, wie ich es eben von Al Jolson gehört hatte. Und ob Sie's glauben oder nicht, ich kannte jedes Wort, obwohl ich den Song doch nur einmal gehört hatte. So wie Jolson sang, war jedes Wort wie ein blinkendes Stopp-Zeichen. Ich habe jenen Text niemals vergessen – und ich habe nie aufgehört, Al Jolson zu bewundern.

Jolson ist für mich noch immer der Showmann und Sänger Nr. 1. Und wissen Sie, wer die Nummer zwei ist? Jimmie Rodgers, der singende Bremser. Nummer drei in meinem Buch ist Hank Williams, der Hillbilly-Shakespeare. Und die Nummer vier – glauben Sie mir –, das ist Jerry Lee Lewis. Ich würde gern nach Presley auf die Bühne kommen, und ich weiß, daß ich nichts zu fürchten hätte. Ich respektiere Johnny Cash, Merle Haggard und Tom Jones. Aber die kümmern mich nicht. Mit Al Jolson ist das eine andere Geschichte. Wenn der heute abend hier spielen würde – leider ist er ja tot –, der bekäme das Publikum dazu, nach immer mehr, immer mehr zu jammern und zu betteln. Nach ihm möchte ich nicht auf die Bühne.

Ich fing an, Musik zu machen, als ich acht Jahre alt war. Mein erstes Instrument war eine sechssaitige Gitarre. Sie gehörte meinem Vater, Elmo Lewis. Er war ein riesiger Kerl, zwei Meter groß, ein Zimmermann und Unternehmer. Als ich neun war, kauften mir meine Eltern ein fast neues Stark-Piano. Schätze, sie waren beeindruckt, wie schnell ich Akkorde lernte und Songs.

Vier Jahre später trat ich zum erstenmal öffentlich auf. Und zwar ungeplant auf dem Hof eines Autohändlers. Die Ford-Agentur von Ferriday stellte die neuen Automodelle vor, und sie hatten eine Country & Western-Band engagiert, um für Unterhaltung zu sorgen. Wie ein junger Stierkämpfer, der in die Arena rennt, sprang ich einfach auf die Bühne und spielte eine Version von *Drinking Wine Spo-de-o-de*, aus dem Stegreif. Die Leute amüsierten sich und reichten den Hut rum. Ich spazierte vom Hof mit mehr Geld in den Taschen meiner Jeans, als ich je gehabt hatte. Aber noch begeisterter war ich davon, meine eigene Stimme zum erstenmal über ein PA-System gehört zu haben.

Mein erstes Profi-Engagement hatte ich mit vierzehn im Blue Cat Club in Natchez. Es war ein kurzer Gig. Tagsüber zur Schule und abends auftreten, das paßte nicht zusammen. Also nahm ich nur Wochenendjobs im Hilltop und später im Wagon Wheel an. Spielte Schlagzeug oder Piano und sang mit einem Trio mit dem blinden Paul Whitehead, der Akkordeon, Klavier und Trompete spielen konnte.

Im Februar '56, kurz nachdem Sam Phillips Presley an RCA verkauft hatte, fuhr ich über dreihundert Meilen, um ihn zu treffen. Alle jungen Typen aus den Südstaaten, die Sänger werden wollten, hatten sich dort versammelt. Sam habe ich nie zu Gesicht gekriegt, aber ich nahm ein paar Bänder mit Jack Clement auf, der jetzt sein eigenes großes Studio in Nashville hat. Bei meiner zweiten Reise zu Sun mehrere Monate später wurde ich besser empfangen. Meine Platte *Crazy Arms* war zwar nicht weltbewegend, aber sie verkaufte doch genügend, daß mich Bob Neal, Presleys erster Manager, buchen wollte. Nach *Whole Lot-ta Shakin' Goin' On* trat ich bei Steve Allen und in anderen TV-Shows auf, und ich bekam plötzlich vierstellige Gagen pro Abend. ‹Shakin'› verkaufte schließlich mehr als sechs Millionen Exemplare. Und *Great Balls Of Fire* ebenfalls. Das sollten Sie lieber glauben.»

Lewis riß seine blauen Augen weit auf und nickte mit dem Kopf. Als ich fragte, ob er als Country-Sänger zu Sun gekommen sei und unter dem Einfluß von Sam Phillips einen schwärzeren Stil angenommen habe, sagte er: «Ich weiß nicht. Ich mochte schon immer Moon Mullican, Merrill Moore, eine ganze Menge von den alten Boogie Woogie-Pianisten. All die alten Platten, die ich mir anhörte, *Drinkin' Wine Spo-de-o-de, House Of Blue Lights, Hey Ba-ba Re-bop* – die hörte ich zu Hause in Ferriday, als ich aufwuchs. Ich mochte Bluessänger wie B. B. King und Ray Charles immer.

Ich spielte oft in Kirchen. Da war die Holiness Church, und ich besuchte die Southwest Bible School in der Nähe von Dallas, in Waxahatchie . . . gepredigt habe ich auch. Sang mit einem Beat, hab immer schon mit einem Beat gesungen.

Als ich ein junger Mann war, ging ich immer in Haney's Big House, eine einheimische Tanzhalle, wo Negerbands und Combos spielten. Danach versuchte ich dann, die Songs nachzuspielen, die ich gehört hatte, und ihren Stil nachzuahmen. Aber ich mochte genauso Sänger wie Hank Williams und Red Foley, der mein Lieblingsmann war. Ich habe mir aus alledem einen eigenen Stil geschaffen, würde ich sagen.

Boogie Woogie habe ich gespielt, lange bevor ich für Phillips aufgenommen habe. Kannte *Cow-Cow Boogie* und alle anderen Boogies. Und was ist *Whole Lot-ta Shakin'*, wenn kein Boogie Woogie?

Auch wenn meine Eltern der Assembly of God Church angehörten, konnte ich mir doch die Musik aussuchen, die ich wollte, und ich durfte zu Hause spielen, was ich wollte. Meine Eltern hinderten mich an nichts. Sie sagten mir zwar, was sie für richtig hielten, aber nie haben sie mir in meine Musik hineingeredet oder mir etwa vorgeschrieben, was ich machen sollte.

Mein Vater hatte alle Aufnahmen von Jimmie Rodgers. Er war wie ein typischer Südstaatenfarmer, der in den Laden ging und Brot, Eier, Kartoffeln und ‹die neueste Jimmie Rodgers-Platte› bestellte. Als ich ein

Junge war, hörten wir ständig Jimmie Rodgers. Und er war auch ein großartiger Bluessänger, ein toller, toller Bluessänger. Er hatte viel Schwarzes in seiner Stimme, den spiritualähnlichen Blues. Was für ein Talent! Ich kannte alle seine Songs. Viele Leute mochten nicht, wie Hank Williams sang. Aber man höre sich nur seine Platten an. Dann merkt man, mit welcher Klasse er singen konnte, wenn er wollte. Und die Songs, die er geschrieben hat – die größten der Welt. Vier ganze Jahre dauerte seine Karriere nur. Er war erst neunundzwanzig, als er starb. Er fing doch gerade erst an, ein junger Mann – ich weiß nicht, wie das geschehen konnte – kann es nicht verstehen – schreckliche Sache, und viele Leute wurden um ein großes, großes Talent betrogen.»

Über den Einfluß seiner Hochzeit '58 sagte Lewis: «Myra war meine Kusine zweiten Grades. Und sie war vierzehn, nicht dreizehn, wie in den Zeitungen stand. Ich glaube, wenn die Plattenfirma zu mir gehalten hätte, dann wäre es niemals zu dem Niedergang gekommen, den ich erleben mußte. Ein Niedergang, das war es wohl. Aber wenn man es richtig angepackt hätte, dann hätte all die schlechte Publicity keine Wirkung gehabt. Tom Parker gab eine Erklärung ab, wenn er mich zu der Zeit unter Vertrag gehabt hätte, dann hätten wir Millionen Dollar damit verdient. Und das glaube ich auch. Aber keiner hatte damals genug Gespür, das zu machen. Alle liefen kopfscheu herum. Und ich selbst war gerade einundzwanzig, und ich wußte nicht ein noch aus.

Aber mir tut nichts leid. Wenn ich es tun müßte, ich würde es sofort wieder machen. Ich habe eine wunderbare Tochter, acht Jahre alt. Ich würde nicht für Millionen Dollar tauschen. Und deswegen bin ich schließlich doch als Sieger aus der Sache herausgekommen.

Wir waren dreizehn Jahre verheiratet, und dann ist Myra eines Tages einfach fortgegangen. Dreizehn Jahre zum Fenster hinausgeworfen – einfach so. Ich finde mich mit der Tatsache ab, aber ich kann damit nicht fertig werden. Dreizehn Jahre sind ein großer Teil im Leben eines Mannes – und dann einfach so aufhören! Ich kann nicht anders, ich werde böse, sobald ich daran denke. Aber ich bereue nichts. Es war ein gutes Verhältnis. Ich mache nur mir selbst Vorwürfe. Ich habe immer ein bißchen zuviel Gefallen an den Frauen gefunden. Offensichtlich konnte die Ehe nach dreizehn Jahren nicht weitergehen. Eine schreckliche Sache, kann ich Ihnen sagen.»

Als sich das Interview dem Ende näherte, fragte ich Lewis nach dem Grund für das Pflaster, das er über der Augenbraue hatte. Er lachte und sagte: «So verdammt behandelt man die Gäste in Las Vegas. Ist vor dem Landmark Hotel hier passiert, fast unter dem Riesenschild, auf dem mein Name steht. Ein Typ schlug auf die Motorhaube meines Wagens. Ich sagte, er soll aufhören. Er wurde pampig – und ich wurde verpflastert. In den 50er Jahren, in San Antonio, saß ich mal am Tisch und sah den

Burschen gar nicht. Ich redete mit einem Freund, und plötzlich kommt dieser Typ und schlägt mich. Mit zwölf Stichen genäht. Die Frauen lieben mich, aber diese verdammten Schläger – die mögen mich gar nicht. Ich bin überall genäht.

Der Telefonanruf vor ein paar Minuten . . . das war Fats Domino. Er kommt gleich. Er ist eines der größten Talente der Welt. Und Little Richard nicht minder, aber der hat seine Probleme. ‹Ich bin kein Neger›, sagt er, ‹ich bin Indianer.› Ich war auf einer Tournee mit ihm, und der Bursche benutzt so viel Schminke, daß die Klaviertasten mit einem Handtuch abgewischt werden mußten, bevor ich spielen konnte.»

Fats kommt herein. Sie begrüßen sich herzlich. «Wohlsein», sagt Fats, als Jerry die Bloody Mary hochhebt, die er trinkt.

Sie stoßen an, und Jerry sagt: «Find ich nett, daß du rüberkommst. Bleibst du, um die Show zu sehen?»

Fats nickt lächelnd.

«Ich hab ein bißchen Gott auf meiner Seite», sagt Jerry Lee.

«Das stimmt», sagt Fats Domino.

Raunchy Guitar

Neben Jerry Lee Lewis war die weitere Sun-Entdeckung des Jahres '57 ein Gitarrist, der als Studiomusiker und Produzent arbeitete. Bevor und nachdem er sich als Plattenkünstler etablierte, war Bill Justis der Produzent von Jerry Lee Lewis – ebenso der Roy Orbisons und der von Johnny Cash' Folgehits nach *I Walk The Line*, einschließlich *Ballad Of A Teenage Queen*. Ende '57 experimentierte Justis mit einem verlangsamten Vibrato und einem übertriebenen Echo auf seiner elektrischen Gitarre. In Zusammenarbeit mit einem Saxophonisten, der sehr funky spielte, produzierte er eine Instrumentalplatte, die einschlug. *Raunchy*, dessen Titel (soviel wie ‹geil›) aus einer neuen Teenagerstimmung Kapital schlug, konkurrierte hart mit Pat Boones *April Love* um den Spitzenplatz auf der Honor Roll und schaffte es tatsächlich im Dezember '57.

Diese Platte war der Vorläufer einer Reihe von Gitarren-Instrumentals, die alle von Spannung und Bissigkeit lebten. Im Mai '58 nahmen Link Wray und seine RAY MEN ein anderes Teenager-Wort, *Rumble*, und benutzten Verzerrung und eine Melodie im Blues-Stil, um die Atmosphäre zu beschwören, in der eine Straßenbande auf Schlägerei aus ist.

Es dauerte nur ein paar Monate, da vibrierte *Rebel Rouser* in den Charts. Von Jamie Records aus Philadelphia veröffentlicht, war diese Platte von Duane Eddy in Phoenix, Arizona, aufgenommen worden, und zwar unter Mithilfe von Lee Hazlewood, der später Nancy Sinatra förderte. Eddy benutzte den neu entwickelten Fender-Baß – der aussah wie eine elektrische Gitarre, aber wie ein verstärkter Kontrabaß klang – sowie ein elektrisches Tremolo (ebenfalls neu) und erreichte damit einen provozierend ominösen Klang. Auf seiner Boss-Gitarre, wie sie genannt wurde, hatte Eddy zudem Erfolg mit *Ramrod,* während Link Wray auf *Rumble* die Aufnahme *Rawhide* folgen ließ (jetzt die Titelmelodie einer TV-Serie).

Die elektrische Gitarre war auf dem Wege zur Vormachtstellung im Rock, und der Rock 'n' Roll befand sich auf dem Weg nach Psychedelia.

Wir sind so jung –
und sie sind so alt

'57 wurden vier weiße Teenager mit ihren Platten prominent. Paul Anka, vierzehn Jahre alt, war der am meisten frühreife von ihnen, talentiert als Autor ebenso wie als Showmann. Seine *Diana* war die kummervolle Geschichte eines verliebten Burschen, dessen Angebetete älter war, und schilderte eindrucksvoll die Sehnsucht einer Generation, die darauf drängte, schnell heranzuwachsen. In Frankreich gab es ein Dutzend Versionen des Songs mit der einprägsamen Zeile: «I'm so young and you're so old . . . Di-i-i-ana . . .»

Bevor das Jahrzehnt zu Ende ging, schloß Ankas Liste von Bestsellern *Put Your Head On My Shoulder* ein, *Your Are My Destiny, (I'm Just A) Lonely Boy* und *Puppy Love*. Er schrieb noch immer Hits – für andere –, als er selbst keine Goldenen Schallplatten mehr machte. Da er über großes Selbstvertrauen und ein Gespür für das Showbusiness verfügte – wie später auch Bobby Darin –, schaffte er schnell den Umstieg vom Teenager-Plattenstar zum erwachsenen Entertainer. Er war erst zwanzig, als er in den großen Sälen von Las Vegas auftrat und in den Spesenritter-Clubs wie Copa, in denen einst nur die alten Whisky-Barden Joe E. Lewis, Sinatra und Dean Martin zu Hause gewesen waren.

Paul Anka-Interview

Von libanesischer Herkunft, wurde Anka 1943 geboren und wuchs in Ottawa, Kanada, auf. Wie die meisten Kinder des Zweiten Weltkriegs hörte er in der Jugend Platten von Chuck Berry, Fats Domino, den PLATTERS, Frankie Lymon und den TEENAGERS usw. Diese und andere R&B-Künstler hörte er im Radio, und zwar in der Sendung des DJs George «Hound Dog» Lorenz aus Buffalo.

Am meisten interessierte ihn jedoch Sammy Davis jr., besonders weil er ihn in Amateurshows und Veranstaltungen der Fisher Park High School nachahmte. Ernsthaft beschäftigte er sich mit Musik, als er aus einem Stenographiekursus hinausgeworfen wurde und statt dessen einen Musikkurs besuchte.

«Oft ist die Geschichte gedruckt worden, daß ich einfach in die Büros von Paramount am Broadway spaziert bin, ohne angemeldet zu sein, es schaffte, von dem Chef der A&R-Abteilung angehört zu werden, und gleich einen Plattenvertrag bekam. Aber das ist nur teilweise wahr. Ich kannte nämlich die ROVER BOYS, die gerade mit *Graduation Day* einen großen Hit auf Paramount hatten. Ich kannte sie aus Kanada und einem Club, wo sie arbeiteten. Ich spendierte ihnen etwas zu trinken und hing mit ihnen herum. Sie legten bei Don Costa, der für A&R verantwortlich war, ein gutes Wort für mich ein. Ich wohnte in der Badewanne eines Angestellten vom President Hotel. Er rief Costa meinetwegen an.

Don nahm sich die Zeit, mich anzuhören, und dafür gebührt ihm Dank. Ich war absolut ungeschliffen. Hatte noch nie eine Platte gemacht. Ich sang drei oder vier Songs. Er muß darin etwas gehört haben, denn er sagte sofort, er wolle Platten mit mir machen. Er war verantwortlich für all die ersten Hits. Er arrangierte und dirigierte *Diana, Loneley Boy, My Destiny* – alle. Später übernahm Sid Feller.

Auf *Diana* benutzten wir nur fünf Instrumente – Piano, Baß, Gitarre, Sax und Schlagzeug – plus drei Stimmen. Wir haben die Aufnahmen im Capitol Studio an der West 46th Street gemacht. *Diana* wurde dann in Ottawa fertiggestellt. Aber es war noch nicht fertig, als ich ins Studio ging. Darum habe ich auch diese ‹uh-ohs› benutzt, die bald alle Rockgruppen nachahmten. Ich wußte einfach keine Wörter, die ich auf die Musik singen konnte. Und die ‹uh-ohs› wurden dann der Witz an der Platte. Die drei Background-Sänger sangen ganze Noten und ein paar Licks. Wenn Don interessante Wirkungen erzielten wollte, benutzte er Mädchen als Background-Sängerinnen.

Nach meiner ersten Session habe ich dann Don immer aus Kanada angerufen, wenn ich eine Idee hatte. So bekamen wir auch den Sound von *You're My Destiny* im Jahre '58 hin. Ich meinte, daß ich von einer kleinen Begleitgruppe zu einer Big Band übergehen sollte. Ich hatte eine Aufnahme von *Star Dust* von Billy Ward und den DOMINOES gehört, eine der ersten R&B-Platten mit Streichern. Ich rief sofort Don an und bat ihn, sich das anzuhören und eine Platte zu besorgen. Als ich aufnahm, benutzte er eine Big Band. Im Flugzeug nach New York schrieb ich den Song fertig.

Lonely Boy war ein sehr persönlicher Song. Heutzutage basieren meine Songs hauptsächlich auf Beobachtungen, die ich mache. Aber damals kamen sie noch aus meinem Innern. Ich war achtzehn und steckte mitten im Erfolg. Ich entfernte mich aus der Teenage-Szene und wurde ein junger Mann. Meine Mutter starb zu der Zeit. Ich kann die Gefühle nicht in Worte fassen. Aber *Lonely Boy* drückte aus, wie es war.

Put Your Head On My Shoulder ist mein Lieblingslied aus der frühen Zeit. Ich war zu der Zeit in ein Mädchen verknallt, die Annette Funicello hieß. Wir waren beide immer am Strand, sie im Bikini. *Puppy Love* kam auch aus der Szene. Ich hatte '60 damit einen Hit, und jetzt hat Donny Osmond eine Goldene damit.

Ich trat in einer Anzahl Filme auf, mit Mamie Van Doren und Tuesday Weld. Und ich machte einige Filme mit Annette bei MGM und Allied Artists. Aber dazu kam es nur, weil ich die Musik dazu schrieb. Da ich ein bekannter Plattenkünstler war, versuchten die Filmgesellschaften daraus Kapital zu schlagen und ließen Rollen für mich in die Drehbücher schreiben. Ich wußte, daß ich kein Rock Hudson war. ‹The Longest Day› war die letzte Sache, die ich in Hollywood machte.

Ich verließ Paramount und war bei RCA Victor, als die BEATLES auftauchten. Und dann wurde uns bewußt, was es ausmacht, wenn man nicht mehr so oft im Radio gespielt wird, da können Platten und Songs noch so gut sein. Die britischen Gruppen wurden so oft gespielt, daß wir einfach nicht mehr durchkamen. Ich litt darunter wie die meisten, die mit der Presley-Welle aufkamen.

Aber ich war in der Lage, die britische Flutwelle zu überstehen, denn ich wußte, daß sie enden mußte. Ich hatte eine sehr gute Anzahl von Platten hinter mir, aber mir war klar, daß meine Zeit in diesem Geschäft wiederkommen würde. Ich bin zwar Individualist, war aber umgeben von lauter smarten Leuten – meinem Vater, der Spanka Music und meine anderen Verlage leitete; meinem Manager, Irving Field, und Buddy Howe bei CMA (Creative Management Associates). Irgendwo macht sich das Können solcher Männer bezahlt. Ich habe den Wandel nicht leicht akzeptiert, und ich war ein bißchen widerspenstig. Aber ich habe ihn akzeptiert.

Und dann habe ich mich persönlich nochmals verändert. Von da, wo mein Vater und ich herstammen, kannte ich andere Werte. Ich wurde von diesem großen Erfolg nicht überwältigt. Ich heiratete und fand ein neues Ventil für meine Emotionen, und dadurch konnte ich manches überwinden.

Ich habe als junger Mann Geld gespart, und ich war finanziell abgesichert. Damit lösten sich wiederum andere Probleme. Also wenn ich nur Sänger gewesen wäre, dann hätte ich vielleicht den Wandel nicht so unbeschadet überstanden. Aber ich war Songschreiber und verdiente Geld. Aber das schwierigste war die Wandlung von den Kid-Songs für Kids – damit hatte ich ja meinen Erfolg – zu den Songs, die ich als Profi-Autor schreibe.

Es erforderte einige Überlegung. Für mich selbst schreiben, das war irgendwie leichter, aber es brachte auch seine Schwierigkeiten – wenn ich einen Song nicht für mich haben wollte, wer sonst konnte ihn gebrauchen? Eines Abends kam ich auf die einfache Idee: Ich muß die Songs so schreiben, daß sie auf andere zugeschnitten sind. Als die Melodie von *My Way* mir in den Sinn kam, schrieb ich sie für Sinatra und schickte sie ihm. Und das war der Wendepunkt – '68 – so wie für ihn '55 der Wendepunkt mit ‹From Here To Eternity› kam. Plötzlich, nachdem ich jahrelang

203

Songs und Demos in die Welt geschickt hatte, wurde ich akzeptiert als Schreiber – ich meine als Autor für andere . . .»

Ricky Nelson/Jimmie Rodgers/Eddie Cochran

Anka hatte nichts als sein Talent und seinen Mut, mit denen er sich die Türen zum Plattengeschäft öffnete. Eric Hilliard Nelson, besser bekannt als Ricky Nelson, hatte die TV Soap Opera *Ozzie and Harriet*, die er als Sprungbrett nutzte. Ricky hatte gleich mit seiner ersten Platte das große Glück. Bei seinem Gesangsdebüt in der Show seiner Eltern stellte er eine Seite vor, die Cover-Version von Fats Dominos Hit *I'm Walkin'*. Aber es war die andere Seite, *A Teen-ager's Romance*, die ihm die Goldene Schallplatte einbrachte.

Imperial, das Label, auf dem Fats war, nahm Ricky sofort unter Vertrag, als entdeckt wurde, daß er noch nicht bei Verve (wo seine Debütplatte erschienen war) engagiert war. Fats und Ricky machten Imperial zu einem Millionen-Dollar-Label. *Be-Bop Baby*, Rickys erste Imperial-Veröffentlichung, wurde gefolgt von sechs weiteren Goldenen Schallplatten: *Poor Little Fool* und *Stood Up* im Jahre '58; *Lonesome Town, Never Be Anyone Else But You, Sweeter Than You* und *Just A Little Too Much* im Jahre '59.

Er sah jünger aus als Pat Boone, hatte aber keine solche Stimme. Er erfüllte dieselbe Funktion wie Boone und später die BEATLES. Die Kids liebten ihn, aber deren Eltern haßten ihn nicht, wie sie Presley haßten. Seine Art, R&B zu singen, war absolut weiß und von einer jugendlichen Naivität, mit Hilfe derer seine Platten eine Brücke zwischen jugendlichen und erwachsenen Hörern schlugen. Obwohl die Fernsehshow seiner Eltern ungeheuren Anteil an seiner Popularität hatte, besaß er doch auch eigene Starqualitäten. Neben dem Pelvis in seinen «blue suedes» und Pat in weißem Waschleder war Ricky unbestreitbar der populärste weiße Teenage-Sänger.

Jimmie Rodgers war Holzfäller in Seattle, bevor er Plattenkünstler wurde. Und doch waren sein Stil und sein Sound sanft genug, daß er ein Commercial für Kelloggs Cornflakes singen konnte. *Honeycomb* von ihm war eine der großen Platten des Jahres 1957.

Rodgers' Weg zum Erfolg war nicht geradlinig und überdies vom Glück geprägt. Er begann in der Air Force während des Koreakrieges. Ein wohlgesonnener Feldwebel ermutigte ihn, bei Lagerkonzerten aufzutreten. Nach seiner Entlassung führte ihn eine Reihe von Enttäuschungen in den Nordwesten, an den Pazifik – geboren war er 1933 in Camus, Washington – wo er auf Farmen und als Holzfäller arbeitete. Schließlich fand er seinen Weg nach Nashville, wo ihn ein Freund aus dem Musikgeschäft, der ihn in einem kleinen Club hörte, dazu drängte, es doch bei den Plattenfirmen in New York zu versuchen. An dem Tag, als er bei Roulette Records aufkreuzte, waren die Büros voller Elektriker und Tischler, die Umbauten vornahmen.

«Ich singe», sagte er zu Hugo und Luigi, die versuchten, in all dem Lärm zu arbeiten. «O. K., dann sing», sagten sie zu ihm. Jimmie packte seine Gitarre aus und sang ihnen zwei Songs. Einer davon war *Honeycomb*.

«Rufen Sie in ein paar Tagen wieder an», sagten sie zu ihm. An Enttäuschungen gewöhnt, nahm Jimmie das als Absage und verschwand.

Sechs Monate mußten Hugo und Luigi suchen, bis sie ihn gefunden hatten. Sie schickten ihm Geld, damit er nach New York kommen konnte, und dann nahmen sie ihn mit ins Studio, damit er seine erste Aufnahmesession machte.

Auf *Honeycomb* folgte schnell Rodgers' Fassung von *Kisses Sweeter Than Wine*, einer Folk-Melodie, die die WEAVERS in den frühen 50er Jahren von einem alten irischen Folksong adaptiert hatten. Sein weich-lieblicher Stil hatte einen eigenen Reiz, und überdies machte Jimmie wie Paul Anka das zweisilbige «Uh-oh!» zu seinem Markenzeichen. Er überstand die schlechte Zeit für die meisten amerikanischen Rocker, als die britische Invasion Ende der 60er Jahre hereinbrach. Danach machte er Platten bei Dot und später – nachdem er einen Schädelbruch überstanden hatte, der ihn beinahe das Leben kostete: er hatte Schwierigkeiten mit der Polizei auf einem Freeway in Hollywood – auf A&M-Records.

Was Eddie Cochran vielleicht erreicht hätte, wenn er älter als einundzwanzig geworden wäre, läßt sich unmöglich sagen. Aber er hatte das Zeug zu einem großen Star. Bevor er nach Hollywood zog und Plattenaufnahmen für Liberty machte, hatte er sich in seiner Heimat Oklahoma als Gitarrist einen Namen gemacht und für Ekko, ein lokales Label, aufgenommen. Sein erster Liberty-Hit war *Sittin' In The Balcony*, ein Song von John Loudermilk aus Nashville, in dem deutlich gesagt wurde, wo sich die Teenager am besten abknutschen konnten. Es folgten *Summertime Blues* und *C'mon Everybody*, beides Gemeinschaftswerke von Cochran und Jerry Capehart, seinem Manager und Plattenproduzenten. Um autoritäre Eltern ging es in dem einen, um Teenager-Spaß im anderen. In den Songs, die er in seiner allzu kurzen Karriere aufnahm, ging es Cochran hauptsächlich um Teenager-Probleme, und zwar besonders um den Konflikt zwischen den Wünschen der Jugendlichen und der Kritik der Eltern.

Cochran war ein Presley-Imitator und kopierte den heiser keuchenden Gesangsstil sowie die abgehackten Rhythmen. Manchmal brachte seine Härte Spannung wie bei Little Richard. Zwischen seinem Durchbruch '57 und dem Ende der Ära schuf er sich eine Gefolgschaft, die so groß war, daß er auf Englandtournee gehen konnte. Am 17. April 1960 fuhr er zusammen mit Gene Vincent und Shari Sheeley, seiner Freundin und der Autorin von Ricky Nelsons *Poor Little Fool* in einem Londoner Taxi. Bei einem Verkehrsunfall wurde Cochran auf der Stelle getötet.

Wie bei Buddy Holly entstand auch um ihn ein Kult, und sowohl in den USA wie in England erschienen Platten zu seinem Angedenken.

1957 war ein weißes Jahr, in dem mehr weiße Sänger in den R&B-Markt einbrachen als schwarze Sänger in den Popmarkt. In den R&B-Charts fand man Jimmie Rodgers, Paul Anka, die EVERLY BROTHERS, Jerry Lee Lewis, Ricky Nelson, Buddy Knox, Presley (natürlich) und sogar Guy Mitchell (mit *Singin' The Blues*). Außerdem eine weiße Gruppe aus Kanada namens THE DIAMONDS, die *Little Darlin'* coverten, ursprünglich aufgenommen von den GLADIOLAS auf Excello, einem *indie label* aus Nashville. Die DIAMONDS verwendeten alle Stilmittel schwarzer Gruppen, die tiefe Kellerbaß-Stimme, die fast komische Falsett-Stimme und sogar einen gesprochenen Teil wie bei den MILLS BROTHERS. *Little Darlin'* endete nicht nur als einer der Top Ten Songs des Jahres, sondern die Platte der DIAMONDS kam hoch in die R&B-Charts. '58 hatte die Gruppe wiederum einen großen Erfolg mit *The Stroll* und '59 mit einer Novelty-Ballade, *She Say (Oom, Dooby, Doom)*.

Unter den schwarzen Sängern, die ihre Stellung im Pop halten konnten, war Fats Domino, der seine Erfolgsserie fortsetzte mit *Blue Monday, Blueberry Hill* und *I'm Walkin'*. Chuck Berry ließ die Kassen klingeln mit *School Day*. Belafonte verkaufte Pop mit *Banana Boat, Day-O*, ebenso wie «King» Cole mit *Send For Me* und Billy Williams mit einer Neuaufnahme von *I'm Gonna Sit Right Down And Write Myself A Letter*. Aber keine von diesen Platten war Rock 'n' Roll. Ebensowenig hatten zwei neue Hitmacher mit Rock 'n' Roll zu tun.

Sam Cooke

Cooke, der Sohn eines Baptistenpredigers aus Chicago, verbrachte seine prägenden Jahre als Sänger bei einer Gospelgruppe mit dem Namen SOUL STIRRERS. Als sie für Specialty Records Aufnahmen machten, wagte sich Cooke an ein paar Poptitel. Specialty wollte sie jedoch nicht veröffentlichen, weil man berechtigterweise meinte, daß man dadurch den STIRRERS schadete. Als Bumps Blackwell, der die Popseiten aufgenommen hatte, Specialty verließ, konnte er die Bänder mitnehmen. *You Send Me*, von Cooke geschrieben, erschien auf einem anderen kleinen West Coast-Label (Keen) und verkaufte sich mehr als zwei Millionen Mal. Teresa Brewer, die eine Cover-Version der sinnlichen Ballade herausbrachte, wurde hoffnungslos abgeschlagen, obwohl ihre Firma Coral viel mehr Promotion machen konnte und über ein weitaus besseres Vertriebsnetz verfügte.

In das Genre der Popballaden brachte Sam Cooke seltene Intensität und Inbrunst. Und doch war er eher ein *crooner* als ein *screamer*. Er sang leise und sanft und strahlte eine Sinnlichkeit aus, die in ihrer Herkunft vom Gospel geprägt war und die später Otis Redding zu seinem Stilmittel zu machen versuchte. (Redding sang Cookes posthumen Hit *Shake* als Huldigung an ihn.) Nach *You Send Me* wurde Cooke schnell von RCA Victor unter Vertrag genommen, wo er bis in die 60er Jahre hinein eine Reihe von Bestsellern hatte, von denen viele auf Platz eins kamen wie *Chain Gang*. Auf dem Höhepunkt seiner Karriere wurde er von einer weißen Motelbesitzerin erschossen, die behauptete, er habe sie belästigen wollen. In der Klarheit seiner Diktion und dem Timbre seiner Stimme erinnerte Cooke viele an Nat «King» Cole – und er hatte auch Coles Pop-Appeal. Aber wo Cole über glatte Fassade und Finesse verfügte, brachte Cooke tiefgehendes Gefühl. Er war Cole mit Sex und Soul.

Della Reese, eine andere schwarze Hitmacherin, begann als R&B-Sängerin und trat in Clubs wie dem berühmten Flame in Detroit auf. Aber ihr Repertoire und Stil waren breiter, als diese Genre-Bezeichnung ahnen ließ. Ihre ersten Platten erschienen auf Jubilee, dem unabhängigen Label aus New York. '57 demonstrierte sie ihre Gesangskraft auf *My Heart Reminds Me*, einer Gesangsadaption von *Autumn Concerto*, einem italienischen Import. Zehn Fassungen gab es davon, und Della machte ein Kopf-an-Kopf-Rennen mit Kay Starr auf RCA Victor. *Don't You Know*, ihr Folgehit – nachdem sie von Jubilee zu Victor gewechselt war –, war eine Adaption von *Musettas's Waltz* aus der Puccini Oper «La Bohème». Darin bewies sich ihre Stimme, ein kräftiger Kontra-Alt, der mehr nach Oper klang als nach Pop, und gewiß nicht nach R&B oder gar Rock 'n' Roll.

The Stroll – und Chuck Willis

1957 begannen die Kids ‹to stroll›. Das war der Name eines neuen Tanzes, der schnell Mode wurde und im folgenden Jahr mit der Platte *The Stroll* von den DIAMONDS seine größte Popularität hatte. Diese Tanzmode bescherte einem Balladensänger mit Soul unverhoffte Anerkennung. Seit Jahren hatte er geschrieben und Plattenaufnahmen gemacht, und jetzt plötzlich fand er sich auf der Bühne, einen Turban auf dem Kopf, und er hieß der «König des Stroll». Chuck Willis hatte nicht das geringste mit dem Tanz zu tun. Aber zufällig hatte die Platte, die er aufnahm, ein alter Blues von Ma Rainey, *C. C. Rider*, genau das richtige swingende Tempo, nach dem sich der Tanz so gut aufs Parkett legen ließ.

Die Platte war von Ahmet Ertegun und Jerry Wexler auf Atlantic produziert und begann mit einer süß klingenden Marimba, die eine Standard-Boogie-Figur spielte (I-IV-V-IV). Das entwickelte sich zu einem Ostinato mit einem weiblichen Chor und einer gemischten Gruppe. Das Tenorsax-Solo war eher ausdrucksvoll als wild und bissig. Und Willis' Stimme war klar, nicht rauh, emotional, nicht aggressiv. Die Platte stieß auf den Popsektor vor, wenn sie auch in den R&B-Charts auf höhere Plätze kam.

Chuck konnte seine plötzliche Popularität mit seiner eigenen Version eines traditionellen Blues, *Betty And Dupree* ausnutzen. Er trat vor vollen Häusern auf und erreichte ein Publikum, das nie von ihm gehört hatte, als er jahrelang auf Okeh, der R&B-Tochterfirma von Columbia, Platten gemacht hatte. Im Februar '58 nahm er zwei Plattenseiten auf, mit denen er endgültig bewies, daß er den Umstieg vom R&B auf den Popsektor geschafft hatte – *What Am I Living For*, einen Titel, der nicht von ihm stammte, und *Hang Up My Rock 'n' Roll Shoes*, den er selbst geschrieben hatte.

Beide Seiten haben eine eigenartig prophetische, wenn nicht gar unheildräuende Aura, obwohl *What Am I Living For* mehr von einer Liebesballade hat, als der philosophische Titel vermuten läßt. Weniger als zwei Monate nachdem Willis die Atlantic-Studios in New York verließ, starb er auf dem Operationstisch eines Hospitals in Atlanta.

Die Coasters

Als Atlantic Anfang 1958 sein zehntes Jubiläum feierte, wurde erklärt, «die erfolgreichste Platte aller Zeiten» dieser Firma sei *Searchin'* von den COASTERS, ursprünglich eine West Coast-Gruppe mit Namen ROBINS. Mit der Rückseite *Young Blood* war es eine der Top Three-Platten im R&B, ein nennenswerter Hit im Popsektor, wenn auch nicht ganz so erfolgreich, und die wichtigste schwarze Platte, die '57 von einem Bereich in den anderen hineinreichte. Durch sie fanden die Gruppe und ihre begabten Autoren/Produzenten den Weg aus den schwarzen Gettos in die Teenage-Popwelt.

Searchin' wár, wie der Titel schon ahnen läßt, ein Musikstück, das von den Bemühungen eines verliebten jungen Mannes erzählt, sein Mädchen wiederzufinden. Es war jedoch keine Ballade, sondern ein *comedy song*. Dieser Typ wollte alle Tricks der großen Detektive aus Film und Fernsehen anwenden – Charlie Chan, Bulldog Drummond, Sam Spade –, um sie wieder herbeizuschaffen. Der Bariton Billy Guy, von Natur aus wie geschaffen für derartige *comedy songs*, übernahm die Leadstimme in einem Song, der geradezu das Muster für die Gruppe und das Autorenteam Leiber und Stoller war. Man kann ihre Songs Situationskomik oder dreiminütige komische Sketche nennen. Die Songs waren witzige Erzählungen und die Sänger Komödianten der Schallplatte.

Bei *Young Blood*, der Rückseite der Platte, war es so, daß die vier Burschen ein Mädchen an der Straßenecke sahen, und dann sagte jeder von ihnen: «Looka there», mit verschiedener Betonung, aber alle lustig und lüstern. «What's your name?», fragte jeder, wie im Scherz, aber man merkt, daß sie alle nur ein Gedanke beherrscht. Und dann treffen sie auf Dad, gespielt von dem Baß-Sänger Will «Dub» Jones, der sie mit unfreundlicher Stimme tadelt. Aber dennoch geht ihnen *Young Blood* nicht aus dem Sinn, und vielleicht entwickelt sich Liebe aus Lüsternheit. Clever und phantasievoll war dieser Song.

'58 produzierten Leiber und Stoller mit den COASTERS zwei Juwelen der Satire, des Witzes und sozialen Kommentars. In treibendem, schnellem Rhythmus, unterstützt von der Energie und Kraft ihrer Stimmen, formulierte *Yakety Yak* die Spannung zwischen den Generationen, wobei die ältere die jungen Leute kritisierte wegen ihrer Faulheit und Verantwortungslosigkeit, die jüngere den Eltern ihre übertriebene Geschäftigkeit vorwarf. Ungewöhnlich war der Titel, doch er sagte alles. Und dann war da die Reibeisen-Baritonstimme von Buddy Guy, der «Don't go back» sang. (Das stotternde Tenorsax von King Curtis inspirierte ganz sicher den ‹Yakety-Sax›-Stil von Boots Randolph.)

Charlie Brown hatte nichts zu tun mit seinem Namensvetter in der Peanuts-Comic-Serie. Er war ein Lausejunge, der den Lehrer «Daddy-O» nannte, den Klassenraum ansteckte und allerhand Unsinn trieb. Aber mit Dub Jones' Baß fragte er unschuldig-schlau: «Why is everybody always pickin' on me?» Und zwei seiner Klassenkameraden hielten ihn zwar für einen Clown, hatten andererseits jedoch gemischte Gefühle der Bewunderung und des Argwohns.

Bevor das Jahrzehnt zu Ende ging, kamen die COASTERS noch mit *Poison Ivy*, *The Shadow Knows* und dem gefeierten *Along Came Jones* heraus, einer brillanten Satire auf TV-Western. Der böse Missetäter kommt, Unheil anzurichten, und jede neue Bedrohung bauen sie auf mit: «And then . . . and then . . .» Aber am Schluß betritt Jones die Szenerie, der, der langsam spricht und langsam geht. Wir erfahren nie, was er gemacht hat, aber es wird deutlich, daß man sich auf Jones in seinen ausgebeulten Hosen verlassen kann.

Leiber und Stoller waren perfekte Handwerker, Meister darin, einprägsame Melodien zu erfinden, die richtigen Tempi zu wählen, ausdrucksvolle Arrangements zu schreiben und die Stimme der COASTERS abwechslungsreich einzusetzen – alles, um Geschichten voller Witz und Einfühlungsvermögen zu erzählen. Sie waren phantastische Songschreiber, phantasievolle Arrangeure, erfindungsreiche Produzenten und sehr befähigte Studio-Leute. Wenn der Rock 'n' Roll niemand anderen hervorgebracht hätte als die COASTERS und Leiber und Stoller, müßte man ihm doch gebührende Achtung zollen als musikalische Verkörperung einer Zeit und einer Generation. Sie reflektierten die Welt der jungen Leute mit Verständnis, Humor und sozialer Hellsichtigkeit. Dies war Rock 'n' Roll in seiner besten Ausprägung – voll sprudelnder Lebensfreude und Energie, unterhaltsam, ausdrucksvoll und zum Tanzen animierend. Und was hätten die Kritiker dieses Stils dagegen einzuwenden?

Am 1. Dezember 1957 weigerte sich eine schwarze Näherin aus den Südstaaten, einem weißen Mann ihren Platz im Bus zu überlassen, obwohl der Fahrer sie dazu aufforderte. Rosa Parks' Verhaftung in Montgomery, Alabama, führte zu einem Bus-Boykott der Schwarzen, der 369 Tage andauerte. Und der Reverend Martin Luther King, der aus diesem Boykott als Führer der schwarzen Bürgerrechtsbewegung hervorging, sagte: «Ich habe einen Traum.»

«Hail! Hail! Rock 'n' Roll», sang Chuck Berry, «deliver me from the days of old.» Im Jahre '57 wurde die Musik zum Ausdruck der beharrlichen Suche einer Jugend nach ihrer Identität. Die Songs setzten sich auseinander mit der Kleidung: *Short Shorts* (ROYAL TEENS), *Black Slacks* (JOE BENNETT AND THE SPARKLETONES), *A White Sports Coat . . . And A Pink Carnation* (Marty Robbins). Sie behandelten die Treffpunkte: *At The Hop* (DANNY and THE JUNIORS) und die Tänze: *The Stroll* (THE DIAMONDS). Sie deuteten die Gefühle: *First Date, First Kiss, First Love* (Sonny James), *The Ballad Of A Teen-age Queen* (Johnny Cash), *Cool Baby* (Charlie Gracie), *High School Romance* (George Hamilton IV). Die eigene Sprache der Teenager produzierte Song-Titel wie *All Shook Up* (Elvis Presley), *Raunchy* (Bill Justis), *Rumble* (Link Wray). Das Verhalten der Eltern und die Auseinandersetzung damit wurden geschildert in *Teen-age Mother, Are You Right?* von Bill Haley, in *Get A Job* von den SILHOUETTES, in *Why Don't They Understand* von George Hamilton IV. Chuck Berry beschrieb die Tretmühle Schule und die Freuden nach Schulschluß in *School Day*, während zwei junge Leute, die eine High School in Queens, New York, besuchten, eine eigene Platte herausbrachten und damit bescheidenen Erfolg hatten. *Hey Schoolgirl* war von Tom und Jerry, zwei Musikern, die später als SIMON AND GARFUNKEL weltberühmt wurden.

Auf die Frage «Wer bin ich?» antwortete eine Generation, die sich der Entfremdung und Einsamkeit erwehren mußte; ‹ein Teenager›. Und dieses Wort, das eigentlich nur ein Allgemeinplatz war, wurde so mit Emotionen befrachtet, daß es, in besonders kritischen Momenten, fast so wesentlich wurde wie «Arbeiter» in Rußland und «Bürger» in Frankreich.

Wogegen sie musikalisch rebellierten, umgab sie in den Produkten der hochglanzpolierten Sänger und hingebungsvollen Interpreten der älteren Generation. Patti Page wollte nach *Old Cape Cod*, und Sinatra ging *All The Way* mit dem Oscar Song des Jahres. Man konnte den Sound des Alten hören in Dinah Shores *Chantez, Chantez*, in *Melodie D'Amour* von den AMES BROTHERS, in Jane Morgans Bearbeitung eines Zigeunerwalzers, *Fascination*, und in Victor Youngs schmalziger Walzer-Ballade *Around The World*. Und das samtige Schnurren der großen Baritone war auch allgegenwärtig: *An Affair To Remember* von Vic Damone, *Send For Me* von Nat Cole und Perry Comos netter Novelty-Song *Round And Round*.

Als Top Tune des Jahres nannte *Billboard Tammy*, eine Filmmelodie, die in Versionen von Debbie Reynolds und den AMES BROTHERS auf dem Markt war, und die Liste der Top Ten schloß Songs der älteren Generation ein wie *Around The World, So Rare* (ein Eintagshit für Jimmy Dorsey), *Round And Round* und das Calypso-Lied mit Folk-Einfluß *Marianne*, auf Platten von Terry Gilkyson, Burl Ives und den HILLTOPPERS. Kurz gesagt, die Liste wies zu gleichen Teilen Altes wie Neues auf. Aber was die Bestseller betraf, da war die Nummer eins *All Shook Up* von Elvis Presley, und sieben der zehn größten Verkaufserfolge waren Rock 'n' Roll.

Das Jahr brachte Kuriositäten (*The Green Door*), und sie gefielen den jungen Leuten, auch wenn sie von DJs mittleren Alters wie Jim Lowe aus Texas präsentiert wurden. *Little Bitty Pretty One* wirkte allein durch die Darbietung, denn über einen Text verfügte es eigentlich nicht. Der Sänger Thurston Harrison Aladdin wiederholte nur die eine Zeile «Little bitty, pretty one, won't you come with me?», während eine Gesangsgruppe im Hintergrund etwas summte und sang, das sich anhörte wie ‹mm-mm-mm-muh-muh-mm›. Die Platte hatte jedoch eine erotisch-verführerische Qualität, die sie zu einem erheblichen Verkaufserfolg auf dem R&B-Sektor machte. Trotz ihres witzigen Titels war *Rockin' Pneumonia And The Boogie Woogie Flu* von HUEY SMITH AND THE CLOWNS eher eine Tanzplatte. Sie wurde auf dem kurzlebigen Ace Label aus Jackson, Mississippi, veröffentlicht und rockte nach einem waschechten New Orleans Shuffle. Die größte Kuriosität jedoch war die Platte mit dem eigentümlichen Titel *Come Go With Me* von den DEL VIKINGS auf Dot, ein Mordserfolg ebenso wie die nachfolgende Platte *Whispering Bells*, die sich ebenso durch Sound-Effekte auszeichnete. Die DEL VIKINGS waren die erfolgreichsten in dieser Kategorie, aber mehr als zwei Hits erreichten auch sie nicht.

211

An dem vielleicht bizarrsten Ereignis des Jahres war Little Richard beteiligt. Im Oktober machte er eine Bootsfahrt auf dem Hunter River in Sidney während einer Australientournee, als einer seiner Musiker ihn aufforderte, «seinen Glauben an Gott zu beweisen». Der ekstatische Sänger liebte auffälligen Schmuck, und seine Finger zierten vier Ringe, deren Gesamtwert auf 8000 $ geschätzt wurde. Little Richard reagierte, indem er sie sich von den Fingern riß und Stück für Stück in den Fluß warf. Dann verkündete er, er sei fertig mit den Dingen des Teufels. Keine glänzenden Seidenanzüge mehr, kein Hämmern mehr auf den Klaviertasten, weg mit dem Pomade-Haarschopf, Schluß mit ‹ripping it up, shaking it up, balling it up›. Schluß mit Platten und Showbusiness.

«Wenn man mit Gott leben will», sagte er einem australischen Reporter, «kann man nicht nebenbei Rock 'n' Roll machen. Das gefällt Gott nicht.» Er kehrte auf der Stelle nach LA zurück und ließ sich von den Adventisten taufen.

Im Januar 1958 war Little Richard im Oakwood College, einer Schule der Seventh Day Adventists in Huntsville, Alabama, eingeschrieben. Er verkündete, in den vergangenen beiden Jahren fast eine Million Dollar verdient zu haben, und bezahlte die Gebühren für den Kursus, der vier Jahre dauerte, im voraus. Er sagte, er habe das Showgeschäft aufgegeben, weil er einen Traum gehabt habe, in dem er «die Welt verbrennen und den Himmel schmelzen» sah. Und er gestand, er sei teilweise zu seinem Entschluß gebracht worden, weil seine Gebete erhört worden waren, als sein Flugzeug über den Philippinen in Brand geraten sei und er gebetet habe, die Flammen mögen verlöschen.

Art Rupe, für den Little Richard auf Specialty Aufnahmen gemacht hatte, schrieb seine Abkehr von den weltlichen Dingen dem ersten Satelliten zu. «Er meinte, daß der Sputnik», so hat Rupe gesagt, «ein Zeichen des Himmels sei. Und darum tat er es.»

Man mag es «Erleuchtung» nennen, religiösen Wahn, kosmischen Terror oder sonstwas, aber ist eine Geste vorstellbar, die besser den jugendlichen Enthusiasmus und Romantizismus jener Zeit kennzeichnet?

Little Richard blieb seiner Entscheidung jahrelang treu. Als er wieder Platten aufzunehmen begann, waren es nur Gospelsongs. Aber der Geist, der den Rock 'n' Roll mit seiner euphorischen Begeisterung erfüllte, mit dem exaltierten Sinn für Spaß und der Ekstase, ließ sich nur eine Zeitlang bändigen. Schließlich war Richard Penniman wieder zur Stelle, hämmerte wie besessen auf die Klaviertasten und explodierte gleichsam mit den bekannten Scat-Silben: «AWopBopaLooBopAlopBamBoom». Und er schrie: «Ruhe da! Ich sing lieber alleine!»

Marlon Brando in dem
Film „*Die Halbstarken*"

Gene Laverne of
Buffalo, N.Y.

Gene Vincent
und The Blue Caps

Jerry Lee Lewis

Nieder mit Presley!

1957 setzten sich die Attacken des Establishments gegen Presley fort, und man kämpfte auf allen Fronten für die sogenannte «gute Musik» und gegen die Flutwelle des Rock 'n' Roll, den man jetzt nicht mehr als schnell vorübergehende Modeerscheinung abtun konnte.

Bei der Radiostation CHWK in Chilliwack, British Columbia, wurde ein Diskjockey entlassen, weil er den Titel *I Put A Spell On You* von Screamin' Jay Hawkins ins Programm genommen hatte. Bob Friesen, so hieß der DJ, hatte eine Anzeige der Firma Epic Records wörtlich genommen, in der stand: «Diskjockeys, spielt diese Platte. Wenn ihr deswegen rausgeschmissen werdet, besorgen wir euch einen Job!» Friesen schrieb an Epic, nachdem er entlassen worden war. Niemand schien jedoch zu wissen, was man machen sollte, und sein Brief wurde schließlich von dem Preßwerk Bridgeport der Mutterfirma Columbia an die Branchenzeitungen weitergeleitet.

Bekannte Songschreiber der ASCAP kämpften gegen das Auftauchen neuer Rockautoren, die meist an BMI gebunden waren, an verschiedenen Fronten. Als ihr 150-Millionen-$-Prozeß gegen BMI, Radio- und Fernseh-Sendernetze und Plattenfirmen, die Sendern gehörten, nur langsam durch die Voruntersuchungsinstanzen lief, wandten sie sich hilfesuchend an den Kongreß. Im Juni '57 zerschlug sich ihre Hoffnung, das Celler House Anti-Trust Committee würde empfehlen, die BMI müsse den Besitz von Sendern aufgeben. Statt dessen ordnete das Komitee nur an, das Justizministerium solle eine vollständige und ausgiebige Untersuchung der Musikbranche durchführen.

Die Leute von der ASCAP bedienten sich der SPA (Songwriters Protective Association) und wandten, nicht ohne Protest der BMI-Mitglieder dieser Schutzorganisation, ihre Aufmerksamkeit dem Senate Commerce Committee zu. Um dies Komitee zu veranlassen, Hearings zu veranstalten, wofür der SPA-Repräsentant in Washington Lobby machte, brachten die Topleute der ASCAP einen namhaften Künstler über dreißig ins Spiel. Bing Crosby unterzeichnete einen Brief, in dem behauptet wurde, «ein monopolistischer Trend auf dem Musiksektor von Seiten der Broadcasters sei offenkundig» und die sinkende Qualität der Musik in Radio und Fernsehen sei «Resultat von Druck, der durch BMI ausgeübt werde».

Die BMI wiederum veröffentlichte einen Brief, in dem namhafte

Künstler der älteren Generation leugneten, von ASCAP oder BMI unter Druck gesetzt worden zu sein. Unterschrieben hatten u. a. Eddy Arnold, Gene Autry, Nat Cole, Percy Faith, Benny Goodman, Sammy Kaye, Dinah Shore und Lawrence Welk.

Im August trugen die Bemühungen der ASCAP-Songschreiber dann Früchte. Senator Smathers legte einen Gesetzesentwurf vor, in dem verlangt wurde, daß Sendestationen keine Beteiligungen an Plattenfirmen oder Musikverlagen haben durften. Die BMI antwortete schnell mit einer Erklärung, in der gesagt wurde, man wolle beweisen, daß die Organisation gegründet worden sei und geführt werde, um im Bereich der Musiklizenzen eine Konkurrenz aufzubauen, weil eben dieser Sektor vorher von der ASCAP monopolisiert gewesen sei. Die überwältigende Mehrheit von Schallplatten . . . und Auftritten . . . beträfe Kompositionen, die von der ASCAP lizensiert seien, nicht von der BMI. Komponisten und Verleger würden jetzt besser bezahlt und hätten größere Möglichkeiten, seit die BMI gegründet sei.

Kaum waren die ersten Berichte über den Smathers-Gesetzentwurf in den Zeitungen erschienen, da veröffentlichte die SPA einen Brief von Frank Sinatra, in dem dieser jedem Versuch, die engen Verflechtungen zwischen Plattenfirmen und Sendernetzen aufzubrechen, seine volle Unterstützung zusagte. Sinatra benutzte überdies die Gelegenheit, Mitch Miller zu bezichtigen, unter Eid zugegeben zu haben, «große Geldsummen von Schreibern angenommen zu haben, deren Songs er aufnahm». Miller konterte mit der Behauptung, Sinatra habe seine Zeugenaussage entstellt wiedergegeben, die er bei Voruntersuchungen zu dem Prozeß der ASCAP gegen die BMI gemacht habe.

In der «Entertainment Press Conference», einer wöchentlichen Sendung der Station WABD in New York City, mußte Miller erleben, daß er von drei Kritikern gleichzeitig angegriffen wurde, die ihre Animosität gegenüber der Teenagemusik ausdrückten, indem sie Miller attackierten – der doch eigentlich auf ihrer Seite war. Als er später im Jahr bei der *Barry Gray Show* auf WMCA auftrat, befand sich Miller in der widersinnigen Position, den Rock 'n' Roll verteidigen zu müssen oder doch zumindest verneinen zu müssen, daß der Big Beat Anteil an der Jugendkriminalität habe. «Es gibt kein geschriebenes oder auf Platten erschienenes Musikstück», sagte er, «das einem Kind mehr zufügen kann, als dessen Elternhaus schon getan hat.» Er sprach die Vermutung aus, die Teenager wollten diese neue Musik, weil sie sagen konnten «Meine Lehrer und Eltern mögen sie nicht» oder «Niemand mag sie außer uns». Und dennoch brauchten sich Liebhaber «guter Musik» nicht entmutigt zu fühlen, denn manche Stationen sendeten doch andere Musik als die Top Forty.

Ungefähr eine Woche später trat Miller bei einer Interview-Show mit drei weiteren A&R-Leuten auf. Miller und Sammy Davis jr., der der Gastgeber war, sprachen sich offen gegen Rock 'n' Roll aus, den der ‹Beard› als «die Comic-Hefte der Popmusik» bezeichnete. Arnold Maxin vom MGM Records schrieb den Aufstieg des Rock 'n' Roll dem zunehmenden Taschengeld zu, über das die Teenager verfügen konnten.

«Sie haben das Geld», sagte er, «aber sie haben auch ungeübte Ohren. Das einzige, worüber sie verfügen, ist ein Gefühl für den Beat und den Sound.» Maxin fügte hinzu, er sähe in naher Zukunft kein Ende des Rock 'n' Roll, wozu Davis kommentierte: «Vielleicht begeht er Selbstmord.»

Milt Gabler von Decca war der einzige A&R-Mann, der sich positiv zum Rock 'n' Roll aussprach. «Diese Musik war das Kind von Louis Jordan», sagte er, nicht ohne Bedauern, «und es ist wirklich schade, daß er davon nicht profitieren konnte. Bill Haley ist eines meiner Kinder, und ich liebe ihn, aber ich weiß, daß Louis damit begonnen hat, und wenn ich die Möglichkeit hätte, wieder mit ihm zusammenzukommen, dann könnten wir alles noch mal machen.»

Die Angehörigen des Musikestablishments, die über dreißig waren, nahmen jede Gelegenheit wahr und nutzten alle Statistiken, um sich Mut zu machen und sich der Veränderung zu widersetzen. Als Pulse und Nielsen Untersuchungen ergaben, daß erwachsene Frauen und nicht Teenager den Hauptteil der Radiohörer ausmachten, verkündeten eine ganze Anzahl von Stationsmanagern, daß sich da ein Gegentrend zum Top Forty-Programm abzeichne.

Um zu demonstrieren, wie vergänglich die Rock 'n' Roll-Trends seien, verwies man auf die Skiffle-Mode. Dies war eine Art schnellen Shuffles, populär gemacht durch *Freight Train* und in England eingeführt von der CLYDE MCDEVITT SKIFFLE GROUP, Gesang von Nancy Wiskey. Margie Rayburn kam schnell mit einer Cover-Version auf Liberty heraus, ebenso wie Rusty Draper, dessen Platte sich am besten verkaufte. Nach ein paar Wochen schon war der Sound vom musikalischen Horizont verschwunden, wie ein Schnellzug.

Im Juli 1957 schlug sich *Harper's Magazine* auf die Seite der «guten Musik» und klagte die amerikanischen Diskjockeys in einem Artikel an, «eine feste Freundschaft mit Baby-Sitters eingegangen zu sein». Der Autor, ein Branchenzeitungsreporter aus Chicago, meinte, die Verbindung zwischen Baby-Sitters und Diskjockeys «verhindere die Entwicklung einer echten populären Musikkultur». Stationen, die sich auf ein Programm für Erwachsene verlegten, so behauptete er, hätten erstaunlichen Erfolg bei Anzeigengebern und beim Publikum.

Dennoch verkündete der *Billboard* vom September in einer Schlagzeile: «Niedergang des Rock 'n' Roll nur Wunschdenken!» Eine Auswertung der Pop Charts ergab, daß zwölf Titel identisch mit Titeln in den R&B-Charts waren und elf von diesen sich unter den Top 15 der Popmusik befanden. Drei Rock 'n' Roll-Nummern gefielen den Hörern in allen drei Bereichen, Pop, R&B und C&W: *Teddy Bear* (Presley), *Whole Lot-Ta Shakin' Goin' On* (Jerry Lee Lewis) und *Bye Bye Love* (EVERLY BROTHERS). Den Befürwortern «guter Musik» brachte das nur die traurige Bestätigung, daß der Plattenmarkt immer mehr der schwarzen Magie des Rock 'n' Roll zum Opfer fiel.

Zum Jahresende verkündete der Bandleader aus der Swing-Ära Ray Anthony, daß er Rock 'n' Roll-Musik in sein Repertoire aufnehmen werde: «Ich bin zu dem Schluß gekommen», sagte er, «daß eine ganz neue Generation von Tänzern um uns aufgewachsen ist. Das einzig Bedauernswerte ist, daß Bands nicht deren Musik gespielt haben.» Anthonys Entschluß wurde bald allgemein nachgeahmt. Bei Hochzeiten, Konfirmationen und dergleichen gab es bald zwei Arten musikalischer Unterhaltung: Bands mit Tenorsaxophon spielten Medleys aus Showmelodien, Filmmusik und Evergreens für die älteren Leute, kleine Rock-Combos brachten die richtige Musik für die Teenager.

Das ganze Jahr hindurch stand Elvis Presley im Mittelpunkt der Angriffe auf die Rockmusik, aber dennoch schadete dies seiner Popularität nicht im geringsten. Drei seiner Platten eilten an die Spitze der Honor Roll: *All Shook Up* im April, *Teddy Bear* im August und *Jailhouse Rock* im November. Als *Teddy Bear* die Nummer eins erreichte, hatte er schon acht Goldene Schallplatten bekommen, und «Bear» verkaufte sich innerhalb von zwei Wochen nach Erscheinen über eine Million mal.

Ein Resultat seiner nicht sinkenden Verkäufe war ein Wechsel auf den oberen Etagen von RCA Victor. Im August wurde Steve Sholes, der das Risiko eingegangen war, Presley unter Vertrag zu nehmen, zum Chef der A&R-Abteilung gemacht und nahm damit den Platz von Joe Carlton ein, der Eddie Fishers Hitproduzent gewesen war. Kurz nachdem er die Entscheidungsgewalt bekommen hatte, machte Sholes einen Vertrag mit Leiber und Stoller, die *Jailhouse Rock*, *Hound Dog* und andere Presley-Hits geschrieben hatten. Sie wurden unabhängige Produzenten für RCA. Eine der ersten Platten, die sie aufnahmen, war *Great Balls Of Fire* mit Georgia Gibbs, aber damit war Jerry Lee Lewis' Originalaufnahme kaum Konkurrenz zu machen. Um der Herausforderung kleiner unabhängiger Labels wie Sun zu begegnen, nahmen auch andere große Firmen junge unabhängige Produzenten unter Vertrag. Mercury zum Beispiel versicherte sich der Mitarbeit von Nat Tarnopol, einem vierundzwanzigjährigen Produzenten, der Jackie Wilson entdeckt hatte. Die großen Firmen versuchten, jenen rohen Sound in ihr Repertoire zu bekommen, an dem die jungen Leute soviel Gefallen fanden und den die *indie*-Platten ihnen boten.

Während das Management von RCA Victor mehr als glücklich war über Presleys Popularität, war die Aufregung bei den Behörden und den

Managern von Sendestationen zwar etwas gemäßigt, aber beileibe nicht beigelegt. Während eines zweitägigen Auftritts im Pan Pacific Auditorium von Los Angeles verlangte die Polizei, daß Presley «seine Show säubern möge, sonst . . .» Die Sittenpolizei stand auf Abruf bereit und sollte sicherstellen, daß «alle sexuellen Zweideutigkeiten» eliminiert wurden. Auch die Zeitungskritiker ließen sich böse aus über die Hüftbewegungen des Sängers und über seinen stöhnenden, keuchenden Gesangsstil. Nichtsdestoweniger zog Presley ein Publikum von über neuntausend jungen Leuten an, die 60 000 $ in die Kassen brachten.

In Chicago verbot die Station WCFL die Sendung aller Presley-Platten. Sofort versammelten sich zahlreiche Fans zum Protest vor dem Gebäude. Bevor die Angelegenheit aus dem Griff zu geraten drohte, verkündete ein Presseagent der Filmgesellschaft, beide Aktionen seien nichts als ein Werbegag für Presleys neuen Film «Jailhouse Rock».

Aber in Portland, Oregon, trieb die Station KEX kein Spiel. Sie feuerte einen ihrer DJs, weil er Presleys Aufnahme von «White Christmas» gespielt hatte. Das Management war der Meinung, die Fassung «zeuge von schlechtem Geschmack». Der Diskjockey Dick Whittingill von KMPC in Los Angeles stimmte zu und weigerte sich, die Platte in sein Programm aufzunehmen. Er ließ sich auch von vielen Hörerbitten nicht umstimmen. «Nein, ich werde die Platte nicht spielen», verkündete er. «Das wäre, als überreichte Tempest Storm (eine Striptease-Tänzerin) meinen Kindern die Weihnachtsgeschenke.»

Auch in Kanada weigerten sich viele Radiostationen, Presleys Weihnachtsalbum zu spielen. Als ein Diskjockey von CKWS aus Kingston, Ontario, die Hörer bat, ihre Meinung zu Presleys Hymnen und Weihnachtsliedern zu sagen, waren die Reaktionen ganz anders. Als er eines späten Abends im Dezember Stücke von dem Album spielte, riefen über achthundert Hörer an, unter ihnen viele Priester und Pfarrer. 93 Prozent waren für den frommen Presley.

Fromm oder profan, kniend oder mit den Hüften wackelnd, Presley war ein Symbol für die Veränderung der Musikszene und den neuen Lebensstil der Jugend.

217

Going Steady

Im Januar 1958 kam Beverly Ross, die Mitautorin von *Dim, Dim The Lights* mit einem jungen Burschen von dreizehn oder vierzehn Jahren in mein Büro. Beverly hatte freiwillig im YMCA in Harlem Sozialarbeit geleistet, und sie hatte mit dem Jungen ein Arrangement eines neuen Songs ausgearbeitet, den sie zusammen mit Julius Dixon, ihrem Mitautoren von «Dim» geschrieben hatte. Mich haute die rhythmische Ballade um (wenn ich mich einmal so ausdrücken darf), die Beverly zusammen mit Ronald sang – ich kann mich an seinen Nachnamen nicht erinnern –, und ich ließ meine Sekretärin sofort ein Aufnahmestudio anrufen und uns buchen, damit wir ein Demo aufnehmen konnten. Ich brauchte nur vier Back-up-Musiker, Klavier, Bass, Gitarre und Schlagzeug – aber ich wollte sie so schnell wie möglich.

Als wir bei Associated Recording ankamen, waren nur drei Musiker da. Kein Pianist. Aber das machte mir nichts aus. Ich wollte das Demo-Band nur so schnell wie möglich, und ich hielt den Song für so stark, daß man ihn auch ohne Background hätte präsentieren können, sogar *a cappella*. Wir nahmen das Demo-Band in der uns zugestandenen Stunde auf. Studio-Kosten: 15 $, Musiker: 30 $. Für den jungen Ronald: 10 $. Beverly verzichtete auf eine Gage, weil sie den Song geschrieben hatte. Gesamtkosten: 55 $. Kopien vom Band wurden für 2 $ oder 2.50 $ die Seite gemacht. Und so konnte ich den neuen Song für 65 $ bei Plattenfirmen präsentieren. Wenn ich mich recht erinnere, hörte ich den Song an einem Freitag und machte an demselben Tag noch die Demos. Ich verbrachte ein ruheloses Wochenende, an dem ich mir das Demo immer wieder anhörte, und war sehr unglücklich, daß ich zwei Tage warten mußte, bis ich das Band vorspielen konnte.

Am Dienstagnachmittag waren meine Hoffnungen in fieberhafte Erregung umgeschlagen. Aber es gab ein Problem. Archie Bleyer von Cadence gefiel das Demo so sehr, daß er es als Master-Band verwenden wollte. Und ebenso war es mit Steve Sholes bei RCA Victor. Drei Dinge mußten aber noch geklärt werden: 1.) Ich hatte Ronald nicht als Künstler unter Vertrag und konnte daher das Demo nicht als Master in Lizenz geben; 2.) der junge Ronald war noch nicht volljährig, so daß ein Vertrag mit seinen Eltern oder einem Vormund ausgearbeitet werden mußte; 3.) er war schwarz und Beverly weiß, und weder Plattenfirmen noch Diskjockeys zeigten sich von einer solchen Situation angetan.

Ein oder zwei Tage später, als ich versuchte, Ronald unter Vertrag zu nehmen, meldete sich Archie Bleyer am Telefon. Er hatte nämlich zu Hause eine seiner Meinung nach unfehlbare Möglichkeit, Musik zu testen: die Teenagertochter seiner Frau und deren Freunde. Offensichtlich war deren Reaktion auf *Lollipop* – so hieß der Song, um den es ging – so positiv gewesen, daß er noch am selben Tag mit mir einen Lizenzvertrag abschließen wollte. Mir blieb jedoch keine andere Möglichkeit, als ihn hinzuhalten. Bleyer war einer der ehrenwertesten Männer im Musikgeschäft, aber dennoch konnte ich es mir nicht leisten, ihn wissen zu lassen, daß der junge Ronald noch keinen Vertrag als Plattenkünstler unterschrieben hatte.

Später am Nachmittag traf ich mit Ronalds Manager zusammen. Urplötzlich hatte er sogar zwei, Julius Dixon, den Mitautoren des Songs, und einen Chicano, mit dem er befreundet war. Aber erst in der darauffolgenden Woche hatten sie die Bestätigung von Ronalds Eltern, daß er den Vertrag unterschreiben durfte. Und erst dann konnte Edward B. Marks Music in weitere Verhandlungen eintreten. Wenn ich mich recht erinnere, kauften wir Ronald einen Wintermantel, um seine Eltern zu überzeugen, und zudem zahlten wir ihm einen kleinen Vorschuß, nachdem der Vertrag unterschrieben war.

In der Zwischenzeit hatte ich täglich mit Archie Bleyer telefoniert. Bevor ich jedoch alles klären konnte, was Ronald betraf, verlor Bleyer die Geduld und sagte, wenn er nicht bis zum nächsten Tag eine Lizenz für das Master-Band erwerben könne, werde er den Song mit den CHORDETTES aufnehmen. Und so geschah es auch.

Ich war durchaus über diesen Verlauf der Ereignisse nicht böse. Mein Hauptinteresse und meine Hauptverantwortung lagen darin, Hitsongs aufzufinden. Wenn es mir überdies noch gelang, einen Künstler zu entwickeln und an einem Master-Band zusätzlich zu verdienen, um so besser. Aber in erster Linie kam es darauf an, einen Chartsong zu haben. Bleyer war offensichtlich so beeindruckt von der Potenz meines Master-Bandes und überdies nervös, daß ihm eine andere Plattenfirma bei der Veröffentlichung des Songs zuvorkam, daß er Exemplare der Chordettes-Platte über Nacht Diskjockeys zukommen ließ. In der Plattenbranche war es unter solchen Umständen üblich, die Master-Bänder zu vervielfältigen und einzelne Plattenexemplare direkt vom Band herstellen zu lassen, statt sie von einer Metallmatrize pressen zu lassen. Ein langsamer und teurer Prozeß, der sich jedoch in solchen dringenden Fällen auszahlte.

Ich hatte keine Schwierigkeiten, mit Steve Sholes von RCA die Bedingungen für eine Veröffentlichung des Ronald und Ruby (wie wir das Duo genannt hatten) Masters auszuhandeln. Und anstatt Fotos für die Promotion und für Anzeigen zu verwenden – wie es normalerweise üblich war, wenn es um neue Künstler ging –, entschied man sich bei RCA für Zeichnungen. Und die Werbekampagne von RCA kam der Archie Bleyers noch zuvor. Cadence jedoch war schneller, was die Promotion bei Diskjockeys und die Belieferung von Händlern betraf. In dieser Beziehung erwiesen sich die unabhängigen Firmen als effektiver.

Als *Lollipop* am 17. März in der Billboard Honor Roll of Hits auftauchte, war die Platte Nummer vierzehn. Zwei Wochen später kam sie schon auf Platz zwei. Schneller hatte noch keine Platte, für die ich verantwortlich war, den Durchbruch geschafft. Zwei Wochen blieb sie auf Platz zwei, aber es gelang ihr nicht, *Tequila* vom ersten Platz zu vertreiben. Der Bestseller war natürlich die Aufnahme von den CHORDETTES. Aber Ronald und Ruby schlugen doch so ein, daß man mich von RCA Victor beauftragte, eine Session mit dem Duo aufzunehmen. Die neuen Plattenseiten brachten es jedoch nicht, teilweise weil die Songs nicht so stark waren, andererseits aber auch, weil Victor mit Rockmaterial nicht besonders erfolgreich war (mit Ausnahme von Presley natürlich!).

Lollipop war ein ganz einfacher ‹Ich liebe ihn›-Song, formuliert in der Teenager-, ja Bubblegum-Sprache. Etwas pfiffigere Jugendliche mögen vielleicht die erotischen Untertöne bemerkt haben. Entscheidend für den Reiz der Platte war jedoch die Wiederholung des Wortes «Lollipop». «Lol-li-pop, lol-li-pop (Pause) Lol-li-lol-li-pop», das paßte zu den hüpfenden Rhythmen, nach denen die Teenager so gern tanzten, zum Beispiel dem Chicken. Der Song wurde zu einem internationalen Hit. Wir fanden heraus, daß das Wort Lollipop im Spanischen, Portugiesischen, Italienischen und in anderen Sprachen benutzt wurde und wir nicht mal den Titel unseres Songs zu ändern brauchten.

27. Januar 1958   Honor Roll of Hits

Nr. 1: *At The Hop*
Bestverkaufte Platte: DANNY AND THE JUNIORS, ABC Paramount 9871

Am Montag, dem 20. Januar, verkündete die Station KWK in St. Louis, Missouri, ein absolutes Spielverbot für Rock 'n' Roll-Platten. In der vorangegangenen Woche hatte jeder Diskjockey eine Rock 'n' Roll-Platte zum letztenmal gespielt und sie dann noch während der Sendung zerbrochen. Das Management nannte die sieben Tage «Record-Breaking Week». Und der Präsident der Station charakterisierte die dramatische Aktion, die in den Branchenzeitungen als «Platter-pillory» bezeichnet wurde (»Platten-Pranger»), mit den Worten: «Wir merzen einfach unerwünschte Musik aus.»

Der Krieg, den Erwachsene gegen die Musik der Jugend führten, war immer noch im Gange. Aber in einem Leitartikel zum zehnten Jahrestag der Gründung von Atlantic Records schrieb Paul Ackerman in *Billboard*: «Die amerikanische Popmusik befindet sich heute, trotz vieler Angriffe, in ihrer lebendigsten Ära. Sie reflektiert das breite Spektrum des musikalischen Amerika. Sie ist vielfältig und frisch sowohl im Sound wie im Inhalt.»

Und in der Tat spiegelte die Honor Roll vom Januar Vielfältigkeit wider: *At The Hop* war Nummer eins, *April Love*, eine Filmmelodie und «gute Musik», auf Platz zwei. Sinatra war unter den Top Ten mit einer weiteren Filmmelodie, *All The Way*, dem Oscar-Song des Jahres. Como hatte zwei Songs unter den Top Thirty, unter denen außerdem schmalzige Melodien wie *Tammy*, eine weitere Filmmelodie, zu finden waren ebenso wie Neufassungen von *Fascination* und *Sail Along Silvery Moon*. Während Rock 'n' Roll-Titel leicht im Vorteil zu sein schienen, war doch die Musik der mittleren Generation sehr wohl repräsentiert. Offensichtlich war es allein schon die Existenz von Teenageplatten, die zu solchen spektakulären Aktionen führte wie dem Plattenzerbrechen bei KWK.

Als Reaktion auf die Feindseligkeit der Erwachsenen ließen DANNY AND THE JUNIORS auf ihren Hit *At The Hop* den selbstsicheren Titel *Rock 'n' Roll Is Here To Stay* folgen. Und damit hatten sie recht, wenn ihnen selbst, den vier Weißen aus Philadelphia, auch nicht dasselbe vergönnt war. Aber ihr zweiter Bestseller wurde zu Beginn der Rock-Revival-Welle von SHA NA NA gecovert und zum Titelsong ihres Albums gemacht.

Die SILHOUETTES auf Ember waren eine Gruppe mit einem Hit, und ihr Titel *Get A Job* bediente sich der Töne, die damals von Vokalgruppen als rhythmische Untermalung benutzt wurden: «yip-yip» und «mum-mum» und «sha-da-dada». Unglücklicherweise konnte man kaum verstehen, was gesungen wurde. Als der Text, den die Gruppe selbst geschrieben hatte, schließlich entziffert wurde, kam man darauf, daß *Get A Job* zweifellos einen gesellschaftlich relevanten Kommentar abgab. Es handelte sich nämlich um die Geschichte eines Mannes, dessen Freundin erbarmungslos darauf dringt, daß er sich einen Job besorgen möge.

Sowohl *At The Hop* wie *Get A Job* wurden in Philadelphia produziert. «Hop» stammte von einem einheimischen DJ namens Larry Brown und dem Gesangslehrer Artie Singer, dem Besitzer von Singular Records und Manager von DANNY AND THE JUNIORS, der dafür gesorgt hatte, daß die Platte auf ABC-Paramount veröffentlicht wurde. «Job», aufgenommen von den SILHOUETTES, war das Produkt eines anderen DJs, des Oldtimers Kae Williams, der sein Junior-Records-Master der Firma Ember in Lizenz überließ. Im Laufe des Jahres wurde die Gepflogenheit, daß Diskjockeys Master-Bänder produzierten und sie dann verkauften oder in Lizenz gaben, zu einer weitverbreiteten Praxis. Vier Diskjockeys der Station WBR in Dallas gründeten sogar ihre eigene Plattenfirma. Sie nannten sie White Rock Records.

Aus Philadelphia kam auch ein Duo, Billy and Lillie, das für Swan aufnahm und sehr stark von Dick Clark präsentiert wurde. Ihr *La Dee Dah* war in der Art von Larry Williams' *Short Fat Fannie*. Da es einen Calypso-Background hatte, wurde es extrem populär. Larry Williams selbst war in den Charts mit *Bony Moronie*.

24. Februar 1958   Honor Roll of Hits

Nr. 1: *Sugartime*
Bestverkaufte Platte: McGuire Sisters, Coral 61924

Im Februar gab der altgediente Diskjockey Martin Block, damals bei WABC, das Top Forty-Programmschema auf und machte sich an ein neues Konzept, «um alle musikalischen Vorlieben zu berücksichtigen». Um die Platten auszuwählen, die er spielte, bediente er sich eines sogenannten «Teenage Survey», wobei er sechzigtausend Hörer einbezog. Diese Veränderung erlaubte Block, seine «Show persönlicher zu gestalten». Um das Top Forty-Konzept gab es im Laufe des Jahres immer wieder Kontroversen, die genauso lebhaft geführt wurden, wie die Musik war, um die es zeitweise ging. Top Forty brachte die Bedrohung der «Automatisierung», und das war ein neues «böses» Wort.

Nach einer Reise durch den Nahen Osten kehrte Walter Cronkite mit der Nachricht zurück, daß der Rock 'n' Roll in Persien verboten worden sei. Wie es hieß, verstieße es gegen den Sittenkodex des Islam. Zusätzlich behaupteten iranische Ärzte, beim Rock 'n' Roll-Tanzen könne man sich die Hüften verletzen. Auch in Ägypten war der Rock 'n' Roll verboten worden, weil er gegen die «öffentliche Moral verstieß».

Unter den Musikhörern mittleren Alters nahm eine neue musikalische Mode Gestalt an. Sie stammte von Lester Lanin, einem Bandleader, der schon seit zwei Jahrzehnten der Society zum Tanz aufspielte, und hieß Medley Time. Auf LPs boten die Bands – wie sie es bei Hochzeiten auch schon taten – einzelne Chorusse von zwanzig bis vierzig Melodien hintereinander gereiht. Alle Melodien stammten aus den 20er und 30er Jahren. Der Erfolg von Lester Lanins LP auf Epic führte dazu, daß viele Bands sein Konzept flugs nachahmten. Zum fünfzigsten Geburtstag von Irving Berlin widmete ihm Jay Blackton ein Medley-Album auf Epic.

Große Schlagzeilen machte im Februar das Debüt der *Dick Clark's Saturday Night Show* auf ABC-TV. Die Branchenzeitschriften sahen darin eine Analogie zur ersten «Hit Parade» im Radio, einer Sendung, die inzwischen auch im Fernsehen lief, aber von ziemlichen Schwierigkeiten geplagt war. Clark folgte dem Konzept seiner Shows, die an den Wochentagen lief, aber konzentrierte sich auf bekanntere Namen. Unter denjenigen, die bei der ersten Sendung zum Playback ihre Titel lippensynchron darboten, waren Pat Boone, Johnnie Ray, Connie Francis und Chuck Willis, der zwei Monate später starb. Jerry Lee Lewis, der mit seiner Band live auftrat, hatte den überwältigenden Erfolg.

«Sie schreien nach einem neuen Frankie», verkündete man bei Chancellor Records. Der junge Frankie Avalon war Italiener, dunkelhaarig, gutaussehend und ein mittelmäßiger Sänger. Aber dadurch, daß er in *American Bandstand* so groß herausgebracht wurde, kam sein Titel *Dede Dinah* zu Bestseller-Erfolgen. Trotz seiner nur beschränkten Gesangsfähigkeiten konnte er '59 eine Goldene Schallplatte mit *Venus* einstreichen. Daraufhin machte er eine Reihe von B-Filmen, bei denen es immer wieder um «Beach Parties» ging.

17. März 1958   Honor Roll of Hits

Nr. 1: *Catch A Falling Star*
Bestverkaufte Platte: Perry Como, Victor 7128

Am 8. März hielt Mitch Miller eine Rede, die der weitverbreiteten Unzufriedenheit unter den Diskjockeys der Nation mit dem Top Forty-Programmschema Ausdruck verlieh. Er sprach beim ersten Diskjockey-Kongreß in Kansas City und klagte die Plattenjockeys an, ihre Verantwortung zu opfern, und zwar «dem kommerziellen Plattengeschäft; den acht- bis vierzehnjährigen Kindern; den Massen, die sich noch nicht mal rasieren und nur 12 % der Gesamtbevölkerung ausmachen und null Prozent der Kaufkraft, wenn man absieht von Haarschleifen, Eis am Stil und Erdnuß-Krokant.» Miller sagte weiter: «Wir können uns glücklich schätzen, wenn wir heutzutage im Radio noch eine Stunde Programm für Erwachsene vor Mitternacht hören. Erwachsene im ganzen Land sehnen sich nach einer Verschnaufpause von der Kakophonie, der sie den ganzen Tag über ausgesetzt sind. Auch ich bin der Meinung, daß die Jugend ihre Rechte hat, aber wie wäre es, wenn auch wir einmal Musik hören dürften . . .» Man spendete ihm ungeheuren Beifall, und seine Bemerkungen wurden von allen Zeitungen zitiert.

Sofort schlossen sich viele DJs der vernichtenden Kritik an dem restriktiven Top Forty-Programmschema an. Andere wiederum monierten, sie seien zu Ansagern von Platten herabgewürdigt, deren Auswahl vom Stationsmanagement getroffen sei. Diese Kritik beeindruckte jedoch die leitenden Leute bei Plough, Balaban und McGlenndon wenig, jenen Ketten, die alle der Top Forty-Formel folgten, die von Storz ins Leben gerufen worden war. Storz finanzierte den DJ-Kongreß.

Während Millers Angriff ebenso gegen den Rock 'n' Roll gerichtet war wie gegen das formierte Radioprogramm, gab es bei einer Diskussion über das Thema «Hat der Rock 'n' Roll einen schlechten Einfluß auf die Jugend von heute?» eine starke Reaktion, die dies verneinte. «Die Eltern sollten aufhören, dem Rock 'n' Roll die Schuld zu geben», sagte Robin Seymour von der Station WKMH aus Detroit, «und sich lieber darum kümmern, daß ihre Kinder eine gute Bürste haben, ein Stück Seife, eine Nagelschere und ein gutes Zuhause, damit sie sich einordnen.»

Als Kommentar zu Millers Rede sagte Dick Clark unter anderem: «Ich finde es sehr interessant, daß Columbia Otis Blackwell als Autor und Arrangeur benutzt hat sowie andere schöpferische Rock 'n' Roll-Talente und daß Columbia überdies gerade jetzt das Date Label gestartet hat, um Rock 'n' Roll-Platten herauszubringen.»

Alan Freed kommentierte: «Das klingt nach Neid. Mitch kennt wenig von R&B und genuiner amerikanischer Musik. Er hatte immer schon mehr mit klassischer Musik zu tun, und meiner Meinung nach ist er ein musikalischer Snob.» Er wies darauf hin, daß Miller erfolglos versucht hatte, Rock 'n' Roll-Master-Bänder zu erwerben, und schloß ärgerlich: «Reden wir doch nicht drum herum. Rock and Roll ist größer als wir alle. Und um persönlich zu protestieren, werde ich von jetzt an keine Columbia- und keine Date-Platten in meinen Sendungen mehr spielen.»

Obwohl doch derartig viel Lärm um den Rock 'n' Roll gemacht wurde, sprach die Honor Roll vom März ihre eigene Sprache: unter den Top Ten waren *Who's Sorry Now?*, eine Neufassung der Oldtime-Ballade von 1923; *Swinging Shepherd Blues*, ein Jazz-Instrumental mit einer Flöte als Lead-Instrument; *Sail Along Silvery Moon*, eine Billy Vaughn-Neufassung einer nostalgischen Ballade von 1937, und an der Spitze der Liste Perry Como mit *Catch A Falling Star*, dessen Titel aus einem Gedicht von John Donne stammte.

Connie Francis hatte seit mehreren Jahren mit durchschnittlichem Erfolg bei MGM Platten gemacht, als sie schließlich, fast verzweifelt, einen Titel aufnahm, der zu den Lieblingsliedern ihres Vaters gehörte: *Who's Sorry Now?* paßte sehr gut zu dem herben Country-Touch und den Sandpapiertränen in ihrer Stimme. Mit Dick Clarks Hilfe begann damit eine Hitsträhne für sie, die bis in die 60er Jahre reichte. Der tränenreichen Melodie aus den 20er Jahren folgte im Spätherbst *Stupid Cupid*, ein kecker Teenage-Heuler im treibenden Up-Tempo von Howard Greenfield und Neil Sedaka, der ungefähr zur selben Zeit in die Reihe der Plattenstars vorpreschte. Connie blieb die führende Sängerin von '58 fast bis zum Aufstieg der BEATLES.

Twenty-six Miles . . . *Across The Sea*, eine Hymne an die Insel vor Kaliforniens Küste (Catalina) brachte die Four Preps nach vorn. Die vier Schüler der Hollywood High School waren weniger eine Rockgruppe als ein jungenhaft klingendes, sanftstimmiges Cool Jazz-Quartett. Aber sie verfügten über einen frischen, ins Ohr gehenden Sound, der bei den jungen Hörern ankam, und brachten *Twenty-six Miles* in die Top Three. Bruce Belland und Glen Larson, die beiden Preps, die die Ode an Catalina geschrieben hatten, wiederholten ihren Erfolg zwei Monate später mit *Big Man*.

Die Champs waren eine Instrumental-Combo mit Feeling für latein-amerikanisches Material. *Tequila* riefen sie in den Breaks, und die Kids kauften ihre Platte, als sei es Pepsi Cola. Danach nahmen sie eine mexikanische Ballade von 1934 im Rock-Rhythmus auf, *Alla En El Rancho Grande*, die sie *El Rancho Rock* betitelten. In jenen Tagen war Glen Campbell bei der Combo. Er versuchte seinen eigenen Stil zu finden und spielte eine der Gitarren auf *Tequila*, das auf Platz eins kam.

Von den Pionieren des Rock war es Chuck Berry, der mit *Sweet Little Sixteen* innerhalb von drei Wochen in die Top Five vorstieß. Die Beach Boys benutzten später das Rhythmusmuster als Grundlage ihres ersten *Surfin'*-Hits. Elvis Presley, dem die Einberufung zum Militär bevorstand, hatte Erfolg mit *Don't*, einem Leiber-Stoller-Song, an dem das einzig Ungewöhnliche war, daß er nicht auf Platz eins kam. Der Überra-schungskünstler des Monats war Andy Williams, damals auf Cadence, der mit *Are You Sincere?* in die Top Five vorstieß, einem Nashville-Song, der so ganz anders klang als die Hollywoodfilm-Balladen, die später sein Repertoire ausmachten.

21. April 1958   Honor Roll of Hits

Nr. 1: *He's Got The Whole World In His Hands*
Bestverkaufte Platte: Laurie London, Capitol 3891

Der April 1958 brachte eine wahre Sturzflut von religiösen Plattenauf-nahmen. Und außerdem waren in diesem Monat der Rock 'n' Roll und die Top Forty-Programme so geballten Angriffen ausgesetzt wie nie zuvor und nie wieder in diesem Jahrzehnt.

Als das Stationsmanagement von KLAC in Hollywood verkündete, man werde auf das Top Forty-Format umschwenken, kündigten fünf der bekanntesten Diskjockeys, und zwar Dick Haynes, Gene Norman, Earl McDaniel, Duke Norton und Jack Smith. Der Präsident der Station äußerte sich gegenüber der lokalen Presse: «Die Tage der Diskjockeys sind vorbei.» Der DJ-Veteran Peter Potter, der die Station schon vorher verlassen hatte, bestätigte, daß das neue Programm von KLAC den Niedergang des «Personality Diskjockey» im Radio bedeute. Die Automatisierung war nicht mehr aufzuhalten.

Aber es erhoben sich viele Stimmen des Protestes. «Das schlimmste Krebsgeschwür», sagte Stan Dale von WAIT in Chicago, «ist das Top Forty-Programm. Es unterdrückt jede Individualität.» «Es betrügt die Werbekunden», sagte Doug Pledger von KNBC in San Francisco. «Hit-Listen sind als Orientierungsrahmen wertvoll», sagte Bob Launders von WNEW in New York City, «und um Trends abzuschätzen, aber sie dürfen nicht die Programmgrundlage werden.» «Dieses System hat seinen Reiz für Jugendliche und diejenigen, die nicht erwachsen werden», sagte Doug Arthur von WIBG in Philadelphia, «außerdem für kriminelles Station-Management und Werbeagenturen, die sich allein mit Hörerzahlen zufriedengeben und das Geld ihrer Kunden zum Fenster rauswerfen.»

Unerwartet kam ein Angriff, den der Kongreßabgeordnete Emanuel Celler beim Jahres-Dinner der ASCAP formulierte. Celler sagte voraus, daß die Broadcasters und BMI sich trennen würden. Und in Anspielung auf die Legende, daß der Schwan singt, bevor er stirbt, sagte er: «Es gibt welche, die sollten sterben, bevor sie zu singen anfangen.»

Cellers Verbissenheit spiegelte sich in den Formen wider, die immer mehr Radiostationen fanden, um ihre Abneigung gegenüber dem Rock 'n' Roll zu demonstrieren. Eine neue Station in San Francisco eröffnete ihr Programm mit dem Slogan «Ich wurde meine Sucht nach Junk-Musik los, indem ich KSFR zuhörte!» Fans formulierten ihre Kritik und wiesen darauf hin, daß die Station hier den Rock 'n' Roll auf infame Weise mit Drogensucht gleichsetzte. (‹junk› ist auch ein Slangausdruck für Heroin!)

Die Station WISN in Milwaukee versuchte es andersherum: Man spielte fünf Stunden hintereinander nichts anderes als Rock 'n' Roll. Nachdem sechshundert Hörer telefonisch protestiert hatten, nahm die Station wieder ihr normales Nicht-Rock-Programm auf. Aber um die Abscheu vor dem Rock 'n' Roll zu demonstrieren, verbrannte der DJ Charlie Hanson zweihundert Rockplatten öffentlich auf dem Innenhof des Stationsgebäudes, und die Zeitungen der Stadt veröffentlichten Fotos der Aktion. Trotz einer Protestwelle ließ der Sender eine Broschüre zirkulieren, deren Tenor war: «Wir gaben ihnen, was man ihnen weisgemacht hatte, daß sie es wollten – aber sie haßten es!» Ein Foto von Hansen bei der Plattenverbrennung trug die Unterschrift: «WISN weiß, was man mit Top Forty-Platten macht!»

WPIN aus St. Petersburg, Florida, benutzte wohltätige Zwecke, um Werbung für das Spielverbot von Rock 'n' Roll-Platten zu machen. Alle Rockplatten, die man bei der Station erhielt, wurden an Kinder weiterverschenkt. Und zu Ostern versteigerte der DJ Chuck De Witt das gesamte Rockarchiv des Senders und spendete den Erlös von 500 $ für körperbehinderte Kinder.

In Denver sangen die Diskjockeys einer Station während der Sendepausen im Chor: «Help stamp out Rock and Roll! Patronize KDEN advertisers and KDEN, Denver's first station now busily engagend in stamping out Rock and Roll.»

Dennoch konnten sich die beiden bekanntesten Exponenten des Big Beat durchaus wohlwollender Publicity erfreuen. Dick Clark trat mit Ehefrau, Sohn und Dackel in der prestigeträchtigen *Person To Person*-Show auf, und zwar zusammen mit Dr. James B. Conant, dem ehemaligen Rektor der Harvard-Universität. Und Alan Freed war Gast in der frühmorgendlichen TV-Show *Today* von NBC.

Ein Zeichen der Zeit und gleichzeitig Signal für noch schlimmere Entwicklungen im Jahre '59 war die Verurteilung des ehemaligen WFIL-Diskjockeys Bob Horn wegen Einkommensteuer-Hinterziehung. Nach den Berichten des US-Staatsanwalts, der den Fall behandelte, war der Ex-Philadelphia-DJ angeklagt, zwischen '54 und '55 mindestens 50 000 $ Bestechungsgelder kassiert zu haben und dafür ungefähr 9500 $ Steuern schuldig geblieben zu sein. Die Steuerfahndung hatte diese Summe geschätzt, nachdem man auf gerichtlichen Beschluß hin die Geschäftsbücher der Plattenvertriebe in Philadelphia überprüft hatte. Inzwischen arbeitete der ehemalige «Bandstand»-Gastgeber in Houston. Obwohl keine anderen Namen genannt wurden, mochte der Staatsanwalt nicht ausschließen, daß man in den Büchern Beweismaterial gefunden hatte, das auch andere Diskjockeys der passiven Bestechung als schuldig erwies.

Es gab Anzeichen dafür, daß die Angriffe auf den Rock 'n' Roll ihre Wirkung nicht verfehlten. ABC-TV ließ verlautbaren, daß man Dick Clarks Neunzig-Minuten-Sendung auf eine Stunde kürzen wolle. Es wurde gesagt, daß *American Bandstand* «zwar hohe Einschaltquoten habe, aber nicht genügend Geldgeber». Mit einer «Bingo»-Show wolle man die gewonnenen dreißig Minuten füllen. Von größerer Bedeutung jedoch war: drei Rock 'n' Roll-Shows auf Tournee hatten Schwierigkeiten, was die Besucherzahlen betraf. Während man einräumte, daß die Alan Freed Show «noch keine Verluste mache», hieß es, Irving Feld's *Biggest Show of Stars* «könne gerade Plus-Minus-Null abschließen». Die *Rhythm & Blues Cavalcade* von '58 jedoch mußte ihre Tournee abbrechen.

Die sich ausbreitende Rezession wurde überdies für ein deutliches Ansteigen religiöser Plattenaufnahmen im April '58 verantwortlich gemacht. Dieser Trend wurde offenbar, als die Plattenaufnahme eines englischen Teenagers nach nur vier Wochen zum Nummer-eins-Song der Nation wurde. Ein eigenartiges Phänomen, da in den 50er Jahren, anders als in der BEATLES-Ära, die Import-Export-Balance zwischen England und den USA sehr stark zu amerikanischen Gunsten ausfiel.

He's Got The Whole World In His Hands brachte eine Umkehrung dieser Situation. Die Aufnahme stammte von einem vierzehnjährigen Engländer, Laurie London, der nie Musik- oder Gesangsunterricht gehabt hatte und dem englischen Publikum fast genauso unbekannt war wie dem amerikanischen. Fraglos wirkte Londons hohe Chorknabenstimme auf die jungen Plattenkäufer. Aber andererseits war es bekannt, daß amerikanische Diskjockeys sich sogenannten *religioso*-Platten zum Mitklatschen nicht besonders gewogen zeigten. *It Is No Secret (What God Can Do)*, ein Song, für den ich mich einsetzte, wurde in vielen Fassungen aufgenommen und zu einem Bestseller, ohne je in die Charts zu kommen oder gar besonders häufig im Radio gespielt zu werden. Offensichtlich hatte *He's Got The Whole World In His Hands* eine beruhigend positive Wirkung, die junge wie alte Amerikaner zu jener Zeit allzu gern und dankbar annahmen.

Dieses Bedürfnis wurde immer offensichtlicher, denn mehr und mehr Platten mit «dem gesegneten Beat» erschienen. Pat Boone, Sieger in einer Popularitätsumfrage bei High School Kids zwischen elf und vierzehn Jahren, die im *Scholastic Magazine* veröffentlicht wurde, lag genau richtig mit der Top Ten-Platte *A Wonderful Time Up There*, und Johnny Mathis hatte ungemeinen Erfolg mit dem Album «Goodnight Dear Lord». Im Apollo Theatre von Harlem konstatierte man, «der Geist sei wirklich in sie gefahren», als man eine Nur-Gospel-Show veranstaltete. «Eine Anzahl von Frauen fiel in Ohnmacht», sagte der Theatermanager Frank Schiffman, «und wir mußten zwei Sanitäterinnen mit Riechsalz bei allen Abendvorstellungen zur Verfügung haben.»

Am anderen Ende des Sound-Spektrums marschierte ein Novelty-Song mit dem Titel *Witch Doctor* in die Top Ten, ließ alle Konkurrenz-Platten wie verhext hinter sich und war die Nummer eins nach nur drei Wochen. Ross Bagdasarian, Mitautor von *Come On-a My House*, war Autor und Komponist, und David Seville hatte die Hitplatte bei Liberty. Aber dabei handelte es sich um ein und dieselbe Person. Bevor das letzte Jahr dieses Jahrzehnts anbrach, hatten viele andere Novelty-Songs das Interesse des Publikums geweckt. In den April-Charts waren *Dinner With Drac* und *The Little Blue Man*.

Seit dem 24. März in der Armee, hatte Elvis seinen anbetenden Fans eine sentimentale Ballade hinterlassen: *Wear My Ring Around Your Neck*. Damit war das Symbol für das sogenannte *going steady* gemeint, eine unter den Teenagern weitverbreitete Praxis, die bei den Erwachsenen ebensoviel Widerstand erweckte wie die Rock 'n' Roll-Musik. Die Erwachsenen vermochten jedoch kein Gefühl für die feinen Unterschiede zwischen *going steadily*, *going together* und *going steady* aufzubringen. Der Austausch von Namensschildchen oder Namensketten war eine Form der gegenseitigen Treueverpflichtung. Die Kids, die noch nicht alt genug waren, tauschten Freundschaftsringe aus, und damit diese auf ihre Finger paßten, umwickelten sie sie mit farbenfrohem Garn und Faden, die mit durchsichtigem Nagellack befestigt wurden.

Am 10. April widmete Dick Clark eine volle Stunde seiner Show Songs, die mit einem einzigen Sänger/Songschreiber verknüpft waren. Chuck Willis war an dem Tag auf dem Operationstisch in Atlanta, seiner Heimatstadt, gestorben. Clark nahm in sein Programm Songs von den CLOVERS auf, von den FIVE KEYS, den CADILLACS, den HILLTOPPERS und Patti Page, die alle Titel von Chuck Willis aufgenommen hatten: *Close Your Eyes, From The Bottom Of My Heart, It's Too Late, Search My Heart* und *The Door Is Still Open*. Willis stand gerade im Zenit seiner Karriere und bot Balladen mit einer Gospelintensität dar, die an Johnny Ace erinnerte, der ebenfalls jung starb.

19. Mai 1958   Honor Roll of Hits

Nr. 1: *All I Have To Do Is Dream*
Bestverkaufte Platte: EVERLY BROTHERS, Cadence 1348

Im Mai konnten ein paar alte Hasen des Showbusiness frohlocken: Perry Como war wieder einmal unter den Top Ten mit seiner *Kewpie Doll*. Und ebenso Dean Martin, mit seiner Nuschelstimme und dem Titel *Return To Me*, geschrieben zusammen mit Carmen Lombardo und von Bruder Guys ROYAL CANADIANS auf Capitol aufgenommen. Nat Cole und sein Satin-Bariton waren hoch in der Honor Roll verzeichnet mit *Looking Back*, einer Ballade aus der Feder dreier schwarzer Musiker, die sich bald als Team einen Namen machen sollten: Sänger Brook Benton, Arrangeur Belford Hendricks und Songschreiber Clyde Otis, der als erster Schwarzer Chef der A&R-Abteilung einer großen Plattenfirma, nämlich Mercury, wurde.

Im Mai spitzte sich auch die Auseinandersetzung zwischen den Personality-Diskjockeys und den Station Managements zu. In Des Moines, Iowa, entließ die Station KIOA den erfolgreichen und mit 30000 $ im Jahr belohnten DJ Don Bell, der die Station innerhalb von nur 30 Tagen zur Nummer eins gemacht hatte, nachdem er ein Jahr zuvor von der Konkurrenz-Station KRNT übergewechselt war. In Denver, Colorado, war Joe Flood von KTLN, der im Jahr 32000 $ verdiente, der dritte wichtige Jockey dieser Stadt, der wegen der Top Forty-Programme kündigte. Vorher hatte Ray Perkins KIMN verlassen, und Ed Scott war bei KMYR gegangen.

Der sensationellste und am wenigstens erwartete Weggang war der von Alan Freed. Freed verließ WINS, weil die Station sich geweigert hatte, sich bei seiner Kontroverse mit den Behörden von Bosten hinter ihn zu stellen. Freed war nach einer Theater Show verurteilt worden, zu Krawallen angestachelt zu haben. Aber er war kaum eine Woche fort, da engagierte ihn die Station WABC für eine Sechs-Tage-in-der-Woche-Show von 19.15 Uhr bis 23.00 Uhr. Nichtsdestoweniger sagte Shaw Artists ein Tournee-Projekt mit Dick Clark ab, weil man das Gefühl hatte, «die zweite Boston Tea Party», wie man Freeds Verurteilung nannte, hätte womöglich das Interesse von Hallen- und Auditoriumsbesitzern an Rock 'n' Roll-Shows abgekühlt.

In den Nachwehen der Boston-Krawalle vom 3. Mai wurde eine Alan Freed-Show in Newark, New Jersey, am 10. Mai abgesagt. In Washington, D. C., wollten die Stadtväter keine Erlaubnis geben für eine «Biggest Show of Stars '58», die am 1. Juni im Griffith Stadium abgehalten werden sollte. Obwohl der Veranstalter Irving Feld darauf hinwies, daß Paul Anka, eine Hauptattraktion der Show, beim Cherry Blossom-Festival, einer Veranstaltung für Familien und Touristen, ebenfalls als Hauptattraktion aufgetreten war, ließen sich die Behörden nicht erweichen.

Die Krawalle in Boston wurden Gegenstand einer Debatte im Capitol. Als eine Anzahl von Kongreßabgeordneten den Rock 'n' Roll verantwortlich machten, erklärte Senator Fleming: «Ich glaube nicht, daß die Rock 'n' Roll-Musik der entscheidende Grund gewesen ist. Man hat mir berichtet, daß bestimmte Produkte – Narkotika – verkauft worden seien.»

Als die Hearings über den Smathers-Gesetzentwurf begannen, durch den verboten werden sollte, daß die BMI im Besitz von Sendern blieb, wurde der Rock 'n' Roll nachdrücklich verteidigt. «Dieselben Leute, die kreischten und Krawalle verursachten, als Sinatra im Jahre '43 sang», sagte der musikalische Direktor von WARL aus Arlington, West Virginia, «verdammen heutzutage derartige Ereignisse als ‹furchtbar und schrecklich›.»

Ein Brief von einem New Yorker Richter des Court of Domestic Relations wurde von dem BMI-Vertreter Robert Burton verlesen und ins Protokoll übernommen. Darin wurde die Öffentlichkeit ermahnt, sich nicht über eine Musikmode zu erregen, solange der wahre Grund für die Ausbrüche «unserer gestörten Kinder» viel tiefer und ganz woanders läge. Der Richter fügte hinzu, daß trotz ihrer musikalischen Vorlieben die «Jitterburg-Generation» zu soliden Staatsbürgern herangewachsen sei.

May Axton, eine Lehrerin aus Jacksonville und Mitautorin von *Heartbreak Hotel* lehnte die Vorstellung ab, Rock 'n' Roll habe einen Anteil an der Jugendkriminalität. «Diese Musik ist ein Ventil für die Spannungen, denen heute die Teenager unterworfen sind, und ganz und gar nicht der Grund dieser Spannungen», sagte sie. Mrs. Axton, BMI-Autorin, sorgte für Aufregung bei den Hearings, als sie aussagte, zwei Briefe, in denen sie sich um Mitgliedschaft bewarb, seien von der ASCAP nie beantwortet worden. Der Vorsitzende des Sub-Komitees Pastore bemerkte: «Wenn man die Überzeugung äußert, daß die Gefahr eines Monopols (durch die BMI) vorläge, dann müsse sichergestellt sein, daß es nicht zu einem Monopol kommt, wenn die BMI ihre Vorteile verliert, die darin bestehen, daß sie sich in der Kontrolle der Sender befindet.»

Nachdem er den Vorwurf von sich wies, es gäbe eine Verschwörung der Broadcasters, um eine bestimmte Art von Musik zu propagieren, argumentierte Burton von der BMI, technologischer Wandel habe den Charakter der Popmusik ebenso verändert wie die Promotion alten Stils durch wohlbekannte Bands und Sänger. Die Einführung des Tonbandes, die Dezentralisation der Sender und die Entwicklung der unzerbrechlichen Vinyl-Platte hätten dazu beigetragen, jenes Monopol zu überwinden, das «fest in den Händen» der Musikzentren von Tin Pan Alley und Hollywood gelegen habe. Da Platten jetzt überall hergestellt werden und Hits sich allerorten entwickeln könnten, habe eine Demokratisierung stattgefunden, die Hunderten neuer Songschreiber und Verleger die Türen öffne und es der BMI überhaupt erst möglich mache, mit der ASCAP in Konkurrenz zu treten. Neue Musikstile seien die unabänderlichen Begleitumstände dieser Situation. Was die Broadcasters beträfe, so sei die Tatsache, daß sie in den frühen Jahren (1940) Besitzer gewesen seien, die Grundlage dafür, daß die BMI «sich überhaupt erst habe entwickeln können».

Bei einem der nächsten Hearings wies Goddard Lieberson, der Präsident von Columbia Records, darauf hin, daß die Plattenaufnahmen von ASCAP-Musicals durch Plattenfirmen, die Sendernetzen gehörten, die Shows wieder populär gemacht und zu Neu-Aufführungen angeregt hätten. Er warf den ASCAP-Autoren vor, sie würden sich geradezu gegen diejenigen wenden, von denen sie lebten, indem sie CBS und NBC verklagten, denn «der überwiegende Anteil der Musik, die jahraus, jahrein von diesen Sendern ausgestrahlt werde, sei bei der ASCAP.»

Bei den Sendern wurden die Diskussionen über die Top Forty-Programme mit unveränderter Vehemenz geführt. Und dennoch erfreuten sich Top Forty-Stationen überall im Lande großer Beliebtheit.

Im Mai verkündete George Wein, der Produzent des Newport Jazz Festivals, daß zum erstenmal in dessen Geschichte ein gesamtes Abendprogramm dem Blues gewidmet werde. Unter den Künstlern, die auftreten sollten, befanden sich Chuck Berry, Big Maybelle und Joe Turner. Sogar das renommierte Newport Jazz Festival sah sich also außerstande, den Rock 'n' Roll zu ignorieren.

231

All I Have To Do Is Dream, der erfolgreichste Song des Monats und einer der drei populärsten des Jahres, war der dritte Hit, den die EVERLY BROTHERS nacheinander verzeichnen konnten, aber noch nicht der letzte in diesem Jahr. *Bird Dog* folgte im Herbst, und damit konnten die beiden Burschen aus Kentucky, die simplen Zwei-Part-Country-Harmoniegesang darboten, ihren vierten Hit verbuchen.

Oh, Lonesome Me, eine weitere Country-Ballade, verlegt von Acuff-Rose aus Nashville, hinterließ ihren Eindruck auf dem Pop-Sektor. Dieser Titel wurde zur Nr. 1 des Jahres im C&W-Sektor und stammte aus der Feder des Sänger/Songschreibers Don Gibson aus North Carolina, der als Teenager in einer Textilfabrik in Shelby gearbeitet hatte, bevor er nach Knoxville, Tennessee, ging, eine Band gründete und fast acht Jahre lang bei WNOX auftrat. Auf der Rückseite seiner Platte war eine weitere von ihm geschriebene Ballade: *I Can't Stop Loving You*. Pop-Hörern kam sie erst 1962 zu Ohren, als Ray Charles half, sie zu einem der großen Country-Klassiker zu machen.

Das Jahr 1958 wurde auch für Chuck Berry erfolgreich, denn er kam mit *Johnny B. Goode* in die Charts. Trotz des Titels wurde hier nicht gepredigt, sondern die Geschichte eines Jungen vom Lande erzählt, der in der Stadt groß herauskommt. Berry leugnete, dieser Song sei autobiographisch zu verstehen.

14. Juni 1958   Honor Roll of Hits

Nr. 1: *The Purple People Eater*
Bestverkaufte Platte: Sheb Wooley, MGM 12651

Witch Doctor hypnotisierte noch immer die Plattenhörer, als *The Purple People Eater* auf der Szene erschien und alles verschlang, was ihm im Wege stand, um in drei kurzen Wochen den Platz eins zu erreichen. Sheb Wooley, der den Song schrieb und aufnahm, machte seit Jahren Western und war beim Film- und Fernsehpublikum beinahe ebenso bekannt wie Chill Wills oder Walter Brennan. Er war ein führender Country-Autor mit verschrobenem Humor, verantwortlich für den Tex-Mex-Song *When Mexican Joe Meets Jole Blon* und die eigentümliche Ballade *Peeping Through The Keyhole* über einen Burschen, der «tanzen und küssen» lernte, indem er seinen Freund durchs Schlüsselloch beobachtete.

The Purple People Eater schlug Kapital aus dem gerade modischen Interesse an UFOs und der Phantasie der Jugendlichen, die sich allzugern mit Monstern beschäftigte, und wurde Wooleys einziger Pop-Hit. Sein trockener Stil des Sprechgesangs war mehr Country als Rock.

Country-Musik war ebenfalls die Stärke des Neulings Jack Scott, der aus Windsor, Ontario, zu Carlton Records kam. Leroy, ein Song, den er schrieb, erregte das Interesse des Publikums, aber nicht für lange, denn die Diskjockeys entdeckten die andere Seite der Platte, *My True Love*, auch eine Ballade von Scott. Im August hatte sie die Top Ten erreicht und den Weg des Erfolges für *Good-bye Baby* geebnet, ein nächstes Scott- Opus.

Zwei neue schwarze Sänger wurden im Juni zu Bestsellern. Ed Townsend klang wie eine Mischung aus Sam Cooke und Roy Hamilton. Er war aber nicht so voller Wärme wie Cooke und nicht so gospelmächtig wie Hamilton. *For Your Love* versüßte vielen Liebespaaren den Sommer. Wie Townsend nahm auch Bobby Freeman seinen eigenen Song auf: *Do You Want To Dance?*, ein Titel, der mit seinem lateinamerikanisch beeinflußten Sound so manchen jungen Leuten half, bei der ersten Verabredung das Eis zu brechen.

Von den älteren Rock 'n' Rollern verkaufte Jimmie Rodgers gut mit *Secretly*, einer Tin Pan Alley-Ballade, zu deren Autoren Hugo und Luigi unter dem Pseudonym John Markwell zählten. Vor Jahresende begab sich Rodgers dann noch auf den Weg nach *Bimbombey*.

Drei Leute aus der Memphis-Szene demonstrierten ihre nicht erlahmende Kraft: Jerry Lee Lewis mit *High School Confidential*, Johnny Cash mit *Guess Things Happen That Way* und Tommy Sands mit *After The Prom*. In der Rolle eines Rock 'n' Roll-Sängers, der in seine Heimatstadt zurückkehrt und nicht besonders herzlich empfangen wird, machte Tommy Sands *After The Prom* in der «Studio One»-Produktion von «The Left Haxnd Welcome» bekannt.

CBS-TV widmete sich der Kontroverse über die Teenage-Musik in einer Diskussion zwischen Alan Freed und Art Ford in *Right Now!*. Aber Ford, der eigentlich die Anti-Position einnehmen sollte, weigerte sich, den Stil abzukanzeln. Und das dritte Mitglied der Gesprächsrunde, der leitende Direktor der Child Study Association, verdammte jede Art von Zensur, statt eine Position einzunehmen, die der älteren Generation entgegengekommen wäre. Er stellte sich auf den Standpunkt, daß die Erwachsenen nur ihren eigenen Ängsten nachgaben, wenn sie glaubten, der Rock 'n' Roll sei gefährlich für die Jugend.

In der Diskussion über seine eigene Situation in Boston bemerkte Alan Freed, er habe in letzter Zeit in zweiundvierzig anderen Städten seine Show aufgeführt, ohne daß es zu Zwischenfällen gekommen sei. Außerdem widersetzte er sich der Vermutung, irgend etwas, das er von der Bühne aus gesagt habe, könne verantwortlich gewesen sein für das, was später draußen vorgefallen sei. Er nahm zudem Anstoß an einer Bemerkung des Moderators Ron Cochran in bezug auf die «moralische Verantwortung» der Rock 'n' Roll-Musiker, denn er interpretierte das als einen Seitenhieb gegen Jerry Lee Lewis. (Die Hochzeit des Rock 'n'

Rollers mit seiner Teenager-Kusine war zu der Zeit ein heikles Thema.) Mit dem Hinweis darauf, daß Lewis ein Junge aus den Südstaaten sei und «Jungs aus Tennessee ziemlich früh heiraten», meinte Freed, das Beispiel, das die Filmstars aus Hollywood und die Jazzmusiker gäben, sei kaum akzeptabler als das der Rock 'n' Roll-Musiker.

Hula Hoops, Backenhörnchen
und das Kingston Trio

In der zweiten Hälfte von 1958 traten einige bemerkenswert kreative
junge Leute ins Rampenlicht, und ein Folk-Trend machte sich bemerk-
bar, der erst in den frühen 60er Jahren zur vollen Blüte kam.

29. Juli 1958   Honor Roll of Hits

Nr. 1: *Patricia*
Bestverkaufte Platte: Perez Prado, Victor 7245

Nachdem man an *Tequila* Geschmack gefunden und zu seinem Mambo-
Rhythmus gerockt hatte, war es jetzt *Patricia*, die dem Publikum gefiel,
geschrieben und gespielt vom Meister des Mambo. Perez Prado, ein
kleiner, quicklebendiger Mann mit Schnurrbart und hochhackigen Schuhen, war aus Cuba gekommen, das schon lange Quelle von Rhythmen
war, die den amerikanischen Tänzern halfen, neue Schritte zu aufge-
frischter Tanzmusik zu erfinden. Und diese Tänzer liebten *Patricia* so
sehr, daß sie zwei Millionen Exemplare von der Prado-Platte kauften.
   Einer der am meisten aufgenommenen Songs des Monats war die
Filmballade *A Certain Smile*. Geschrieben war sie von Paul Francis
Webster und Sammy Fain, zwei Oscar-Gewinnern (*Secret Love* und
Love Is A Many-Splendored Thing), und Johnny Mathis war gerade der
richtige Interpret für sie. Dennoch verlor *A Certain Smile* in der Endaus-
scheidung um den Oscar gegen *Gigi* von Lerner und Loewe.
   Elvis war wieder an der Spitze der Charts mit einem rockenden Blues,
Hardheaded Woman. Und auch Ricky Nelson hatte wieder einen Bestseller mit *Poor Little Fool*, einem Song, der von Selbstmitleid durch-
tränkt war. Die Fans von Elvis kauften in Massen eine Art Hundemarke,
in die seine Armee-Nummer, seine Blutgruppe, eine Faksimile-Unter-
schrift und ein Porträt von ihm graviert waren. Zwei Diskjockeys aus
Boston hatten das Produkt auf den Markt gebracht, und zwar gerade
rechtzeitig zur Premiere von «King Creole», einem neuen Presley-Film,
dessen Geschichte auf dem Roman «Ein Stein für Danny Fisher» von
Harold Robbins basierte.
   Die große Neuigkeit im Juli jedoch war der draufgängerische Robert

Waldon Cassatto, besser bekannt als Bobby Darin, der mit *Splish Splash* auf die Plattenszene geschwappt kam, nachdem er in Tin Pan Alley als Demo-Sänger und Songschreiber-Amateur seine Sporen verdient hatte. Zwei Jahre zuvor hatte Darin das Hunter College in New York City verlassen und war mit einer jungen Theatergruppe auf Tournee gegangen. Ein Zusammentreffen mit Connie Francis' Manager, George Scheck, führte zu einem Auftritt in der Fernsehshow von Tommy Dorsey, kurz nachdem Presley sein drittes umstrittenes Debüt gegeben hatte. Es folgten Clubgastspiele im Mittelwesten und ein Vertrag mit Decca, aus dem jedoch keine sonderlichen Erfolge resultierten.

Die Mutter des Diskjockeys Murray Kaufman, später bekannt als Murray the K., hatte Darin zu *Splish Splash* geraten. Und es war Kaufman, der die Melodien verlegte, die Darin '58 schrieb, einschließlich derer, die von Gene Vincent und LaVern Baker aufgenommen wurden. Als die Geschichte von dem Badenden, dem es peinlich war, in seinem Zustand gesehen zu werden, hoch oben in der Honor Roll verzeichnet war, wurde in der Branche bekannt, daß Darin die Leadstimme auf der Brunswick-Platte *Early In The Morning* von den DING DONGS gesungen hatte, ohne daß sein Name erwähnt worden war. Da Darin bei Atco unter Vertrag war, überließ Brunswick die Platte Atco, wo man sie unter dem Gruppennamen RINKY DINGS wiederveröffentlichte. Nachdem man Darin verloren hatte, nahm man bei Brunswick *Early In The Morning* mit Buddy Holly neu auf. Aber es gelang der Holly-Platte nicht, Darin einzuholen.

Ende des Jahres hatte Darin eine weitere Goldene Schallplatte mit dem lärmenden *Queen Of The Hop*, einem Titel, an dem er beteiligt war. Darin stammte aus einer armen Familie – sein Vater starb, als er klein war, und die Familie lebte von der Wohlfahrt – und hungerte danach, ein Star im Showbusiness zu sein, bevor er dreißig wurde. '59 schaffte er es mit sechsundzwanzig Jahren.

Auf demselben Label wie Darin (Atco) machten die Komödianten des Rock 'n' Roll, die COASTERS, den Juli zu einem erinnernswerten Monat mit Leiber und Stollers Titel *Yakety Yak*. Sein großer Erfolg bei den jungen Plattenkäufern – er war die Nummer zwei in der Honor Roll – deutete darauf, daß sich die Kluft zwischen den Generationen vertiefte. Die Teenager waren nicht nur auf der Suche nach ihrer Identität, sondern sie wollten auch die Konfrontation.

Im Juli wurde auch der Smathers-Gesetzentwurf abgeschmettert. Bei der Komiteesitzung, in der sich die Ablehnung manifestierte, verkündete der Vorsitzende, der Kongreß könne und dürfe nicht beauftragt werden, gesetzliche Maßnahmen gegen eine Musikmode ins Leben zu rufen.

Korrespondenten der *New York Times* bestätigten die weltweite Wirkung und das weltweite Interesse am Rock 'n' Roll. «Rockabilly regiert

Japans Hitparaden», hörte man aus Tokio, wo Paul Ankas *Diana* und *You Are My Destiny* sowie Presleys *Don't* und *Jailhouse Rock* die Hitlisten anführten. Aus Peking berichtete ein Korrespondent, daß *Rock Around The Cookhouse Door*, bei einer tschechischen Elektronik-Ausstellung zu hören, chinesische Teenager so fasziniert habe, daß sie eine fünfundvierzigminütige Rock 'n' Roll Session abgehalten hätten, obwohl es verboten war. Die Kommunisten hatten alle Tanzhallen geschlossen, als man '57 entdeckte, daß auf Schiffen, die aus Hongkong kamen, Rockplatten nach China geschmuggelt wurden.

Die Ablehnung des Gesetzentwurfes von Smathers brachte jedoch keinen Waffenstillstand in Amerikas Krieg gegen die Rockmusik. Bei der NBC stellte ein Kommentator Rock 'n' Roll-Platten vor und wußte zu jeder Abschätziges zu sagen. Buddy Hollys *Peggy Sue* beschrieb er als «Stimmungsmusik, um Radkappen zu stehlen». Zu *Yakety Yak* sagte er: «Na, wollen wir mal sehen, was wir noch an Mist, äh . . . Rock 'n' Roll dahaben. Ja, das hier stammt von den COASTERS, vier Typen, die aus einem Schweinehirten-Seminar rausgeworfen wurden . . .»

Ebenso gingen die Auseinandersetzungen um das Top Forty-Programm weiter.

An einer anderen Front feuerte das Catholic Youth Center in Minneapolis eine Breitseite gegen die Diskjockeys der Nation und bedrängte sie, bestimmte Platten nicht zu spielen, deren Texte «die Moral der Teenager aushöhlten». Presleys *Wear My Ring Around Your Neck* und *Secret* von Jimmie Rodgers wurden erwähnt, weil sie sich für das «going steady» aussprachen. *Why Don't They Understand* von George Hamilton IV wurde abgelehnt, «weil es die Jugendlichen gegen ihre Eltern einnahm». Sinatras *All The Way* und *Witchcraft* wurden ebenfalls für nicht spielbar erklärt wegen der «Anzüglichkeiten im Text».

Contacts, die Zeitung des Catholic Youth ·Center, propagierte die entsprechenden Aktionen: «Vernichte die Platten, die du besitzt, wenn sie heidnische Kultur und heidnische Lebensweise repräsentieren. Überprüfe vorher, welche Platten bei einer Hausparty oder einem Schulfest gespielt werden sollen . . . Rufe einen Diskjockey an oder schreibe ihm, wenn er lausige Platten vorstellt. Schalte dein Radio aus oder suche eine andere Station, wenn du anzügliche Songtexte hörst . . . Manche Songschreiber verdienen einen gehörigen Tritt. Ebenso manche Sänger und Diskjockeys.» Aufruf zur Gewalttätigkeit?

Unter den Platten, die als «den Qualitätsmaßstäben entsprechend» eingestuft waren, befanden sich *Witch Doctor*, *The Purple People Eater* und *Kewpie Doll*. Überraschenderweise aber auch *Rumble*. Hatte man nichts gegen Straßenkämpfe von Teenagerbanden?

Sendestationen änderten ihr Programmkonzept, und Diskjockeys wurden gefeuert. Alan Freed schwenkte auf gemäßigten Rock 'n' Roll um, entweder weil er nach dem Ärger in Boston vorsichtig geworden war oder weil das Management von WABD darauf gedrungen hatte. Neben Chuck Berry, der lippensynchron zu *Johnny B. Goode* agierte, hatte Freed unter seinen Gästen auch die FOUR LADS, die ihre neue Platte *Enchanted Island* vorstellten. Branchenkenner sahen in dem neuen Programmkonzept und Freeds gemäßigtem Ansagestil den Versuch von WABD, eine neue Form des Record Hop zu entwickeln, die sowohl Erwachsenen wie Jugendlichen gefiel. Freed hielt sich sehr im Zaume, und ging sogar so weit, einen Little Richard-Heuler als Evergreen vorzustellen.

Ende Juli brachte ein unerwartetes Ereignis. Alan Freed Enterprises, eine Promotion-Firma, geleitet von Jack Hooke, verkündete freiwillig ihren Bankrott. Man habe 51985 $ Schulden und Null Guthaben. Dem Shaw Artists Bureau schuldete die Firma nach eigenen Angaben 24665 $ und einem Diskjockey namens Alan Freed 15000 $.

18. August 1958   Honor Roll of Hits

Nr. 1: *Volare (Nel Blu Dipinto Di Blu)*
Bestverkaufte Platten: Dean Martin, Cap. 4028
Domenico Modugno, Dec. 30677

Einer der größten Konkurrenzkämpfe des Jahres auf dem Plattenmarkt begann im Frühsommer, als Robbins Music, eine ASCAP-Firma, eine italienische Rhythmusballade importierte und Decca Records eine Platte (auf Italienisch) veröffentlichte, die der Mitautor Domenico Modugno sang: *Volare (Nel Blu Dipinto Di Blu)*. Ein jeder wollte mitmischen, und es gab Gesangsversionen, Instrumentalversionen, englische Versionen, italienische, Akkordeon-Platten – alles mögliche.

Das amerikanische Wettrennen wurde von einem Ereignis in Italien ausgelöst, wo nach den Worten von Arnaldo Cortesi von der *New York Times* «Nel Blu Dipinto Di Blu mit der Gewalt einer Bombe einschlug. Zum erstenmal war man sich bei einem San Remo-Festival (einem jährlichen Musikwettbewerb) einig – Öffentlichkeit, Presse und Jury. Sogar die Mitstreiter mußten anerkennen, daß Modugnos und Migiaccis Song der beste war».

Volare, so wurde der Titel hier bekannt, besaß einen ungewöhnlichen Text. Ein Song über einen Traum war es, voller surrealistischer Bilder – er malte seine Hände blau und plötzlich flog er und sang . . . im Blau gemalt in Blau (nel blu dipinto di blu) . . . und träumend in ihren schönen Augen, blau wie der Himmel. Und doch waren es wohl kaum die Worte, die soviel Aufmerksamkeit erregten. Der Haken des Songs waren zwei melodische Phrasen: Volare ... oh-ho ... Cantare ... oh-ho-ho-ho. Die einprägsame Melodie teilte ein Gefühl der Freiheit und der Freude mit, das so ansteckend war, daß es den Leuten nicht aus den Ohren ging und sie einstimmten, sobald sie das Lied irgendwo hörten.

Mitte August hatte *Volare* gleichsam das Monopol auf die Ätherwellen. Und dieser Titel blieb mehr Wochen die Nummer eins in der Honor Roll als jeder andere außer *It's All In The Game*. Es war *der* Song des Jahres. Dean Martin war der einzige Amerikaner, der dem Sänger/Songschreiber Modugno erwähnenswerte Konkurrenz machte. Und trotz der Qualität und des Erfolges, die sein Song hatte, gelang es Modugno nicht, diese Popularität mit einer anderen Platte oder Ballade zu wiederholen oder auch nur annähernd zu erreichen.

Wie besessen brachten die Plattenfirmen Versionen des italienischen Songs heraus, und mehr als ein amerikanischer Verleger reiste durch Italien auf der Suche nach Hitsongs. Einen relativ obskuren Verleger in Mailand besuchten an einem einzigen Morgen vier amerikanische Song Scouts.

Peggy Lee, die eine enorme eingeschworene Anhängerschaft hatte, machte einen ihrer seltenen Besuche in den Charts mit *Fever*. Ihre Version des Originals von Little Willie John war zum Fingerschnippen, und ihre Stimme kontrastierte faszinierend mit der Rhythmusbegleitung. Außerdem waren es das Jazz Feeling und ein paar Phrasen, die dem Song einen Platz in Peggys Repertoire einbrachten.

In den Sommer-Charts tummelten sich eine große Anzahl neuer, junger Künstler, von denen viele nie wieder das Rampenlicht erblickten. Da waren die ELEGANTS, die einen Kinderreim nahmen und ihn zu rockendem Rhythmus sangen, «Twinkle, Twinkle, Little Star». *Little Star*, wie sie ihren Song nannten, erschien auf einem der zahlreichen kleinen Labels (Apt). Aber immerhin erreichte der *Little Star* im September den Platz zwei in der Honor Roll.

Auch die PONI-TAILS, drei attraktive Achtzehnjährige aus Cleveland, brachten es nicht zu mehr als einem Erfolg. Mit Toni Cistone als Leadsängerin und LaVerne Novak und Patti McCabe als Harmoniesängerinnen begann das Trio in Lynn, Ohio, bei Schulfesten. Sie hatten keinen Erfolg mit *Que La*, einem Song, den sie selbst schrieben, und auch nicht mit *Just My Luck To Be Fifteen*. Aber *Born Too Late*, eine Ballade, die ich verlegte und die von Fred Tobias (vom Tobias-Songschreiber-Clan) und Charles Strouse (der später «Bye Bye Birdie, Applause» und andere Musicals komponierte) geschrieben war, kamen sie an.

LITTLE ANTHONY AND THE IMPERIALS kamen aus dem gleichen Stall wie FRANKIE LYMON AND THE TEENAGERS. Und genauso hatten auch sie nur eine Stimme, die sich verkaufen ließ, und das war die von Anthony Gourdine aus der Brooklyn Boys High School. Mit seinem nasalen

Falsett gab Little Anthony dem Titel *Tears On My Pillow* einen einzigartig tränenreichen Sound, der die Gruppe ungeheuer populär machte. Betreut von George Goldner, dem Besitzer und Produzenten von End Records, kultivierte Little Anthony seinen Stakkato-Gesang und befrachtete die Pausen mit großer emotionaler Intensität. Ein Jahr später konnten sie ihren Erfolg mit dem sehr rhythmischen *Shimmy Shimmy Ko-Ko Bop* wiederholen.

Clarence Collins, ein langjähriger Freund von Little Anthony und einer der originalen IMPERIALS, erinnert sich an die Aufnahme-Session, als *Tears On My Pillow* gemacht wurde: «Eine Menge Gruppen warteten draußen, um das Studio zu benutzen. Der Toningenieur kam raus und sagte: ‹Wer ist der nächste?› Wir haben fünf Musiker benutzt. Buddy Lucas am Saxophon spielte bei unheimlich vielen mit. Er sagte: ‹Okay, es ist ein G›, und dann probierte die Band. Schnell mußte man lernen. Die Harmonien haben wir im Studio erarbeitet.»

Auf diese Weise kamen die unabhängigen Plattenfirmen zu ihren Erfolgen. Die großen Firmen mit ihren vielen Proben, Notenblättern, geschulten Arrangeuren – sie erreichten nie die Spontaneität, die Direktheit, die ungezwungene Energie – und ganz besonders nicht den unausgefeilten, aber dynamischen Sound.

Eine Gruppe mit mehr Mumm als die von Little Anthony wurde von dem Veteranen auf dem R&B-Sektor Johnny Otis angeführt und zeichnete verantwortlich für eine Tanzplatte mit Tagesaktualität, *Willie And The Hand Jive*. Der Titel stammte aus der Feder von Otis, der ein Weißer war und erste Plattenaufnahmen in den 40er Jahren mit Little Esther gemacht hatte. Mit einer R&B-Show war er schon früh auf Tournee, und dabei machte er sich einen Namen als Talentsucher. Sein Gesang hatte die Distanz der Bluespioniere, war aber von einer Klarheit in der Diktion geprägt, die sie nie wollten. Otis besaß viel Talent als Produzent. Er war verantwortlich für eine Reihe witziger Novelty-Songs, von denen *Willie And The Hand Jive* mit seinem Bo Diddley-Rhythmus den allergrößten Erfolg hatte.

Wenn man *Just A Dream* zum erstenmal hörte, hätte man den Sänger für Johnny Ace halten können. Jimmy Clanton, der aus dem tiefen Süden stammte, war eher ein *oreo*-Sänger, außen schwarz, aber innerlich weiß. Er gewann unter den Teenagern schnell Freunde und hatte sogar noch einen zweiten Bestseller, *Ship On A Stormy Sea*. Seine Platten erschienen bei Ace Records, einem *indie label* aus Jackson, Mississippi, das von Johnny Vincent geleitet wurde, der sich seine Sporen als Produzent bei Specialty in LA erworben hatte.

240

Nr. 2: *Little Star*
Bestverkaufte Platte: ELEGANTS, Apt 25005

Im September brach im ganzen Land plötzlich die Hula Hoop-Manie aus. Offensichtlich begann sie, wie viele andere Modeerscheinungen es getan hatten, in Kalifornien, wo die WHAM-O Manufacturing Company in Anlehnung an ein australisches Spiel einen Plastikreifen auf den Markt brachte. Die Mode verbreitete sich mit der Macht eines Wirbelsturms. Erwachsene wie Kids ließen ihr Hinterteil rotieren, damit sich der Reifen um ihre Hüften drehte. Die Reifen kosteten zwischen 75 Cents und 2.50 $. Eine Firma verkaufte einen übergroßen Reifen für 4.95 $, der als Tandemspielzeug für Paare gedacht war. Die *New York Times* nannte die Hula Hoop-Narretei die heißeste Mode seit der Begeisterung für Davy Crockett-Mützen und schätzte, daß über zwanzig Millionen Reifen verkauft wurden, was einen Gesamtumsatz von fast dreißig Millionen Dollar brachte.

Der Einfluß auf das Musikgeschäft war ungeheuer. Die erste Hoop-Platte kam bei Atlantic heraus. An einem Wochenende schrieb der Trinity-Verleger/Songschreiber Charlie Grean *Hoopla Hoola* zusammen mit Bob Davie (Mitautor von *The Green Door*). Am Dienstag, dem 2. September, flog Grean nach Chicago, wo er eine Plattenaufnahme von seinem Song mit Betty Johnson machte, die später seine Frau wurde. Am nächsten Tag schon verschickte Atlantic Acetat-Kopien an Diskjockeys, und eine hübsche Trinity-Sekretärin besuchte DJs in New York, um ihnen das Reifenspiel zu demonstrieren. In Akron, Kansas City und in anderen Gegenden veranstaltete Atlantic Wettbewerbe, bei denen Reifen verschenkt wurden.

Inzwischen nahm Georgia Gibbs, die von RCA Victor zu Roulette überwechselte – und damit Hugo und Luigi folgte, die für ihre Mercury-Hits verantwortlich zeigten –, ein Liedchen auf, das *The Hula Hoop Song* hieß. Die Gibbs war im Fernsehen erfolgreicher als Betty Johnson, denn am 6. September stellte sie in der *Ed Sullivan Show* ihre Roulette-Platte vor, und am 9. September war sie Gast in Dick Clarks am Tage ausgestrahlter Show. Roulette folgte der Atlantic-Arbeitsweise, denn man nahm die Platte an nur einem Tag auf (am Freitag, dem 5. September), und schon am Montag, dem 8. September, hatten Diskjockeys und Vertriebsfirmen die ersten Exemplare in Händen.

Am selben Tag, als Gibbs bei Roulette im Studio war, nahm Teresa Brewer denselben Song bei Coral auf. Die Decca-Tochterfirma wartete jedoch nicht auf Montag, sondern schaffte es, daß die Diskjockeys in New York schon am Nachmittag Exemplare auf ihren Plattentellern hatten. Während Georgia Gibbs mit Playback ihre Platte im *American Bandstand* darbot, war Steve Allen in einem Dot-Studio und nahm einen Hula Hoop-Song auf, den er geschrieben hatte. Allen startete seinen Song am 14. September mit einer Mammut-Produktion in seiner eigenen NBC-TV Show.

Hula Hoop war aber nicht nur der Titel des Allen-Songs, sondern auch eines anderen Hoop-Songs, der von Imperial Records herausgebracht wurde. Zusammen also vier verschiedene Songs und fünf Platten, die in ein halsbrecherisches Konkurrenzrennen gingen, um aus der Mode Kapital zu schlagen. Wer machte den großen Profit? Die Hersteller von Hula Hoop-Reifen. Die Spielmode war viel größer als der Erfolg der Platten zusammengenommen.

Jerry Wallace war weiß, aber verfügte über einen Sound, der nach schwarzen Balladen klang. *How The Time Flies* war nicht nur der Beginn seiner eigenen Karriere, sondern auch der von Challenge Records aus LA, für die er aufgenommen hatte. Mit *Primrose Lane* schaffte er einen Nachfolgehit.

Wie Wallace half auch Dion DiMucci, eine Plattenfirma zu starten. Laurie Records aus New York City zeigte sich so beeindruckt von einem Demo, daß man einen Vertrag mit dreien seiner Freunde aus der Roosevelt High School machte und damit – violà! – die Gruppe Dion AND THE BELMONTS hatte. Ihre (und Lauries) erste Veröffentlichung war *I Wonder Why* und verkaufte sich gut genug, um mit Nachdruck *No One Knows* unter die Leute zu bringen. Aber ihre große Platte kam erst '59 – *A Teen-ager In Love*. Der Leadsänger Dion hatte eine hohe, traurigklingende Stimme, die den jungen Leuten gefiel, von den Erwachsenen jedoch als zu jämmerlich abgelehnt wurde – Eltern fanden einen solchen Sound abstoßend. Wie Tony Williams von den PLATTERS und Al Alberts von den FOUR ACES trennte sich Dion schließlich von seinen *paisanos,* und in den 60er Jahren hatte er als Solo-Künstler Erfolg.

Zwei Novelties erreichten im September ihr Publikum. *The End* war eine rockende Orgelnummer von Earl Grant, einem Mann von übersprudelndem Temperament, der sich auffällig kleidete und bei einem tragischen Unfall starb, nicht ohne zuvor zwei Dutzend Alben für Decca aufgenommen zu haben. Grant ebnete den Weg für Baby Cortez und seine «Happy Organ» im Jahre '59. Der andere Novelty-Erfolg war die Hitplatte der TOMMY DORSEY BAND ohne Tommy. Eine bekannte Show-Melodie wurde wiedererweckt, mit einem schnellen Tanzrhythmus ausgestattet und als *Tea For Two Cha-Cha* ein Bestseller.

Nachdem die Radiostationen im Lande vielfach auf das automatisierte Top Forty-Programm umgeschwenkt waren, versuchten jetzt findige Leute, auch Record Hops ohne Diskjockeys stattfinden zu lassen. In Chicago, wo ein Bandleaderveteran mit viel Erfolg im Boulevard Ballroom nachmittags Tanzveranstaltungen zu Platten abhielt, klappte es. Zwei andere Veranstalter bauten ehemalige Theater zu Tanzhallen um und hielten Sonntagnachmittag-, Sonntagabend- und Mittwochabend-Record Hops ab. Weil niemand live auftrat, konnte man die Eintrittspreise auf neunzig Cents senken. Die Veranstalter meinten, ihr Geheimnis sei, daß die Kids zu Hause zu denselben Platten, die bei ihren Veranstaltungen gespielt wurden, die Tanzschritte schon im voraus einüben konnten.

Alan Freed brachte seine jährliche *Big Beat Show* ins Fabian Fox Theatre, als das Brooklyn Paramount ihn abgelehnt hatte, weil er «zu heiß» sei. Am Eröffnungstag (Freitag, dem 29. August) standen die Teenager in einer langen Schlange vor dem Theater. Die Begeisterung war fieberhaft, aber das Publikum verhielt sich ordentlich. Freed konnte sich einen Kommentar nicht verkneifen: «Meine Kritiker sagten, der Rock 'n' Roll sei nach sechs Monaten vergessen. Das war vor vier Jahren, als ich im Brooklyn Paramount auftrat. Heute stehe ich hier, und wir werden auch in vier Jahren noch hier sein.» (Er war nicht prophetisch.) Nach dem Ereignis schaltete er ganzseitige Anzeigen in die Branchenzeitungen, die nichts als den Umsatz verkündeten: 207000 $. Sein eigener Anteil betrug ungefähr 87000 $.

Im September hielt Dick Clark in seiner *Saturday Night* Show einen «Name nameless» Wettbewerb ab, in dem der passende Name für eine kleine Marionettenpuppe gefunden werden sollte. Teenager liefen massenweise ins Kino, um den jungen Steve McQueen zu sehen. Der Film hieß «The Blob» und handelte von einer ekelhaften gallertartigen Masse, die die Hälfte der Schauspieler verschlang. Die Titelmelodie, auf einer Anzahl von Labels erschienen, stammte seltsamerweise von Burt Bacharach und Mark David. Der Texter David war der ältere Bruder von Bacharachs ständigem Mitarbeiter in den 60er Jahren, Hal David.

6. Oktober 1958   Honor Roll of Hits

Nr. 1: *It's All In The Game*
Bestverkaufte Platte: Tommy Edwards, MGM 12688

Der Riesenerfolg im Oktober, *It's All In The Game*, war ein eigentümlicher Song, und Tommy Edwards, der Sänger, war ein eigenartiger Künstler. Der Titel stammte von einem Vizepräsidenten der Vereinigten Staaten und ist damit einmalig. Gen. Charles G. Dawes, der während der zweiten, verheerenden Amtsperiode von Calvin Coolidge seine hohe Stellung bekleidete, hatte die «Melody», wie er sein Musikstück nannte, im Jahre 1912 komponiert. Carl Sigman, ein sehr bekannter ASCAP-

243

Texter, schrieb 1951 den Text. Damals nahm Tommy Edwards den Song auf und hatte einen Hit. Obwohl er auch danach noch einige Platten herausbrachte, schaffte er keinen Bestseller und verschwand in der Versenkung.

'58 nahm er *It's All In The Game* nochmals auf. Seine Stimme hatte sich in sechs Jahren nicht besonders verändert. Sie war von einer Qualität, die an Frankie Laines dramatischen Stil erinnerte. Beim zweiten Anlauf also besetzte «Game» in sechs aufeinanderfolgenden Wochen den Platz eins der Honor Roll und verwies damit *Volare* auf den zweiten Platz. Eine Goldene Schallplatte bekam Edwards, und sein Titel zählte zu den drei populärsten Songs des Jahres. Aber danach ging es mit der Karriere des Sängers wiederum bergab. Eine Zeitlang machte er Demo-Platten für Tin Pan Alley-Verleger – auch für mich. Und dann verschwand er.

Als er 1969 starb, war er gerade Anfang Vierzig. Offensichtlich hatte er seine Probleme, aber wie auch immer sie geartet waren, mit Leuten in der Branche sprach er nicht darüber – und sein früher Tod war ebenso überraschend wie bedauerlich.

Der gewaltige Erfolg von *It's All In The Game* setzte eine Kettenreaktion in Gang. Auch andere Künstler begannen, ihre Hits aus den frühen 50er Jahren neu aufzunehmen und statteten die Arrangements mit zeitgenössischem Beat und Sound aus.

Fran Warren versuchte sich aufs neue mit ihrem Hit von '48, *A Sunday Kind Of Love*. Johnny Desmond machte eine Neuaufnahme von *C'est Si Bon* aus dem Jahre '50, diesmal im Cha-Cha-Rhythmus. Guy Mitchell versuchte es nochmals mit seinem Hit von '51, *My Heart Cries For You*. Keiner von ihnen schaffte es.

Aber die Neuaufnahme einer alten Ballade aus den späten 40er Jahren wurde ein Bestseller, *Near You* war komponiert von dem vornehm aussehenden Francis Craig, der viele Jahre lang Bandleader im Hermitage gewesen war, einem der ältesten Hotels von Nashville. '47 nahm Craig seine Melodie für ein lokales Label, Bullet, auf und verwendete dabei eine Shuffle- und Boogie-Begleitung, die am C&W-Stil orientiert war. '58 wagte sich ein anderer Pianist, Roger Williams, der berühmt war wegen seiner Version von *Autumn Leaves*, an den Oldie. Dot, die Firma, die sich auf Cover-Versionen geradezu spezialisiert hatte, trieb Craig auf und ließ ihn seine Komposition nochmals einspielen. Es wurde ein Chart-Kletterer daraus, und Williams konnte die bestverkaufte Platte verbuchen.

Es war ein ungenannter Diskjockey, der einem Plattenpromoter sagte: «Erzählen Sie mir nichts von ihren Platten. Ich sammle Bilder von verstorbenen Präsidenten.» *Billboard* formulierte in einer Schlagzeile: «Payola wächst schneller als Unkraut.»

Freie Künstler wurden mehr geschätzt als Bargeld – d. h. Künstler, die bei den Bühnenshows oder den Record Hops von DJs ohne Gage auftraten. Ein Plattenfirmen-Angestellter berichtete, daß Payola manchmal auch schlechte Auswirkungen hatte. Er berichtete von einer Radiostation, wo man die Platte der Woche danach festlegte, wieviel Bargeld man eingesteckt hatte. Andere Stationen wußten jedoch davon und nahmen die Platte gar nicht in ihr Programm.

17. November 1958   Honor Roll of Hits

Nr. 1: *Tom Dooley*
Bestverkaufte Platte: THE KINGSTON TRIO, Cap. 4049

Wenn man zurückblickt, dann ist man geneigt, *Tom Dooley* eine Bedeutung zuzuerkennen, die weit hinausreicht über die Tatsache, daß diese Platte vom November bis Dezember '58 der Song Nummer eins war. Die Ballade von dem Bürgerkriegsveteranen, der gehängt wird, weil er sein untreues Mädchen erstach, löste ein Folk-Revival aus, das bis zum Aufstieg der BEATLES im Jahre '64 andauerte. Nachdem die Rock 'n' Roll-Generation sich ihre eigene Identität in Kleidung, Sprache, Verhalten und Musikgeschmack geschaffen hatte, suchte sie jetzt in der Vergangenheit nach Werten, an denen sie sich orientieren konnte.

Tom Dooley brachte das KINGSTON TRIO, eine Gruppe, die im Menlo College zusammenkam und im Purple Onion in San Francisco ihre Karriere begann. Das Trio bestand aus begabten Musikern – Gitarre, Banjo und Ukulele wurden gespielt von Dave Guard und Bob Shayne, die auf Hawaii aufwuchsen, und Nick Reynolds. An *Tom Dooley* knüpften sie mit einer ganzen Reihe weiterer Folk-Hits an: *Tijuana Jail, It Takes A Worried Man, M. T. A.* und Pete Seegers Anti-Atombomben-Ballade *Where Have All The Flowers Gone?*.

Das Trio hatte einen lebendigen, kraftvollen und flotten Sound, der sie zu Favoriten in Collegekreisen machte. Aber als die Folkbewegung gewichtiger wurde, begann man an der Authentizität und Reinheit ihres Stils zu zweifeln. Sie antworteten den Kritikern, indem sie sich selbst *urban* (großstädtische) Folksänger nannten, die die Musik der Vergangenheit in zeitgenössischer Weise neu interpretierten.

Song Nummer zwei war im November eine Ballade voller Selbstmitleid von einem «neuen» Sänger namens Conway Twitty, *It's Only Make Believe*. Im Jahre 1934 in der kleinen Stadt Friars Point, Mississippi, geboren, war er auf den Namen Harold Lloyd Jenkins getauft worden, und zwar nach dem Stummfilmkomiker mit dem Brillengestell aus schwarzem Horn.

245

«Ich spielte und sang in der Armee», sagte er. «Meine Gruppe hieß HAROLD JENKINS AND HIS ROCKHOUSERS. Reiner Rock. Als ich entlassen wurde, glaubte ich, einen Namen haben zu müssen, der besser ins Showbusiness paßte. Also schaute ich mir eine Landkarte von den Südstaaten an und wählte zwei Orte aus – Conway (Arkansas) und Twitty (Texas).»

Bevor er zur Armee kam, hatte Harold Jenkins mit dem Gedanken gespielt, Priester zu werden – und er hatte auch bei Baptisten-Jugend-Revivals gepredigt. Da er es aber in Helena an der High School zu einer gewissen Prominenz als Athlet gebracht hatte, bekam er ein Angebot von den Philadelphia Phillies. Er wollte sich von ihnen unter Vertrag nehmen lassen, als er bei Ausbruch des Koreakonfliktes von der Armee eingezogen wurde.

Als Presley zum Sänger-Idol der Teenager wurde, reiste Jenkins (inzwischen Twitty) wie Hunderte anderer Jugendlicher aus den Südstaaten nach Memphis. Es gelang ihm, das Interesse von Sam Phillips zu wecken, und er nahm mit ihm ein paar Bänder auf, die aber nicht veröffentlicht wurden, da er immerhin mit Jerry Lee Lewis, Carl Perkins, Johnny Cash und Roy Orbison konkurrieren mußte. Eine Zeitlang trat er in Red Foleys *Ozark Jubilee* auf, das aus Springfield, Missouri, kam. Aber er arbeitete in Kanada, wo er *It's Only Make Believe* mit Jack Nance schrieb, als MGM Records ihn holte.

Twitty kopierte und übertrieb Presleys Stöhn-und-Knurr-Stil. Die Kids liebten das, und außerdem mochten sie seinen Weicher-Kern-mit-harter-Schale-Realismus – «myself I can't deceive . . . it's only make believe . . .»

Twitty, dem *Lonely Boy Blue* eine zweite Goldene Schallplatte einbrachte, geriet mit dem Ende der Rockabilly-Phase des Rock 'n' Roll in Vergessenheit. Aber sein Name inspirierte die Figur Conrad Birdie in dem Broadway Musical «Bye Bye Birdie». Als der Rock sich in den 60er Jahren seiner Countrywurzeln besann, wurde auch Twitty wiederentdeckt.

Ein weiterer Neuling war der Sänger/Songschreiber J. P. Richardson, manchmal auch Jape Richardson genannt, dessen Leben tragisch endete. The Big Bopper, wie er sich selbst nannte, war Diskjockey und Programmdirektor der Station KTRM in Beaumont, Texas. In seiner Freizeit schrieb er Songs. Einer davon, *White Lightning*, wurde zum Bestseller für den Countrysänger George Jones auf Mercury. Aber das war, nachdem er selbst mit *Chantilly Lace*, dem Song Nummer sieben auf der Honor Roll vom 17. November, Erfolg gehabt hatte. (Auf der Rückseite der Platte war ein Werk mit dem Titel *Purple People Eater Meets The Witch Doctor* zu hören.)

Wenn er auftrat, trug der Big Bopper einen breitkrempigen Stetson und ein gestreiftes Jackett, das ihm bis über die Knie reichte. Mit seiner tiefen, dröhnenden Stimme war er der geborene Countrykomiker. Abends am 2. Februar 1959, nach einem Auftritt im Surf Ballroom von Mason City, Iowa, entschlossen sich er, Buddy Holly und Ritchie Valens, zu ihrem nächsten Gig nach North Dakota zu fliegen.

Als sie am nächsten Morgen aufwachten, war das Wetter sehr schlecht. Aber dennoch charterten sie eine Beechcraft Bonanza und flogen guter Dinge ab. Das kleine Flugzeug war nur noch fünf Meilen vom Landeplatz entfernt, als es abstürzte. Alle Insassen wurden getötet. Holly, Ritchie Valens und der Big Bopper wurden zu Kultfiguren – über jeden von ihnen sind Songs geschrieben worden.

Einer der ungewöhnlichsten Bestseller des Jahres war *Topsy II*, eine Jazzplatte, der das seltene Kunststück gelang, auf Platz vier in der Honor Roll zu kommen (17. November). Wenn man sich vergegenwärtigt, daß der besonders herausgestellte Solist der Schlagzeuger war, muß man eingestehen, daß dies eine ungewöhnliche und phantastische Sache war. Cozy Cole, der bei Cab Calloway begonnen hatte und mit Benny Goodman, Artie Shaw und Louis Armstrong arbeitete, führte damals eine Gene Krupa-Cozy Cole-Schlagzeugerschule an. *Topsy* I und «II» basierten auf einer Komposition von 1939 von Edgar Battle und Edward Durham, *Uncle Tom's Cabin*. Diejenigen, die kritisierten, daß der Musikgeschmack der Teenager vulgär und monoton sei, mußten sich von den beiden «Topsy»-Aufnahmen und von *Tom Dooley* eigentlich eines besseren belehren lassen.

Die Popularität von Balladen wie *It's All In The Game*, Cha-Chas wie *Tea For Two* und einer Jazzplatte wie *Topsy II* ließ ein Gefühl aufkommen, wie Bob Rolontz im *Billboard* formulierte, daß «die große Rock 'n' Roll-Welle, die in den vergangenen fünf Jahren das gesamte Musikgeschäft überrollt hat, langsam abebbte». Rolontz warnte aber davor zu glauben, der Rock 'n' Roll sei tot oder würde bald sterben.

«Es bedeutet jedoch», meinte er, «daß der Rock 'n' Roll sich in Stil und Inhalt dem Pop nähert und daß der Pop den Rock 'n' Roll-Beat absorbiert.» Rolontz fügte hinzu: «Besonders für die Kids war *It's All In The Game* eine Ballade im Rock 'n' Roll-Genre. Für andere wiederum, besonders die Erwachsenen, war die Platte ein Pophit mit einigen Rock 'n' Roll-Figuren.» Die Vermischung der beiden Stile bedeutete, daß Rockabilly, das erste Stadium des Rock 'n' Roll, sich seinem Ende näherte.

Was jedoch Dick Clark betraf, so war nicht zu konstatieren, daß seine Wirkung oder Popularität etwa nachließ. Young & Rubicam, die gigantische Werbeagentur, verkündete, daß die Verkäufe von Beech-Nut-Kaugummi um 100 % zugenommen hatten, seit diese Firma zum Sponsor von *Saturday Night Show* geworden war. Allein durch Ankündigungen in *America Bandstand* konnte Clark mehr als sechshunderttausend Exemplare seines Jahrbuchs zum Preis von 1 $ das Stück innerhalb von nur zwei Monaten an die Kids bringen. Eine Kampagne von Bosco-Schokolade – 50 Cents einsenden und dazu ein Stück Schokoladenpapier, dann bekam man eine EP mit All-Time-Hits – brachte es auf zweihundertzweiundsechzigtausend Zuschriften.

Nachdem damit demonstriert worden war, welche Werbewirksamkeit er hatte, plante der TV-Superstar den Verkauf von Spezial-Dick-Clark-Tennager-Blusen und -Kleidern. Außerdem verhandelte er über eine dritte Fernsehshow, die auf Network-Ebene ausgestrahlt werden sollte. Und Mitte November begann er eine Ratgeberkolumne für Teenager zu «schreiben», die in *This Week* erschien, einem Sonntagsmagazin mit einer Auflage von 12 Millionen.

Inzwischen kam aus Großbritannien ein neuer Angriff gegen die «verrottete Popmusik», die von den USA exportiert wurde. Im *Melody Maker* ließ sich der Bandleader Vic Lewis vernehmen: «Wir haben alle die Degeneration der populären Musik bemerkt. Jeder denkende Mensch weiß, daß die Teenage-Idole größtenteils das Werk selbstsüchtiger Drahtzieher sind, für die weder prinzipielle noch künstlerische Maßstäbe gelten ... Teenager wissen nicht, was sie wollen. Musikalische Wertvorstellungen kommen ihnen nicht in den Kopf. Wie lächerlich ist es, wenn ein Cockney-Bursche, der amerikanische Folksongs mit imitiertem Akzent singt, ein Star werden kann! Sollen sich die Stars der Zukunft denn ausschließlich aus Leuten rekrutieren, die nicht mehr als drei Akkorde auf der Gitarre dreschen können und unverständliches Kauderwelsch singen?»

Noch mehr Stimmen wie diese ließen sich zitieren, aber ich frage mich, was all diese alternden Verteidiger «musikalischer Werte» wohl dachten, als sich das Blatt wendete und Mitte der 60er Jahre britische Rock-Gruppen den amerikanischen Markt überschwemmten.

Der November '58 war der Monat, als Sam Cooke und Lou Rawls, damals noch Mitglied des TRAVELERS QUARTET, in Chicago bei einem Autounfall verletzt wurden – beide überstanden es. Milt Gabler schloß seinen berühmten, 32 Jahre alten Commodore Record Shop, der in der amerikanischen, ja der internationalen Jazz-Szene zur Legende geworden war. Alan Freeds Prozeß wegen Aufrufs zur Gewalttätigkeit wurde bis zum nächsten Jahr aufgeschoben. Und die Diskjockeys Bill Randle und Martin Block warnten, etwas spät zwar, aber auch nicht zum erstenmal, daß es bald keine Diskjockeys mehr geben würde, wenn sich gegenwärtige Tendenzen im Radio- und Fernsehbereich durchsetzten.

Nr. 1: *To Know Him Is To Love Him*
Bestverkaufte Platte: TEDDY BEARS, Dore 503

Der vielleicht eigentümlichste Sound des Jahres war im Dezember zu
hören, als *The Chipmunk Song* innerhalb von drei Wochen wie ein
flinkes Backenhörnchen bis an die Spitze des Hitbaumes kletterte. Er
war das Werk eines überaus begabten und phantasievollen Armeniers,
Ross Bagdasarian, der auch *Witch Doctor* geschrieben und produziert
hatte.

Diesmal gelang ihm das ungewöhnliche Kunststück, einen phantasievollen Novelty Song nicht nur zu schreiben und zu singen, sondern
überdies noch durch tontechnische Tricks aufzubereiten. Er arbeitete
mit drei verschiedenen Stimmen, die er alle selbst aufnahm. Er benutzte
Bandbeschleuniger und andere elektronische Hilfsmittel und erschien
auf seiner Bestsellerplatte nicht nur als David Seville, sondern auch als
Alvin, Theodore und Simon, drei Backenhörnchen, die er kreiert und mit
individuellen Charakteren ausgestattet hatte. Alvin war das störrische
von ihnen und wurde eine Zeitlang so populär wie Donald Duck, Snoopy
oder Charlie Brown. Dies Meisterstückchen faszinierte Jung und Alt
gleichermaßen. Die Branchenzeitungen nannten seine Platte die
schnellstverkaufte des Jahres und möglicherweise sogar der Geschichte
des Plattengeschäftes. Zweieinhalb Millionen Platten in zwei Wochen
wurden um die Weihnachtszeit von *The Chipmunk Song* abgesetzt, und
dieser lustige Titel verkaufte sich auch noch in den ersten Wochen des
Jahres '59, das sich für den Rock 'n' Roll als ein schlimmes erweisen
sollte.

Der Song, der die Backenhörnchen am 29. Dezember vom ersten
Platz vertrieb, war das Werk eines auch hochbegabten, aber ziemlich
seltsamen Mannes. Phil Spector, 1940 in den Bronx geboren, kam mit
seiner Mutter nach Kalifornien, als er neun Jahre alt war, kurz nach dem
Tod seines Vaters. Der Titel und die Idee zu seinem ersten Song waren
die Folge eines Friedhofbesuches. Auf dem Grabstein seines Vaters fand
er die Worte ‹To know him is to love him›. Er gründete mit zwei Klassenkameraden aus der Fairfax High School, Anette Kleinbard und Marshall
Lieb, eine Gruppe und produzierte die Platte, die ein Hit für die TEDDY
BEARS wurde, wie sie sich nannten. Anette war gerade sechzehn. Marshall Lieb studierte am Los Angeles City College Jura und Musik. Spector war achtzehn und wollte Gerichtsreporter werden. Musikalisch beeinflußt war er am allermeisten von Leiber und Stoller.

Trotz des ungeheuren Erfolgs von *To Know Him Is To Love Him* – die
TEDDY BEARS nahmen in der Folge noch einige Platten für Imperial

Records auf – war Spector ruhelos und unzufrieden und gründete bald sein eigenes Label. Auf Philles – der Name war eine Kombination von Phil und Les(ter) Sills, einem Mann, der mit Leiber und Stoller auf deren Spark Label gearbeitet hatte – machte Spector die CRYSTALS, BOB B. SOXX, die BLUE JEANS, die RONETTES und die RIGHTEOUS BROTHERS zu Hitgruppen. Als eine fabelhafte Platte, die er mit Ike und Tina Turner aufnahm, *River Deep, Mountain High,* nicht den erhofften Erfolg hatte, erklärte er seinen Rückzug aus dem Plattenbusiness. Inzwischen war er zu einem der jungen Rockmillionäre geworden. Später kehrte er als Produzent von John Lennon und anderen wieder ins Geschäft zurück.

Das Jahr der Novelty-Hits schloß mit *Beep Beep.* In diesem Song ging es um das Wettrennen zwischen einem Cadillac und einem alten, aber selbstbewußten Gebrauchtwagen. Wie jeder kleine Bursche hatte auch dieser seinen Stolz zu verteidigen, und er machte «tut-tut-beep-beep», bevor er den Cadillac überholte. Der Hit war von den PLAYMATES, drei Burschen aus Waterbury, Connecticut, die sich in der Universität zusammengetan hatten. Donny Conn, Morey Carr und Chic Hetti brachten sich mit Musik durchs College und gründeten später eine Gruppe namens NITWITS, in der sie Comedy mit Musik mischten. '57 von Roulette Records unter Vertrag genommen, erregten sie schon etwas Aufsehen mit *Jo-Ann.* Aber *Beep Beep* war ihr großer Plattenerfolg. '59 hatten sie noch einen Chart-Aufsteiger mit *What Is Love,* aber danach entschieden sie sich für solides Bürgerleben, einer als Psychologe, einer als Geschäftsmann, der letzte als Ingenieur.

Im Dezember dieses Jahres kam Presley mit seinen Titeln *I Got Stung* und *One Night* in die Top Ten. Ricky Nelson demonstrierte sein Durchhaltevermögen mit zwei Honor Roll-Songs, *Lonesome Town* und *I Got A Feeling,* den A- und B-Seiten einer Platte. Auch die EVERLY BROTHERS ließen sich vernehmen, und zwar mit *Problems,* einer Countrynummer von Bryants, Felice und Boudleaux. Und Duane Eddy ließ die Trommelfelle vibrieren mit seiner Gitarrenfassung von *Cannon Ball.*

Clyde McPhatter kam mit der erfolgreichsten Platte seiner Karriere auf den Markt, dem Millionenseller *A Lover's Question,* einer rockenden Ballade von Brook Benton und Jimmy Williams. Fats Domino, für den '58 kein besonders gutes Jahr gewesen war, kehrte mit *Whole Lotta Loving* in die Charts zurück, einem Song, den er selbst zusammen mit seinem Arrangeur und Produzenten aus New Orleans, Dave Bartholomew, geschrieben hatte.

Der Freak-Hit des Monats aber war die Neuaufnahme eines alten Standards, *That Old Black Magic* von Harold Arlen. Der Oldtimer Louis Prima nahm ihn zusammen mit seiner Frau Keely Smith in einer schnellen Jazz-Scat-Version auf, die ins Ohr ging.

Die noch immer vorherrschende Ambivalenz auf der Radio- und

Fernsehszene bestätigte sich in der jährlichen Umfrage, die Billboard bei den Diskjockeys machte. Nach ihren Favoriten befragt, wählten sie wieder einmal Frank Sinatra zum Top-Sänger. Como und Nat Cole folgten in der Beliebtheit. Unter den elf Namen, die genannt wurden, repräsentierten nur Pat Boone und Elvis Presley den dominierenden stilistischen Trend. Beliebteste Sängerin wurde Doris Day, gefolgt von Patti Page und Peggy Lee.

Beliebteste Gruppe wurden die FOUR FRESHMEN, gefolgt von den AMES BROTHERS und den FOUR LADS. Nur eine einzige Rockgruppe erschien unter den zehn Nominierten – die PLATTERS. Die Diskrepanz zwischen dem, was die Diskjockeys auf ihren Plattentellern spielten, und dem, was ihnen gefiel, war verblüffend. Eine schizophrene Welt.

Welch einen Unterschied
ein Jahrzehnt macht

1959 war das Jahr, in dem Castro die Herrschaft in Cuba übernahm, Eddie Fisher zum zeitweiligen Herrscher über Elizabeth Taylor wurde und die College Generation nur von dem Gedanken beherrscht war, wie viele Leute man in eine Telefonzelle quetschen konnte. Während eines Staatsbesuches in den USA, der überall Schlagzeilen machte, besuchte der sowjetische Premierminister Nikita Chruschtschow die Filmaufnahmen von «Can-Can» und beklagte sich bitter, daß man ihm keinen Besuch in Disneyland erlaubte. Gegen Ende des Jahres versetzte eine Nachricht der Nation einen Schock: die gesamte Familie des Farmers Herbert Clutter war in Kansas umgebracht worden. («Kaltblütig» war der Titel des dokumentarischen Romanes, den Truman Capote darüber schrieb und der ein Bestseller wurde.)

Wer entsinnt sich an den Song Nr. 1 des Jahres? Wie wär's mit *Personality* von Lloyd Price, *Venus* von Frankie Avalon, *Come Softly To Me* von den Fleetwoods, *Three Bells* von den Browns oder *Mack The Knife* von Bobby Darin? Sie alle erreichten den ersten Platz – und nicht nur für kurze Zeit. *The Three Bells* klingelten sechs Wochen lang an den Kassen. Und die Neuaufnahme des Themas aus der «Dreigroschenoper» war mit Bobby Darin gar zehn Wochen auf Platz eins verzeichnet. Aber am Jahresende hatte doch eine alte Fiedel-Melodie, mit neuem Text von einem Lehrer aus Arkansas versehen und gesungen von einem Honky-Tonk-Sänger aus Ost-Texas, am besten abgeschnitten: *The Battle Of New Orleans* war Song und Platte Nummer eins.

Die Saga Songs

The Battle Of New Orleans war eine erzählende Ballade, keine Liebesballade, wie es Top Songs in der Popmusik normalerweise waren. (Aber die drei Top Songs des Jahres waren alle keine Liebesballaden, und vielleicht läßt sich daraus schließen, daß die Teen-Generation erwachsener und nüchterner wurde.) *The Battle Of New Orleans* basierte auf einem Fiedel-Song, der *The Eighth Of January* hieß und zur Feier des amerikanischen Sieges 1815 in New Orleans geschrieben worden war. Und dieser Song hatte vielleicht denselben Reiz für die Amerikaner wie

Tom Dooley vom KINGSTON TRIO, die Ballade aus dem Bürgerkrieg, mit der das Folk-Revival der 60er Jahre begann.

Der trockene Sprechgesang-Stil von Johnny Horton klang mehr nach Country als nach Folk und war Produkt seiner Arbeit in den Tanzsälen von Ost-Texas. Außerdem war er ein Star in *Louisiana Hayride* aus Shreveport. Vor «New Orleans» hatte Johnny einen Hit mit *I'm A Honky Tonk Man*. Aber das war im Jahre '56. Jetzt hatte es den Anschein, als sei er auf dem besten Wege, ein Superstar zu werden. Doch dazu kam es nicht. Im November 1960, ungefähr ein Jahr nach seinem sensationellen Erfolg mit «New Orleans», starb er nach einem Autounfall bei Milano, Texas, und machte die zweite Frau von Hank Williams zum zweitenmal zur Witwe.

Jimmy Driftwood – sein Name war kennzeichnend – hatte den Text zu *The Battle Of New Orleans* geschrieben und die Musik bearbeitet. Er stammte aus Timbo, Arkansas, und war in der Gegend von Snowball, Arkansas, Lehrer. Jahrelang hatte er Songs geschrieben und war aufgetreten. Mit RCA Victor hatte er einen Vertrag als Folk-Künstler. Zwei Jahre verstrichen, nachdem Warden Music aus Nashville seine Neubearbeitung von *The Eighth Of January* ins Verlagsprogramm aufgenommen, bis Johnny Horton die Ballade aufnahm. Während dieser Zeit hatte Driftwood *The Tennessee Stud* für Eddy Arnold geschrieben, einen Titel, mit dem der «Tennessee Plowboy» seinen ersten großen Plattenhit seit Jahren landete.

Die Popularität von «New Orleans» wirkte sich natürlich stark auf Driftwoods Karriere als Sänger und Songschreiber aus, und er gab seine Lehrerstelle in Arkansas auf. Als die USA sich auf den Besuch des damaligen sowjetischen Premierministers Nikita Chruschtschow vorbereiteten, schrieb Driftwood den Titel *The Bear Flew Over The Ocean* und nahm ihn selbst auf. Zwei Folksongs, *The Bear Went Over The Mountain* und *Skip To Mah Lou* hatte er dazu verwendet, aber er traf nicht den Geschmack des Publikums.

Nach Driftwoods Erfolg wurden viele historische Balladen aufgenommen, von denen manche durch das Civil War Centennial inspiriert waren. Johnny Hortons Saga Song-Platten schlossen *Johnny Reb* ein, *The Battle Of Bull Run* und *Sink The Bismarck*, ein Song, der von dem Film gleichen Titels angeregt war und von ihm und seinem Manager, dem Bassisten Tillman Franks, stammte. Ein Flößer aus North Carolina, der offensichtlich wirklich Stonewall Jackson hieß, sang den Hit *Waterloo*.

Durch einen anderen Country-Sänger, Marty Robbins, bekamen die Saga Songs eine neue inhaltliche Richtung – Revolverhelden und Kämpfe im Wilden Westen. Dieses Genre schlachtete er als Autor, Verleger und Plattenkünstler bei Columbia weidlich aus. Der erfolgreichste und erste dieser Songs war *El Paso*, einer der gigantischen

C&W- sowie Pop-Hits des Jahres '59, zusammen mit Johnny Cash' selbstgeschriebener Cowboy-Schurken-Ballade *Don't Take Your Guns To Town*. Marty sang mehr, und Johnny sprach mehr. Und Jimmy Dean ähnelte mit seinem tiefen Baß und dem Sprechgesang Johnny Cash. Er machte die Ballade *Big Bad John* zum Erfolg. Aber da sind wir schon in den 60er Jahren.

Der Höhepunkt dieser Entwicklung kam ebenso überraschend wie bezeichnend im September '59. In die Singles Pop Charts schob sich eine Aufnahme vom Philadelphia Symphony Orchestra und dem Mormon Tabernacle Choir. Und was erklang da? Die traditionelle *Battle Hymn Of The Republic*. Die Platte wurde zu einem Top Fifteen-Bestseller und bewies, daß das Interesse an Saga Songs und Folkballaden tiefer reichte und nicht nur zufällig mit dem Reiz eines Songs oder Sängers zu tun hatte.

Der Programmdirektor der Station WONE aus Dayton, Ohio, spielte die «Battle Hymn» sehr häufig während des sowjetischen Staatsbesuchs als Erinnerungsstütze an den «Sound der Freiheit». Ob der Impuls nun patriotische Gründe hatte, Stolz auf Amerikas Vergangenheit ausdrückte oder ein Gefühl für die Zeiten, da die Seelen der Männer auf die Probe gestellt sind, die Popularität der Saga Songs jedenfalls war Zeichen für die Suche nach Wurzeln, Werten und Orientierungen. Und diese Suche läutete die 60er Jahre ein, eine Zeit des Engagements für die Sucher und Rebellen «without a cause» der 50er Jahre.

Die Suche nach Werten

Die beiden Konkurrenten von *The Battle Of New Orleans* waren aussagestarke und analytische Songs. *Mack The Knife* mit seinem sarkastischen Text, der von Bertolt Brecht stammte und dem amerikanischen Komponisten Marc Blitzstein, stellte einen Mann als Räuber, Intriganten und Mörder dar – Eigenschaften, die ihm Respekt einbrachten in einer Gesellschaft, die auf Gewalt basierte und von Gier geprägt war. Ein weiter Weg von den ersten Rockabilly-Songs und auch von *Dream Lover*, Bobby Darins anderem Hit von '59. Daß er in der Lage war, diese Spannweite zu überwinden, bewies nur, wie gereift er war. Und daß die Platte von den Jugendlichen akzeptiert wurde, zeigte, daß auch sie sich verändert hatten. Orientiert an Louis Armstrongs swingender Version hatte Darins Interpretation von *Mack The Knife* Drive und Biß.

Offenkundig kaufte auch die ältere Generation die Platte von Darin und ebnete ihm damit zum Beispiel den Weg ins Copacabana von New York – bis dahin Bastion von Frank Sinatra, Joe E. Lewis und ihresgleichen. Darin war der erste Rock 'n' Roller, der diesen Umstieg schaffte und damit seine Aussicht auf eine lange Karriere vergrößerte und zeigte, daß er als Show Personality gereift war.

Der andere Konkurrent von «New Orleans» war ein ziemlich morbider Song. *The Three Bells* hatten französischen Ursprung und verwiesen auf die Begrenztheit der menschlichen Existenz. Sie waren die drei Glocken, die bei der Geburt, Hochzeit und schließlich beim Begräbnis läuten. In Nashville aufgenommen und von den BROWNS gesungen, beinhaltete dieser Song ganz sicher auch eine Kritik an der Eitelkeit des Menschen. Mit Rock 'n' Roll hatte er nichts zu tun. Noch war es eine religiöse Platte, wenn auch Menschen beim Gebet in der Kirche zu hören waren. Ende der 40er Jahre kam der Song mit seinem Originaltitel *Les Trois Cloches*, von Edith Piaf und LES COMPAGNONS DE LA CHANSON gesungen, in die USA. Die Version von den BROWNS war eine Neubearbeitung. Ihr ungewöhnlich großer Erfolg deutete auf die düstere, fatalistische oder depressive Stimmung der Zeit. *The Three Bells* hatten jungen wie älteren Menschen etwas zu sagen, und die Platte war von Ende August bis Anfang Oktober die Nummer eins in der Honor Roll.

Teen-Szene

Der erste Schock, den die jüngere Generation im Jahre '59 hinnehmen mußte, war der Flugzeugabsturz, bei dem Ritchie Valens, der Big Bopper und Buddy Holly ums Leben kamen. Der am wenigsten bekannte von den dreien war Valens, im Stil Holly ähnlich, aber mit mehr lateinamerikanischem Feeling. Holly war seit gerade zwei Jahren ein Star. Der Big Bopper Jape Richardson wurde erst Ende '58 bekannt. Ritchie Valens hatte zwei posthume Hits. Drei Wochen nach seinem Tode schon war *Donna*, eine wehmütige Ballade, die er geschrieben hatte, auf Nummer zwei in der Honor Roll geklettert. *La Bamba* hatte nicht denselben Erfolg und war charakteristisch für den mexikanisch orientierten Rock-Stil, mit dem er experimentiert hatte.

Obwohl die Fans geschockt waren, wurde die Tournee, deren Hauptattraktion die drei gewesen waren, weder abgebrochen noch unterbrochen. Die Vorstellung in Moorehead, Minnesota, wohin die drei fliegen wollten, fand statt. Am folgenden Abend in Sioux City, Iowa, schloß sich Frankie Avalon, dessen *Venus* immensen Erfolg hatte, DION AND THE BELMONTS, Frankie Sardo und den CRICKETS als Ersatz für die toten Rock 'n' Roller an.

Neil Sedaka, ein Junge aus Brooklyn, der als Songschreiber begonnen hatte (*Stupid Cupid* für Connie Francis z. B.), wurde '59 ein Favorit der Teenager. Es war eine eigenartige Situation für den Mann, der in Juilliard studiert hatte und Konzertpianist werden wollte. *The Diary*, seine erste Plattenveröffentlichung, bei der er seinen eigenen Harmoniegesang überspielt hatte, brachte es nur zu bescheidenem Verkaufserfolg. Als er Anfang '59 in den Charts auftauchte, hatte Sedaka Clyde McPhatter mit *Since You've Been Gone* und LaVern Baker mit *I Waited Too Long* Verkaufserfolge beschert. Seine eigene Veröffentlichung, *I Go Ape*, war ein Mißerfolg, aber *Oh, Carol*, Top Ten im Dezember, markierte den Beginn einer Hitparade, die *Breaking Up Is Hard To Do, Happy Birthday, Sweet Sixteen* und viele mehr einschloß. Howard Greenfield, ein Freund aus High School-Tagen in Brooklyn, arbeitete ständig mit ihm zusammen. Anders als Ricky Nelson, Frankie Avalon und andere Teenage-Künstler, die auf sympathische Weise schüchtern wirkten, machte Sedaka einen selbstsicheren Eindruck und war egozentrisch wie Bobby Darin, wenn auch nicht ganz so draufgängerisch.

Für drei Leute aus Philadelphia war '59 ein Jahr des Triumphs, obwohl erwachsene Kritiker eher negativ auf sie reagierten. Fabian, einer der drei, wurde von John Crosby in der *New York Herald Tribune* beschrieben: «Er dreht sich wie ein Kreisel, schnippt mit den Fingern, rollt mit den Augäpfeln, hat eine Frisur, mit der sich Medusa nicht hätte sehen lassen, und eine Stimme, die enorm gewinnt, weil man absolut nichts versteht.» Offensichtlich verstanden die Kids ihn gut, denn sie kauften seine beiden Platten *Tiger* und *Turn Me Loose* in derartigen Mengen, daß sie zu Bestsellern wurden. Fabian hatte Aussehen und Image, wenn auch weniger Stimme.

Sein Kollege auf Chancellor Records, Frankie Avalon, hatte *Dede Dinah* hinter sich, als das Jahr begann. Es folgten *A Boy Without A Girl, Just Ask Your Heart* und *Bobby Sox To Stockings*. Aber der größte Hit war *Venus*, eine Ballade, die den ganzen März hindurch an der Spitze der Honor Roll war und bei Jahresende eben hinter jenen drei Supererfolgen lag, die ich schon erwähnt habe. Wie Fabian hatte Avalon Dick Clark ziemlich viel zu verdanken, in dessen Shows er häufig auftreten konnte.

Das gleiche galt für Robert Louis Ridarelli, besser bekannt als Bobby Rydell, der über größere gesangliche Fähigkeiten verfügte als seine beiden Kollegen aus Süd-Philadelphia. Rydell war von dem Bandleader Paul Whiteman entdeckt worden, der ihm den neuen Namen gab und ihm ermöglichte, sich ROCCO AND HIS SAINTS anzuschließen, einer Gruppe, zu der auch Avalon gehörte. Mit *Kissin' Time* kam '59 für ihn der Erfolg, aber er blieb doch weiter hinter den beiden anderen Jungen aus Philadelphia zurück. In der Hauptrolle der Filmversion von «Bye Bye Birdie» brachte er seinen Stern nochmals zum Leuchten, aber dann ging er sehr schnell unter.

Freddy Cannon gehört eigentlich auch zu der Philadelphia-Mannschaft, obwohl er aus Massachusetts kam und einen starken Boston-Akzent hatte. Aber er nahm für Swan Records auf, und Auftritte im

American Bandstand verhalfen ihm zu einer Top Ten-Platte. *Tallahassee Lassie* war ein Gemeinschaftswerk der Swan-Besitzer Frank Slay und Bob Crewe, die wie viele Leute aus Philadelphia beste Verbindungen zu Dick Clark zu haben schienen. Cannons Platte hatte einen soliden Tanz-Beat und machte einen Manierismus bei den Teenagern populär. «Whew» rief er von Zeit zu Zeit aus.

Außer Connie Francis mangelte es dem Rock 'n' Roll an weiblichen Stimmen. Aber '59 kam ein winziges Mädchen aus Nashville mit durchdringender Stimme zum erstenmal in die Charts. Sie hieß Brenda Lee, und sie schaffte es mit einem geflüsterten Song, *Sweet Nothin's*. Im folgenden Sommer kam sie dann groß heraus mit *I'm Sorry*, und blieb danach jahrelang mit Hitplatten versorgt.

Für Connie Francis, deren Sound ähnlich war, wenn auch bestimmter und weniger Country, war '59 ein ertragreiches Jahr. Zu Anfang hatte sie *My Happiness*, eine Ballade, die sie mit ansprechender Traurigkeit interpretierte. Dann kam das rockende *Lipstick On Your Collar*. Und bevor der Dezember zu Ende ging, sang sie *Frankie*, eine Ballade von Neil Sedaka und Howard Greenfield.

Die Teenager hielten immer noch viel von Paul Anka, der gigantische Bestseller mit *Lonely Boy*, triefend von Selbstmitleid, und der starken Melodie von *Put Your Head On My Shoulder* hatte. Ricky Nelson blieb ein großer Favorit mit vier Bestsellern, darunter dem Erhobenen-Zeigefinger-Song *Never Be Anyone Else But You*. Die EVERLY BROTHERS setzten ihre Reise in die Charts fort mit zwei Hits, und Elvis Presley hatte drei. Aber nach vier Jahren schien er ein wenig alt zu werden: drei Songs in den Top Hundred des Jahres, einschließlich *A Big Hunk Of Love* und *A Fool Such As I*, aber keiner davon höher als Nummer dreißig.

Autogruppen und dergleichen

So wie einmal Vogelnamen populär waren, schienen jetzt die Namen von Autos Gruppen zu inspirieren – IMPALAS, FALCONS, FLEETWOODS, FIESTAS –, und das kennzeichnete die Vorliebe der Generation für Automobile, ihre emotionale Bindung an diese Werke der Technik. Aber kaum eine der Autogruppen mit Hits war langlebiger als die CADILLAS, die ihren Hit '55 mit *Speedoo* hatten und schnell in der Nacht verschwunden waren. Gehen wir also auf eine Auto-Tour . . .

Die FLEETWOODS? Die Teenager aus Seattle machten ihren flüsternden süßen Sound auf *Come Softly With Me* – «Doom-doo-be–doo . . . Dahm-dahm-da-ahm-boo-da-ahm . . . oo-doo-bee-dooo . . .» Der junge Mann machte weiter «doobydoo», während die Mädchen den Titel säuselten. Auf sanfte Weise erotisch war der Song, und er endete unter den zehn heißesten des Jahres. Ebenso wie sein Nachfolger, *Mr. Blue*.

Die IMPALAS? Vier Achtzehnjährige aus einem Canarsie Bonbon-Laden, und sie sangen *Sorry, I Ran All The Way Home* und dann nichts mehr. Die FALCONS, fünf Schwarze aus Detroit, hatten *You're So Fine*, und die FIESTAS, vier Schwarze aus Newark, hatten *So Fine*, einen anderen Song. Gruppen, deren Sound aus dem Jahre '59 nachhallt, die es aber nicht in die 60er Jahre schafften.

Wer erinnert sich an die CRESTS und *Sixteen Candles*? Daraus wurde eine Goldene Schallplatte. Gegen Jahresende hatten sie *The Angels Listened In*. Aber das Publikum hörte danach nicht mehr zu.

Der Rock 'n' Roll schien '59 aufzuweichen. Die Leute sagten, die Teenager seien des Big Beat müde oder musikalisch reifer geworden. Und doch wurden Gruppen vom Fließband der kleinen Firmen produziert, die simplen Rock 'n' Roll boten, der die Käufer ansprach. Lange vergessen sind JOHNNY AND THE HURRICANES, die aus Toledo, Ohio, stammten und mit *Red River Rock* einschlugen, es mit *Reveille Rock* schafften, aber dann verschwanden, wie es die schlimmsten Wirbelstürme schließlich auch tun. Aber dann waren da Santo und Johnny, eine klagende Gitarre und eine Orgel, und *Sleep Walk*, eine sanfte und melodiöse Ballade. Drei Farinas hatten den Titel geschrieben, Santo, Johnny und Ann, und es folgte *Teardrop*. Beide Songs schafften es, der erstere wurde sogar vergoldet, aber danach – Schweigen.

Schwarz ist die Farbe

Der wahrscheinlich bedeutsamste Aspekt am Sound des Jahres '59 war sein Farbwechsel. In diesem Jahr wechselten zahlreiche schwarze Sänger vom R&B oder Gospel zum Pop – oder hatten endlich den Erfolg, den sie verdienten – wie man auch sagen könnte.

'52 schuf Lloyd Price mit *Lawdy Miss Clawdy* einen R&B-Klassiker, einen Song, der die HOLLIES beeinflußte, Johnny Rivers, Sandy Nelson, die DAVE CLARK FIVE und andere britische Rocker, von denen die allermeisten den Gospel-inspirierten, Boogie-lärmenden Jumper aufnahmen. '59 war es *Stagger Lee*, adaptiert von einem alten Folk-Blues, der Price raketengleich auf den Pop-Sektor vorstoßen ließ. Zwei weitere von Price geschriebene Songs, *Personality* und *I Wanna Get Married* halfen, seinen Status als Plattenstar des Jahres '59 zu festigen. Aber das war es dann auch, was große Plattenerfolge für *Mr. Personality* betraf, wie er genannt wurde.

Wenn sie nicht R&B aufnahm, dann interpretierte Dinah Washington, die ehemalige Sängerin von Lionel Hampton, für Mercury Records Pophits. Als ich Clyde Otis überredete, mit ihr *What A Difference A Day*

Made aufzunehmen – sie sang «makes» –, rieten mir leitende Angestellte von Mercury, nicht meine Zeit mit dem Versuch zu vergeuden, sie auf den weißen Popmarkt bringen zu wollen.

Aber ich gab mir alle Mühe und hatte diesmal das Gefühl, daß es klappen würde. Ich reiste neun Wochen umher und besuchte überall in den Staaten wichtige DJs. Mitte August war es geschafft. Dinahs Platte hatte auf dem Popsektor eingeschlagen und die Top Ten der Honor Roll erreicht.

Auch Sarah Vaughn, eine Sängerin, die unter ihren Kolleginnen viel galt, wurde mit ihrem Titel *Broken-Hearted Melody* vom weißen Pop-Publikum akzeptiert, obwohl (oder vielleicht weil) sie frei improvisierte. Ihre Platte kletterte noch höher als die von Dinah Washington und erreichte Anfang September Platz fünf in der Honor Roll. Dinahs Platte verkaufte sich jedoch besser, vielleicht weil sie als Neufassung eines alten Standards einen größeren Erwachsenen-Markt erreichte.

1959 wurde auch zum entscheidenden Jahr für Jackie Wilson, der die knisternde Erotik von Billy Daniels mit der Gospel-Erregung von Little Richard verband. Seltsamerweise wurde er, wie auch Daniels und Sam Cooke, von einer weißen Frau niedergeschossen. Wie Daniels kam er mit dem Leben davon. Gleich nach seinem High School-Abschluß in Detroit wurde Wilson Leadsänger einer der besten R&B-Gruppen der frühen 50er Jahre, BILLY WARD AND THE DOMINOES. Nachdem er die Gruppe verlassen hatte, brauchte er zwei Jahre als Solist, um in die Top One Hundred zu kommen. *Lonely Teardrops* und *That's Why* waren von einem Trio aus Detroit geschrieben, Berry Gordy jr., Gwendolyn Gordy und Tyran Carlo. Ja, es war der Berry Gordy, der 1960 700 $ borgte und jene Firma gründete, die unter dem Namen Motown (eine Zusammenziehung von Motor Town) zu einem Multi-Millionen-Dollar-Unternehmen der schwarzen Unterhaltungsindustrie wurde.

Wie Gordy war Brook Benton ein erfolgreicher Songschreiber, bevor er selbst Hits machte. Zum Beispiel war er Mitautor von Clyde McPhatters erinnernswertem Titel *A Lover's Question*. Als Sänger brachte Benton eine herausfordernde männliche Selbstgefälligkeit in die Popmusik, die aus dem Folk-Blues und der schwarzen Kultur kam. Am stärksten prägte sich das in zwei Duetten mit Dinah Washington aus, die sich millionenfach verkauften, *Baby (You've Got What It Takes)* und *A Rockin' Good Way (To Mess Around And Fall In Love)*. Dinahs etwas verschmitzte Sexualität ergänzte seine spielerische männliche Überheblichkeit auf ideale Weise. Diese beiden Titel erschienen Anfang der 60er Jahre. '59 hatte Brook Benton seinen Durchbruch auf Mercury mit dem bitteren *It's Just A Matter Of Time* und *Endlessly*, nachdem er auf einem kleineren Label R&B-Platten mit Popeinschlag gemacht hatte.

Nina Simone hatte Erfolg bei jungen Käufern, weil sie auf unerwartete

Weise eine bestimmte Geschmacksrichtung traf. Sie war Klavierlehrerin in North Carolina gewesen, hatte in Juilliard studiert und wollte die Laufbahn einer Konzertpianistin einschlagen. Eunice Kathleen Waymon – sie hatte ihren Namen geändert, um ihre Eltern nicht zu brüskieren, wenn sie in einer Bar auftrat – wurde nur durch Zufall Sängerin. Im Sommer '54 nahm sie einen Job in einer Bar von Atlantic City an, als ihre Privatschüler alle in Urlaub waren. Sie wußte nicht, daß man für 90 $ die Woche von ihr erwartete, daß sie auch sang – aber dann tat sie es.

Schon mit ihrer ersten Plattenveröffentlichung stellte sich der Erfolg ein. Für Bethlehem in New York City nahm sie *I Love You Porgy* aus der Gershwin/Du Bose/Heyward-Oper «Porgy And Bess» auf. Das war eigentlich kaum ein Song, den man in den Charts erwartet hätte. Und Ninas Stil war weit mehr am Jazz orientiert als an Rock 'n' Roll, R&B oder Pop. Das gleiche galt für ihr virtuoses Klavierspiel, das in Harmonien und Melodieführung überaus verfeinert und anspruchsvoll war. Aber Simone besaß eine Intensität, ein Einfühlungsvermögen und mitreißende Gefühlsbetontheit, so daß die Hörer überwältigt waren. Jung und alt. Soul mag man ihren Stil nennen, denn Seele hatte er.

1959 war das Jahr, in dem die Soulmusik abhob und junge Leute, ob schwarz oder weiß, zu faszinieren begann. Bis dahin hatte Ray Charles sein Genie in verschiedenen Genres bewiesen – als Sänger nach der Art Nat Coles, als Rhythm & Blues-Vokalist, als Jazz-Instrumentalist. Mitte der 50er Jahre begann er zwei Stilrichtungen miteinander zu vermischen, die für Schwarze traditionell so weit voneinander entfernt waren wie Gott und der Teufel: Gospel und Blues. Aber jetzt im Jahre 1959 brachte er das neue Genre zu höchster Ausdrucksstärke.

What'd I Say transformierte die spirituelle Lobpreisung Gottes in eine ekstatische Liebeserklärung. Dieser Song glich einem säkularen Revival Meeting mit Charles auf der Kanzel. Die Gemeinde erwidert antiphonal seine erregten Ausrufe. Der Priester betet um fleischliche Befriedigung und tut von Zeit zu Zeit so, als sei er von seinen eigenen Ausbrüchen überrascht. *What'd I Say*, fragte er hintergründig. Dieser Song war ein Wendepunkt in der schwarzen Musik ebenso wie im Pop, denn er leitete die umfassende Anerkennung des Soul ein. Ein Wendepunkt war er auch für Ray Charles selbst, dessen Karriere als Superstar der Popmusik hier ihren Anfang nahm.

Die ISLEY BROTHERS machten '59 eine ganze Menge Lärm, ohne es jedoch wirklich zu schaffen. *Shout*, zwei Plattenseiten auf RCA Victor, wurde schließlich zum Klassiker und begründete ihre Karriere, die sie über Motown führte. Der Höhepunkt kam, als sie ihre eigene Plattenfirma gründeten. «Mit Gospel-Musik haben wir angefangen», sagte Kelly Isley, «und unser Glaube an Gott gab uns die Kraft zu erreichen, was wir als Gruppe erreicht haben. Er half uns auch, jene schlimme Zeit zu überstehen, als unser Bruder Vernon, der das vierte Mitglied der Gruppe war, bei einem Autounfall ums Leben kam.» Die singenden Isleys sind Kelly, Ronnie und Rudolph, aber sie wurden immer noch von zwei weiteren Brüdern unterstützt, von Marvin und Ernest, die Background spielten und arrangierten.

Im Jahre '59 weitete sich der Markt für R&B-Künstler ungeheuer aus. LaVern Baker, deren Hits Mitte der 50er Jahre in Cover-Versionen immer mehr Erfolg gehabt hatten als in ihren eigenen, kam jetzt mit *I Cried A Tear* unter die Top Ten in der Honor Roll und damit zu einer Anerkennung, die sie verdient hatte. Die PLATTERS erreichten wie schon in der Vergangenheit Spitzenpositionen, diesmal mit der Neufassung des Standards von Jerome Kern, *Smoke Gets In Your Eyes*, ein Titel, dessen Verkaufszahlen schließen ließen, daß Erwachsene wie Teenager unter den Käufern zu finden waren. Das vielleicht deutlichste Anzeichen für einen Wandel im Geschmack war *Kansas City*, ein rockender Blues, der mit einer Platte des unbekannten Wilbert Harrison auf einem kleinen R&B-Label, Fury Records, auf Platz eins kam.

Kansas City stammte von Leiber und Stoller, und für zwei ihrer Gruppen war '59 ein hervorragend rockendes Jahr. Sie hatten die COASTERS von Beginn an betreut und schon den phantastischen Hit *Yakety Yak* mit ihnen produziert. Jetzt sang jeder «Fee, fee, Fi, fi, Fo, fo, fum . . . I smell smoke in the auditorium», eine Zeile aus *Charlie Brown*. Und schwer zu vergessen war *Poison Ivy*.

Leiber und Stoller wurden Produzenten der DRIFTERS, als deren Manager George Treadwell die Gruppe nicht mehr wollte. Da es angebracht erschien, den Stil der DRIFTERS zu verändern, holten Leiber und Stoller einen weißen Studioarrangeur und verstärkten die typische R&B-Combo durch Streicher, was es bisher noch nicht gegeben hatte. Die Benutzung des *baion*-Rhythmus war ebenso neu und brachte ein frisches Feeling. *There Goes My Baby* kletterte auf Platz zwei der Honor Roll und endete unter den Top Thirty des Jahres.

Nachdem der R&B den Charakter der Popmusik verändert hatte, machte jetzt auch dieser Stil selbst Veränderungen durch. Und er strafte jene Lügen, die den Rock 'n' Roll nur als weiße Teenagermusik betrachtet hatten und daher die späten 50er Jahre als eine Periode der musikalischen Windstille ansahen.

Ende der fünfziger Jahre kauften die Erwachsenen Langspielplatten. Von den Top Fifty-LPs stammten nur sechs von Teenager-Favoriten wie Pat Boone, Ricky Nelson, Duane Eddy («Have Twangy Guitar, Will Travel»), Fabian und dem KINGSTON TRIO. Sonst waren es Soundtrack-Alben («Gigi», «South Pacific», «The King And I», «Oklahoma», «Porgy And Bess»), Musicals in Originalbesetzung («My Fair Lady», «Flower Drum Song», «The Music Man», «Gipsy») und Platten von Polstersesselsängern. Die Mantovani Strings waren mit drei Alben Filmmusik präsent, Mitch Miller hatte nicht weniger als fünf «Sing Along»-LPs dabei. Auch der junge Johnny Mathis konnte drei Bestseller-Alben verbuchen. Trotz seiner Jugend verrieten die Titel der Platten, auf welches Publikum er es absah: «Open Fire», «Two Guitars» und «Warm» (nicht heiß!). Sinatra hielt seine einzigartige Stellung mit drei autobiographischen Alben, auf denen er seine Gefühle sprechen ließ: «Only The Lonely», «No One Cares» und «Come Dance With Me», nachdem er seine unglückliche Liebesaffäre mit Ava Gardner hinter sich gebracht hatte.

Als die Station WZIP aus Cincinnati, Ohio, ihr Image als Sender «guter Musik» noch weiter aufpolieren wollte, pries sie sich an als die «Hit-Album Station».

Ende September '59 unternahm die Station WLEV aus Erie, Pennsylvania, eine große Anstrengung, um ihre Abscheu vor der Teenage-Musik dramatisch zu demonstrieren. Siebentausend Rock 'n' Roll-Platten wurden auf einen Leichenwagen geladen, den man extra zu dem Zweck geliehen hatte, vom Personal des Senders in einer Begräbnis-Prozession zum Hafen geleitet und dort im Fluß versenkt.

Der ungekrönte König der Rock-Diskjockeys produzierte als Antwort auf die nicht enden wollenden Angriffe dieser Art ein Fernseh-Special, das unter dem Titel «The Records Years» ausgestrahlt wurde. Höhepunkt dieser Show war eine Szene, die unverkennbar als Verteidigung der Teenager und ihrer Musik gedacht war. Clark präsentierte einige der eher lachhaften Songs der Vergangenheit, darunter *Ta Ra Ra Boom De Aye* und *Three Little Fishes*, und zeigte Jugendliche bei so idiotischen Collegemoden wie dem Goldfische-Schlucken. Dann führte er eine Gruppe adrett angezogener und wohlerzogener junger Leute vor, die ziemlich ruhig zu einem Rock 'n' Roll, der gegenwärtig populär war, tanzten. Den Abschluß der Sendung bildete ein Bericht über die gerade moderne Manie, Wettbewerbe zu veranstalten, wie viele Kids sich in eine Telefonzelle drängen konnten.

In einer Anzeige, die er danach in die Branchenzeitungen schaltete, verkündete Clark stolz, diese Show habe eine durchschnittliche Einschaltquote von 50,6 % gehabt. Die Zahl beruhte auf einer Trendex-Untersuchung von 23 Städten. Dieses erstaunlich große Publikum veranlaßte *Billboard* zu einer Schlagzeile im August: «Rock and Roll Ain't Ready For Ol' Rockin' Chair Yet» (Noch ist der Rock 'n' Roll nicht reif für den guten alten Schaukelstuhl). Mit dem Hinweis darauf, daß in den Charts viele Hits von Nicht-Rock 'n' Roll-Sängern zu finden seien und außerdem Platten im Stilgemisch von Pop–Country–Rock, sprach die Branchenzeitschrift davon, daß der Big Beat durch Streicher und Holzbläser zwar aufgeweicht sei, aber die Pioniere unter den Rock-Künstlern noch immer populär seien und die anerkannten Rock 'n' Roll-Platten-produzenten weiterhin Hits produzierten – trotz der lautstarken Opposition von Lehrern, Kolumnisten, Musikern und Politikern.

Als der *Dick Clark Caravan* im August in der Hollywood Bowl auftrat, war nicht nur alles ausverkauft, sondern fünftausend Fans mußten wieder fortgeschickt werden. In fünf Blocks Entfernung von der Bowl hatte man Lautsprecher installiert, um die Kids per Ansage davon abzuhalten, weiterhin zu Tausenden in Richtung Hollywood Bowl zu strömen. Die General Amusement Corporation, die die Tour veranstaltete, ließ stolz verkünden, daß der Caravan alle Besucherrekorde in der 110jährigen Geschichte der Michigan State Fair gebrochen habe.

Der Film bediente sich in zunehmendem Maße der Popularität von Rock 'n' Roll-Stars. Fabian, Frankie Avalon, Paul Anka, Pat Boone und sogar weniger bekannte Leute wie Dodie Stevens und Connie Stevens bekamen Rollenangebote, und das nicht nur in Musikfilmen. Jahrmärkte, Messen und Ausstellungen präsentierten Rock 'n' Roll-Künstler, um ein Teenager-Publikum anzulocken.

Wie schrieben doch Leiber und Stoller in einem Coasters Song? «You say that music's for the birds/And you can't understand a word/But, honey, if you did, you'd really blow your lid/Cause, baby, that is rock 'n' roll . . .»

Das Ende eines Jahrzehnts und einer Ära

Am 24. April wurde *Your Hit Parade* zum letztenmal ausgestrahlt. Neun Jahre lang war die Sendung im Fernsehen gewesen, vierundzwanzig Jahre lang im Radio.

1959 starb Billie Holiday, die wohl einflußreichste und bedeutendste Stimme der Popmusik der 30er und 40er Jahre, und es starb Jack Robbins, einer der schillerndsten und mächtigsten Musikverleger der Tin Pan Alley-Ära.

RCA Victor beendet den Plattenvertrag mit Eddie Fisher, jenem jungen Mann, der vor Elvis Presleys Auftauchen bei dieser Firma die allermeisten Platten verkauft hatte.

Das Ende einer Ära.

Billboard kam zu demselben Schluß nach einem Vergleich der Musikszene von '59 mit der von '39. Obwohl die Anzahl der Hits und Songschreiber in den jeweils ersten neun Monaten der beiden Vergleichsjahre kaum unterschiedlich war – siebzig gegenüber zweiundsiebzig Songs, einhundertundvier gegenüber einhundertundachtzehn Songschreibern –, gab es doch eine gewaltige geographische Veränderung zu konstatieren. Während die Verleger der Top Ten Songs von '39 alle in

New York ansässig waren, verteilten sich die von '59 über acht Bundes-staaten. Die Songschreiber kamen jetzt aus achtzehn Staaten an Stelle von drei im Jahre '39. Damals kamen Top Ten-Platten von nur drei verschiedenen Firmen, im Jahre '59 waren es neununddreißig verschie-dene Firmen. Und diese Firmen waren nicht mehr nur in New York, sondern über zehn Staaten verteilt.

Das Musikgeschäft hatte sich vom Broadway gelöst, und die Tin Pan Alley war nicht mehr stil- und trendprägend.

Zum Jahresende wurden die Ergebnisse einer Untersuchung veröf-fentlicht, die von der Ohio State University durchgeführt worden war. Die Statistiken bargen keine Überraschung. Unter den Jugendlichen zwischen vierzehn und achtzehn gaben 82 % dem Rock 'n' Roll den Vorzug gegenüber siebzehn anderen Musikkategorien. Bei den Erwach-senen (neunzehn bis siebzig Jahre alt), fand der Rock 'n' Roll mehr aktive Ablehnung als jede andere Art von Musik, und 35 % erklärten, sie hätten auf eine andere Station umgeschaltet, sobald mehr als eine halbe Stunde Big Beat zu hören gewesen sei.

In Seattle verkündete der Generalmanager der Station KAYO: «Die Hörer stellen Rock and Roll-Musik ab!» Und daher werde der Sender nur noch Stücke von Bestselleralben spielen oder die «sanften» B-Seiten von Top Fifty Singles.

Als diese widersprüchlichen Ansichten zu hören waren, mußten sich die Teenager, das gesamte Musikgeschäft und ein großer Teil der Öffent-lichkeit mit dem Payola-Skandal auseinandersetzen.

Buddy Holly
und The Crickets

Chuck Berry, 1958

Elvis Presley mit Scotty Moore und Bill Black

Jerry Lee Lewis
mit Carl Perkins

Payola

Nichts schockierte die Jugendlichen der 50er Jahre mehr als die Enthüllung, daß manche ihrer Lieblings-Diskjockeys bestochen worden waren. Viele wollten es einfach nicht glauben. Andere schämten sich, wie Eltern sich schämen, wenn ihre Kinder zu Kriminellen geworden sind – und statt sich betrogen zu fühlen, sind sie schuldbewußt.

«All Shoop Up» war die Überschrift, mit der ein Branchenzeitungsreporter die Wirkung auf das Musikgeschäft beschrieb. Für die Öffentlichkeit und auch für manche Gesetzgeber und Untersuchungsbeamte war Payola ein neues Wort. Aber innerhalb des Musikbusiness hatte es das sogenannte «Play for pay» schon zur Vaudeville-Zeit gegeben. Verleger hatten für Musiker Eisenbahnfahrkarten gekauft, Hotelrechnungen bezahlt, Bühnenkostüme anfertigen lassen. Wichtige Musiker wie Al Jolson zum Beispiel bekamen einen Anteil an den Songtantiemen zugeschanzt.

Mit dem Radio veränderte sich die Situation ein wenig: jetzt profitierten die Bandleader, deren Musik gesendet wurde. Wenn man nicht Geld bar auf die Hand gab, fand man andere Wege. So wurde Paul Whiteman zum Beispiel zum musikalischen Berater des Verlages Leo Feist, Inc., gemacht, es gab Vorschüsse, wenn man den Namen des Interpreten auf den Lead Sheets verwenden durfte und dergleichen.

Mit der Behauptung, «Payola an Diskjockeys habe unerhörte Ausmaße erreicht», wandte sich Billboard im Dezember 1950 an die Öffentlichkeit und führte im einzelnen aus, wie sich die verschiedenen Arten von Bestechung darstellten. Ohne die Namen der DJs zu nennen, um die es ging, wurde zum Beispiel gesagt, daß manche einen prozentualen Anteil an allen lokalen Verkäufen einer bestimmten Platte als Provision erhielten, wenn sie diese Platte nur genug pushten, während andere bestimmte Festpreise hatten: 50 $ oder 100 $ dafür, daß eine neue Platte soundsooft auf den Plattenteller kam. Es wurde darauf hingewiesen, daß viele Diskjockeys eigene Plattenläden eröffneten und in diesen nicht unerhebliche Mengen Platten verkauften, die sie unentgeltlich bekamen, wenn sie sich in ihren Sendungen für sie einsetzten. In all diesen Fällen kamen die lokalen Vertriebsfirmen für die Kosten auf, obwohl sich die Hersteller manchmal daran beteiligten.

«Aber die Verleger unterstützten das ebenfalls», berichtete das Branchenblatt. «Ein großer Teil des Geldes, das sonst für Livesendungen zur

Verfügung stand, geht jetzt an die Plattenjockeys. Außer Geld bekommen diese Geschenke, werden an bestimmten Songs beteiligt oder zu Reisen nach New York eingeladen, wo man sie üppig bewirtet, ihnen die Fahrt, das Hotel, Theaterkarten und dergleichen spendiert.»

Während der Zeit des Payola-Skandals ('59–'60) mußte die Öffentlichkeit jedoch den Eindruck gewinnen, daß diese Bestechungen besonders mit dem Rock 'n' Roll zu tun hatten, wenn nicht gar von ihm hervorgerufen worden waren. Aber dieser Eindruck trog, denn dergleichen hatte es im Musikgeschäft schon immer gegeben, und es ist vielleicht nicht zuviel gesagt, wenn man solches Gebaren zu den allgemeinen, zumindest amerikanischen Geschäftspraktiken zählt.

Im November 1959 kam es zu einem Skandal, der Quiz-Sendungen im Fernsehen betraf. Man konnte nachweisen, daß bei der NBC Show *Twenty One* ein Universitätsprofessor namens Charles Lincoln Van Doren 129 000 $ gewonnen hatte, aber vorher die richtigen Antworten auf die Fragen schon wußte. (1962 wurden Van Doren und neun weitere «glückliche» Gewinner von einem New Yorker Gericht, vor dem sie sich für schuldig erklärt hatten, zu Strafen mit Bewährung verurteilt.)

Anfang '59 brachten Hearings eines Kongreß-Komitees die Plattenbranche in Aufruhr. Es ging um eine Untersuchung, inwieweit Gangsterbanden Einfluß darauf nahmen, daß Schallplatten von Sängern, die sie kontrollierten, in Musikboxen aufgenommen wurden. Dabei tauchte der Name Tommy Leonetti auf. Da Zeitungen und Fernsehnachrichten immer wieder diesen Namen erwähnten, sagte Dick Clark den Auftritt des jungen Sängers in seiner Show ab. Steve Allen war einer von vielen, die das Gefühl hatten, mit Leonetti werde ungerecht verfahren, und er bot ihm einen Platz in seiner Show.

Auch die Branchenzeitschriften kamen ihm zur Hilfe. Bob Rolontz schrieb in *Billboard*: «Ich machte den Vertrag mit Tommy für das Vik Label, als ich A&R-Mitarbeiter der RCA-Tochterfirma war, und zwar im Jahre '57. Ich hätte ganz sicher keinen Vertrag mit ihm gemacht, wenn er Beziehungen zum Mob gehabt hätte. Leonetti war nicht verantwortlich für das Verhalten seines ersten Managers, der versuchte, die frühen Platten von ihm in die Musikboxen zu bekommen, indem er sich unlauterer Methoden bediente. Es ist mehr als unfair, ihm jetzt zur Last zu legen, was ohne seine Mitschuld vor vier Jahren geschah.»

Eine Woche später ließ Dick Clark ankündigen, daß Leonetti, der am 21. Februar als Gast bei ihm hatte auftreten sollen, am 2. März in seiner Show singen werde. Dies alles waren noch Kleinigkeiten gegenüber dem, was kommen sollte. Wenn auch der Fernsehskandal nicht das auslösende Moment war, so überschlugen sich die Ereignisse doch zu ungefähr derselben Zeit.

Plötzlich schien eine Untersuchung der Diskjockey-Payola durch die

Federal Communications Commission und ein House Subcommittee bevorzustehen. Bei Radiostationen im ganzen Land zitterte man. Bei zwei New Yorker Tageszeitungen, dem *Journal-American* und der *Post*, bereitete man Berichte vor, und besorgte Stationsmanager begannen ihre Angestellten zu befragen: «Haben Sie je ...?» Man hatte große Angst, denn die FCC hatte verkündet, daß Stationen ihre Sendelizenz verlieren könnten, wenn es zu Payola gekommen sei, auch ohne daß sie davon gewußt hatten. Bei Sendern, die Promotionleute der Plattenfirmen mit offenen Armen zu empfangen pflegten, hieß es jetzt: «Bitte keine Besuche.» Und «nervöse DJs telefonierten allenthalben mit Vertriebsfirmen und/oder Labels und baten, jede Zahlung einzustellen», wie man in einer Branchenzeitung las.

Die Station WNEW in New York City sendete am 15. November eine Befragung von vier ihrer Diskjockeys, bei der man ihnen die große Frage stellte: «Haben Sie je ...?» William B. Williams und Peter Myers sagten beide aus, man sei an sie herangetreten, aber sie hätten die Angebote abgelehnt. Myers «vielleicht aus Angst, erwischt zu werden», und Williams, weil «ich dann die Kontrolle über meine Sendung verloren hätte». Williams sagte jedoch, er habe von einem Radio-Diskjockey gehört, der wöchentlich die Promotionleute der Plattenfirmen darüber informierte, von wem er sich zum Essen einladen lassen wolle.

Paul Ackerman, ein Mitglied der Diskussionsrunde und Musikredakteur bei *Billboard*, brachte die Existenz von sogenannten *freebees* ins Gespräch, Platten, die den Vertriebsfirmen von den Herstellern kostenlos als Bonus gegeben wurden. Dies sei eine Verletzung der Copyrightbestimmungen, sagte Ackerman, da weder Autoren noch Verleger ihre Tantiemen bekämen. Paul Myers stimmte zu und sagte: «Wenn es etwas Unmoralisches an der Payola gibt, dann diese Geldabschöpfung, bevor die Künstler die ihnen zustehenden und erwarteten Tantiemen bekommen.»

In Chicago bat Paul Lind von WAIT im Anschluß an eine gesendete Diskussion um Polizeischutz. Er sei anonym bedroht worden wegen eines Gespräches, das er mit dem Besitzer eines kleinen West Coast Labels geführt habe. Der Label-Besitzer hatte Fälle (wenn auch keine Namen) genannt, in denen DJs wöchentliche Geldbeträge verlangt hatten, die so hoch waren, daß es ihn 22 000 $ gekostet hätte, um eine Platte in Chicago angemessen vorzustellen.

Howard Miller, der führende DJ der Stadt, berichtete der *Chicago Tribune*: «Jeder in der Industrie weiß, daß überall Payola herrscht.» Und überdies behauptete er, im Besitz einer eidesstattlichen Aussage von einem Plattenvertreiber zu sein, in der Zahlungen an einen wichtigen Chicago-DJ spezifiziert seien. Miller sprach sich jedoch dagegen aus, daß der Kongreß die Payola untersuchte.

267

«Dies ist eine Angelegenheit der Senderpolitik», sagte er. «Bei Kongreßuntersuchungen werden immer nur wenige genannt, aber alle leiden Schaden.»

Die Sensationsmeldungen überschlugen sich, und das Musikgeschäft schien von einem Vulkanausbruch heimgesucht. Eine dritte Regierungsbehörde hatte sich jetzt der Payola-Jagd angeschlossen. Am 19. November schaltete sich das Büro des New Yorker Distriktstaatsanwaltes ein und verfügte die Einsicht in die Geschäftsbücher einer ganzen Anzahl von Plattenlabels. Es ging um mögliche Übertretung der Bestimmungen zur kommerziellen Bestechung, eine Angelegenheit, die auch die Federal Trade Commission interessierte.

Aber auch ein anderes Motiv, das möglicherweise dahinterstand, wurde von einem Anwalt des House Subcommittee vielleicht unfreiwillig enthüllt: «Angenommen, John Smith besitzt eine Plattenfirma und kauft sich dann noch eine Radiostation. Angenommen weiter, er entläßt alle Mitarbeiter und ändert das Programmkonzept. Er sendet nicht mehr gute Musik, sondern nur noch Material von seinem eigenen Label, fast ausschließlich Rock 'n' Roll . . . Nun, das liegt doch wohl nicht im öffentlichen Interesse . . .»

«Die Payola-Anhörungen hätten nie stattgefunden», hat Carl Belz von der Brandeis-Universität geschrieben, «wenn die Rockmusik ästhetisch akzeptabel für das allgemeine Musikpublikum gewesen wäre . . . Den Anstoß zu den Hearings hat unzweifelhaft auch die Ansicht gegeben, daß Rock «schlechte» Musik sei, daß sie Jugendkriminalität fördere und daß sie der Öffentlichkeit ausschließlich durch illegale Geschäftsmethoden aufgezwungen sei . . .»

In der Zeitschrift *The Nation* schrieb Paul Ackerman: «Payola mag ethisch verwerflich sein, aber es ist unwahrscheinlich, daß diese Praktik je den Lauf der populären amerikanischen Musik verändert hat oder hätte verändern können.»

Ein Plattenvertreiber aus Philadelphia gab in einem Interview zu, er müsse von jeder Platte erst mal zehntausend Exemplare verkaufen, um die Geld-«Geschenke» und andere Zuwendungen an die Diskjockeys wieder hereinzuholen. Der Name von Dick Clarks Produzent Tony Mammarella kam in der Erfolgsgeschichte von *Get A Job* vor, einer Platte, die ein lokaler DJ aufgenommen und an ein Label aus New York verkauft hatte. Wildcat Music, eine Firma, deren Teilhaber Mammarella war, wurde als Verlag aufgeführt. Mammarella gab auch zu, daß er Anthony September sei, ein Mitautor von Charlie Gracies '57 Hit *Butterfly*. Er behauptete, das Pseudonym auf Wunsch der beiden tatsächlichen Autoren angenommen zu haben, und gab zu, für den Song 7000 $ an Tantiemen erhalten zu haben.

Aus Cincinnati verkündete der Präsident von King Records – einer der elf Firmen, die auf Verlangen des New Yorker Staatsanwalts Frank Hogan ihre Bücher vorlegen mußten – er habe manchmal monatlich 2000 $ für Payola ansetzen müssen. «Payola ist die reine Erpressung», sagte Syd Nathan, «und eine schmutzige Sache, die immer schlimmer geworden ist.»

Aus Hollywood meldete sich der Präsident von Dot Records und bot freiwillig seine Bücher zur Durchsicht. Randy Wood behauptete, daß sein Label niemals zur Payola beigetragen habe. Aber Verleger, deren Songs auf Dot erschienen, sagten, man habe von ihnen erwartet, daß sie siebzigtausend tantiemenfreie Platten zu Promotionzwecken freigaben. Das entsprach 1400 $ pro Plattenseite, von denen Songschreiber und Verleger keine Tantiemen erhielten.

Wie vorauszusehen war, mußte als einer der ersten jener Mann Prügel einstecken, der die Bezeichnung Rock 'n' Roll geprägt haben soll. Am 21. November wurde Alan Freed von WABC entlassen, weil er sich geweigert hatte, «aus Prinzip», eine Erklärung zu unterzeichnen, niemals Geld oder Geschenke dafür erhalten zu haben, daß er bestimmte Platten in seinen Sendungen spielte. Seine Fans hörten, daß er aufhören mußte, während er in seiner Sendung *Shimmy Shimmy Ko-Ko-Bop* spielte. Er unterbrach die Platte von LITTLE ANTHONY AND THE IMPERIALS und verkündete schluchzend seinen «Rücktritt». Fred Robbins übernahm seinen Platz. Zwei Tage später wurde Freed «in gegenseitigem Einverständnis» auch von WNEW-TV in seiner *Big Beat*-Video-Tanz-Show von dem Sänger/Diskjockey Richard Hayes ersetzt. Bei der letzten Sendung sah man viele junge Leute mit Tränen in den Augen, und ein Mädchen weinte: «Jetzt haben sie uns unseren Vater genommen.»

Allenthalben mußten Diskjockeys gehen oder gingen freiwillig. Während mehr und mehr Sendestationen unter ihrem Personal Formblätter zirkulieren ließen, auf denen man unterschreiben mußte: Ich habe niemals Payola angenommen . . ., wurde unter Radio- und Fernsehleuten die Frage diskutiert, was Payola eigentlich bedeute: Bargeld oder Interessenskonflikt?

Die Generalmanager von WNEW und WINS in New York City meinten, es handele sich nur um Payola, «wenn es die Musik beeinträchtige». Es war in Ordnung, daß der WNEW-Diskjockey Lonny Star mehrere Verlagsfirmen besaß und der WINS-Jockey Murray Kaufman sowohl im Verlagswesen wie bei Plattenaufnahmen engagiert war. Was William B. Williams bei WNEW betraf, so sagte der Generalmanager: «Mir ist egal, ob Frank Sinatra ihm einen Cadillac schenkt oder nicht. Sinatra-Platten würde er sowieso spielen. Ein solches Geschenk beeinträchtigt nicht die Musik.»

Bei Westinghouse Broadcasting hatte man eine andere Meinung: «Wir heißen nicht gut, wenn Diskjockeys Plattenfirmen, Vertriebsfirmen, Verlagsfirmen besitzen oder Musiker managen. Denn daraus entsteht tatsächlich oder möglicherweise ein Interessenkonflikt zwischen Geschäftsinteresse und schöpferischer Programmauswahl.» Aber auch bei Westinghouse gerieten DJs ins Zwielicht.

Auf Anweisung von Präsident Eisenhower, «diesen Sumpf aufzuklären», erhob die Federal Trade Commission formale Anklage gegen drei Plattenfirmen und sechs Vertriebsfirmen. RCA Victor, London Records und Bernard Lowe Enterprises aus Philadelphia wurden beschuldigt, Diskjockeys Geld bezahlt zu haben, damit diese bestimmte Platten in ihr Programm aufnahmen. «Dadurch sei die Öffentlichkeit getäuscht worden, und man habe künstlich die Verkäufe beeinflußt sowie die Notierung in den Charts manipuliert», was wiederum eine unfaire Wettbewerbssituation für die Platten der Konkurrenz geschaffen habe. Fünf der Vertriebsfirmen waren in Philadelphia ansässig, die sechste war aus Cleveland. Man informierte sie alle, sie könnten sich bei einem öffentlichen Hearing am 8. Februar 1960 verteidigen.

Die Federal Communications Commission erhob keine Anklage. Sie verlangte jedoch von 5300 Radio-TV-Lizenzträgern detaillierte Auflistungen aller Programmteile, für die jedwede Art von Bezahlung stattgefunden habe, aber nicht gemeldet worden sei, und zwar seit 1. November 1958 und unter Eid. Die Lizenzträger hatten Zeit bis zum 4. Januar 1960, diese Informationen bereitzustellen und darüber hinaus in allen Einzelheiten zu berichten, wie man sich gegen Payola unter den Angestellten absichere. Natürlich steckte hinter dieser Anordnung die Drohung, die Lizenz zu entziehen. Und das war keine leere Drohung.

NBC verlangte daraufhin von allen Diskjockeys, Künstlern und Angestellten, daß sie einen Fragebogen ausfüllten, in dem jeder direkte oder indirekte Interessenkonflikt formuliert werden mußte und über jede Zahlung Auskunft zu geben war, ob sie Personen, Firmen, Produkte, Dienstleistungen oder das *plugging* einer Platte betraf.

Bei CBS Radio mußten die Spiellisten aller Platten vierundzwanzig Stunden vor Sendung den Stationsmanagern eingereicht werden. Jede Erwähnung von Filmen, Lokalen oder Ereignissen mußte unterlassen oder vorher geklärt werden, anderenfalls sei mit sofortiger Entlassung zu rechnen.

Bei der Station KDAY in Santa Monica, Kalifornien, mußte sich das Personal einem Lügendetektor-Test unterziehen, der vom KTLA-TV übertragen wurde.

Es herrschte eine hysterische Atmosphäre, und die Zeitungen trugen ihren Teil zur Hexenjagd bei. *Billboard* jedoch veröffentlichte eine satirische Aufstellung dessen, was ein Diskjockey im Jahre '59 als Weihnachtsgeschenke zu erwarten hatte – im Vergleich zum Vorjahr:

270

1958	1959
Anzug aus Kaschmirwolle	Paar Handschuhe
Lederjacke	Wollschal
Farbfernseher	Japanisches Transistorradio
Stetson	Baskenmütze
Kiste Whiskey	Flasche Scotch
Cadillac	Vespa
Bargeld	Nichts

In Philadelphia stöhnten fünf Vertriebsfirmen unter den Beschuldigungen, denen sie durch die FTC ausgesetzt waren. Und ein Vertreiber sagte, die Promotion für eine neue Platte habe sich drastisch verändert. «Jetzt läßt man sie einfach in der Station», sagte er, offensichtlich sehr bekümmert. «Da man nichts mehr zahlt, kann man auch nicht sagen: ‹Ich möchte, daß besonderer Wert auf diese oder jene Platte gelegt wird!› Nein, man läßt sie einfach da.» Und dann war es offensichtlich so, daß der gesamte Stab der Station, der mit Musik zu tun hatte, in Sitzungen darüber befand, welche Platte zusätzlich auf die Spielliste kam. Wenigstens zeitweilig war es vorbei mit der Plattenhype, und die Diskjockeys ließen sich nicht mehr zum Essen einladen. Die sogenannte «ehrliche Ära» hatte begonnen.

Ein weiterer Effekt all der Untersuchungen und der Publizität war die sich entwickelnde Tendenz bei den Radiostationen, immer weniger Rock 'n' Roll-Platten zu spielen. Das erklärte sich auf zweierlei Weise: 1. Weil ihre Programme so genau unter die Lupe genommen wurden, sonderten die Diskjockeys Material aus, das den Unwillen von bestimmten *pressuregroups* erregt hatte; 2. reagierten die Radiostationen sehr empfindlich auf die Tendenz der nationalen Presse, Payola mit dem Rock 'n' Roll in Verbindung zu bringen, obwohl doch die gesamte Geschichte des *song-plugging* eindeutig einer solchen einseitigen Sicht widersprach.

Aus Philadelphia kam die Nachricht, daß man einen Verkauf der drei Verlagsfirmen erwarte, die Dick Clark gehörten. Es war bekannt, daß der Gastgeber von *American Bandstand* von ABC-TV vor die Alternative gestellt worden war, entweder die Show aufzugeben oder sich von seinen Firmen zu trennen, die ihn in Interessenkonflikte bringen konnten. Der Produzent Tony Mammarella hatte schon seinen Rücktritt erklärt. Aber Clark verkaufte Sea Lark Music, eine BMI-Zweigfirma, zu deren Katalog *At The Hop* und *Party Time* gehörte, January Music, auch zur BMI gehörig, deren Hits *Sixteen Candles* einschlossen, und Arch Music, einen ASCAP-Zweig.

Nach Aussagen der *New York Post* besaß Clark auch die Mallard Pressing Corporation in Philadelphia – aber ein leitender Angestellter der Firma behauptete, Clark habe seine Anteile verkauft. An wen? «Das sei unerheblich», war die Antwort.

Verbindungen zwischen Clark und Bernard Lowe, Chef von Cameo/ Parkway Records wurden von der *Post* aufgedeckt. Lowe war Vizepräsident des Mallard-Presswerks, das Clark gehört hatte. Clark besaß einen Drittelanteil an Swan Records, Philadelphia, vertrieben von Lowe. Drei Titel in Clarks Sea Lark Music-Katalog waren auch Teil-Copyrights von Mayland Music, einer Firma, zu deren Chefs wiederum Lowe gehörte.

Als im April 1960 schließlich die öffentlichen Hearings in Washington stattfanden, war Clark die zentrale Figur. Inzwischen hatte er sich aller Anteile und Firmen entledigt, die ihm Interessenkonflikte unterstellbar machten. Obwohl der Abgeordnete Peter F. Mack aus Illinois ihn den «‹Top Dog› auf dem Payola-Feld» nannte, beschwor er, sich niemals die Finger mit «Play for pay» beschmutzt zu haben. «Ich habe mich nie einverstanden erklärt, eine Platte zu spielen», sagte er, «als Gegenleistung für Bargeld oder sonst irgendeine Zuwendung.»

Was sich jedoch bei den Anhörungen herausstellte, war, daß er als Verleger die Rechte an sechzig Songs besaß, die er größtenteils kostenlos bekommen hatte. *Sixteen Candles* wurde als Beispiel zitiert. Diesen Song hatte er in zehn Wochen nur viermal gespielt. Nachdem seine Firma January Music jedoch Teilrechte an dem Song bekommen hatte, räumte er ihm in weniger als dreizehn Wochen siebenundzwanzigmal Platz in seinem Programm ein.

Ein Songschreiber namens Orville Lunsford berichtete, daß sein Song *American Boy* keinen rechten Erfolg hatte, bis er der Mallard Pressing Corporation einen Auftrag über fünfzigtausend Platten gab. «Fast augenblicklich änderte sich die Situation», sagte Lunsford vor dem Subcommittee aus, «und ich konnte meinen Song jeden zweiten Tag in Clarks Show hören.» Im Laufe der Hearings stellte sich dann heraus, daß Clark tatsächlich sechs Musikverlage, drei Plattenlabels, ein Presswerk, ein Vertriebskonzern und eine Managementfirma für Sänger gehört hatten.

Aber Clark blieb selbstbewußt und unnachgiebig. Er beharrte darauf, daß seine Investitionen weder ungewöhnlich, unangemessen noch illegal seien. Er zeigte sich so clever, standhaft und beherrscht, daß am Schluß seiner Aussage der Abgeordnete Oren Harris, Vorsitzender des Komitees, ihn als anständigen jungen Mann bezeichnete: «Sie sind weder der Erfinder dieses Systems noch sein Architekt. Sie sind ein Produkt des Systems.»

Während Clark die Hearings fast unbeschadet überstand und weiterhin als Gastgeber von *American Bandstand* fungierte, Filme produzierte und Fernsehsendungen machte sowie als Schauspieler auftrat, ging es mit der Karriere von Alan Freed steil bergab, nachdem er bei WABC und bei WNEW gefeuert worden war. Am 20. Mai 1960 wurde er zusammen mit sechs anderen verhaftet, und die Anklage lautete passive Bestechung. Von sechs Plattenfirmen sollte er insgesamt 30 650 $ bekommen haben, damit er deren Platten in seine Programme aufnahm. Viele Leute meinten, dies sei eine geringe Summe, verglichen damit, was Clark an seinen Beteiligungen verdient habe. 1962, als er bei der Station WQAM in Miami Platten auflegte, erklärte sich Freed für schuldig und wurde zu einer Geldstrafe von 300 $ verurteilt sowie zu sechs Monaten Haft, die auf Bewährung ausgesetzt wurden.

Aber seine Schwierigkeiten waren damit noch nicht überstanden. 1964 verurteilte man ihn wegen Steuerhinterziehung in Höhe von 47 920 $ in den Jahren 1957 bis 1959. Diese Summe basierte auf einem Einkommen, das er offensichtlich über Payola erworben hatte. Weniger als ein Jahr später, und elf Jahre nachdem man ihn zum König des Rock 'n' Roll gekrönt hatte, starb er. Er war gerade 43 Jahre alt geworden.

Mehr als ein Kenner der Musikbranche hat angedeutet, daß der Unterschied zwischen Clark und Freed eben der Unterschied zwischen dem *American Bandstand*-Jahreseinkommen aus Werbemitteln von 10 Millionen $ und Freeds Umsatz von 250 000 $ sei. Hinzu kommt aber auch Freeds Image, dessentwegen er nie den Sprung ins Network-Fernsehen schaffte – seine Vorliebe galt schwarzen Künstlern, weil er zu schätzen wußte, welchen Anteil sie an der Existenz des Rock 'n' Roll hatten. Und daß auch er nicht der Erfinder und nicht der Architekt, sondern nur ein Produkt des Systems war, ist wohl offenkundig. Da er aber mit den großen Firmen nicht auskam und nicht auskommen wollte, lernte er nicht, innerhalb des Systems zu arbeiten, und konnte es wohl auch nicht lernen.

In gewissem Sinne war er Opfer derselben Vorurteile und Zwänge, die den Rock 'n' Roll in den 50er Jahren zur bitteren Kontroverse machten. Sein Aufstieg und sein Niedergang waren symptomatisch für die Kraft und Vitalität des Big Beat einerseits, aber auch für die Spannungen, Irrungen und den Wankelmut einer neuen Generation andererseits. Es war ihr Sound, gegen den sich die Wut der älteren Generation regte.

Bei einer seiner «Open End»-Shows zitierte David Susskind den Text eines Songs von Phil Spector. Keine Musik. Nur die Worte. Susskind versuchte, den Rock 'n' Roll lächerlich zu machen, und die Worte von *A Fine, Fine Boy* wiederholten sich. Während Susskind las, begann Spector auf den Tisch zu klopfen, den *afterbeat* mit der Handfläche zu akzentuieren.

«Was Sie auslassen, ist der Beat», sagte er, als sich die Monotonie der Wörter im Muster des Tanzrhythmus aufzulösen begann.

«That's why I go for that rock 'n' roll music», schrieb und sang Chuck Berry. «It's got a back beat you can't lose . . .»

Welch einen Unterschied ein Jahrzehnt machte . . .

Danksagungen und Copyrighthinweise

Obwohl ich während der 50er Jahre aktiv an der Musikszene Anteil hatte und vieles von dem, was ich beschrieben habe, aus erster Hand erleben durfte, habe ich doch dankbar die Erinnerungen anderer Teilnehmer und Beobachter verwendet, um das Bild abzurunden. Folgenden Personen sage ich Dank nicht nur für die Interviews, die sie mir gewährten und die ich abgedruckt habe, sondern auch für Einsichten, die sie mir im Gespräch vermittelten: Paul Anka, Ray Charles von *Your Hit Parade*, Bo Diddley, Ahmet Ertegun von Atlantic Records, Bill Haley, B. B. King, Frankie Laine, Jerry Lee Lewis, Johnnie Ray, Della Reese und Jerry Wexler von Atlantic Records.

Unter jenen, die mit Informationen, Fotos und/oder Kontakten aushalfen, sind Eddy Arnold, Tony Bennett, Johnny Mathis, Johnny Tillotson, Tom Dowd von Atlantic Records, Henry Glover von King Records, Bobby Shad von Time Records, der Manager Lee Magid, James K. Makrianes jr., von Young & Rubicam, William G. Clotworthy von Batten, Barton, Durstine, Osborn, C. A. Jackson jr., von der American Tobacco Co., Herbert N. Gottlieb und Richard Frohlich von der ASCAP, Russ Sanjek, Burt Korall, Dick Kirk von der BMI, Ken Scott von MCA Records, Bob Altschuler von Columbia Records, Herb Hellman von RCA Records, Sol Handwerger von MGM Records, meine Tochter Elizabeth Hilda Adams, meine Nichte Joni Friedman Walden, der Publizist Richard Gersh, der Produzent Richard Nader («1950 Rock 'n' Roll Revival») und Doug Allen, Redakteur von *Cavalier*, auf dessen Seiten ein Bericht über die 50er Jahre und die Interviews mit Paul Anka und Frankie Laine ursprünglich erschienen.

Von meinen Nachbarn in Las Vegas haben mir besonders geholfen: der Fernseh-Kommentator Joe Delaney, Art Engler von der Associated Booking Corp., Muriel und Maury Stevens, June Paramore vom *Las Vegas Review-Journal*, Ralph Pearl von der *Las Vegas Sun*, Forrest Duke vom *Review-Journal*, Bill Willard von *Variety*, der Publizist Jimmy Snyder und besonders der Publizist Jim Seagrave.

Die Spalten von *Variety* und *Cash Box* waren wichtige Quellen. Aber mein besonderer Dank geht an Hal Cook, den freundlichen Verleger von *Billboard*, der mir gestattete (während der vielen Reisen, die ich nach Hollywood unternahm, um zu recherchieren), Büros, gebundene Jahrgänge, Xerox-Kopiergeräte und einmal sogar den Arzt zu bemühen.

Weitere Personen, denen ich zu Dank verpflichtet bin, sind im Buch erwähnt. Und hier folgt eine Liste von Songs, auf die ich mich im Text beziehe:

Ac-cent-tchu-ate the Positive (Mister In-Between). T by Johnny Mercer. M by Harold Arlen. Copyright 1944 by Edwin H. Morris & Co., Inc.
Come On-a My House. T & M by Ross Bagdasarian und William Saroyan. Copyright 1950 by Duchess Music Corp.

Music! Music! Music! (Put Another Nickel In). T & M by Stephen Weiss und Bernie Baum. Copyright 1950 by Cromwell Music, Inc.

Too Young. T by Sylvia Dee. M by Sid Lippman. Copyright 1951 by Jefferson Music Co., Inc.

Mockin' Bird Hill (Tra-la La Twittle Dee Dee Dee). T & M by Vaughn Horton. Copyright 1949 by Southern Music Publishing Co., Inc.

High Noon, Do Not Forsake Me. T by Ned Washington. M by Dimitri Tiomkin. Copyright 1952 by Leo Feist, Inc.

Matilda, Matilda. T & M by Harry Thomas. Copyright 1953 by Duchess Music Corp.

Please Send Me Someone to Love. T & M by Percy Mayfield. Copyright 1951 by Venice Music, Inc./Hill & Range Songs, Inc.

Fool, Fool, Fool. T & M by Ahmet Ertegun. Copyright 1951 by Progressive Music Publishing Co., Inc.

Honey Love. T & M by Clyde McPhatter und J. Gerald. Copyright 1954 by Progressive Music Publishing Co., Inc.

Work with Me Annie. T & M by Henry «Hank» Ballard. Copyright 1954 by Lois Publishing Co.

Annie Had a Baby. T & M by Henry Glover und Lois Mann. Copyright 1954 by Jay & C Music Corp.

Shake, Rattle and Roll. T & M by Charles Calhoun. Copyright 1954 by Progressive Music Publishing Co., Inc.

Almost Grown. T & M by Chuck Berry. Copyright 1959 by Arc Music Corp.

Rip It Up. T & M by Robert A. Blackwell und John Marascalco. Copyright 1956 by Venice Music, Inc.

Tutti Frutti. T & M by Richard Penniman, D. La Bostrie, und Joe Lubin. Copyright 1955 by Venice Music, Inc.

Please, Please, Please. T & M by James Brown und Johnny Terry. Copyright 1956 by Lois Publishing Co.

Teen-Age Crush. T & M by Audrey Allison und Joe Allison. Copyright 1956 by Central Songs, Inc.

Party Doll. T & M by Jimmy Bowen und Buddy Knox. Copyright 1957 by Patricia Music Publishing Corp.

Diana. T & M by Paul Anka. Copyright 1957 by Spanka Music Corp.

Yakety Yak. T & M by Jerry Leiber und Mike Stoller. Copyright 1958 by Tiger Music, Inc.

Charlie Brown. T & M by Jerry Leiber und Mike Stoller. Copyright 1959 by Tiger Music, Inc.

Little Bitty Pretty One. T & M by Robert Byrd. Copyright 1957 by Recordo Music Publishers.

Twenty-six Miles. T & M by Glenn Larson und Bruce Belland. Copyright 1958 by Beechwood Music Corp.

Volare, Nel Blu, Dipinto di Blu. Englischer Text by Mitchel Parish. Italienischer Text by Domenico Modugno und F. Migliacci, music by Domenico Modugno. Copyright 1958 by Edizioni Curci/Robbins Music Corp.

It's Only Make Believe. T & M by Conway Twitty und Jack Nance. Copyright 1958 by Marielle Music Publishing Corp.

Come Softly to Me. T & M by Gary Troxel, Gretchen Christopher und Barbara

Ellis. Copyright 1959 by Cornerstone Publishing Co.

Poison Ivy. T & M by Jerry Leiber und Mike Stoller. Copyright 1959 by Tiger Music, Inc.

Rock and Roll Music. T & M by Chuck Berry. Copyright 1957 by Arc Music Corp.

Ausgewählte Bibliographie

Belz, Carl. *The Story of Rock.* Oxford University Press, 1969.

Cohn, Nik. *A WopBopaLooBopALop BamBoom.* Pop History. Rowohlt Taschenbuch Verlag (rororo 1542), 1971.

Escott, Colin/Hawkins, Martin. *Catalyst.* The Sun Records Story. Aquarois Books, 1975

Gillett, Charlie. *The Sound of the City.* The Rise of Rock and Roll. Outerbridge and Dienstfrey, 1970.

Goldberg, Joe. *Jazz Masters of the 50's.* The Macmillan Company, 1965.

Gruen, John. *The Party's Over Now.* Reminiscences of the Fifties – New York's Artists, Writers, Musicians, and Their Friends. The Viking Press, Inc., 1972.

Guralnick, Peter. *Feel Like Going Home.* Portraits in Blues and Rock 'n' Roll. Outerbridge and Dienstfrey, 1971.

Hopkins, Jerry: *Elvis A Biography.* Simon and Schuster, 1971.

Laing, Dave. *Buddy Holly.* The Macmillan Company, 1971.

Malone, Bill C. *Country Music, U. S. A.* University of Texas Press, 1968.

Marcus, Greil. *Mystery Train.* Images of America in Rock and Roll Music. E. P. Dutton, 1975.

Millar, Bill. *The Drifters.* The Rise and Fall of the Black Vocal Group. The Macmillan Company, 1971.

Passman, Arnold. *The Deejays.* The Macmillan Company, 1971.

Rohde, H. Kandy, ed. *The Gold of Rock 'n' Roll 1955–1967.* Edited with special annotations. Arbor House, 1970.

Schmidt-Joos, Siegfried/Graves, Barry. *Rock-Lexikon.* Rowohlt Taschenbuch Verlag (rororo 6177), 1975 (erw. Neuauflage).

Schöler, Franz (Hg.). Let it rock. Hanser Verlag, 1975.

Shapiro, Nat, ed. *Popular Music.* An Annotated Index of American Popular Songs. Vol. 1, 1950–1959. Adrian Press, 1964.

Shaw, Arnold. *The Rock Revolution.* What's Happening in Today's Music. Crowell-Collier Press, 1969.

Shaw, Arnold. *The World of Soul.* Black America's Contribution to the Pop Music Scene. Cowles Book Company, 1970.

Erläuterung der Sachbegriffe

A&R	steht für «Artist and Repertoire Manager»: der für einen bestimmten Produktionsbereich oder ein bestimmtes Label zuständige Redakteur einer Plattenfirma.
ASCAP	Abkürzung für «American Society of Composers, Authors and Publishers». Diese am 13. Februar 1914 in New York gegründete Urhebergesellschaft beherrschte vor der Gründung des Konkurrenzunternehmens BMI im Jahre 1941 den amerikanischen Musikmarkt.
belting, belter	bestimmter Gesangsstil, dessen Exponent – entstanden aus dem Gospel *shouting*, dem Rufen, prägte die Übergangsphase zum R 'n' R, war beeinflußt vom – R&B.
Blockbuster	Slangausdruck für Fliegerbombe, im Musikgeschäft Bezeichnung für einen Superhit.
BMI	Abkürzung für «Broadcast Music Inc.»; 1941 gegründete US-Urheberrechtsgesellschaft, die das Monopol der – ASCAP durchbrach und den Einzug von Blues, Folk- und Country-Musik in die amerikanischen Rundfunkprogramme ermöglichte.
chitlin' circuit	*chitlin's* sind ursprünglich Schweineinnereien und Essen der schwarzen Sklaven. Der *chitlin' circuit* ist die Anzahl von schwarzen Bars und Musikkneipen, in denen viele spätere Stars sich ihre Sporen verdienten.
crooner, crooning	wiederum bestimmter Gesangsstil und dessen Exponent. *to croon* heißt gefühlvoll, schmachtend, sentimental singen.
C&W	Abkürzung für Country and Western, Amerikas ländliche Popmusik, die hauptsächlich in den Studios von Nashville hergestellt wird.
demo	Abkürzung von Demonstrationstonband.
DJ	Abkürzung von Diskjockey, Popmusikprogrammgestalter und Moderator im Rundfunk und in Diskotheken.
emoter	hauptsächlich die Gefühle ansprechender Interpret.
flop	erfolgloses Musikstück oder erfolglose Schallplatten.
four letter words	«obszöne» Wörter, die im Englischen zufälligerweise fast alle vier Buchstaben haben.

Grand Ol' Opry	Konzerthalle in Nashville, Kultstätte der C&W Musik, Radiosendung.
honking, honker	*to honk* – eigentlich schreien wie eine Wildgans – Gesangsstil.
hootchy-kootchy	burlesker Zirkustanz.
Hype	ursprünglich Abkürzung des Worts *hyperbolism* – Gebrauch von Übertreibungen; um sich – Promotion zu erschleichen, preisen Presse- und Werbeabteilungen von Schallplattenfirmen ihre Interpreten übertrieben an.
Label	Schallplattenmarke.
Mason-Dixon Line	Grenze zwischen Pennsylvania und Maryland, früher Grenzlinie zwischen Staaten mit und ohne Sklaverei. Südlich der M.-D. Line herrschte Sklaverei.
mainstream	Hauptströmung.
novelty	etwas Ungewöhnliches, Neuheit, Mode.
to plug, plugger	im Slang: Reklame machen; im Musikgeschäft: durch clevere Methoden dafür Sorge tragen, daß eine Platte immer wieder im Radio gespielt wird.
R&B	Abkürzung für Rhythm and Blues – großstädtische Popmusik der schwarzen Gettos in den vierziger und fünfziger Jahren – der Begriff wurde eingeführt von *Billboard*-Chefredakteur Paul Ackerman und verdrängte den Terminus ‹race music›.
race music	Rassenmusik – Musik der schwarzen Minderheit.
sheet music	Text- und Notenblätter.
screeching, screecher	*to screetch* – kreischen – Gesangsstil.
shouting, shouter	*to shout* – schreien, brüllen – Gesangsstil.
Tin Pan Alley	die 28th Street in New York zwischen Fifth und Sixth Avenue, wo zwischen 1900 und etwa 1930 die meisten amerikanischen Musikverlage residierten.
WASP	Abkürzung von White Anglo-Saxon Protestant, d. h. weiße(r) Protestant(en) angelsächsischer Herkunft.

Discographie

Amerikanischer Rock 'n' Roll

Nachfolgende Discographie erhebt keinen Anspruch auf Vollständigkeit. Aufgenommen sind die in der Bundesrepublik erhältlichen Aufnahmen oder, wo zu wichtige Platten einfach fehlen würden, Aufnahmen, die über die Importdienste der großen Plattenfirmen oder Spezialgeschäfte erhältlich sind.
*Der alphabetischen Liste der wichtigsten Interpreten folgt auf S. 286 eine Liste von 93 Sammel-LPs (Sammler), auf der auch weniger bekannte Interpreten zu finden sind. Auf diese LPs wird in der alphabetischen Liste mit → und Nummer verwiesen. * sollen die Sammel-LPs markieren, die nach unserer Meinung einen guten Einstieg in die Musik des Rock 'n' Roll geben.*
Die amerikanische und die englische Discographie wurde von Werner Voss zusammengestellt.

Paul Anka
auf CBS/Embassy: The Original Hits Vol. 1 (EMB 31054), The Original Hits Vol. 2 (EMB 31111)

Sil Austin
→ 60

Frankie Avalon
Stars of the Sixties (Probe 0.50.95149 (NL)), → 80

LaVern Baker
Greatest Recordings (Atco SD 33–372 (USA)), → 6, 7, 8, 10

Hank Ballard
→ 53, 68

Harry Belafonte
Golden Records (RCA 26.21110)

Brook Benton
Looking Back (D.J.M. DJML 073 (GB))

Chuck Berry
auf Bellaphon: Original Oldies (BI 1547), Original Oldies Vol. 2 (BI 1551), The Best (2 LP) (BLST 6506), Boxen Hits (BI 15112), Rockin' Together (mit Bo Diddley) (BI 1557), → 22, 25, 88

The Big Bopper
→ 67, 88

Pat Boone
The Story of Rock 'n' Roll (ABC 27354), → 4, 4a

Earl Bostic
→ 53

Jimmy Bowen
→ 43, 44

Jackie Brenston
→ 21

Ruth Brown
→ 5, 6, 60

The Browns
→ 73

Johnny Burnette
→ The Story of Rock 'n' Roll (United Artists UA 30054); Tear It Up (Coral COPS 6355), → 18, 55, 56, 57, 77, 79, 81, 88

The Cadillacs
→ 43, 44, 89

Freddie Cannon
Reflection (Fontana 6433 601)

Johnny Cash
auf Bellaphon: The Legend (2 LP) (BI 5524), The Man, The World, His Music (2 LP) (BI 5525); Ring Of Fire (CBS 62171), → 27, 30

281

The Champs
The Best (London ZGH 141 (GB)), → 59

Ray Charles
Star Collection (WEA-Midi MID 20015-F); A Salute (2 LP) (Atlantic ATL 60014-W), → 6, 7, 8, 9, 10, 60

The Charms
→ 68

The Chords
→ 6

Jimmy Clanton
→ 46

The Clovers
Greatest Recordings (Atco SD 33–373 (USA)), → 5, 6, 7, 9, 80, 88

The Coasters
Early Years (Atco SD 33–371 (USA)), → 7, 8, 9, 10, 89

Eddie Cochran
auf Liberty: The Very Best (83337 XO), Memorial Album (83009 XO); auf United Artists: Legendary Masters (2 LP) (29623/24 XD), The Very Best (29835 Z), The Story Of Rock 'n' Roll (30049)

Sam Cooke
Rock Your Memories Vol. 4 (Metronome/Speciality 59.005); auf RCA: The Best (26.21355), This Is Sam Cooke (2 LP) (26.28029)

Cozy Cole
→ 81

The Crests
→ 41, 88

The Crew Cuts
→ 65, 84

Danny & The Juniors
→ 1, 3, 4a, 88

Bobby Darin
Star-Collection (WEA-Midi MID 20031-F); Greatest Moments (Atlantic K 40547 (GB))

Bobby Day
→ 46, 71

The Dells
→ 59, 71

The Dell Vikings
The Story of Rock 'n' Roll (ABC 27360), → 4a, 72, 85, 88

The Diamonds
→ 65, 84, 85, 88

Bo Diddley
auf Bellaphon: Got My Own Bag Of Tricks (2 LP) (BLST 6539), Rockin' Together (mit C. Berry) (BI 1557); Got Another Bag Of Tricks (Checker 6467304 (GB)), → 13, 21, 22, 24, 59

Dion & The Belmonts
Reflection (Fontana 9286387); Dion's Greatest Hits (CBS Embassy EMB 31123); Dion & The Belmonts – Live 1972 (WEA-Midi MID 26049-F)

Bill Doggett
→ 68

Fats Domino
auf Liberty: Million Sellers Vol. 1 (83023), Vol. 2 (83024), Vol. 3 (83101), Vol. 4 (83142), The Fats Domino Story Vol. 1 (2 LP) (83456/57 XC); auf United Artists: Vol. 2 (2 LP) (29334/35 XC), Cookin' With Fats (2 LP) (29561/62 XC), Legendary Masters (2 LP) (29662/63 XD); auf ABC: Fantastic Fats (27376 XAT), Getaway With Fats Domino (28679 XAT); auf Fontana: Attention – Fats Domino (6430024), Vol. 2 (6430100); auf WEA-Midi: Rock 'n' Roll Forever (MID 20111-F), Star Collection (MID 24006-F), Vol. 2 (MID 24019-F), → 3, 4, 75, 76, 77, 78

The Dominoes
→ 68

The Drifters
Star-Collection (WEA-Midi MID 20027-F); auf Atlantic: The Drifters Story (ATL 40565-U), 24 Original Hits (2 LP) (ATL 60106-A), → 6, 7, 8, 9, 10

Duane Eddy
auf London: The Legends Of Rock Vol. 1 (2

LP) (6.28159), Vol. 2 (2 LP) (6.28163), Vol. 3 (2 LP) (6.28165), Movin' and Groovin' (6.21740); auf RCA: The Guitar Man (26.21226), The Duane Eddy Collection (2 LP) (26.28052)

Tommy Edwards
→ 70

The El Dorados
→ 50, 51, 52, 90

The Everly Brothers
auf Warner Bros.: The Golden Hits (WB 46005-B), The Very Best (WB 46008-B), 20 Golden Hits (WB 56168-U)

Fabian
Stars Of The Sixties (Probe 0.50.95031 (NL))

The Five Satins
→ 41, 71, 80, 88

The Five Royales
→ 68

The Flamingos
The Flamingos (Chess ACRR 702 (USA)), → 22, 43, 44, 50, 51, 52, 54, 88

The Fleetwoods
→ 80, 81, 88

Connie Francis
20 All Time Greats (Polydor 2417318)

Bobby Freeman
→ 43, 48, 59, 81, 88

Lowell Fulsom(n)
→ 13, 21, 23, 69

Georgia Gibbs
→ 65

Charlie Gracie
→ 49

Earl Grant
The Best – The End (Coral 42.021)

Bill Haley & his Comets
auf Coral: The Original Bill Haley (42.001), Golden Favorites (42.012), 20 Golden Hits

(62.063), The Legends Of Rock Vol. 1 (2 LP) (82.014-2), Vol. 2 (2 LP) (82.015-2); Star-Collection (WEA-Midi MID 26007-F), → 54, 55, 56, 57, 88, 89

George Hamilton IV
→ 1, 2, 4

The Harptones
→ 41, 70, 72

Thurston Harris
→ 80, 82

Dale Hawkins
Oh Suzie Q (Checker 6467301 (GB)), Dale Hawkins (Chess ACRR 703 (USA)), → 13, 23, 25

Ronnie Hawkins
auf Bellaphon: Rock Story Vol. 1 (BI 1566), Vol. 2 (BI 1569)

Bobby Helms
→ 64, 86, 87

Buddy Holly
The Original Buddy Holly (MCA 42.002); auf Coral: Golden Favorites (42.010), Good Rockin' Tonight (52.004), Showcase (52.005), Holly In The Hills (52.006), Portrait In Music Vol. 1 (2 LP) (82.009-2), Vol. 2 (2 LP) (82.039-2), → 54, 55, 56, 57, 88, 89

Johnny Horton
Country & Western Superstar (2 LP) (CBS 68204); All For The Love Of A Girl (Pickwick SPC 6060 (USA)), → 2

Howlin' Wolf
Howlin' Wolf (2 LP) (Bellaphon BLST 6521), → 13, 22, 27, 28

Ivory Joe Hunter
→ 7, 10, 49

The Isley Brothers
Twist and Shout (Intercord INT 128.615), → 12, 73, 79

Wanda Jackson
auf Capitol: Rock 'n' Roll History Vol. 1 (038 EMD 82098), The Golden Age Of Rock 'n'

283

Roll (1C 054-85166), Rockin' With Wanda (CAPS 1007 (GB)), → 17, 18, 19

Sonny James
→ 2, 19

Johnny & The Hurricanes
auf Contempo: The Legends Of Rock Vol. 1 (2 LP) (6.28329), The Legends Of Rock Vol. 2 (2 LP) (6.28318), Red River Rock (6.22145), You Are My Sunshine (6.22103)

Louis Jordan
auf MCA: Louis Jordan and his Orchestra (PCO 7837), The Best (MCFM 2715 (GB)); Choo Choo Ch'Boogie (Philips 6336246 (GB)), → 59, 60

Bill Justis
→ 59, 80

B. B. King
The Great B. B. King (Bellaphon BL 1511); auf United: My Kind Of Blues (7724 (USA)), The Blues (7732 (USA)), Greatest Hits (7766 (USA)), B. B. King 1949–50 (7788 (USA))

Buddy Knox
→ 12, 43, 59, 81, 88

Frankie Laine
Greatest Hits (Hallmark HM 515 (GB)); Greatest Hits (CBS Embassy EMB 31052)

Brenda Lee
auf Coral: The Original Brenda Lee (42.004), The Legends Of Rock Vol. 1 (2 LP) (82.034-2); The Legends Of Rock Vol. 2 (2 LP) (MCA 6.28209), → 55, 56, 57

Jerry Lee Lewis
auf Bellaphon: Golden Hits Vol. 1 (BI 1580), Vol. 2 (BI 1588), Vol. 3 (BI 1590), Rock Monsters (BI 15133); auf Charly: The Original J. L. Lewis (30111 (GB)), J. L. Lewis – Nuggets 1 (30121 (GB)), Nuggets 2 (30129 (GB)), Nuggets 3 (30144 (GB)); auf Fontana: Live at the Star Club (6434085), Attention! Jerry Lee Lewis (6430075), Reflection – Jerry Lee Lewis (9290004), → 14, 15, 27, 30, 33, 34, 35, 36

Joe Liggins
Jimmy and Joe Liggins (Speciality SNTF 5020 (GB)), → 61

Little Anthony & The Imperials
→ 43, 44

Little Esther (Phillips)
→ 53

Little Richard
auf Speciality: The Original Recordings (2 LP) (89.006-2), 20 Original Hits (KMLP 353), King Of Rock Vol. 1 (201.036), → 60, 62, 73, 74, 89, 90

Little Walter
Little Walter (2 LP) (Chess 2 ACMB-202 (USA)), → 21

Little Willie John
Free At Last (Gusto-KING 1081 (USA)), → 68

Professor Longhair
New Orleans Piano (Atlantic ATL 40402-B), → 66

Frankie Lymon & The Teenagers
→ 12, 43, 44, 59, 70, 88

Clyde McPhatter
(siehe auch The Dominoes und The Drifters), → 7, 8, 9, 10, 58, 60

Percy Mayfield
Rock Your Memories Vol. 5 (Speciality 59.006), → 61

Memphis Slim
→ 45

Mickey and Sylvia
→ 73

The Midnighters
(siehe Hank Ballard)

Roy Milton
Roy Milton & his Solid Senders (Speciality SNTF 5019 (GB)), → 61

The Moonglows
The Moonglows (Chess ACRR 701 (USA)), → 21, 22, 23, 24, 50, 51, 52

Rick(y) Nelson
auf United Artists: Legendary Masters (2 LP)

(29660/61 XD), The Very Best (29751 Z), The Story Of Rock 'n' Roll (30050); Greatest Hits (Sunset 50164 Z); Hello Mary Lou (Coral 42.018)

The Olympics
→ 47, 78, 80

Roy Orbison
The Big O (Charly CR 300008 (F)), → 14, 16, 27, 34, 35, 74

The Orioles
→ 5, 43, 88

Johnny Otis
Rock 'n' Roll History Vol. 5 (Capitol 038 EMD 85099)

The Penguins
→ 59, 70, 81, 85

Carl Perkins
Original Golden Hits (Bellaphon BI 1576); The Original Carl Perkins (Charly 30110 (GB)); Long Tall Sally (CBS 31454 (GB)), → 14, 16, 27, 30, 33, 34, 35, 36, 55, 56, 57

The Platters
Only You (2 LP) (Mercury 6619007); Attention! The Platters (Fontana 6430046), → 58, 59, 68, 84, 88, 89

The Playmates
→ 43

The Pony-Tails
→ 1, 3

Perez Prado
Patricia (RCA 26.21255)

Elvis Presley
auf RCA: The Elvis Presley SUN Collection (26.21556), Elvis Presley (26.21007), Elvis (26.21008), Loving You (26.21009), Golden Records Vol. 1 (26.21010), King Creole (26.21011), For LP Fans Only (26.21012), A Date With Elvis (26.21013), Golden Records Vol. 2 (26.21014), Elvis Is Back! (26.21015), G.I. Blues (26.21016), Something For Everybody (26.21018), Golden Records Vol. 3 (26.21024), Golden Records Vol. 4 (26.21039), Flaming Star (26.21191)

Lloyd Price
Rock Your Memories Vol. 3 (Speciality 59.004); The Story Of Rock 'n' Roll (ABC 27355), → 1, 4, 4a, 62, 89

Red Prysock
→ 60

Johnny Ray
Greatest Hits (CBS 52317), → 76

Marty Robbins
auf Columbia–CBS: Greatest Hits (CS-8639 (USA)), More Greatest Hits (CS-8435 (USA))

The Robins
→ 7, 69

Jimmy Rodgers
→ 43

Bobby Rydell
The Best (London HAU 8502 (GB))

Tommy Sands
Rock 'n' Roll History Vol. 3 (Capitol 038 EMD 85096), → 17, 18

Jack Scott
→ 1, 18, 19, 47

Neil Sedaka
auf RCA: Oh! Carol (26.21200), The Neil Sedaka Collection (2 LP) (26.28053), → 70, 72

David Seville
→ 82

Shirley and Lee
→ 70, 81

The Silhouettes
→ 81, 88

Nina Simone
Attention! (Fontana 6430032)

Huey «Piano» Smith
Rock & Roll Revival (ACE 2021 (USA))

The Tune Weavers
→ 23, 89

285

Joe Turner
Greatest Hits (Atlantic K 40525 (GB)), → 5, 6, 7, 10

Conway Twitty
Looking Back (MGM 2354027 (GB)); Shake It Up! (Pickwick SPC 3360 (USA)), → 1

Ritchie Valens
The Story Of Rock 'n' Roll (President 27683); Rock Lil Darlin' (Joy JOYS 254 (GB)), → 46

Bobby Vee
The Story Of Rock 'n' Roll (United Artists UA 30052)

The Ventures
Legendary Masters (2 LP) (United Artists 29632/33 XD); auf Dolton: Walk, Don't Run (08003 I), Dance! (08010 I)

Gene Vincent
auf Capitol: Bluejean Bop! (2C 064–82077 (F)), Gene Vincent and the Blue Caps (2C 064–82076 (F)), Gene Vincent Rocks and The Blue Caps Roll (mfp 1M 048–82075), A Gene Vincent Record Date (2C 064–80038 (F)), Sounds Like Gene Vincent (2C 064–82074 (F)), Crazy Times (2C 064–82073 (F)), Gene Vincent Story Vol. 6 (2C 066–81618 (F)), Gene Vincent Story Vol. 7 + 8 (2C 178–81798/9

(F)); The King Of Fools (EMI Starline SRS 5177 (GB)), → 17, 18

Billy Ward
(siehe The Dominoes)

Dinah Washington
Greatest Hits (Pickwick SPC 3536 (USA))

Muddy Waters
Hoochie Coochie Man (2 LP) (Bellaphon BLSP 19155); Muddy Waters (2 LP) (Chess 2 ACMB– 203 (USA)), → 11, 13

Larry Williams
Rock Your Memories Vol. 1 (Speciality 59.002), → 25, 62, 89

Otis Williams
(siehe The Charms)

Chuck Willis
Greatest Recordings (Atco SD 33-373 (USA)), → 7

Jackie Wilson
Greatest Hits (Brunswick BRLS 3004 (GB))

Link Wray
Rockin' and Handclappin' (Epic EPC 53267 (NL))

Sammel-LPs amerikanischer Interpreten

auf ABC:
1 Rock 'n' Roll Power (1C 054–96187)
2 Country meets Rock 'n' Roll (28082 ET)
3 The Story Of Rock 'n' Roll Vol. 1 (27778 ET)
4 The Story Of Rock 'n' Roll Vol. 2 (27779 ET)
4a The Story Of Rock 'n' Roll Vol. 3 (27780 ET)

auf Atlantic:
5 History Of Rhythm & Blues Vol. 1 1947–52 (SD 8161)
6 History Of Rhythm & Blues Vol. 2 1953–55 (SD 8162)
7* History Of Rhythm & Blues Vol. 3 1956–57 (SD 8163)
8* History Of Rhythm & Blues Vol. 4 1958–60 (SD 8164)

9 Rhythm 'n' Soul (ATL 20051-F)
10 Evergreens A Go-Go (MID 20076-F)

auf Bellaphon:
11 Rockomotive (2 LP) (BLS 5527)
12 The Greatest Rock & Roll Hits (BI 5527)
13 Pop Origins (BI 1558)
14* Sun Rockabillies Vol. 1 (BI 15101)
15 Sun Rockabillies Vol. 2 (BI 15130)
16 Sun Rockabillies Vol. 3 (BI 15140)

auf Capitol:
17* Rock 'n' Roll History Vol. 6 (038 EMD 85095)
18 Rock 'n' Roll at the Capitol Tower Vol. 1 (F) (2 C184-81970/71)
19 Rock 'n' Roll at the Capitol Tower Vol. 2 (F) (2 C150-85029/30)

20 Capitol Rockabilly Originals (GB) (CAPS 1009)

auf Checker:
21 Chess Golden Decade Vol. 1 1951–55 (GB) (6445150)
22 Chess Golden Decade Vol. 2 1956 (6445151)
23* Chess Golden Decade Vol. 3 1957 (6445 152)
24* Chess Golden Decade Vol. 4 1958–59 (6445 200)
25 Chess Golden Decade Vol. 5 1959–61 (6445201)
26 Chess Golden Decade Vol. 6 1961–62 (6445202)

auf Charly (sämtlich GB):
27 Catalyst (CR 30101)
28 Sam's Blues (CR 30102)
29 Delta Rhythm Kings (CR 30103)
30 Rebel Rockabilly (CR 30105)
31 Sun Blues (CR 30114)
32 Sun Rocks (CR 30115)
33 More Rebel Rockabilly (CR 30116)
34* Don't You Step On My Blue Suede Shoes (CR 30119)
35 The Best Of Sun Rockabilly Vol. 1 (CR 30123)
36 The Best Of Sun Rockabilly Vol. 2 (CR 30124)
37 The Blues Came Down From Memphis (CR 30125)
38 Memphis Blues Sounds (CR 30126)
39 Union Avenue Breakdown (CR 30127)
40 Rockabilly Sundown (CR 30128)

auf D.J.M.:
41 Doowop Doowop (GB) (DJSLM 2026)
42 Hillbilly Rock (Hickory Label) (GB) (DJM 22069)

auf Golden Hour:
43 Boppers from the 50s and 60s (GB) (GH 836)
44* American Teenage Classics (GB) (GH 854)

auf Joy:
45 The Blues (VeeJay Label) (GB) (JOYS 185)
46* The Rock & Roll Stars Vol. 1 (86759 XAT)
47* The Rock & Roll Stars Vol. 2 (86760 XAT)

48* The Rock & Roll Stars Vol. 3 (86761 XAT)
49* The Rock & Roll Stars Vol. 4 (86762 XAT)
50 Good Ole Rock & Roll Vol. 1 (87390 XAT)
51 Good Ole Rock & Roll Vol. 2 (87391 XAT)
52 Good Ole Rock & Roll Vol. 3 (87392 XAT)

auf King:
53 King Old Gold Volumes 1–10 (USA) (KS 16001–16010)

auf MCA:
54 Rock 'n' Roll Revival (52.028)
55 Good Old Rock 'n' Roll (2 LP) (82.016-2)
56 More Of Good Old Rock 'n' Roll (2 LP) (82.017-2)
57 We Like Rock 'n' Roll (COPS 8321)

auf Mercury:
58 The Explosion of Rock 'n' Roll (2 LP) (6618 002)
59 75 Rock 'n' Roll Hits (5 LP) (6641224)
60 Rhythm and Blues Party (GB) (6436023)

auf Speciality/MCA:
61 The Glory Of The Fifties (89.004)
62 This Is How It All Began Vol. 2 (GB) (SNTF 5003)
63* Rare Rockabilly Vol. 1 (Decca/Brunswick Label) (62.088)
64 Rare Rockabilly Vol. 2 (Decca/Brunswick Label) (62.089)

auf Philips:
65 120 All Time Hits (8 LP) (6641204)
66 Louisiana Rock 'n' Roll (GB) (6336256)
67 Mercury Rockabillies (GB) (6336257)

auf Polydor:
68 Carats 5: Honky Tonk (GB) (2310294)
69 Carats 6: Oop Shoop (GB) (2383251)

auf RCA:
70 Rock Is Back Vol. 1 (CL 30006)
71 Rock Is Back Vol. 2 (CL 30007)
72 Rock Is Back Vol. 3 (CL 30008)
73 Oldies But Goodies (26.21243)
74 Take Off! Beginnings (Little Richard/R. Orbison) (26.21725)

auf Sunset:
75   Rock 'n' Roll Club Vol. 1 (50113 Z)
76   Rock 'n' Roll Club Vol. 2 (50134 Z)
77   Rock 'n' Roll Club Vol. 3 (50221 Z)
78   Rock 'n' Roll Club Vol. 4 (50359 Z)

auf United Artists:
79   Rock 'n' Roll Street (2 LP) (29357/58)
80* The Many Sides Of Rock 'n' Roll Vol. 1 (2 LP)(29429/30)
81* The Many Sides Of Rock 'n' Roll Vol. 2 (2 LP) (29526/27)
82* The Many Sides Of Rock 'n' Roll Vol. 3 (2 LP) (29735/36)
83   Imperial Rockabillies (GB) (UAS 30101)

auf Pickwick:
84   Super Groups Of The 50s (USA) (SPC-3271)
85   The Original 50's & 60's (SPC-3535)

auf Coral/MCA:
86   Country Cream (42.014)
87   The Golden Era Of Country and Western Hits (2 LP) 1950–1966 (82.031-2)
88   American Graffiti (2 LP) (82.011-2)
89   More American Graffiti (2 LP) (82.012-2)
90   American Graffiti Vol. 3 (2 LP) (82.013-2)

auf Decca:
91   40 Super Oldies – The Story Of Pop Vol. 1 (6.28301)
92   40 Super Oldies – The Story Of Pop Vol. 2 (6.28319)

Englischer Rock 'n' Roll

In Arnold Shaws Buch sind die Entwicklungen des englischen Rock 'n' Roll nicht berücksichtigt. Aus diesem Grunde haben wir uns entschlossen, gerade diese Interpreten möglichst vollständig mit Singles und LPs vorzustellen.
Die Liste führt die Originalpressungen und -plattennummern (soweit feststellbar) wie das Erscheinungsjahr an. Obwohl alle diese Platten im normalen Handel nicht mehr erhältlich sind und selbst in Spezialläden, auch in England, schwer zu beschaffen sind, war es uns wichtig zu dokumentieren, welche Fülle von Rock 'n' Roll-Platten in England produziert wurden. Leider sind nur sehr wenige Aufnahmen bei uns wiederveröffentlicht worden (siehe S. 298). Skiffle wurde nur in den Fällen aufgenommen, wo Einflüsse des Rocks und des Rockabilly deutlich werden. Werner Voss, der auch diese Discographie zusammenstellte, ist für Ergänzungen und Berichtigungen dankbar (Werner Voss, Postfach 710 103, 2000 Hamburg 71).

The Allisons
auf Fontana: Are You Sure/There's One Thing More (267139), Words/Blue Tears (267145), It Doesn't Matter Anymore/Be My Guest (262017) (alle 1961), What A Mess/Lorraine (267173), Lessons In Love/Oh, My Love (267191), Sweet And Lovely/Sugar Love (267231) (alle 1962), I'll Cross My Fingers/You Should Be Sorry (267255) (1963), «Are You Sure» (680946) (1961)

Bobby Angelo (and The Tuxedos)
auf HMV: Baby Sittin'/Skinny Lizzie (POP 892) (1961), Gotta Have You/Don't Stop (POP 982) (1962)

Art Baxter and The Rockin' Sinners
auf Philips: Jingle Rock/Rock 'n' Roll Rag (PB 652), Don't Knock The Rock/Rock, Rock, Rock (PB 666), «Rock, Rock, Rock» (BBR 8107) (alle 1956)

The John Barry Seven
auf Parlophone: Three Little Fishes/Zip Zip (R 4363) (1957), Every Which Way/You've Gotta Way (R 4394), Big Guitar/Rodeo (R 4418), Hideaway/Pancho (R 4453), Bee's Knees/Farrago (R 4488), mit anderen: «Six-Five Special» (PMC 1047), mit anderen: «Jack Good's Oh Boy!» (PMC 1072), (alle 1958), Long John/Snap 'n' Whistle (R 4530) (1959), mit anderen: «Saturday Club» (PMC 1130); auf Columbia: «Beat Girl» (33 SX 1225), Hit And Miss/Rokkin' Already (DB 4414), Beat For Beatniks/Big Fella (DB 4446), Blueberry Hill/Never Let Go (DB 4479), Walk Don't Run/I'm Movin' On (DB 4505), Black Stockings/Get Lost Jack Frost (DB 4554) (alle 1960), Skid Row/The

Magnificent Seven (DB 4598), Rodeo/The Menace (DB 4659), Starfire/A Matter Of Who (DB 4699), Watch Your Step/Twist It (DB 4746), «Stringbeat» (33 SX 1358) (alle 1961), Cutty Sark/Lost Patrol (DB 4806) (1962), James Bond Theme/The Blacksmith Blues (DB 4898) (1962)

Cliff Bennett and The Rebel Rousers
auf Parlophone: You've Got What I Like/I'm In Love With You (R 4793), That's What I Said/When I Get Paid (R 4836) (beide 1961), Poor Joe/Hurtin' Inside (R 4895) (1962), Everybody Loves A Lover/My Old Stand-By (R 5046) (1963)

Mike Berry
(with The Outlaws) Will You Love Me Tomorrow/My Baby Doll (Decca F 11314); auf HMV: (with The Outlaws) Tribute To Buddy Holly/What's The Matter (POP 912) (beide 1961), (with The Admirals) Little Boy Blue/It's Just A Matter Of Time (POP 979), Every Little Kiss/How Many Times (POP 1042), (with The Outlaws) Loneliness/Don't You Think It's Time (POP 1105) (alle 1962), (with The Outlaws) My Little Baby/You'll Do It You'll Fall In Love (POP 1142), It Really Doesn't Matter/Try A Little Bit Harder (POP 1194) (beide 1963)

Dickie Bishop with The Sidekicks
auf Decca: No Other Baby/Cumberland Gap (F 10869), Please Remember Me/The Prisoner's Song (F 10959) (beide 1957), No Other Baby/Skip To My Lou (F 10981), Jumpin' Judy/They Can't Take That Away From Me (F 11028) (beide 1958)

Buddy Britten
auf Decca: The Beat Of My Heart/Don't Spread It Around (F 11435) (1962); auf Oriole: (and The Regents) Money/If You Gotta Make Fool Of Somebody (CB 1827), (and The Regents) Hey, There/I'll Cry No More (CB 1839), (and The Regents) My Resistance Is Low/See You Smile (CB 1859) (alle 1963)

The Brook Brothers
auf Top Rank: Greenfields/How Will It End (JAR 349), Please Help Me, I'm Falling/When Will I Be Loved (JAR 409) (beide 1960); auf Pye: Warpaint/Sometimes (7N. 15333), Ain't

Gonna Wash For A Week/One Last Kiss (7N. 15369), «Brook Brothers» (NPL 18067) (alle 1961), Tell Tale/Too Scared (7N. 15415) (1962)

Joe Brown
auf Decca: Comes The Day/People Gotta Talk (F 11185) (1959), (as The Sneaky Petes) The Savage Part 1 and 2 (F 11199), The Darktown Strutter's Ball/Swagger (F 11207), Dinah/Jellied Eels (F 11246) (alle 1960), «A Picture Of Joe Brown» (ACL 1127); auf Pye: Shine/The Switch (7N.15322) (1961); auf Piccadilly: What A Crazy World We're Living In/Pop Corn (7N.35024), A Picture Of You/A Lay – About's Lament (7N.35047), Your Tender Look/The Other Side Of The Town (7N.35058), It Only Took A Minute/All Things Bright And Beautiful (7N.35082) (alle 1962), That's What Love Will Do/The Spanish Bit (7N.35106), Nature's Time For Love/Hava Nagila (7N.35129), Sally Ann/There's Only One Of You (7N.35188); «A Picture Of You» (Gold. GGL 0146); «Joe Brown – Live!» (Piccadilly NPL 38006) (alle 1963)

Tommy Bruce and The Bruisers
auf Columbia: Got The Water Boilin'/Ain't Misbehavin' (DB 4453), Broken Doll/I'm On Fire (DB 4498) (beide 1960), I'm Crazy About My Baby/You Make Love So Well (DB 4582), EP «Knockout»: Shakin' All Over/Give Me Some More/Gladrag Doll/Heaven's Above (seg 8077) (beide 1961)

Carter Lewis
auf Ember: (and The Southernaires) Two Timing Baby/Will It Happen To Me (S–145), My Broken Heart/Tell Me (S–165); Poor Joe/Here's Hoping (Piccadilly 7N.35085) (alle 1962); auf Oriole: (and The Southeners) Sweet And Tender Romance/Lucille (CB 1835), (and The Southeners) Somebody Told My Girl/Your Momma's Out Of Town (CB 1868) (beide 1963)

The Checkmates
auf Pye: Hot Toddy/Tuxedo Junction (7N. 15428) (1962), «The Checkmates» (NPL 18061) (1961)

Pete Chester
auf Pye: (and The Consulates) Whole Lotta Shakin' On The Range/Ten Swingin' Bottles,

(7N. 15305), (Group) Three Old Maids/Forest Fire (7N. 25074) (beide 1961)

Bob Cort
auf Decca: The Battle Of New Orleans/Waterloo (F 11145), I'm Gonna Get Married/Kissin' Time (F 11160), El Paso/Handful Of Gold (F 11197) (alle 1959), Mule Skinner Blues/The Ballad Of Walter Williams (F 11256), Ballad Of The Alamo/Five Brothers (F 11285) (beide 1960)

Michael Cox
auf Decca: Boy Meets Girls/Teenage Love (F 11156), Too Hot To Handle/Serious (F 11182); Angela Jones/Don't Want To Know (Triumph RGM 1011); auf HMV: Along Came Caroline/Lonely Road (POP 789) (alle 1960), Teenage Love/Linda (POP 830), Sweet Little Sixteen/Cover Girl (POP 905) (beide 1961), Honey Cause I Love You/Young Only Once (POP 972), Stand Up/In April (POP 1065) (beide 1962), Hark, Is That A Cannon I Hear/Don't You Break My Heart (POP 1137), Gee, What A Party/Say That Again (POP 1220) (beide 1963), Rave On/Just Say Hello (POP 1293) (1964)

Tony Crombie and his Rockets
auf Columbia: Shortnin' Bread Rock/Teach You To Rock (DB 3822), Let's You And I Rock/Sham Rock (DB 3859) (beide 1956), Rock, Rock, Rock/The Big Beat (DB 3880), Lonesome Train/We're Gonna Rock Tonight (DB 3881), Brighton Rock/London Rock (DB 3921), «Rockin' With The Rockets» (33 S 1108), Sweet Georgia Brown/Sweet Beat (DB 4000) (alle 1957), Dumplin's/Town Special (DB 4076) (1958), «Sweet Beat» (33 S 1117)

Jim Dale
auf Parlophone: Piccadilly Line/I Didn't Mean It (R 4329), Be My Girl/You Shouldn't Do That (R 4343), (und andere Interpreten) All Shock Up/Wandering Eyes (R 4356) (alle 1957), Crazy Dream/Just Born To Be Your Baby (R 4376), Sugartime/Don't Let Go (R 4402), Jane Belinda/Tread Softly, Stranger (R 4424), «Jim» (PMD 1055) (alle 1958), Gotta Find A Girl/The Legend Of Nellie D. (R 4522) (1959)

Terry Dene
auf Decca: A White Sport Coat/The Man In The Phone Booth (F 10895), Start Movin'/Green Corn (F 10914), Come And Get It/Teenage Dream (F 10938), Baby She's Gone/Lucky Bobby (F 10964), C'min And Be Loved/The Golden Age (F 10977) (alle 1957), Lover Lover/Stairway Of Love (F 11016), Seven Steps To Love/Can I Walk You Home (F 11037), Pretty Little Pearly/Who Baby Who (F 11076), Bimbombey/I've Get A Good Thing Going (F 11100) (alle 1958), There's No Fool Like A Young Fool/I've Come Of Age (F 11136), A Boy Without A Girl/Thank You Pretty Baby (F 11154) (beide 1959); auf Oriole: Geraldine/Love Me Or Leave Me (CB 1562), Like A Baby/Next Stop Paradise (CB 1594) (beide 1960)

Lee Diamond and The Cherokees
I'll Step Down/Josephine (Fontana H 310) (1961)

Cuddly Dudley
Later/Lot's More Love (HMV POP 586); mit anderen: «Jack Good's Oh Boy!» (Parlophone PMC 1073) (beide 1958); (and The Redcaps) Sitting In A Train (Ember S–136) (1962)

Johnny Duncan and The Blue Grass Boys
auf Columbia: Last Train To San Fernando/Rock-a-billy Baby (DB 3959) (1957)

Vince Eager
EP «Vince Eager with The Vagabonds»: Yea Yea/Lend Me Your Comb (Decca dfe 6504); auf Parlophone: mit anderen: «Jack Good's Oh Boy!» (PMC 1072) (beide 1958), mit anderen: «Drumbeat» Comb/Gum Drop/Soda-Pop Pop/Tread Softly Stranger (PMC 1101), Five Days Five Days/No More (R 4482), When's Your Birthday, Baby?/The Railroad Song (R 4531), This Should Go On Forever/No Other Arms No Other Lips (R 4550); auf Top Rank: Makin' Love/Primrose Lane (JAR 191) (alle 1959), El Paso/Why (JAR 275), Lonely Blue Boy/No Love Have I (JAR 307) (beide 1960), I Wanna Love My Life Away/I Know What I Want (JAR 539) (1961); auf Piccadilly: Heavenly/Anytime Is The Right Time (7N. 35110), It's Only Make Believe/I Shall Not Be Moved (7N. 35157) (beide 1963)

David Ede
auf Pye: (and The Rabin Rock) Easy Go/The Blue Bird (7N. 15280) (1960), (and The «Go

Man Go» Men) Obsession/Bootnik (7N. 15329) (1961)

Adam Faith

auf HMV: Brother Heartache And Sister Tears/Heartsick Feeling (POP 438) (1957), High School Confidential/Country Music Holiday (POP 557) (1958); Ah, Poor Little Baby/Runk Bunk (Top Rank JAR 126); mit anderen: EP «BBC's Drumbeat» (Fontana TFE 17 146); auf Parlophone: mit anderen: «Drumbeat» (PMC 1101), What Do You Want/From Now Until For Ever (R 4591) (alle 1959), Poor Me/The Reason (R 4623), Someone Else's Baby/Big Time (R 4643), Made You/What The Devil (R 4655), How About That/With Open Arms (R 4689), Greenfinger/Lonely Pub (R 4708), «Adam» (PMC 1128), This Is It/Who Am I (R 4735) (alle 1960), Easy Going Me/ – (R –), Don't You Know It?/ – (R –), The Time Has Come/ – (R –) (alle 1961), Lonesome/Watch Your Step (R 4864), As You Like It/ – (R –) (beide 1962)

Shane Fenton and The Fentones

auf Parlophone: I'm A Moody Guy/Five Foot Two, Eyes Of Blue (R 4827) (1961), Walk Away/Fallen Leaves On The Ground (R 4866), Why Little Girl/It's All Over Now (R 4883), Cindy's Birthday/It's Gonna Take Magic (R 4921), Too Young For Sad Memories/You've Telling Me (R 4951) (alle 1962), Hey Miss Ruby/I Ain't Got Nobody (R 4982), A Fool's Paradise/You Need Love (R 5020), Don't Do That/I'll Know (R 5047) (alle 1963), Hey Lulu/I Do Do You (R 5131) (1964); LP «It's All Happening»: Somebody Else, Not Me (Columbia 33SX 1537) (1963)

The Fentones

auf Parlophone: Lover's Guitar/The Mexican (R 4899), The Breeze And I/Just For Jerry (R 4937) (beide 1962)

The Five Chesternuts

Teenage Love/Jean Dorothy (Columbia DB 4165) (1959)

The Flee-Rekkers

Green Jeans/You Are My Sunshine (Triumph RGM 1008; Top Rank JAR 431); auf Pye: Shiftless Sam/Sunday Date (7N. 15288) (alle 1960), Blue Tango/Bitter Rice (7N. 15326), EP «The Fabulous Flee-Rekkers» (nep 24141); auf Piccadilly: Lone Rider/Miller Like Wow (7N. 35006) (alle 1961), Stage To Cimmarron/Twistin' The Chestnuts (7N. 35048), Sunburst/Black Buffalo (7N. 35081) (beide 1962), Fireball/Fandango (7N. 35109) (1963)

Emile Ford and The Checkmates

auf Pye: What Do You Want To Make Those Eyes At Me For/Don't Tell Me Your Troubles (7N. –) (1959), On A Slow Boat To China/That Lucky Old Sun (7N. 15245), You'll Never Know What You're Missin' Til You Cry/Still (7N. 15268), Red Sails In The Sunset/Afraid (7N. 15279), Them There Eyes/Question (7N. 15282), Counting Teardrops/White Christmas (7N. 15314), EP «Emile» (nep 24119), EP «Emile Ford Hit Parade» (nep 24124), «New Tracks With Emile» (NPL 18049) (alle 1960), What Am I Gonna Do/A Kiss To Build A Dream On (7N. 15331), After You've Gone/Hush, Somebody's Calling My Name (7N. 35007); auf Piccadilly: The Alphabet Song/Keep A Lovin' Me (7N. 35019) (beide 1961), Your Nose Is Gonna Grow/The Rains Came (7N. 35078) (1962)

Billy Fury

auf Decca: Maybe Tomorrow/Gonna Type A Letter (F 11102), Margo/Don't Knock Upon My Door (F 11128), Angel Face/Time Has Come (F 11158), The Last Kiss/My Christmas Prayer (F 11189) (alle 1959), Colette/Baby How I Cried (F 11200), That's Love/You Don't Know (F 11237), Wondrous Place/Alright, Goodbye (F 11267), «The Sound Of Fury» (LF 1329), «Maybe Tomorrow» (ACL 1047), A Thousand Stars/Push Push (F 11311) (alle 1960), Halfway To Paradise/Cross My Heart (F 11349), «Half Way To Paradise» (ACL 1083), Jealousy/Open Your Arms (F 11384), I'd Never Find Another You/Sleepless Nights (F 11409) (alle 1961)

Johnny Gentle

auf Philips: Boys And Girls Were Meant For Each Other/Wendy (PB 908), Milk From The Coconut/I Like The Way (PB 945), Darlin' Won't You Wait/This Friendly World (PB 988) (alle 1959), After My Laughter Came Tears/Sonja (PB 1069) (1960), Darlin'/Pick A Star (PB 1142) (1961)

Geoff Goddard

auf HMV: Girl Bride/For Eternity (POP 938)

(1961), Try Once More/My Little Girl's Come Home (POP 1068) (1962), Saturday Dance/Come Back To Me (POP 1160), Sky Men/Walk With Me My Angel (POP 1213) (beide 1963)

Ian Gregory
auf Pye: Time Will Tell/The Night You Told A Lie (7N. 15295) (1960), Can't You Hear The Beat/Because (7N. 15397) (1961), Mr. Lovebug/Pocket Full Of Dreams (7N. 15435) (1962)

Jim Gunner
(and The Echoes) Footloose/Hoole Jump (Decca F 11276) (1960); (and The Sidekicks) Baghdad/Desperado (Fontana H 313) (1961)

Terence Holderway Hale
Beauty And The Beast/My New Year's Eve (Fontana H 285) (1961)

Jet Harris
auf Decca: Besame Mucho/Chills And Fever (F 11466), Theme From The Man With The Golden Arm/Some People (F 11488), EP «Jet Harris» (dfe 8502), (and Tony Meehan) Diamonds/Footstomp (F 11563) (alle 1962), (and Tony Meehan) Scarlet O'Hara/Doin' The Hully Gully (F 11644), (and Tony Meehan) Applejack/The Tall Texan (F 11710) (beide 1963), Big Bad Bass/Rifka (F 11841) (1964)

Wee Willie Harris
auf Decca: mit anderen: «Stars Of Six-Five Special» (LF 1299) (1957), mit anderen: «Rockin' At The 21's» (LF 1300), Rockin' At The 21's/Back To School Again (F 10970), Love Bug Crawl/Rosie Lee (F 10980), EP «Rockin' With Wee Willie» (dfe 6465), No Chemise Please/Got A Match (F 11044) (alle 1958), I Go Ape/ – (F –) (1959), Wild One/Little Bitty Girl (F 11217) (1960)

Eddie Hickey
auf Decca: Lady May/Cap And Gown (F 11153) (1959), Plain Jane/Who Could Be Bluer (F 11204), Another Sleepless Night/Barbara (F 11241) (beide 1960)

Brian Howard with The Silhouettes
Young And Evil/Somebody Help Me (Columbia DB 4914) (1962); Back In The U.S.A./Hooked (Fontana TF 464) (1964)

The Hunters
auf Fontana: Teen Scene/Santa Monica Flyer (H 276) (1960), Golden Earrings/Tally Ho (H 303), How's M' Chicks/The Storm (H 323), «Teen Scene – The Hunters Play The Big Hits» (TFL 5140) (alle 1961), «Hits From The Hunters» (TFL 5175) (1962), Teen Scene/Someone Else's Baby (H 514) (1964)

Jimmy Jackson Rock 'n' Skiffle
auf Columbia: I Shall Not Be Moved/California Zephyr (DB 3898), Sittin' In The Balcony/Good Morning Blues (DB 3937), Lonely Road/River Line (DB 3975), Build Your Love On A Strong Foundation/White Silver Sands (DB 3988); EP «Country 'n' Blues» (seg 7768); mit anderen: «Six-Five Special» (Parlophone PMC 1047) (alle 1957)

Peter Jay and The Jaywalkers
auf Decca: Can Can '62/Redskins (F 11531) (1962), Totem Pole/Jaywalker (F 11593), Poet And Peasant/Oh La La (F 11659), Kansas City/Parade Of The Tin Soldiers (F 11757) (alle 1963)

Davy Jones
auf Pye: Mighty Man/Amapola (7N. 15254) (1960), Shenandoah/Scenery (7N. 15318), Bonnie Banks/Baby Baby (7N. 25095) (beide 1961); Jezebel/Don't Come Crying To Me (Piccadilly 7N. 35038) (1962)

Jimmy Justice
auf Pye: (and The Jury) Bloodshot Eyes/I Understand Just How You Feel (7N. 15301), A Little Bit Of Soap/ – (7N. –) (beide 1961), When My Little Girl Is Smiling/If I Lost Your Love (7N. 15421), Ain't That Funny/One (7N. 15443), Spanish Harlem/Write Me A Letter (7N. 15457), Parade Of Broken Hearts/Dawning (7N. 15469), «The Two Sides Of Jimmy Justice» (NPL 18080) (alle 1962), I Woke Up Crying/The World Of Lonely People (7N. 15502), Lighted Windows/Little Cracked Bell (7N. 15509), «Smash Hits» (NPL 18085) (alle 1963)

Nelson Keene
auf HMV: Image Of A Girl/Ocean Of Love (POP 771), Keep Loving Me/Teenage Trouble (POP 814) (beide 1960)

292

Johnny Kidd and The Pirates
auf HMV: Please Don't Touch/Growl (POP 615), Feelin'/If You Were The Only Girl In The World (POP 674) (beide 1959), You've Got What It Takes/Longin' Lips (POP 698), Shakin' All Over/Yes Sir, That's My Baby (POP 753), Restless/Magic Of Love (POP 790) (alle 1960), Linda Lu/Let's Talk About Us (POP 853), So What/Please Don't Bring Me Down (POP 919) (beide 1961), Hurry Back On Love/I Want That (POP 978), I Can Tell/A Shot Of Rhythm And Blues (POP 1088) (beide 1962), I'll Never Get Over You/Then I Got Everything (POP 1173), Hungry For Love/Ecstasy (POP 1228) (beide 1963); mit anderen: «Saturday Club» (Parlophone PMC 1130) (1961)

The Krew Kats
auf HMV: Trambone/Peak Hour (POP 840), Samovar/Jack's Good (POP 894) (beide 1961)

Don Lang
auf HMV: Cloudburst/Seventeen (POP 115), I Want You To Be My Baby/Four Brothers (POP 150), Rock Around The Island/Jumpin' To Conclusions (POP 178) (alle 1955), Rock and Roll Blues/Stop The World, I Wanna Get Off (POP 224), Sweet Sue/Lazy Latin (POP 260), (and The Frantic Five) Rock Around The Cookhouse/Rock Mister Piper (POP 289) (alle 1956), EP «Don Lang and his Frantic Five» (7eg 8208), (and The Skifflers) Come Go With Me/(and The Frantic Five) Rock-a-billy (POP 335), (and The Frantic Five) School Days/Six-Five Special (POP 350), «Skiffle Special» (DLP 1151), (and The Frantic Five) Again 'n' Again 'n' Again/White Silver Sands (POP 382), (and The Frantic Five) Red Planet Rock/Texas Tambourine (POP 414), Ramshackle Daddy/6-5 Hand Jive (POP 434) (alle 1957), (and The Frantic Five) Junior Hand Jive/Tequila (POP 465), See You Friday/A Hoot An' A Holler (POP 469), (and The Frantic Five) Witch Doctor/Cool Baby Cool (POP 488), «Introducing The Hand Jive» (DLP 1179), (and The Frantic Five) Hey Daddy/The Bird On My Head (POP 510), La-Do-Da-Da/Queen Of The Hop (POP 547) (alle 1958), Wiggle Wiggle/You Were Only Teasin' (POP 585), Percy Green/Phineas McCoy (POP 623), Reveille Rock/Frankie And Johnny (POP 682) (alle 1959), Sink The Bismarck/They Call Him Cliff (POP 714), Time Machine/Don't Open That Door (POP 805) (beide 1960); mit anderen: «Six-Five Special»: Six-Five Special/Ramshackle Daddy/You Started Something (Parlophone PMC 1047); «20 Top Twenty Twists» (Decca ACL 1111) (1962)

John Leyton
auf Top Rank: Tell Laura I Love Her/Goodbye To Teenage Love (JAR 426) (1960), Johnny Remember Me/There Must Be (JAR 577), Wild Wind/You Took My Love For Granted (JAR 585); auf HMV: The Girl On The Floor Above/Terry Brown's In Love With Mary Dee (POP 798), Son This Is She/Six White Horses (POP 956), «The Two Sides Of John Leyton» (CLP 1497) (alle 1961), Lone Rider/Heart Of Stone (POP 992), Lonely City/It Would Be Easy (POP 1014), Down The River Nile/I Think I'm Falling In Love (POP 1054), Lonely Johnny/Keep On Loving You (POP 1076) (alle 1962), Cupboard Love/Land Of Love (POP 1122), I'll Cut Your Tail Off/The Great Escape (POP 1175), On Lover's Hill/Lover's Lane (POP 1204), Beautiful Dreamer/I Guess You Are Always On My Mind (POP 1230), «Always Yours» (CLP 1664); «One Night Stand» (Columbia 33SX –) (alle 1963)

Laurie London
auf Parlophone: He's Got The Whole World In His Hands/The Cradle Rock (R 4359) (1957), She Sells Sea Shells/Handed Down (R 4388), Boomerang/The Gospel Train (R 4408), A Railroadin' Man/I Gotta Robe (R 4426), Darktown Strutter's Ball/My Mother (R 4447), Basin Street Blues/Joshua (R 4450), Three O'Clock/Up Above My Head (R 4499) (alle 1958)

Jerry Lordan
I Vibrate/ – (Saga SAG 2902); auf Parlophone; Can We Kiss/I'll Stay Single (R 4588) (beide 1959), Who Could Be Bluer?/Do I Worry? (R 4627), Ring, Write Or Call/I've Still Got You (R 4695), «All My Own Work» (PMC 1133) (alle 1960), Let's Try Again/You Came A Long Way From St. Louis (R 4748) (1961)

Jimmy Miller and The New Barbecues
auf Columbia: Free Wheelin' Baby/Sizzlin' Hot (DB 4006) (1957), Cry, Baby, Cry/Jelly Baby (DB 4081) (1958)

293

The Moontrekkers
auf Parlophone: Night Of The Vampire/Melody D'Amore (R 4814) (1961), There's Something At The Bottom Of The Well/Hatashai (R 4888) (1962); Moondust/The Bogey Man (Decca F 11714) (1963)

The Most Brothers
auf Decca: I'm Comin' Home/Whistle Bait (F 10968), Teen Angel/Whole Lotta Woman (F 10998), Dottie/Don't Go Home (F 11040) (alle 1958)

Nero and the Gladiators
auf Decca: Entry Of The Gladiators/Boots (F 11329), In The Hall Of The Mountain King/The Trek To Rome (F 11367), Czardas/That's A Long Time Ago (F 11413) (alle 1961); Bleak House/Tovarich (The Gladiators) (HMV POP 1134) (1963)

The Outlaws
auf HMV: Swingin' Low/Spring Is Near (POP 844), Ambush/Indian Brave (POP 877), Valley Of The Sioux/Crazy Drums (POP 927), «Dream Of The West» (CLP 1489) (alle 1961), Last Stage West/Ku-Pow (POP 990), Sioux Serenade/Fort Knox (POP 1074) (beide 1962), The Return Of The Outlaws/Texan Spiritual (POP 1124), That Set The Wild West Free/Hobo (POP 1195), Law And Order/Do Da Day (POP 1241) (alle 1963), Keep A Knockin'/Shake With Me (POP 1277) (1964)

The Packabeats
Gypsy Beat/Big Man (Parlophone R 4729) (1961); auf Pye: Evening In Paris/Theme From The Traitors (7N. 15480) (1962), Packabeat/Dream Lover (7N. 15549) (1963)

Jimmy Powell
auf Decca: Sugar Baby Part 1 and 2 (F 11 –) (1962), Remember Then/Everyone But You (F 11570) (1963)

Duffy Power
auf Fontana: Dream Lover/That's My Little Suzie (H 194), Kissin' Time/Ain't She Sweet (H 214), Prettier Than You/Starry-Eyed (H 230) (alle 1959), If I Can Dream/Whole Lotta Shakin' Goin' On (H 279) (1960), I've Got Nobody/When We're Walking Close (H 302) (1961)

Red Price
Rock O' The North/Rocky Mountain Gal (Decca F 10822); auf Pye: Weekend/The Sneeze (7N. 15169) (1958), My Baby's Door/Wow! (7N. 15262) (1960); Blackjack/Danger Man (Parlophone R 4789) (1961)

Dickie Pride
auf Columbia: Slippin' And Slidin'/Don't Make Me Love You (DB 4283), Fabulous Cure/Midnight Oil (DB 4296), Primrose Lane/Frantic (DB 4340) (alle 1959), Betty, Betty/No John (DB 4403), Bye Bye Blackbird/You're Singing Our Love Song To Somebody Else (DB 4451), «Pride Without Prejudice» (33SX 1307) (alle 1960)

Judd Proctor
auf Parlophone: Backfire/It's Bluesy (R 4920) (1962), Better Late/Boots (R 5126) (1964)

Cliff Richard
mit anderen: «Jack Good's Oh Boy!» (Parlophone PMC 1072); auf Columbia: (and The Drifters) Move It/Schoolboy Crush (DB 4178), High Class Baby/My Feet Hit The Ground (DB 4203) (alle 1958), Livin' Lovin' Doll/Steady With You (DB 4249), Mean Streak/Never Mind (DB 4290), «Cliff» (33SX 1147), EP «Serious Charge» (seg 7895), (and The Shadows) Living Doll/Apron Strings (DB 4306), Travellin' Light/Dynamite (DB 4351), «Cliff Sings» (33SX 1192) (alle 1959), EP «Expresso Bongo» (seg 7971), A Voice In The Wilderness/Don't Be Mad At Me (DB 4398), Fall In Love With You/Willie And The Hand Jive (DB 4431), Please Don't Tease/Where Is My Heart (DB 4479), Nine Times Out Of Ten/Thinking Of Our Love (DB 4506), «Me And My Shadows» (33SX 1261), «D» In Love/I Love You (DB 4547) (alle 1960), Theme For A Dream/Mumblin' Mosie (DB 4593), «Listen To Cliff» (33SX 1320), A Girl Like You/Now's The Time To Fall In Love (DB 4667), Gee Whiz It's You/I Cannot Find A True Love (DC 756), «21 Today» (33SX –), When The Girl In Your Arms/Gotta Funny Feeling (DB 4716), EP «Dream» (seg 8119), «The Young Ones» (33SX 1384) (alle 1961), The Young Ones/We Say Yeah (DB 4761), I'm Looking Out Of The Window/Do You Wanna Dance (DB –), It'll Be Me/Since I Lost You (DB 4886), «32 Minutes and 17 Seconds with Cliff Richard» (33SX 1431), Bachelor Boy/The

Next Time (DB 4950) (alle 1962), LP «Summer Holiday» (33SX 1472), Summer Holiday/Dancing Shoes (DB 4977), EP «Holiday Carnival» (seg –), Lucky Lips/I Wonder (DB 7034) (alle 1963)

Danny Rivers
Hawk/I Got (Top Rank JAR 408); auf Decca: Can't You Hear My Heart/I'm Waiting For Tomorrow (F 11294) (beide 1960), My Baby's Gone Away/Once Upon A Time (F 11357) (1961); Movin' In/We're Gonna Dance (HMV POP 1000) (1962); There Will Never Be Anyone Else/I Don't Know You Know How Much It Hurts Me (Decca F 11865) (1964)

Lord Rockingham's XI
auf Decca: Fried Onions/The Squelch (F 11024), Hoots Mon/Blue Train (F 11059), EP «Oh Boy!» (dfe 6555), Lord Rockingham, I Presume/Wee Tom (F 11104) (alle 1958), Farewell To Rockingham/Ra-Ra-Rockingham (F 11139) (1959)

The Jeff Rowena Group
auf Pye: Bullfight/Peanut Vendor (7N. 15328), Ambush/John Peel (7N. 15365) (beide 1961), Ten Ton Caroline/La Cucaracha (7N. 15423); auf Oriole: Dance Baby, Dance/Love Me Once Again (CB 1797) (beide 1962), Diddle-De-Dum/Watermelon (CB 1810) (1963)

Mike Sagar and The Cresters
Deep Feeling/You Know (HMV POP 819) (1960)

Russ Sainty
Happy Go Lucky Me/Standing Around (Top Rank JAR 381); auf Decca: Race With The Devil/Too Shy (F 11270) (beide 1960), Don't Believe Him Donna/Your Other Love (F 11325) (1961); Lonesome Town/That's How I'm Gonna Love You (Parlophone R 5168) (1964)

Dave Sampson with The Hunters
auf Columbia: It's Lonesome/Sweet Dreams (DB 4449), If You Need Me/See You Around (DB 4502) (beide 1960), Why The Chicken/1999 (DB 4597), Easy To Dream/That's All (DB 4625) (beide 1961)

The Scorpions
auf Parlophone: Riders In The Sky/Torquay (R 4740), Scorpio/Rockin' At The Phil (R 4768) (beide 1961)

The Shadows
auf Columbia: Don't Be A Fool With Love/Feelin' Fine (The Drifters) (DB 4263), Driftin'/Jet Black (The Drifters) (DB 4325) (beide 1959), Lonesome Fella/Saturday Dance (DB 4387), Apache/Quartermaster's Stores (DB 4484), EP «The Shadows» (seg 8061), Man Of Mystery/The Stranger (DB 4530), F.B.I./Midnight (DB 4580) (alle 1960), The Frightened City/Back Home (DB 4637), «The Shadows» (33SX 1374), Kon-Tiki/36–24–36 (DB 4698), Peace Pipe/The Savage (DB 4726) (alle 1961), Wonderful Land/Stars Fell On Stockton (DB 4790), Guitar Tango/What A Lovely Tune (DB 4870), «Out Of The Shadows» (33SX 1458), Dance On/All Day (DB 4948) (alle 1962), Footapper/The Breeze And I (DB 4984), Atlantis/I Want You To Want Me (DB 7047), Shindig/ – (DB –), Geronimo/Shazam (DB 7163) (alle 1963)

Dean Shannon
Ubangi Stomp/Blowing Wild (HMV POP 1103) (1962)

Helen Shapiro
auf Columbia: Don't Treat Me Like A Child/When I'm With You (DB 4589), You Don't Know/Marvellous Lie (DB –), Walking Back To Happiness/Kiss 'n' Run (DB 4715), «Tops With Me» (33SX 1397) (alle 1961), Tell Me What He Said/I Apologize (DB –), Sometime Yesterday/Let's Talk About Love (DB –), Little Miss Lonely/I Don't Care (DB –), Keep Away From Other Girls/Cry My Heart Out (DB –) (alle 1962)

Doug Sheldon
auf Decca: Run Around Sue/My Billy (F 11398), Your Ma Said You Cried In Your Sleep Last Night/ – (F 11 –) (beide 1961), I Saw Linda Yesterday/My Billy (F 11564), A Big Big Baby/If You'd Be Mine (F 11463) (beide 1962), I Was Alone/Let's Make A Habit Of This (F 11653), Falling In Love With Love/Mickey's Monkey (F 11790) (beide 1963)

295

The Sleepwalkers
Sleep Walk/The Golden Mile (Parlophone R 4580) (1959)

Sounds Inc.
Mogambo/Emily (Parlophone R 4815) (1961); auf Decca: Sounds Like Locomotion/ Taboo (F 11540) (1962), Go/Stop (F 11590), Keep Moving/Order Of The Keys (F 11723) (beide 1963)

The Staccatos
Topaz/Main Line (Parlophone R 4828) (1961)

Tommy Steele
auf Decca: Rock With The Cavemen/Rock Around The Town (F 10795), Elevator Rock/ Doomsday Rock (F 10808), Singing The Blues/Rebel Rock (F 10819) (alle 1956), Knee-Deep In The Blues/Teenage Party (F 10849), «Tommy Steele Stage Show» (LF 1287), EP «Young Love» (dfe 6388), Butter-fingers/Cannibal Pot (F 10877), Grandad's Rock/Shiralee (F 10896), «The Tommy Steele Story» (LF 1288), Butterfly/andere Interpreten (F 10915), A Handful Of Songs/Water, Water (F 10923), Hey You/Plant A Kiss (F 10941), «Stars Of Six-Five Special»: Swaller Tail Coat/Singing The Blues (LF 1299) (alle 1957), Happy Guitar/Princess (F 10976), Nai-robi/Neon Sign (F 10991), «The Duke Wore Jeans» (Film Soundtrack) (LF 1308), It's All Happening/What Do You Do (F 11026), The Only Man On The Island/I Put The Lightie On (F 11041), Come On, Let's Go/Put A Ring On Hei Finger (F 11072), A Lovely Night/Marriage Type Love (F 11089), «Cinderella»: A Very Special Day/Marriage Type Love (LK 4303), Hiawatha/The Trial (F 11117) (alle 1958), Tallahassee Lassie/Give! Give! Give! (F 11152), Young Ideas/You Were Mine (F 11162), Little White Bull/Singing Time (F 11177) (alle 1959), «Get Happy With Tommy» (LK 4351) (1960)

Dean Sterling and The Teen-Beats
Send Me A Girl/Lost Love (Pye 7N. 15345) (1961)

Rhet Stoller
auf Decca: Walk Don't Run/All Rhet (F 11271) (1960), Chariot/Night Theme (F 11302) (1961), Countdown/Over The Steppes (F 11738) (1963); Beat That/Treble Gold

(Melodisc MEL 1595) (1961); Knockout/ Ricochet (Windsor WPS 130) (1964)

Danny Storm
auf Piccadilly: Honest I Do/Sad But True (7N. 35025), I Just Can't Fool My Heart/Thinking Of You (7N. 35091) (beide 1962), Let The Sunshine In/Say You Do (7N. 35143) (1963)

Robb Storme and The Whispers
auf Decca: I Don't Need Your Love Anymore/ One Thousand, Nine Hundred And When (F 11282) (1960), Five Minutes More/Music (F 11313), Near You/Lonesome Town (F 11364), Earth Angel/Transistor Sister (F 11–) (alle 1961), EP «Wheels» (dfe 6700) (1962); Sixteen Years Ago Tonight/Surprise, Surprise (Pye 7N. 15515); auf Piccadilly: Happens Ev-'ryday/Surprise, Surprise (7N. 35133) (beide 1963), Bu-Bop-A-Lu-Bop-A-Lie/To Know Her Is To Love Her (7N. 35160) (1964)

Screaming Lord Sutch and The Savages
Till The Following Night/Good Golly Miss Molly (HMV POP 953) (1961); auf Decca: Jack The Ripper/Don't You Just Know It (F 11598), I'm A Hog For You/Monster In Black Tights (F 11747) (beide 1963); auf Oriole: She's Fallen In Love With The Monster Man/ Bye Bye Baby (CB 1944), Dracula's Daughter/ Come Back Baby (CB 1962) (beide 1964)

Neville Taylor
auf Parlophone: mit anderen: «Oh Boy!»: Good, Good/Leroy/Little Miss Ruby (PMC 1072), Tears On My Pillow/I Don't Want To Set The World On Fire (R 4476), The Miracle Of Christmas/A Baby Lay Sleeping (R 4493) (alle 1958), Crazy, Little Daisy/The First Words Of Love (R 4524) (1959); Dance With A Dolly/Free Passes (Oriole CB 1546) (1960)

Vince Taylor and his Playboys
auf Parlophone: Right Behind You Baby/I Like Love (R 4505) (1958), Brand New Cadillac/ Pledging My Love (R 4539) (1959); auf Palette: I'll Be Your Hero/Jet Black Machine (9001) (1960), What'cha Gonna Do/Move Over Tiger (9020) (1961)

Gerry Temple
auf HMV: No More Tomorrows/So Nice To Walk You Home (POP 823), Seventeen Come Sunday/Tell You What'll I Do (POP 939)

(beide 1961), Angel Face/Since You Went Away (POP 1114) (1963)

The Tornados
auf Decca: Love And Fury/Pop-Eye Twist (F 11449), Telstar/Jungle Fever (F 11494), Globetrotter/Locomotion With You (F 11562), EP «The Sounds Of The Tornados» (dfe 8510), EP «More Sounds From The Tornados» (dfe 8521) (alle 1962), Live On Venus/ Robot (F 11606), The Ice Cream Man/Scales Of Justice (F 11662), Dragonfly/Hymn For Teenagers (F 11745), EP «Tornado Rock» (dfe 8533), «Away From It All» (LK 4552) (alle 1963)

Mel Turner and The Bandits
Let Me Hold Your Hand/I'll Be With You In Apple Blossom Time (Melodisc MEL 1580) (1961); Daddy Cool/Swing Low Sweet Chariot (Columbia DB –) (1962); Money Honey/Rock My Soul (Arcade ARC 5005) (1963)

The Vigilantes
Eclipse/Man In Space (Pye 7N. 25082) (1961)

The Vipers Skiffle Group
auf Parlophone: Pick A Bale Of Cotton/Ain't You Glad (R 4238) (1956), Don't You Rock Me, Daddy-O/10000 Years Ago (R 4261), Jim Dandy/Hey Liley, Liley Lo (R 4286), The Cumberland Gap/Maggie May (R 4289), Railroad Steam Boat/Streamline Train (R 4308), Homing Bird/Pay Me My Money Down (R 4351), Last Train To San Fernando/Puttin' On The Style (und andere Interpreten) (R 4356) (alle 1957), Skiffle Party (R 4371), No Other Baby/Baby Why? (R 4393), (The Vipers) Make Ready For Love/Nothing Will Ever Change (R 4435), (The Vipers) Summertime Blues/Liverpool Blues (R 4484) (alle 1958)

The Viscounts
auf Pye: Rockin' Little Angel/That's All Right (7N. 15249), Shortnin' Bread/Fee-Fi-Fo-Fum (7N. 15287) (beide 1960), Money Is The Root Of All Evil/One Arm Bandit (7N. 15323) (1961)

Ricky Wayne & The Flee Rakkers
Chick' Aroo/Don't Pick On Me (Top Rank JAR 432); Make Way Baby/Goodness Knows (Pye 7N. 15289) (beide 1960)

Terry Wayne
auf Columbia: Matchbox/Your True Love (DB 4002), EP «The Terrific» (seg 7758); mit anderen: «Six-Five Special» (Parlophone PMC 1047) (alle 1957); auf Columbia: All Mama's Children/Forgive Me (DB 4067), Oh, Lonesome Me/There's Only One You (DB 4112), Little Brother/Where My Baby Goes (DB 4205) (alle 1958), Brooklyn Bridge/She's Mine (DB 4312) (1959)

Bert Weedon
auf Top Rank: Guitar Boogie Shuffle/Bert's Boogie (JAR 117), The Lady Is A Tramp/Sing Little Birdie (JAR 121), Petite Fleur/My Happiness (JAR 122), Time To Say Goodnight/ Charmaine (JAR 123), Teenage Guitar/Blue Guitar (JAR 136), Jealousy/Tango, Tango (JAR 210), Stardust/Summertime (JAR 211), Kingsize Guitar/Nashville Boogie (JAR 221) (alle 1959), Big Beat Boogie/Theme From «A Summer Place» (JAR 300), Twelfth Street Rag/Querida (JAR 360), Apache/Lonely Guitar (JAR 415), Sorry Robbie/Easy Beat (JAR 517), «King Size Guitar» (BUY 026) (alle 1960), Ginchy/Yearning (JAR 537), Mr. Guitar/Eclipse (JAR 559), Ghost Train/Fury (JAR 582), «Honky Tonk Guitar» (35– 101); auf HMV: Red Guitar/China Doll (POP 946) (alle 1961), Twist Me Pretty Baby/Twist A Napoli (POP 989), Some Other Love/Tune For Two (POP 1043), South Of The Border/ Poinciana (POP 1077) (alle 1962), Night Cry/ Charlie Boy (POP 1141), Dark Eyes/Black Jackets (POP 1216) (beide 1963)

Marty Wilde
auf Philips: Honeycomb/Wild Cat (PB 750), Love Bug Crawl/Afraid Of Love (PB 781), Sing, Boy, Sing/Oh, Oh I'm Falling In Love Again (PB 804) (alle 1957), Endless Sleep/Her Hair Was Yellow (PB 835), Misery's Child/My Lucky Love (PB 850), No One Knows/The Fire Of Love (PB 875) (alle 1958), Donna/ Love-A, Love-A, Love-A (PB 902), «Wilde About Marty» (BBL 7342), A Teenager In Love/Danny (PB 926), Sea Of Love/Teenage Tears (PB 959), Bad Boy/It's Been Nice (PB 972) (alle 1959), Johnny Rocco/My Heart And I (PB 1002), Johnny At The Crossroads/The Fight (PB 1022), «Marty Wilde Showcase» (BBL 7380), I Wanna Be Loved By You/ Angry (PB 1037), You Seventeenth Spring/ Little Girl (PB 1078), Rubber Ball/Like Mak-

ing Love (PB 1101), «The Versatile Mr. Wilde» (BBL 7385) (alle 1960), Your Loving Touch/When Does It Get To Be Love (PB 1121), Crazy Dream/Hide And Seek (PB 1161), Like Makin' Love/Tomorrow's Clown (PB 1191) (alle 1961), Come Running/Ev'ryone (PB 1206), Jezebel/ – (–), Ever Since You Said Goodbye/Send Me The Pillow You Dream On (326.546 BF), Little Miss Happiness/No, Dance With Me (326.579 BF) (alle 1962)

Wally Whyton
auf Parlophone: Don't Tell Me Your Troubles/

It's All Over Now (R 4585) (1959), All Over This World/Got Me A Girl (R 4630) (1960)

Roy Young
mit anderen: «Drumbeat» (Parlophone PMC 1101); auf Fontana: mit anderen: EP «BBC's Drumbeat» (TFE 17146), mit anderen: «The Big Beat» (TFL 5080), Big Fat Mama/Just Keep It Up (H 200), Hey, Little Girl/Just Ask Your Heart (H 215) (alle 1959), Taboo/I'm In Love (H 247) (1960), (with The Hunters) Plenty Of Love/You Were Meant For Me (H 290) (1961); Four An' Twenty Thousand Kisses/Late Last Evening (Ember S–128) (1962)

Wiederveröffentlichungen englischer Rock 'n' Roll-Aufnahmen

Terry Dene
I Thought Terry Dene Was Dead (Decca SPA 368 (GB))

Billy Fury
The Billy Fury Story (2 LP) Decca DPA 3033/34 (GB))
Halfway To Paradise (Decca 6.21644)

Jet Harris and Tony Meehan
Remembering (Decca REM 1 (GB))

Johnny Kidd and The Pirates
Shakin' All Over (EMI Starline SRS 5100 (GB))

Cliff Richard
Cliff's Hit Album (EMI SX 1512)
It'll Be Me (EMI Starline SRS 5011 (GB))
40 Hits (2 LP) (EMI EMTV S 6 (GB))

The Shadows
20 Golden Greats (EMI 1C 072-6297)

Tommy Steele
Focus On Tommy Steele (2 LP) (Decca FOS 21/22 (GB))

The Vipers Skiffle Group
Skiffle Hits (EMI-UP OU 2148 (GB))

Marty Wilde
Good Rockin' Then And Now (Philips 6382102)

«Six-Five Special»
(Don Lang/Marty Wilde/Lord Rockingham/Jim Dale/Lonnie Donegan/Tommy Steele/Terry Dene/Chas McDevitt) (BBC Records REB 252 (GB))

Verschiedene amerikanische und englische Interpreten
«40 Super Oldies Vol. 1» (2 LP) (Decca 6.28301)
«Vol. 2» (2 LP) (Decca 6.28319)

«The Joe Meek Story» (2 LP)
(Mike Berry/The Tornados/Screaming Lord Sutch/ (Decca DPA 3035/36 (GB))

«Golden Oldies»
(Lonnie Donegan/Jimmy Justice/Emile Ford/Joe Brown/The Brook Brothers) (Pye Golden Hour GH 563/87396 XAT)

Personenregister

(Aufgenommen sind Interpreten und Gruppen, Produzenten, Autoren und Discjockeys)

A

Abramson, Herb 154
Accents, the 77
Ace, Johnny 103f, 127, 133, 193, 229, 240
Acuff, Roy 63
Aladdin, Thurston Harrison 211
Alberts, Al 47, 242
Allen, Lee 172
Allen, Rex 55
Allen, Rosalie 19
Allen, Steve 242, 266
Allison, Jerry 192
Ames Brothers, the 27, 45, 54, 68, 211, 251
Amory Brothers, the 45
Anderson, Leroy 29, 51
Andrew Sisters, the 28, 37
Anka, Paul 193, 201ff, 206, 230, 237, 257, 263
Anthony, Ray 51, 216
Anton, Mark 71
Arkin, Alan 140
Arms, Russell 76
Armstrong, Louis 106, 247, 254
Arnold, Eddy 10f, 214, 253
Arlen, Harold 250
Auric, Georges 54
Autry, Gene 47f, 214
Avalon, Frankie 152, 184, 189, 223, 252, 255f, 263
Avon Comedy Four, the 29

B

Baby Cortez 242
Bacharach, Burt 43, 243
Bagdasarian, Ross 228, 249
Bailey, John (Buddy) 102
Bailey, Pearl 167
Baker, Belle 29
Baker, LaVern 11, 87, 95, 137, 236, 256, 261
Balin, Marty 171
Ballard, Hank 128
Bartholomew, Dave 105, 250
Basie, Count 92, 95, 101, 109ff, 120
Bassey, Shirley 41
Battle, Edgar 247
Baxter, Les 125
Beach Boys, the 154, 193, 225
Beatles, the 105f, 128, 139, 154, 157, 161, 171, 173ff, 193f, 203f, 224, 228

Bee, Molly 174
Belafonte, Harry 54, 206
Bell, Don 229
Belland, Bruce 225
Belvin, Jesse 135
Bennett, Boyd 136, 175
Bennett, Tony 12, 32, 39, 48, 68, 71, 125
Benton, Brook 229, 250, 259
Berlin, Irving 30, 60, 168, 222
Berry, Chuck 90f, 111, 119, 133, 141, 145, 147, 154ff, 164, 173ff, 185, 188, 193, 201, 206, 210, 225, 231f, 238, 274
Big Maceo 93
Big Maybelle 232
Billie und Lillie 185, 222
Biondi, Dick 165
Black, Bill 133
Blackton, Jay 222
Blackwell, Otis 157, 195
Bleyer, Archie 53, 125
Blind Lemon Jefferson 100
Blitzstein, Marc 254
Block, Martin 69, 183, 222, 248
Blue Barron 29
Blue Caps, the 176
Blue Jeans, the 250
Bobettes, the 189
Bob und Ray 71
Bolden, Buddy 93
Booker T And The MGs, the 107
Boone, Pat 21, 99, 127, 136f, 140, 164, 171ff, 185, 188, 199, 204, 223, 228, 251, 261, 263
Bostic, Earl 90
Boswell, Connie 132
Boudleaux, Bryant 194, 250
Bowen, Jimmy 191f
Bowie, David 164
Boyd, Jimmy 52
Bradshaw, Tiny 90
Branch, Ben 109
Brenner, Paul 71
Brenston, Jackie 103
Brewer, Teresa 45, 68, 132, 206, 241
Britt, Elton 19
Bronnzy, «Big» Bill 138
Brown, Charles 93, 110, 114
Brown, James 139, 173f
Brown, Larry 221

Brown, Nappy 12
Brown, Roy 90, 117, 172
Brown, Ruth 87, 90f, 94f, 100, 127, 134, 168
Brown, Ted 71
Browns, the 252, 255
Brubeck, Dave 151
Bryant, Willie 167, 250
Buddy, und Bob 192
Busch, Lou 46
Butera, Sam 65
Byas, Don 93
Byrant, Felice 194

C

Cadets, the 178
Cadillacs, the 177, 229, 257
Campbell, Glenn 225
Cannon, Freddy 185, 256
Cantor, Eddie 90
Capehart, Jerry 205
Cardinals, the 129
Carlo, Tyran 259
Carlyle, Charles 74
Carr, Joe «Fingers» 46
Carr, Leroy 93
Carr, Morey 250
Carrol, David 135
Carroll, Earl 177
Carroll, Jimmy 65
Carson, Jenny Lou 131
Carson, Mindy 39f, 174
Cash, Johnnie 88, 174ff, 196, 199, 210, 233, 246, 254
Cassatto, Robert Waldon 236
Cassidy, David 66
Chacksfield, Frank 53
Champs, the 225
Charles, Bobby 147
Charles, Ray 36, 75, 87, 94f, 133, 138, 152, 173f, 197, 232, 260
Charms, the 129f, 137
Chase, Lincoln 126
Chatman, Peter 101
Checker, Chubby 128
Cheers, the 143
Chessler, Deborah 99
Chordettes, the 41, 219f
Chords, the 83, 85, 130
Christian, Charley 106
Cistone, Toni 239
Clanton, Jimmy 240
Clapton, Eric 88, 174
Clark, Dick 71, 151, 182ff,

299

189f, 224, 227, 229f, 241, 243, 247f, 256f, 262f, 266, 268, 271f
Clayton, Bob 71
Cleftones, the 178
Clooney, Rosemary 12, 39, 41, 47, 51, 68, 101, 132, 134
Clovers, the 87, 90, 102, 117, 127, 129
Clyde McDevitt Skiffle Group 215
Coasters, the 177f, 208ff, 236
Cochran, Eddie 177, 204ff
Cocker, Joe 88
Cole, Cozy 247
Cole, Nat «King» 9, 32, 35f, 44, 55, 89, 91, 93, 100, 106, 114, 130, 138, 152, 156, 169f, 191, 206f, 211, 214, 229, 251
Collins, Al (Jazzbo Collins) 70, 76ff
Collins, Dorothy 77ff
Comets, the 41, 78, 133, 145
Como, Perry 10, 20, 28, 30ff, 36, 55, 68, 75, 89, 97, 124f, 134f, 188, 211, 221, 223f, 229, 251
Conn, Donny 250
Cooke, Sam 111, 139, 206f, 233, 248, 259
Cooley, Spade 151
Cooper, Alex 69
Copas, Cowboy 12, 28, 201
Corey, Jill 77
Cornel, Don 32, 51
Coronets, the 119
Cousin Lee, the 148
Craft, Morty 83
Craig, Francis 244
Crests, the 258
Crew Cuts, the 12, 72, 85, 125, 130f, 135, 140
Crewe, Bob 190, 257
Crickets, the 192, 255
Crosby, Bing 28, 37, 45f, 53, 68, 74, 106, 168, 188, 213
Crosby, Gary 45
Crows, the 85, 129, 178
Crudup, Arthur «Big Boy» 56
Crystals, the 250
Curtis, King 209

D

Dae, Sunny 145
Dale, Alan 32
Dale, Charles 29
Damone, Vic 32, 40, 211
Daniels, Billy 68, 259
Danny and the Juniors 185, 210, 220f
Darin, Bobby 185, 193, 201, 236, 252, 254, 256

Dave Clark Five, the 258
David, Hal 43
David, Mark 243
Davie, Bob 241
Davis, Eddie «Lockjaw» 97
Davis, Maxwell 109
Davis, Miles 66
Davis, Sammy Jr. 201, 215
Davis, «Sheriff» Tex 176
Dawes, Bill 71
Dawes, Charles G. 243
Day, Doris 39f, 44, 95, 125, 132, 251
Dean, Jimmy 254
Delaney and Bonnie 88
Del Vikings, the 211
De Lys, Gogo 74
Desmond, Johnny 17, 32, 54, 77, 134, 244
De Witt, Chuck 226
Diamond, Neil, 188
Diamonds, the 143, 178, 186, 206f, 210
Diddley, Bo 133, 139ff, 192, 240
Ding Dongs, The 236
Dion And The Belmonts 242, 255
Dixon, Julius 218f
Dixon, Willie 139
Domino, Antoine «Fats» 46, 78, 96, 100, 105f, 111, 133, 136, 145, 152, 164, 168, 172ff, 199ff, 204, 206, 250
Dominos, the 87, 102, 112f, 117, 127, 202, 259
Donahue, Tom 71
Donaldson, Walter 168
Dorsey, Jimmy 211
Dorsey, Tommy 109, 242
Down Homers, the 148
Draper, Rusty 215
Drifters, the 87, 103, 112, 126f, 261
Driftwood, Jimmy 253
Duke, Vernon 43
Dupree, «Champion» Jack 119
Durham, Edward 247
Dylan, Bob 154, 188

E

Eckstine, Billy 32, 36, 44, 130, 156
Eddy, Duane 199f, 250, 261
Edwards, Sherman 136
Edwards, Tom 169, 243
El Dorados, the 140
Elegants, the 241
Ellington, Duke, 110
Engvick, Bill 39
Ertegun, Ahmet 102
Esquire Boys, the 150

Everly Brothers, the 193, 206, 216, 229, 232, 250, 257

F

Fabian 152, 184, 188f, 256, 261, 263
Fain, Sammy 235
Faith, Percy 29, 51, 54, 214
Falcons, the 129, 257
Farina, Ann 258
Farina, Johnny 258
Farina, Santo 258
Fiestas, the 257f
Fisher, Eddi 27, 32f, 51, 54, 61, 68, 125, 136, 216, 251, 263
Fisher, Edwin Jack 58ff
Fitzgerald, Ella 130, 140
Five Keys, the 130, 133, 129
Five Royales, the 113
Flamingos, the 129
Fleetwoods, the 252, 257
Fletcher, Dusty 92
Flood, Joe 229
Foley, Red 12, 45, 145, 148, 150, 197
Fontane Sisters, the 136, 178
Ford, Art 233
Forrest, Helen 53
Four Aces, the 47, 68, 125, 135, 152f, 242
Four Fellows, the 12, 140
Four Freshman, the 251
Four Knigths, the 125
Four Lads, the 39, 47, 65, 68, 125, 179, 238, 251
Four Preps, the 225
Four Tunes 127
Fowler, Clara Anne 47
Francis, Connie 185, 223f, 255, 257
Franklin, Aretha 36
Franks, Tillman 253
Fratto, Russ 119, 154
Freberg, Stan 89
Fred Waring and His Pennsylvanians 139
Freed, Alan 46f, 98, 114ff, 127f, 131, 134, 138, 147, 150, 154f, 165ff, 182f, 187, 224, 227, 230, 233f, 237f, 243, 248, 269, 272f
Freeman, Bobby 233
Friesen, Bob 213
Fulson, Lowell 101, 109

G

Gabler, Milt 151, 248
Gale, Sunny 50
Gallagher, Eddie 71
Garcia, Jerry 175
Gardner, Carl 177
Garner, Erroll 93f

Gaylords, the 125
Gee, Matthew 94
Gene, und Eunice 135, 178
Getz, Stan 67
Gibbs, Georgia 10f, 50, 68, 136f, 216, 241f
Gibson, Don 176, 232
Gilkyson, Terry 39, 211
Gillespie, Dizzy 66
Gillespie, Haven 29
Gladiolas, the 206
Glenn, Derrell 55, 85
Glover, Henry 173
Goodman, Benny 69f, 96, 166, 169, 179, 214, 247
Gordy, Berry 259
Gordy, Gwendolyn 259
Gorme, Eydie 140
Gracie, Charlie 185, 190, 210, 268
Grady, Joe 71
Grandpa Jones 28
Grant, Earl 242
Grateful Dead, the 175
Grean, Charlie 45, 241
Green, Tough 109
Greenfield, Howard 224, 256f
Griffin, Johnny 94
Grimes, Tiny 94
Guard, Dave 245
Guthrie, Woody 43
Guy, Billy 177, 208f

H

Haggard, Merle 196
Haley, Bill 20, 41, 56, 66, 78, 90f, 103, 110f, 115, 120, 123, 127f, 130f, 133f, 145ff, 170f, 174, 210, 215
Hamblen, Stuart 26, 125, 132
Hamilton, Arthur 54
Hamilton, George IV 176, 210, 237
Hamilton, Roy 130f, 233
Hammer, Jack 195
Hammerstein, Arthur 28, 40
Hansen, Barry (Dr. Demento) 123f
Hampton, Lionel 94, 258
Happenings, the 179
Hardesty, Herb 172
Harold Jenkins And His Rock-houses 246
Harper, Milton 112
Harrison, George 175
Harrison, Wilbert 261
Harris, Phil 45
Harris, Wynonie «blues» 90, 117
Hart, Larry 27
Hauser, Johnny 74
Hawkins, «Screamin'» Jay 213

Hayes, Bill 134
Hayes, Isaac 188
Hayes, Richard 39, 269
Hayman, Richard 53
Haynes, Dick 69, 225
Hazel, Monk 93
Hazelwood, Lee 199
Heath, Percy 94
Heath, Ted 169
Helms, Bobby 190
Henderson, Jocko 183
Hendrix, Jimi 91
Hetti, Chic 250
Hibbler, Al 131
Hilltoppers, the 211, 229
Hines, Earl 91
Holiday, Billie 27, 35, 62, 100, 263
Hollies, the 258
Holly, Buddy 90, 192f, 206, 236f, 247, 255
Holmes, Leroy 125
Homer und Jethro 53, 63
Hooker, Johnny 142
Hope, Bob 55
Hope, Elmer 94
Horn, Bob 71, 151, 183f, 227
Horton, Johnny 253
Howard, Don 49f
Howard, Eddy 51
Howlin' Wolf 96, 104f
Hubbard, Eddie, 69, 71
Huey Smith And The Clowns 211
Hughes, Leon 177
Hugo und Luigi 233, 241
Humes, Helen 93
Hunter, Ivory Joe 87, 100, 116, 174
Hunter, Tab 189f

I

Ike And Tina Turner 250
Ike Turner Kings Of Rhythm 103
Ink Spots, the 91, 102, 129
Impalas, the 257f
Isley Brothers, the 120, 260
Isley, Ernest 261
Isley, Kelly 260f
Isley, Marvin 261
Isley, Ronnie 261
Isley, Rudolph 261
Isley, Vernon 261
Ives, Burl 28, 211

J

Jacks, the 178
Jackson, Al 107
Jackson, Al Jr. 107
Jackson, Bullmoose 97
Jackson, Willis «Gatortail» 97

Jaquet, Illinois 97
Jagger, Mick 128
James, Etta 136f
James, Joni 50, 52, 55
James, Sonny 189, 210
Jarvis, Al 183
Jayhawks, the 129
Jefferson Airplane, the 171
Jefferson, Lemon 104
Jenkins, Gordon 28, 44
Dr. Jive 165, 183
Joe Bennett and The Sparkletons 210
Joe Liggins and His Honeydrippers 99
Johnny And The Hurricanes 258
Johnny Lee Wills And His Boys 45
Johnson, Betty 241
Johnson, Buddy 90, 119
Johnson, Bunk 93
Johnson, Robert 104
Jolson, Al 60, 90, 196, 265
Jones, George 246f
Jones, Philly Joe 94
Jones, Spike 52
Jones, Tom 89f, 196
Jones, Will «Dub» 209
Jordan, Louis 72, 90ff, 106, 110f, 142, 146ff, 151, 215
Justis, Bill 199, 210

K

Kallen, Kitty 83, 124f
Karas, Anton 44
Kaufman, Murray 236, 269
Kaye, Sammy 26, 166, 214
Kenton, Stan 151
Keppard, Freddie 93
Kern, Jerome 153, 261
Kid Orys Band, the 93
King, B. B. 90, 96, 106ff, 114, 152, 197
King, Carole 188
King Cole Trio 35
King Kolax 109
King, Pee Wee 50, 53, 175
King, Riley B. 104f
Kingston Trio 40, 245, 261
Kitt, Eartha 54
Klavan und Finch 71
Kleinbard, Anette 249
Knox, Buddy 191f, 206
Kornett, Emmet Hardy 93
Kristofferson, Kris 188

L

Laine, Frankie 28, 32, 38f, 49, 57, 68, 106, 244
Lanin, Laster 222
Lanson, Snookey 75f

301

Lanza, Mario 32, 48, 152
La Rosa, Julius 53
Larson, Glenn 225
Lecuonas, Ernesto 9
Ledbetter, Huddie 44
Lee, Brenda 257
Lee, Peggy 139, 173, 239, 251
Leiber und Stoller 102, 113f, 143f, 157, 177, 188, 209f, 216, 225, 236, 249f, 261, 263
Lennon, John 174, 188, 193, 250
Leonetti, Tommy 77, 266
Lerner and Loewe 235
Les Compagnos De La Chanson, the 255
Les Paul und Mary Ford 49, 54
Lewis, Jerry Lee 121, 171, 194ff, 206, 216, 223, 233, 246
Lewis, Joe E. 201, 254
Lewis, Vic 248
Lieb, Marshall 249
Little Anthony and the Imperials 185, 239, 269
Little Esther 95, 100, 114, 117, 143, 240
Little Miss Cornshuchs 94f
Little Richard 21, 68, 96, 106, 111, 131, 137f, 147, 171ff, 195, 199, 205, 211, 238, 259
Little Walter 139
Little Willie John 133, 138, 173, 239
Lockwood, Robert Jr. 112
Lombardo, Carmen 229
Lombardo, Guy 29, 44, 70
London, Julie 53f
London, Laurie 225, 228
Lors, Denise 132
Loudermilk, John 176, 205
Lowe, Bernie 190
Lowe, Jim 137, 211
Lubinsky, Herman 12
Lucas, Buddy 240
Lulu Belle und Scotty 148
Lunsford, Orville 271
Lymon, Frankie 121, 178f, 239
Lynn, Vera 51

M
Maddox Brothers, the 63
Mama Cass 41
Mamarella, Tony 190
Mamas and Papas, the 113, 193
Mann, Kal 190
Marcucci, Bob 190
Markham, Pigmeat 92
Marks, Johnny 47
Marhsall, Jerry 162
Marterie, Ralph 35, 125, 146
Martin, Dean 20, 32, 58, 125,

201, 229, 238
Martino, Al 32, 51, 52
Martin, Tony 135
Mathis, Johnny 36f, 40, 228, 235, 262
Mayfield, Curtis 100, 188
Mayfield, Percy 100
McCabe, Patti 239
McCoy, Clyde 69
McDaniel, Ellias 139
McDonald, Skeets 55
McGhee, Stick 94
McGuire Sisters, the 68, 131, 222
McKenzie, Ed 71f, 76
McLaughlin, Bob 69
McNeely, Big Jay 97
McPhatter, Clyde 87, 96, 103, 112f, 250, 256, 259
McRae, Gordon 28
McVea, Jack 92
Memphis Slim 109
Men, Ray 199
Merrill, Bob 39f
Meyers, Peter 267
Midnighters, the 127ff
Milburn, Amos 93
Miller, Glenn 96, 151
Miller, Howard 71, 267
Miller, Mitch 17, 51, 57, 63, 65, 131, 134, 150, 166, 214f, 223f, 262
Miller, Mitchell 38ff
Millinder, Lucky 119, 146
Mills Brothers, the 51, 91, 102, 114, 206
Mineo, Sal 185, 189
Mitchell, Guy 32, 39f, 206, 244
Modugno, Domencio 238f
Mantovani Strings, the 262
Monroe, Vaughn 28, 106, 143
Mooney, Al 70
Mooney, Art 29, 44, 180
Moonglows, the 131, 136
Moon Mullican 197
Moore, Merrill 197
Moore, Oscar 35
Moore, Scooty 133
Morgan, Jane 211
Mormon Tabernacle Choir, The 254
Morris, Joe 94f
Morrow, Buddy 102
Morse, Ella Mae 50
Moten, Bennie 95
Mothers Of Invention, the 133
Mount Lebanon Singers, the 112

N
Nance, Jack 246
Neal, Bob 133, 197

Nee, Bernie 136
Nelson, Ricky 204, 206, 235, 250, 256f, 261
Nelson, Sandy 258
Nervous Nervous 179
Newborn, Calvin 109
Newborn, Phineas 109
Newborn, Thomas 109
Newman, Randy 26
Newsome, Gil 71
Nighthawks, Robert 110
Nilson, Harry 188
Nitwits, the 250
Norman, Gene 69, 225
Novak, LaVerne 239
Nunn, Bobby 177
Nutmegs, the 133, 140

O
O'Day, Pat 140
Orbison, Roy 88, 199, 246
Orioles, the 55, 85, 99
Osmond, Donny 194, 202
Otis, Clyde 229, 258
Otis, Johnny 100, 240

P
Page, Patti 17, 47, 50, 53, 125, 130, 132, 211, 229, 251
Parker, Charlie «Bird» 66
Parker, Fess 134
Parker, Tom 10, 13ff, 53
Patton, Charlie 104
Pauling, Lowman 113
Pelicans, the 129
Penguins, the 127, 129f, 135
Perkins, Carl 174f, 246
Perkins, Ray 229
Perreau, Gigi 181
Peterson, Ray 127
Phil und Don 193f
Piaf, Edith 44, 255
Piano Red 117
Platters, the 26, 129, 133, 145, 152ff, 168, 242, 251
Playboys, the 151
Plastic Ono Band, the 174
Playmates, the 250
Pledger, Stan
Polfus, Lester 48
Pompelli, Rudy 147
Poni-Tails, the 239
Porter, Cole 28, 168
Potter, Peter 69, 225
Prado, Perez 134, 236
Presley, Elvis 12, 15ff, 66, 72, 87f, 90, 96, 113, 133, 140, 143, 145, 147, 155ff, 161ff, 171, 174ff, 189f, 192ff, 203ff, 210f, 213, 216f, 220, 228, 235ff, 246, 250f, 257, 263

Price, Chilton 50
Price, Lloyd 106, 111, 152, 252, 253
Price, Ray 194
Price, Wesley 35
Prima, Louis 102, 250
Prysock, Red 116

Q
Quieki-Maus Band, the 70

R
Raeburn, Boyd 94
Raiford, Bob 170
Rainey, Ma 207
Randle, Bill 15ff, 19, 64, 71f, 115, 149, 181, 186, 248
Ravens, the 129
Rawls, Lou 248
Ray, Johnnie 32, 39, 51, 57, 60ff, 68, 71, 103, 126f, 223
Rayburn, Margie 215
Rays, the 185, 190
Redding, Otis 207
Redhead, The 71
Reed, Jimmy 142
Reese, Della 207
René, Henri 29, 125
Reynold, Debbie 211
Reynolds, Nick 245
Rhodes, Todd 116
Ridarelli, Robert Louis 256
Richardson, Jape «Big Bopper» 246, 255
Richman, Harry 61
Riddle, Nelson 33, 44
Righteous, the 250
Rinky Dings, the 236
Ritter, Tex 49
Rivers, Johnny 258
Robey, Don 103
Robbins, Fred 269
Robbins, Jack 263
Robbins, Marty 151, 210, 253f
Robins, the 129, 168, 177
Rocco And His Saints 256
Rock Brothers, the 136
Rodgers and Hart 27, 44, 168
Rodgers, Jimmie 196ff, 204f, 233, 237
Rodger und Hammerstein 30, 55, 130
Rolling Stones, the 74, 105, 128, 139, 154, 157, 171, 194
Ronald 218ff
Ronald and Ruby 219f
Ronettes, the 250
Rose, Billy 126, 168
Rose, David 29
Ross, Beverly 41f
Rover Boys, the 202
Royal Sons Quintet 113

Royal Teens, the 210
Russell, Nathan 181
Rydell, Bobby 256

S
Saddleman, the 146
Sands, Jodie 190
Sands, Tommy 190f, 233
Sardo, Frankie 255
Satins, the 178
Scott, Ed 229
Scott, Jack 232f
Sears, «Big» Al 116
Sedaka, Neil 224, 255ff
Seeger, Pete 245
Sensations, the 168
September, Anthony 190, 268
Seville, David 228
Seymour, Robin 64, 149, 224
Shaw, Artie 247
Shaw, Georgie 131
Shayne, Bob 245
Sheeley, Shari 206
Sherman, Bobby 66
Shirley und Lees 178
Shore, Dinah 135, 211, 214
Sigman, Carl 243
Silhouettes, the 211, 221
Silvertone Singers, the 112
Simon and Garfunkel 210
Simon, Paul 188
Simone, Nina 259f
Sinatra, Frank 10, 20, 27f, 30ff, 54, 57, 59, 66, 68, 74, 89, 97, 101, 106, 125, 130, 135, 137, 151, 161, 201, 203, 211, 214, 221, 230, 237, 251, 254, 262, 269
Sinatra, Nancy 34, 191, 199
Singer, Artie 221
Sha Na Na 221
Shavers, Charlie 20
Shirelles, the 113
Shore, Dinah 53
Six-Teens, the 178
Slay, Frank C. 190, 257
Smiley Lewis 21
Smith, Beasley 29
Smith, Joe 29
Smith, Kate 74
Smith, Keely 250
Synder, Bill 44
Sonny Boy Williamson 104, 107ff
Sonny Burke 134
Soul Stirrers, the 206
Sox, Bob B. 250
Spector, Phil 249f, 273
Spencer Davis Group, the 152
Sunny Gale 140
Summer, Colleen 48
Swallows, the 129

Syncopators, the 28

St
Stafford, Jo 12, 39ff, 50, 54, 125
Stan Kenton Band, the 94
Star, Lonny 269
Starr, Kay 50, 53, 68, 207
Starr, Ringo 177
Stevens, Connie 263
Stevens, Dodie 263
Steward, Redd 50
Stone, Cliffie 175
Stonewall Jackson 253
Stordahl, Alex 33
Storm, Gale 71, 178
Streisand, Barbra 29
Strouse, Charles 239

T
Tampa Red 109
Taylor, Burt 140
Taylor, Sam «The Man» 120, 175
Teddy Bears, the 249
Teenagers, the 121, 178, 239
Teen-Queens, the 178
Temptations, the 113
Tenessee Ernie Ford 28, 134
Tillman, Floyd 29
Tiomkin, Dimitri 49, 169
Tjader, Cal 67
Thompson, Hank 151
Thompson, Kay 74
Thornton, Willie Mae (Big Mama) 56, 113f, 143
Thrasher, Andrew 112
Thrasher, Gerhart 112
Thrasher Wanderers, the 112
Three Suns, the 153
Todd, Dylan 179
Tom und Jerry 210
Townsend, Ed 233
Traveler Quartet, the 248
Treniers, the 150
Tristano, Lennie 67
Tune Weavers, the 189
Turbans, the 178
Turner, Ike 105
Turner, Joe 87, 95ff, 105, 110, 123, 127f, 131, 145f, 152, 231
Turriers, the 140
Twitty, Conway 245f
Tympany Five, the 72, 91

U
Ukulele Ike 29

V
Vale, Jerry 32
Valens, Ritchie 247, 255

Valente, Catarina 9
Vallee, Rudy 153
Valli, June 55
Vaughn, Billy 224
Vaughn, Sarah 130, 259
Vee, Bobby 193
Ventura, Charlie 59
Vibrinaires, the 99
Vincent, Gene 176, 236

W
Wakeley, Jimmy 29, 181
Walker, Aaron «T-Boone» 91, 96, 106
Wallace, Jerry 242
Ward, Billy 102f, 202, 259
Warren, Frank 244
Washboard Sam 93
Washington, Dinah 94f, 97, 99, 106, 258f
Waters, Muddy 96, 105, 128, 132, 142, 154, 156
Weavers, the 43
Webb, Chick 90

Webb, Jimmy 188
Weber, Joan 131
Webster, Paul Francis 235
Weem, Ted 70
Welk, Lawrence 29, 175, 214
Wells, Kitty 190
Wexler, Jerry 86
Whitehead, Paul 196
Whiteman, Paul 166, 265
Whiting, Margaret 29
Whitman, Walt 43
Whittingill, Dick 217
Wilder, Alec 39, 188
Willet, Slim 55
Williams, Andy 190, 225
Williams, Big Joe 101, 106, 109
Williams, Billy 206
Williams, Hank 12, 41, 52, 146, 148f, 176, 193, 196ff, 253
Williams, Jimmy 250
Williams, Kae 221
Williams, Larry 222
Williams, Mel 140, 143
Williams, Nat D. (Nat Dee) 108

Williams, Otis 129f
Williams, Roger 17, 244
Williams, Tex 151
Williams, Tony 154, 242
Williams, Williams B. 267, 269
Wills, Bob 151
Willis, Chuck 87, 103f, 207f, 223, 229
Wilson, Eileen 78
Wilson, Jackie 68, 103, 112, 120, 216, 259
Winterhalter, Hugo 29, 125
Wiskey, Nancy 215
Wolowu, Steve 167
Wooley, Sheb 232
Wray, Link 199, 210

Y
Young, Lester 66
Young, Victor 44, 125, 211

Z
Zappa, Frank 133

Titelregister

(Aufgenommen sind Singels und Langspielplatten)

A

ABC's Of Love 178
A Big Hunk Of Love 257
A Blossom Fell 36
A Boy Without A Girl 256
A Certain Smile 235
Acres Of Diamonds 19
A Dreamer's Holiday 28
A Fine, Fine Boy 273
A Fool Such As I 257
After The Prom 233
A Gob Is A Slob 40
A Guy Is A Guy 40
A- Hubba- Hubba- Hubba 31
Ain't Nobody Here But Us Chickens 91
Ain't She Sweet 168
Ain't That A Shame 136, 145, 164
Alla En El Rancho Grande 225
All Around The World 139
All At Once You Love Her 20
All I Have To Do Is Dream 229, 232
All Of Me 63
All She Wants To Do Is Rock 117
All Shook Up 195, 210f, 216
All The Way 34, 211, 221, 237
Almost Grown 146
Along Came Jones 209
A Lover's Question 250, 259
America 169
An Affair To Remember 211
And A Pink Carnation 210
Angels Listened, The 258
Annie Had A Baby 128
Answer Me 36, 125
Answer To The Flying Saucer, The 179
Anytime 51, 59, 61, 125
Anywhere I Wander 53
Applause 239
April Love 199, 221
Are You Sincere? 225
A Rockin' Good Way 259
A Rose And A Baby Ruth 176
Around The World 211
A Teenager In Love 242
A Teen-ager's Romance 204
At My Front Door 140
At The Hop 210, 220f, 271
Auf Wiederseh'n Sweetheart 51
Autumn Leaves 17, 169, 244
A Wonderful Time Up There 228
A-You're Adorable 95

B

Baby (You've Got What It Takes) 259
Baby Doll 155
Baby Don't Do It 113
Ballad Of A Teenage Queen 199, 210
Ballad Of David Crockett 134
Ballad Of James Dean, The 180f
Ballerina 36
Banana Boat 206
Battle Hymn Of The Republic 254
Battle Of Bull Run, The 253
Battle Of New Orleans, The 252ff
B.B.'s Blues 109
B.B.'s Boogie 109
B.B. For President 110
Be Anything 51
Bear Flew Over The Ocean, The 253
Bear Went Over The Mountain, The 253
Be-Baba-Leba 93
Be-Bop-A-Lula 176
Be-Bop Baby 204
Beep Beep 250
Belle, Belle 40
Be My Life's Companion 51
Be My Love 48
Betty And Dupree 208
Bewitched . . . Bothered . . . And Bewildered 44
Big Bad John 254
Big Man 225
Bimbombey 233
Bird Dog 77, 232
Blackboard Jungle, The 120
Black Demin Trousers 143
Black Slacks 210
Blacksmith Blues 50
Black & White 92
Blueberry Hill 78, 106, 164, 172, 206
Blue Harlem 94
Blue Monday 206
Blue Moon 168
Blue Moon Of Kentucky 19
Blues For Moon Dog 116
Blue Suede Shoes 174f

Blue Tango 29, 51
Bobby Sox To Stockings 256
Bo Diddley 137, 139, 141
Bony Moronic 222
Boogie Woogie Flu, The 211
Born Too Late 239
Botch-A-Me 51
Breaking Up Is Hard To Do 256
Breeze, The 9
Bridge Over Troubled Water 26
Bring Back The Thrill 58
Bringin' In The Sheaves 63
Broken-Hearted 65
Broken Hearted Melody 259
Buchanan And Goodman On Trial 180
Bunny Hop 51
Butterfly 190, 268
Bye, Bye Birdie 239
Bye, Bye Love 194, 216

C

Caledonia 91, 151
Candy 168
Cannon Ball 250
Catch A Falling Star 223f
Catch A Falling Star 31
C.C. Rider 207
C'est Si Bon 54, 244
Cell Block Number Nine 144
Chaing Gang 207
Chains Of Love 127
Changing Partners 53
Chantez, Chantez 211
Chantilly Lace 246
Charlie Brown 209, 261
Charmaine 72
Chattanoogie Shoe Shine Boy 12, 45
Cherry Pink And Apple Blossom White 134
Chipmunk Song, The 249
Choo, Choo, Ch'Boogie 91
Cindy, Oh Cindy 140
Clock, The 103
Close Your Eyes 229
C'mon Everybody 205
Cold, Cold Heart 41
Come Dance With Me 262
Come Go With Me 211
Come On-A My House 228
Come Softly To Me 252, 257
Cool Baby 210
Corinne, Corinna 127
Crazy Arms 194, 197

305

Crazy Man, Crazy 56, 66, 146, 150
Cruising Down The River 26
Cry 61, 65, 103
Cryin' In The Chapel 55, 85, 99
Cry Me A River 54
Cry Of The Wild Goose 38f
Cupid's Boogie 100

D

Dad Gum Ya Hide Boy 91
Dance With Me Henry 136f
Dance With The Dolly With The Hole In The Stocking 150
Dear Elvis 179
Dear Hearts And Gentle People 28
Dede Dinah 223, 256
Dedicated To The One I Love 113
Delaware 31
Delicado 51
Devil 131
Diana 201, 237
Diary, The 255
Die You Later 31
Dim, Dim The Lights . . . I Want Some Atmosphere 41, 146f, 218
Dinner With Drac 228
Doggie In The Window 53
Donna 255
Don't 237
Don't Be Angry 12
Don't Be Cruel 163f, 195
Don't Cry Joe 28
Don't Knock The Rock 170
Don't Let Go 131
Don't Let The Stars Get In Your Eyes 55
Don't Take Your Guns To Town 254
Don't You Know 207
Don't You Know I Love You 102
Door Is Still Open, The 229
Double Crossing Blues 100
Down Among The Shelterin' Pines 196
Downhearted 59
Down In Mexico 177
Do You Want To Dance 233
Dream Along With Me 31
Dream Love 254
Drifting Blues 93
Drinking Wine, Spo-Dee-O-Dee 94, 196f
Drown In My Tears 173
Dungaree Doll 21, 59, 136

E

Early In The Morning 236
Earth Angel 129, 135
Ebb Tide 53
Eddie My Love 178
Eh Cumpari 53
Eight Of January, The 252f
El Choclo 50
El Paso 253
El Rancho Rock 225
Endlessly 259
End Of A Love Affair, The 25
Even Now 27
Everybody Is Trying To Be My Baby 175
Every Day I Have The Blues 101, 105, 109, 112
Evil Gal Blues 94

F

Fabulous 190
Fascination 211, 221
Fat Man 46, 100
Feet Up 40
Fever 139, 173, 239
Finger Pop-pin Time 129
First Date 210
First Kiss 210
First Love 210
Five-Ten-Fifteen Hours 101
Flamingo 103
Flip, Flop and Fly 110, 127
Flying Dutchman, The 39
Flying Saucer, The 179
Fool, Fool, Fool 102
Fool For You 138
For Your Love 233
Frankie 257
Fraulein 190
Freight Train 215
Friendly Persuasion 164
From A Whisper To A Scream 100
From The Bottom Of My Heart 229

G

Gal That Got Away, The 34
Gee 85
Gentle On My Mind 26
Get A Job 210, 221, 268
Get Happy 34
Get So Lonely 28
Ghost Riders In The Sky 106
Gigi 235, 261
Glow Worm 51
Goin' To The River 100
Gonna Back Up Baby 176
Goodbye Baby 233
Good Golly Miss Molly 171
Goodnight Dear Lord 228
Good Rockin' Tonight 90, 117

Graduation Day 202
Great Balls Of Fire 195, 197, 216
Great Pretender, The 20, 153
Green Door, The 211, 241
Guess Things Happen That Way 233
Gypssy Goofed, The 167
Gypsy Man 192

H

Half As Much 41
Hallclujah, I Love Her So 173
Hang Up My Rock And Roll Shoes 104, 208
Happy, Happy Birthday 189, 256
Happy Organ 242
Happy Wanderer 125
Harbour Lights 153
Hardheated Woman 235
Have I Told You Lately (The I Love You) 148
Have Mercy Baby 103
Have Twangy Guitar 261
Have You Heard 55
Headlights 41
Heartbreak Hotel 161
Hearts Of Stone 129
Help Me Somebody 113
Here Comes My Baby 31
Here In My Heart 51, 53
Here Is My Heart 53
He's Got The Whole World In His Hands 225, 228
He Treats Your Daughter Mean 101
Hey Ba-ba Re-bop 197
Hey Schoolgirl 210
Hey There 125
High Hopes 34
High Noon 49
High School Confidential 195, 233
High School Romance 210
His Name Was Dean 181
Honey 26
Honeycomb 204f
Honey Don't 175
Honey Hush 127
Honey Love 112
Hoopla Hoopla 241
Hot Diggity 31
Hound Dog 56, 113, 143, 162ff, 216
House Of Blue Lights 197
How Blue Can You Get 112
How Could You Do A Thing Like That To Me 34
How High The Moon 49, 54, 66
How Many More Years 105
How The Time Flies 242

306

Hula Hop 242
Hula Love 192

I

I Almost Lost My Mind 62, 100, 164, 174
I Apologize 36
I Can Dream, Can't I 28
I Can't Be Satisfied 128
I Can't Rock And Roll To Save My Soul 167
I Can't Stop Loving You 232
I Cried A Tear 261
Icy Heart 150
Ida Red 154
I Don't Care If The Sun Don't Shine 168
I'd've Baked A Cake 25
I Feel Like Goin' Home 128
If I Give My Heart To You 132
If I Knew You Were Comin' 25
If I Loved You 30
I Forgot To Remember To Forget 16,18f
I Get Along Without You Very Well 34
I Get So Lonly 125
I Got A Feeling 250
I Got A Woman 138
I Got Stung 250
I Hear You Knockin' 21
I'll Be Around 34
I'll Be Home 164
I'll Be Satisfied 120
I'll Never Be The Same 34
I'll Never Get Out Of This World Alive 52
I Love You 168
I Loves You Porgy 260
I Love You Because 168
I'm A Honky Tonk Man 253
I'm Gonna Get Married 111
I'm Gonna Sit Right Down 206
I'm In Love Again 172
I'm In Misery 99
I'm Looking Over A Four-Leaf Clover 26, 70
I'm Ready 128
I'm Sorry 257
I'm Stickin' With You 191
I'm Walkin' 204, 206
I'm Walking Behind You 106
I'm Your Hootchy Cootchy Man 128
I'm Yours 26, 51, 59
I Need You So 100
I Remember Buddy Holly 193
In The Rain 94
In The Still Of The Night 178
In The Wee Small Hours Of The Morning 34
I Promise To Remember 178

I Put A Spell On You 213
Irene Goodnight 44
I Saw Mommy Kissing Santa Claus 52
I Said My Pajamas 25
I Saw Mammy Doing The Mambo 134
I Taut I Taw A Puddy Cat 26
It Doesn't Matter Anymore 193
It Is No Secret 25f, 228
It Isn't Fair 25
It's All In The Game 77, 239, 243f, 247
It's Just A Matter Of Time 259
It's Only Make Believe 245f
It's Over, It's Over 27
It's Too Late 104, 229
It's Too Soon To Know 99
It Takes A Worried Man 245
Ivory Tower 130
I Waited Too Long 256
I Walk The Line 175, 199
I Wanna Be Loved 168
I Wanna Get Married 258
I Wanna See Santa Doing The Mambo 134
I want You, I Need You 162
I Want You To Be My Girl 178
I Went To Your Wedding 52
I Wonder Why 242

J

Jailhouse Rock 216, 237
Jambalaya 41, 52
James Dean 181
Jesus Is All The World To Me 138
Jezebel 68
Jimmy Brown Song, The 28
Jingle Bell Mambo 134
Jingle Bell Rock 190
Jo-Ann 250
Johnny B. Goode 155, 232, 238
Johnny Reb 253
Jordan For President 110
Just A Dream 240
Just A Little Too Much 204
Just Ask Your Heart 256
Just Make Love To Me 128
Just My Luck To Be Fifteen 239
Just One Of Those Things 33
Just Walking In The Rain 61, 65

K

Kansas City 143, 261
Kaw-Liga 52
Kewpie Doll 229, 237
Killing Floor 105
King And I, The 261
Kisses Sweeter Than Wine 205
Kissin' Time 256
Kiss Of Fire 50

Ko Ko Mo 135, 178

L

La Bamba 255
La Dee Dah 222
Lady Of Spain 51, 58
Last Night When We Were Young 33
La Vie En Rose 44
Lawdy Miss Clawdy 105, 111, 258
Lean Baby 106
Learnin' The Blues 10
Les Trois Cloches 255
Let Me Go Lover 131f
Let's Go, Let's Go, Let's Go 129
Let The Good Times Roll 178
Ling Ting Tong 130, 133
Lipstick On Your Collar 257
Little Blue Man, The 228
Little Bitty Pretty One 211
Little Darlin' 206
Little Girl 169
Little Girl Of Mine 178
Little Shoemaker 125
Little Star 241
Little Things Mean A Lot 83, 124
Living It Up 136
Little White Cloud That Cried, The 61, 63, 65
Lollipop 41, 219
(I'm Just A) Lonely Boy 201f
Long Tall Sally 137, 164, 172
Lonely Boy 257
Lonely Boy Blue 246
Lonely Teardrops 259
Lonesome Town 204, 250
Looking Black 229
Love And Marriage 34
Love Is A Many-Splendored Thing 17, 47, 134, 235
Loveliest Night Of The Year, The 48
Love Me Tender 163f
Love Portion Number Nine 102
Lover Man 62
Love Theme From «Giant» 181

M

Mack The Knife 252, 254
Make Believe Ballroom 162
Make Love To Me 54, 83
Malaguena 9
Mambo Baby 134
Mambo Italiano 134
Mambo Jambo 134
Mambo Rock 134
Marianne 211
Marty Of Planet Mars 179

Matchbox 175
Matilda, Matilda 54
Maybelline 119, 137, 145, 154
Mean To Me 168
Melodie D'Amour 211
Meet Mr. Callaghan 49
Memories Are Made Of This
    Love And Marriage 20
Midnight Mayor Of Station
    WBT, The 70
Mistrustin' Blues 100
Moments To Remember 40,
    179
Mona Lisa 36, 44
Money Honey 87, 96, 112
Money Record, The 132
Moanin' At Midnight 105
Mr. Blue 258
Mr. Personality 258
M.T.A. 245
Mule Train 28, 39, 68
Musettas's Waltz 207
My Baby 139
My Blue Haven 168, 172
My Destiny 36
My Ding-A-Ling 157
My Foolish Heart 44
My Happiness 257
My Heart Cries For You 26,
    168, 244
My Heart Reminds Me 207
My Love 36
My Mother Told Me There
    Would Be Days Like This
    106
My One And Only Heart 31
My Prayer 153, 168
My Song 103
My Special Angel 190
My Story 104
Mystery Train 16, 18
My True Love 253
My Truly, Truly Fair 39
My Way 203

N
Nature Boy 35
Near You 244
Need Your Love So Bad 139
99 Ways 190
Never Be Anyone Else But You
    204, 257
No Money Down 155
No, Not Much 179
No One Cares 262
No One Knows 242
No Other Love 55
Now He Tells Me 106

O
Oh, Baby Mine 28
Oh, Carol 256

Oh, Happy Day 49f
Oh Holy Night 76
Oh, My Papa 125
Oh, Lonesome Me 232
Oklahoma 261
Old Black Magic 94, 250
Old Cape Cod 211
Onely The Lonely 262
One Mint Julep 102
One Night 250
Only You 20, 145, 153, 155
Open Fire 262
Open The Door Richard 92

P
Paisano 184
Papa Loves Mambo 26, 31, 134
Party Doll 191f
Party Time 271
Patricia 235
Peek-A-Boo 177
Peeping Through The Keyhole
    232
Peggy Sue 192, 237
Peg O – My Heart 70
Pennsylvania 40
Personality 111, 252, 258
Piddilly Patter Patter 12
Pink Champagne 99
Pirate Ship, The 40
Pitter Patter 12
Pittsburgh 40
Play A Simple Melody 45
Please Don't Leave Me 100
Please Mr. Sun 65
Please, Please, Please 173
Please Send Me Someone To
    Love 100
Pledging My Love 104
Pledging My Time 133
Poison Ivy 209, 261
Poor Little Fool 204, 235
Porgy And Bess 261
Pretend 55
Pretty-Eyed Baby 62
Primrose Lane 242
Prisoner Of Love 30
Problems 250
Public Opinion 180
Puppy Love 201f
Purple People Eater 232, 237
Purple People Eater Meets The
    Witch Doctor 246
Put Your Dreams Away For
    Another Day 31
Put Your Head On My Shoul-
    der 201f, 257

Q
Queen Of The Hop 236
Que La 239
Que Rico El Mambo 134

R
Race With The Devil 176
Rags To Riches 48
Rag Top 45
Rakish Kind, The 40
Ramrod 200
Raunchy 199, 210
Rawhide 200
Ready Teddy 172
Rebel Rouser 199
Red River Rock 258
Reet, Petite And Gone 91
Return To Me 229
Reveille Rock 258
Rip It Up 172
River Deep, Mountain High
    250
River Kwai March 40
Rock-a Beatin'Boogie 150
Rock All The Night 117
Rock And Roll Waltz 21
Rock Around Mother Goose
    166
Rock Around The Clock 56, 78,
    120, 145, 147, 151f, 155
Rock Around The Cookhouse
    Door 237
Rocket 88 103, 146
Rockin' Blues 117
Rockin' Pneumomia 211
Rock 'n' Roll Is Here To Stay
    221
Rockin' With Red 117
Rock Your Little Baby To Sleep
    192
Roll Over Beethoven 155
Roll With Me, Henry 136
Round And Round 211
Roving Kind, The 40
Ruby 53
Rudolph, The Red-Nosed
    Reindeer 47
Rumble 199f, 210, 237

S
Sail Along Silvery Moon 221,
    224
Sam's Song 45f
Santa Baby 54
Saturday Night Fish Fry 72, 91
Saving My Love For You 103
School Day 155, 206, 210
Searchin' 208
Search My Heart 229
Seattle 31
Secret 237
Secret Love 125, 235
Secretly 233
See You Later Alligator 20,
    147, 151
Send For Me 206, 211
Sentimental Me 45

308

Seventeen 136
Sexy Ways 129
Shadow Knows, The 209
Shake 207
Shake, Rattle And Roll 110, 123, 145f
She Say 206
Shimmy, Shimmy Ko-Ko Bop 240, 269
Ship On A Stormy Sea 240
Short Shorts 210
Shout 120, 260
Silent Night 52
Silhouettes 190
(It'n No) Sin 47
Since I Meet My Baby 100
Since I Met You Baby 174
Sincerely 131, 136
Since You've Been Gone 256
Singin' The Blues 206
Sink The Bismark 253
Sittin' In The Balcony 205
Sittin' On The Top Of The World 105
Sixteen Candles 258, 271f
Sixty Minute Man 102, 117
Skip To Mah Lou 253
Skokiaan 125
Sleep 139
Sleep Walk 258
Slippin' And Slidin' 172
Slow Poke 50
Smoke Gets In Your Eyes 103, 153, 168, 261
Smokestack Lightnin' 105
Smokey Joe's Cafe 144, 177
So Fine 258
So In Love 28
Soldier Boy 12, 140
So Long 94f, 101
Somebody Stole My Gal 63
Some Enchanted Evening 28
Something Stupid 34
Something's Wrong 100
Somewhere Along The Way 36
Song From Moulin Rouge 39, 54
So Rare 211
Sorry, I Ran All The Way Home 258
South Pacific 261
Sparrow In The Tree Top 40
Speedoo 177, 257
Splish Splash 236
Stagger Lee 258
Standing On The Corner 179
Star Dust 202
Start Movin' 189
Stood Up 204
Stop Beating Around The Mulberry Bush 150
Stop Laughing At Me 41

Story Of James Dean, The 181
Story Untold 140
Straighten Up And Fly Right 35
Stranded In The Jungle 178
Strangers In Paradise 125
Strangers In The Night 34, 101
Stroll, The 206, 210
Stupid Cupid 224, 255
Such A Night 126
Sugar Blues 69
Sugartime 222
Summertime Blues 205
Sunday Kind Of Love 244
Superfly 100
Swamp Girl 68
Sweet Black Angel 110
Sweeter Than You 204
Sweet Little Angel 110, 112
Sweet Little Sixteen 154f, 225
Sweet Nothin's 257
Sweet Sixteen 105, 110, 112, 127, 256
Swinging Shepherd Blues 224
Syncopated Clock, The 51

T
Take These Chains From My Heart 52
Talk To Me, Talk To Me 138
Tallahassee Lassie 257
Tammy 211, 221
Ta Ra Ra Boom De Ave 262
Teach Me Tonight 54
Tea For Two Cha-Cha 242, 247
Teardrop 258
Teardrops From My Eyes 91, 101
Tears On My Pillow 240
Teddy Bear 216
Teen-Age Crush 191
Teen-age Mother, Are You Right? 210
Teen-Age Prayer 21
Tennessee Stud, The 253
Tell Me So 99
Tell Me Why 47, 59
Tennessee Waltz 12, 47f
Tequila 220, 225, 235
Terry's Theme 53
Tiger 189, 256
Tijuana Jail 245
Till I Say Goodbye 62ff
Till We Two Are One 131
That Hound Dog In The Window 53
That'll Be The Day 192
That Lucky Old Sun 29, 39, 106
That Old Devil Called Love 62
That's All Right Mama 19, 56
That's Amore 53
That's Life 34
That's My Desire 58

That's Why 259
The Banana Boat Song 140
There Goes My Baby 261
There's No Tomorrow 25
They Call Me Big Mama 113
They Say It's Wonderful 30
Thing, The 45
Thinking About Little Willie John And A Few Nice Things 138
Thinking Of You 58
Thirty Days 155
This Little Light Of Mine 138
This Ole House 132
Three Bells 28, 252, 255
Three Coins In A Fountain 47, 125
Three Little Fishes 262
Three O'Clock Blues 106
Three O'Clock In The Morning 109f
Till I Waltz With You Again 55
Till The End Of Time 30
Ting-A-Ling 117
To Know Him Is To Love Him 249
Tom Dooley 245, 247, 252
Tongue-Tied Blues 119
Tonight You Belong To Me 126, 168
Too Much Monkey Business 155
Too Young 36, 48, 191
Topsy I 247
Topsy II 247
Transfusion 180
Tribute To James Dean 180
Trust In Me 59
Turn Back The Hands Of Time 59
Turn Me Loose 189, 256
Turtle Dovin' 177
Tutti Frutti 21, 164, 171
Tweedle Dee 137
Twenty Six Miles .... Across The Sea 225
Twilight Time 153
Twinkle, Twinkle Little Star 239
Two Guitars 262
Two Hearts 130
Two Hearts, Two Kisses 137
Typewriter, The 51

U
Unchained Melody 131, 134
Uncle John 142
Uncle Tom's Cabin 247
Undecided 26
United 130

309

V

Val De Ri, Val De Ra 125
Vaya Con Dios 54
Venus 184, 223, 252, 255f
Volare 77, 238f, 244

W

Wake Up Little Susie 194
Wallflower 137
Wanted 124
Walking Behind You 54
Walkin' My Baby Back Home 61, 63
Wanted 83
Warm 262
Waterloo 253
We'll Never Forget You 181
Wear My Ring Around Your Neck 228, 237
We're Gonna Rock This Joint Tonight 149f
What A Difference Day Made 258
What A Dream 130
What Am I Living For 104, 208
What'd I Say 138, 260
What Is Love 250
Wheel Of Fortune 50
When I Stop Loving You 34
When Mexican Joe Meets Jole Blon 232
When My Dreamboat Comes Home 168
When You Dance 178
When Your Lover Has Gone 34
Where Have All The Flowers Gone 245
Where Is Your Heart 54
Whiskey And Gin 62ff
Whiskey, Do Your Stuff 91
Whispering Bells 211
White Christmas 47, 168
White Lightning 246
Whole Lotta Living 250
Whole Lot-Ta Shakin' Goin' On 194, 197, 216
Who's Sorry Now? 224
Why Can't We Be Friends 34
Why Do Fools Fall In Love 178f
Why Don't They Understand 210, 237
Why Don't You Believe Me 50, 52, 58
Why Don't You Write 178
Why Should I Cry Over You 33
Willie And The Hand Jive 240
Will Travel 261
Wish You Were Here 59, 61
Witchcraft 237
Witch Doctor 232, 237, 249
With All My Heart 190
With These Hands 65
Woke Up This Morning 109
Work With Me Annie 128
World Largest Make-Believe Ballroom, The 79
Wrap Your Troubles In Dreams 34
Write Myself A Letter 206

Y

Yakety, Yak 209, 236f, 261
Yellow Rose Of Texas 17, 40, 134
Yes, Indeed 110
Yes Sir That's My Baby 168
You Ain't Nothing But A Hound Dog 76
You Are My Destiny 201f, 237
You Belong To Me 50
You Can Have Her 131
You Know I Love You 106, 109
You'll Never Walk Alone 130f
Young At Heart 16, 33, 125
Young Blood 208f
Young Love 182, 189
Your Cheatin' Heart 52
You're So Fine 258
You Send Me 206f

Z

Zither Serenade 44
Zoom 177